Gerald Knaus
Welche Grenzen brauchen wir?

Gerald Knaus

Welche Grenzen brauchen wir?

Zwischen Empathie und Angst –
Flucht, Migration und die Zukunft von Asyl

Mit 13 Schwarz-Weiß-Abbildungen

PIPER

Mehr über unsere Autoren und Bücher:
www.piper.de

MIX
Papier aus verantwor-
tungsvollen Quellen
FSC® C083411

ISBN 978-3-492-05988-6
© Piper Verlag GmbH, München 2020
Satz: Kösel Media GmbH, Krugzell
Gesetzt aus der Minion Pro
Litho: Lorenz & Zeller, Inning am Ammersee
Druck und Bindung: CPI books GmbH
Printed in the EU

Inhalt

Warum dieses Buch?

2019 kamen insgesamt etwa 100 000 Menschen irregulär über das Mittelmeer in die Europäische Union. Das sind im Durchschnitt 280 Menschen am Tag. Sind das zu viele? Werden es bald sehr viel mehr sein? Soll man sie stoppen, und welche Maßnahmen sind dabei erlaubt? Wer hat das Recht oder die Pflicht, dies zu entscheiden? Es sind diese Fragen, die in diesem Buch beantwortet werden sollen.

Die Zeit drängt, denn an den Außengrenzen Europas herrscht heute ein Ausnahmezustand. Es gibt Gesetze, die festlegen, was Grenzbeamte an Grenzen tun müssen und dürfen; es gibt Standards, die bestimmen, wie Asylsuchende untergebracht und behandelt werden müssen. Doch diese Gesetze und Standards werden täglich gebrochen. Selbst der Kern des internationalen Flüchtlingsschutzes wird regelmäßig verletzt: das Verbot, Menschen zurückzustoßen, die an Grenzen aufgegriffen werden. Es droht das Ende einer Ära, die vor 70 Jahren mit der Annahme der Europäischen Menschenrechtskonvention im Jahr 1950 und der Genfer Flüchtlingskonvention 1951 begann.

Die Grundlage der moralischen Neugründung Westeuropas nach dem Zweiten Weltkrieg war die Ausrichtung staatlicher Politik an der Menschenwürde jedes Einzelnen. Sie findet sich in Artikel 1 des Grundgesetzes: »Die Würde des Menschen ist unantastbar. Sie zu achten und zu schützen ist Verpflichtung aller staatlichen Gewalt«, wie auch in Artikel 1 der Charta der Grundrechte der EU: »Die Würde des Menschen ist unantastbar. Sie ist zu achten und zu schützen.« Dazu schrieb der deutsche Rechts-philosoph Günter Dürig 1956 in einem einflussreichen Aufsatz: »Die Menschenwürde als solche ist getroffen, wenn der konkrete Mensch zum Objekt, zu einem bloßen Mittel, zur vertretbaren Größe herabgewürdigt wird.« Der Staat hat die Verpflichtung, die »Degradierung des Menschen zum Ding«, das «abgeschos-sen«, »ersetzt«, »ausgesetzt« (vertrieben) werden kann, zu ver-hindern.[1]

Doch welchen Wert hat dieser Grundsatz heute in den Gewäs-sern zwischen Libyen und Italien, auf dem Balkan, in der Ägäis? Noch vor wenigen Jahren retteten Schiffe der Marine und Küs-tenwache von EU-Staaten Hunderttausende Menschen vor dem Ertrinken im zentralen Mittelmeer. Dann wurde die staatliche Seenotrettung fast gänzlich eingestellt und die private Seenotret-tung behindert. Das Ergebnis ist dramatisch. Vor Malta treiben wieder Boote mit Migranten, die Hilferufe wie diesen aussenden: »Wir sind so müde, die Situation ist die Hölle. Das Boot hat viel Luft verloren, Wasser kommt rein. Wir sterben. Bitte rettet uns.«[2] Selbst solche Rufe werden tagelang ignoriert und so unzumut-bare Risiken für Menschen in Seenot in Kauf genommen. Seit Jahren arbeitet die Europäische Union mit libyschen Institutio-nen zusammen, die Menschen in Lager des Bürgerkriegslands bringen, in denen sie misshandelt werden. Anfang März 2020 schossen griechische Beamte an der griechisch-türkischen Land-grenze auf Migranten, die den Grenzfluss zur Türkei Richtung Griechenland überqueren wollten. Heute finden sogenannte Push-Backs an vielen Landgrenzen in Europa regelmäßig statt. In Aufnahmelagern an Europas Grenzen, wie auf den griechi-schen Inseln in der Ägäis, tolerieren europäische Regierungen Zustände, die wir in den ärmsten Staaten der Welt für inakzepta-bel halten würden.

Die Gesellschaft gewöhnt sich an den permanenten Gesetzes-bruch, und auch die Nichtregierungsorganisationen wirken rat-los. Ihre Instrumente – die Öffentlichkeit durch das Schaffen von

Aufmerksamkeit für menschliches Leid zu beschämen, internationale Gerichte einzuschalten – konnten den Trend in den letzten Jahren nicht stoppen. Politiker in der EU erklären offen, Grenzschutz ohne »hässliche Bilder«, ohne die Bereitschaft zur Abschreckung sei Träumerei.

Dieses Buch richtet sich an Leserinnen und Leser, die davon überzeugt sind, dass es möglich sein muss, an Europas Grenzen Kontrolle mit Respekt für Menschenwürde zu verbinden. Es ist für jene, die der Gedanke an fast 18 000 Männer, Frauen und Kinder, die in nur fünf Jahren im Mittelmeer ertrunken sind, und an Kinder, die im Winter in Zelten auf einer Insel in der Ägäis frieren, nicht loslässt. Es ist für Europäerinnen und Europäer, die sich ein Grenzregime wünschen, das Kontrolle mit Menschlichkeit verbindet und dabei den Kern der Genfer Flüchtlingskonvention verteidigt: das Gebot der Nichtzurückweisung von Schutzsuchenden. Und die gleichzeitig ernst nehmen, dass man in Demokratien Mehrheiten erringen und verteidigen sowie in der EU andere Staaten mit Argumenten überzeugen muss, um Politik gestalten zu können. Es ist für jene, die das Feilschen um die Verteilung kleiner Gruppen, die aus Seenot gerettet wurden, für unwürdig halten. Und die doch verstehen wollen, wie es dazu kam, dass noch nie zuvor so viele Menschen im Mittelmeer ertranken wie in jenem Jahr, in dem es so viele Seenotrettungen durch europäische Schiffe gab wie nie zuvor.

Es ist ein Buch für Leser und Leserinnen, die sich auf der Grundlage solider Fakten und Erfahrungen selbst eine Meinung darüber bilden wollen, welche Möglichkeiten wir haben. Und die sich auf die Suche nach Argumenten machen, um zunächst sich selbst und dann andere zu überzeugen.

Die meisten Menschen sind weder Monster noch Engel, weder empathielose Psychopathen noch Märtyrer. Sie sind empathisch, doch ihre Empathie ist nicht grenzenlos. Sie bevorzugen durchlässige Grenzen, solange sie sich sicher fühlen, und geschlossene Grenzen, sobald sie um sich oder ihre Lieben Angst haben. Sie sind durchaus bereit, Menschen in Not zu helfen, wollen dabei aber nicht die Kontrolle verlieren. Doch sie gewöhnen sich auch an Bilder des Leidens in der Ferne, an den Horror in Syrien, im Jemen, im Südsudan, wenn sie den Eindruck gewinnen, dass bestimmte Dinge nicht zu ändern sind.

Die meisten Menschen wollen Politiker, die versuchen, ihre Werte und Interessen zusammenzubringen, und eine Politik, die Empathie *und* Kontrolle verspricht. Und wenden sich von jenen ab, die ihnen schwach oder heuchlerisch vorkommen. Erscheinen Regierende rat- und planlos, schlägt die Stunde entschlossener Demagogen. Wer ihnen entgegentreten will, braucht mehr als gute Absichten und moralische Entrüstung. Die erfolgreichsten unter den Demagogen sind wie Judokas, die die ungestüme Energie ihrer Gegner von vornherein für ihren Gegenangriff einplanen. Sie beherrschen das Spiel mit Emotionen und entwickeln packende Geschichten, in denen es um Heerscharen von Einwanderern geht, um Eroberer und Invasionen, um Kontrollverlust und das Verschwinden unserer Welt. Und sie werden nicht müde, diese Geschichten immer wieder aufs Neue zu erzählen.

Beim Suchen nach Lösungen sind aber weder Angst noch Empathie gute Ratgeber. Für erfolgreiche Politik braucht es kritisches Denken, Fakten, Zahlen. Und eine klare Sprache, Konzepte und Begriffe, die uns helfen, Handlungsoptionen zu verstehen. Doch an diesen fehlt es heute. Immer wieder hören wir Behauptungen, die der Suche nach umsetzbaren Vorschlägen im Weg stehen, auch wenn sie zunächst plausibel klingen. Es sind unzutreffende Aussagen wie diese:

Migration ist wie Wasser in kommunizierenden Röhren: Irreguläre Migration lässt sich nicht stoppen, nur umleiten.

Die demografische Entwicklung Afrikas und die Effekte des Klimawandels erhöhen den Migrationsdruck: Dies führt zwangsläufig zu mehr irregulärer Migration aus Afrika nach Europa.

Wirtschaftliche Entwicklung führt zu mehr irregulärer Migration: Wenn Länder wohlhabender werden, können sich mehr Menschen Migration leisten.

Seenotretter verursachen einen Pull-Effekt: Um das Sterben im Mittelmeer zu beenden, muss man die Seenotretter abziehen.

Mehr Seenotretter bedeuten weniger Tote im Mittelmeer: Um zu verhindern, dass Tausende sterben, brauchen wir vor allem mehr Seenotretter vor Ort.

Um Migration zu bewältigen, muss Europa gemeinsam vorgehen: Nationale Alleingänge und kleine Koalitionen williger Mitgliedsstaaten schwächen die Europäische Union.

Das Dublin-System der Europäischen Union ist ungerecht: Es geht zulasten der Mittelmeerländer. Fair wäre es, eine gerechte Verteilung von Flüchtlingen auf die gesamte EU vorzunehmen.

Mehr Grenzschützer können Migration reduzieren: Um irreguläre Migration an den EU-Außengrenzen zurückzufahren, brauchen wir dringend einen Ausbau von Frontex (Europäische Agentur für Grenz- und Küstenwache).

Die deutsche Grenzöffnung war vermeidbar: Angela Merkel hätte die deutsche Grenze im September 2015 auch wieder schließen können, denn dafür gab es einsatzbereite Pläne.

Den Europäern fehlt es an Empathie: Europa schottet sich ab, und als Folge daraus werden die meisten Flüchtlinge von armen Ländern aufgenommen.

Ich möchte in diesem Buch jede dieser zehn Behauptungen infrage stellen und auch die Konzepte und Begriffe dahinter – Migrationsdruck, legale Wege, Externalisierung, Grenzöffnung, Pull-Effekt – prüfen. Je schneller wir in unserem Denken über Grenzen und Migration Metaphern aus der Hydraulik hinter uns lassen, desto rascher finden wir zu einer lösungsorientierten Debatte. Wir brauchen eine Migrationsdebatte, die genau hinsieht, was Menschen auf beiden Seiten von Grenzen wirklich bewegt. Wer macht sich wann und wo auf den Weg? Welche Gruppe wird in welcher Gesellschaft wie wahrgenommen? Welche Instrumente und Ressourcen gibt es, welche Institutionen und wie viele Beamte sind notwendig, um unsere gesetzlichen Selbstverpflichtungen, etwa das Versprechen auf faire Asylverfahren, auch zu erfüllen? Je eher wir genau hinsehen, desto schneller finden wir auch Wege, um die Situation der Bedürftigsten in der Welt – und dazu zählen Flüchtlinge, die Grenzen überschreiten müssen – zu verbessern. Denn das Leiden an Europas Grenzen ist real. Irrationale Ängste und schwammige Lösungsvorschläge verstellen den Blick auf menschliches Leid, das sich vermeiden ließe.

Das ehrgeizige Ziel muss auch darin bestehen, dafür eine Sprache zu finden, die allgemein verständlich ist. Dabei gilt es, anhand von konkreten Beispielen zu argumentieren und auf konkrete Erfahrungen zu verweisen, die uns helfen können, zu humanen Grenzen zu kommen. Denn, so erklärte der dichtende Politiker Johann Wolfgang von Goethe, der im 18. Jahrhundert zehn Jahre lang als eine Art Premierminister im Fürstentum Weimar regierte, es gebe in der Politik einen »ungeduldigen Verstand, der die Phänomene gern los sein möchte und an ihrer Stelle deswegen Bilder, Begriffe, ja oft nur Worte einschreibt«. Doch »allgemeine Begriffe und großer Dünkel sind auf dem Wege, entsetzliches Unheil anzurichten«.[3]

Flüchtlinge und irreguläre Migranten sind keine unwiderstehliche Macht, sondern schwach und verwundbar. Stehen sie einem entschlossenen Staat gegenüber, ist dieser Staat bereit dazu, Gewalt anzuwenden, dann gelingt es, fast jede Zahl von Migranten abzuwehren. So leben heute keine syrischen Flüchtlinge in Israel, obwohl Israel, wie die Türkei, Jordanien oder der Libanon, an Syrien grenzt. Auch der israelische Zaun, der zwei Millionen Menschen in Gaza einschließt, ist fast unüberwindbar, weil es dort einen Schießbefehl gibt. Die Türkei ließ für einige Jahre syrische Flüchtlinge in großer Zahl ins Land und beschloss im Sommer 2015 nach einem Terroranschlag, diesen Zuzug wieder zu stoppen und entlang der syrischen Grenze eine Mauer zu bauen; mit der Schutzbedürftigkeit von Syrern hatte das wenig zu tun, denn die bestand weiterhin.

Eine andere Versuchung besteht darin, das Migrationsgeschehen in der Welt vor allem durch Fluchtursachen zu erklären. Sich gegen Kriege, politische Verfolgung oder extreme Armut einzusetzen ist auch dann wichtig, wenn diese, wie in den allermeisten Fällen, nicht zu Flucht führen. Denn dass es zwingende Gründe gibt, ein Land zu verlassen, erklärt noch nicht, wie vielen Menschen es gelingt, Grenzen irregulär zu überschreiten. Dass eine australische Regierung zwischen 1975 und 1982 etwa 150 000 vietnamesische Flüchtlinge durch Umsiedlung im Land aufnahm, war eine politische Entscheidung; dass eine spätere australische Regierung 2001 angesichts von 12 000 Bootsflüchtlingen in drei Jahren zu drastischen Maßnahmen griff und diese Migration schnell auf null drückte, ebenfalls. Die tatsächlich stattfindende Migration nach Australien war das Ergebnis einer unterschiedlichen Wahrnehmung der Kommenden durch Eliten und Gesellschaft 1981 und 2001, nicht Folge der Zustände in Vietnam oder in Afghanistan. Dass 2016 fast 40 000 Nigerianer Italien erreichten und 2019 weniger als 500, hatte mit Fluchtursachen in ihrer nigerianischen Heimat wenig zu tun. Um diese Veränderung zu erklären, muss man sich mit italienischer Innenpolitik beschäftigen und nicht mit der Armut in Benin-Stadt.

Das Bild irregulärer Einwanderer als mächtiger Armee, die alle Grenzen überwindet, ist ein Mythos. Die Frage lautet vielmehr, ob Staaten bereit sind, Gewalt gegen unbewaffnete Menschen einzusetzen. So ist der wichtigste Verbündete schutzbedürftiger Menschen an Grenzen weder ihre Zahl noch ihre Entschlossenheit, nicht einmal ihre Verzweiflung und Schutzbedürftigkeit. Es ist das Gewissen und das Weltbild jener, die an Grenzen über Gewaltmittel verfügen. Und zu verschiedenen Zeiten haben auch Demokratien sehr unterschiedliche Antworten auf die Frage gegeben, welche Grenzen sie wollen, oft mit dramatischen Folgen für Geflüchtete.

Wir werden im Folgenden eine Reise um die Welt machen, von Kanada bis Australien, von Westafrika bis Südostasien, vom Alpenrhein zur Oder, über die Ukraine und die Türkei nach Libyen und Marokko. Wir werden viele Menschen kennenlernen, deren Geschichten uns daran erinnern, dass Grenzen Schicksale bestimmen. Und warum wir uns für menschliche Grenzen der Europäischen Union einsetzen sollten.

Erfolgreiche Politik muss allerdings immer auch Lösungen präsentieren, die Mehrheiten überzeugen. Nicht irgendwann, sondern jetzt; nicht irgendwo, sondern an allen Außengrenzen der EU, vom westlichen Mittelmeer bis zur Ägäis, vor Lampedusa wie in den Bergen des Balkans. In diesem Buch finden Sie Vorschläge für eine neue Generation von Abkommen mit nord- und westafrikanischen Ländern, von Marokko und Tunesien bis Gambia und Nigeria; für eine Koalition europäischer Staaten, damit es keinen einzigen Toten im Mittelmeer gibt; für eine Reorganisation der Seenotrettung; für eine neue Einigung mit der Türkei; für die intensive Kooperation europäischer Asylbehörden bei Pilotprojekten in Melilla, auf Malta, Lampedusa und Lesbos; für eine internationale Koalition zur Wiederbelebung von *Resettlement*, der Neuansiedlungen Schutzbedürftiger, und für einen neuen Fokus und eine andere Kommunikation des UN-

Flüchtlingskommissariats UNHCR. Vorschläge, bei denen es darum geht, Bewegungsfreiheit und Sicherheit, Freiheit und Kontrolle zu verbinden. Und so zu verhindern, dass die Überzeugung von der Unantastbarkeit der Menschenwürde sowie das 70 Jahre alte Versprechen der Genfer Flüchtlingskonvention nicht vor unseren Augen im Mittelmeer versinken.

In der Politik muss man andere von Lösungen überzeugen, damit sich Dinge ändern. Der 1955 verstorbene amerikanische Autor Dale Carnegie schrieb in seinem bis heute verlegten Ratgeber *Wie man Freunde gewinnt*: »Haben Sie je darüber nachgedacht, dass es auf der ganzen Welt nur einen einzigen Weg gibt, einen Menschen dazu zu bringen, etwas Bestimmtes zu tun? Man muss erreichen, dass er es selbst tun *will!* Eine andere Möglichkeit gibt es nicht.« Und er ergänzte: »Natürlich können Sie jemandem den Revolver auf die Brust setzen und ihn zwingen, Ihnen seine Uhr zu geben … Aber diese unsanften Holzhammermethoden haben höchst unerfreuliche Rückwirkungen.« Das gilt auch, wenn es um Migration geht. Im November 1784 schrieb Johann Wolfgang von Goethe über die Kunst des Führens: »Man muss Hindernisse wegnehmen, Begriffe aufklären, Beispiele geben, alle Teilhaber zu interessieren suchen. Das ist freilich beschwerlicher als befehlen, indessen die einzige Art, in einer … wichtigen Sache zum Zwecke zu gelangen und nicht verändern wollen, sondern verändern.«[4] Das ist auch das Ziel dieses Buches.

Europas Grenzrevolution

*»Die Geschichte der Menschheit ist voll von Abgrenzungen,
gezogenen Linien, Palisaden und Barrieren.«*
Tobias Prüwer[5]

Moderne Grenzen markieren Zuständigkeiten. Das tun sie meist
unspektakulär, etwa als Verwaltungsgrenzen zwischen Bezirken,
Landkreisen oder Bundesländern. Wenn ich mit meinem Fahrrad vom Berliner Bezirk Treptow in den Berliner Bezirk Neukölln fahre, überquere ich eine solche im Alltag unsichtbare
Grenze. Dabei verspüre ich oft eine Mischung aus Ehrfurcht und
Euphorie, so als würde ich etwas Besonderes erleben. Die Pflas-
tersteine hier zeugen von dramatischen Geschichten, von Helden und Opfern, von Mut und Verzweiflung. Und davon, wie
manche Grenzen in kurzer Zeit ihren Charakter vollkommen
verändern.

Hier verlief einst eine Befestigungsanlage. Zwei Mauern mit
Stacheldraht, Lichttrassen, Wachtürmen und einem Todesstreifen. Er trennte die Inselstadt Westberlin von der DDR. Genau
an dieser Stelle, an der ich täglich die Bezirksgrenze passiere,
gelangten einst 54 Menschen durch einen Tunnel aus dem Osten
in den Westen.[6] Ein junger Fluchthelfer, Harry Seidel, hatte ihn
im Sommer 1962 von Neukölln bis Treptow gegraben. Im November des gleichen Jahres wurde Seidel bei einem weiteren
Tunnelbau in Ostberlin verhaftet. Er sollte zum Tod verurteilt
werden: Wenn es um den »Schutz der Staatsgrenze« ging, kannte
der ostdeutsche Staat keine Milde. Doch dann erhielt er lebens-

lange Haft. Schließlich kam er nach vier Jahren frei. 2012 erhielt er zusammen mit anderen Fluchthelfern das Bundesverdienstkreuz.

Die spektakuläre Verwandlung dieser Grenze inmitten Berlins fand unter den Augen der Weltöffentlichkeit statt. Es war eines der Wunder meiner Jugend. Die Verwandlung anderer Grenzen in Europa dauerte länger, war aber nicht weniger spektakulär.

Die deutsch-polnische Grenze etwa, unweit von Berlin. Im *Spiegel* war 1961 über die Beziehungen zwischen der DDR und der Volksrepublik Polen Folgendes zu lesen: »Seit 16 Jahren gibt es in Europa kaum eine Grenze, die so scharf bewacht wird, so häufig in den Schlagzeilen der Weltpresse erscheint und so schwierig zu passieren ist wie die 456 Kilometer lange Grenzlinie an Oder und Neiße. Stacheldrahtzäune, Wachtürme und schwerbewaffnete Grenzpolizisten sichern jene Linie, hinter der die ehemaligen Ostprovinzen des 1945 zerschlagenen Deutschen Reiches liegen.«[7] 30 Jahre später, 1991, beschrieb *Der Spiegel* dieselbe Grenze nach dem Mauerfall. Alles, was einst Furcht erregt hatte, wirkte nun wie aus der Zeit gefallen: »Die deutsch-polnische Demarkationslinie hat keine Balken und keine Stacheldrahtverhaue. Die Wachtürme sind verfallen. Es gibt hier keine Hindernisse außer Oder und Neiße.« Die große Mehrheit der illegalen Grenzgänger 1991 kam »aus Osteuropa – überwiegend aus Rumänien … Nach Schätzungen des Bundesgrenzschutzes warten jenseits von Oder und Neiße 40000 bis 50000 Rumänen auf die Weiterreise in den Westen, um in Deutschland zu arbeiten. Fast alle mittellos und alle ohne gültiges deutsches Visum.«[8]

Nur fünf Jahre später, 1996, hatte sich auch das geändert, war dies die Schengen-Außengrenze. Nun berichtete *Der Spiegel* über Menschen, die beim Versuch, nach Deutschland zu kommen, ihr Leben verloren: »Jeder am Fluß weiß, daß es hier bei Dunkelheit nicht ganz geheuer ist – dann, wenn Schmuggler, Schlepper und heimliche Einwanderer über den deutsch-polnischen Grenzfluß kommen. Aber die Einheimischen schauen lieber nicht so genau hin ... Beiderseits der Flüsse, die Europas Wohlstandsgrenze markieren, treiben die Leichen illegaler Grenzgänger aus Osteuropa und Südasien an, die ihre Sehnsucht nach Arbeit und Wohlstand im Mark-Paradies mit dem Leben bezahlt haben.«[9] Das brandenburgische Innenministerium sprach 1996 von 45 Toten an dieser Grenze in nur vier Jahren.

2007 schließlich, elf Jahre später, erfolgte die letzte große Verwandlung. Nun trat Polen dem Schengenraum bei, alle Grenzkontrollen wurden aufgehoben. Bei einer Mitternachtsfeier im Dezember im Dreiländereck Deutschland-Polen-Tschechien erklärte ein ergriffener polnischer Premierminister, dieser Tag sei ein »Triumph der Freiheit«. Heute sterben an der Oder keine Migranten mehr. Rumänen können seit 2001 ohne Visum nach Deutschland reisen, und ihr Land ist seit 2007 Mitglied der EU.

Tatsächlich lässt sich die jüngere europäische Geschichte als wunderbare »Metamorphose der Grenzen« erzählen. Im Mai 1950 forderte der damalige französische Außenminister Robert Schuman, selbst Kind der westeuropäischen Grenzregion Lothringen, »schöpferische Anstrengungen«, um den Frieden in Europa zu bewahren. Schon im August 1950 kam es zum Grenzsturm überzeugter junger Europäer am kleinen Übergang von St. Germanshof an der französischen Grenze in der südlichen Pfalz. 300 Studenten aus Deutschland, Frankreich, der Schweiz, den Niederlanden, Italien, Belgien und Großbritannien verbrannten hier vor den Augen von Journalisten Schlagbäume. Das Medienecho war groß. Wer allerdings damals hoffnungsvoll und 20 Jahre alt war, erlebte das Ende aller Grenzkontrollen zwischen Frankreich und Deutschland 1995 erst im Rentenalter.

Doch das war nur ein Anfang. Schengen wuchs weiter, von anfänglich fünf auf heute 26 Mitglieder. Grenzposten wurden zwar nicht verbrannt, aber überall abgebaut. Mehr als 16 000 Kilometer Landgrenze in Europa wurden so zu unsichtbaren Schengengrenzen. Nun konnte man von Weil am Rhein in Baden nach

Saint-Louis in Frankreich den breiten Fluss über eine neue Fußgängerbrücke überqueren, ohne Kontrolle und ohne sich ausweisen zu müssen. Am Strand der Ostseeinsel Usedom konnte man mit dem Fahrrad nach Polen fahren, ganz ohne die einst strikten Kontrollen. Im österreichischen Bregenzerwald konnte man auf einem Berg losspazieren, um nach kurzer Strecke ein unscheinbares Schild zu passieren, das, mitten im Wald, die Staatsgrenze markierte. Die Visionäre von St. Germanshof hatten sich durchgesetzt.

Das Geheimnis moderner Grenzen ist: Sie sind durchlässig, können am Ende sogar unsichtbar werden, solange Staaten eng kooperieren, gemeinsam Entscheidungen treffen und Vertrauen zwischen Gesellschaften wächst. Ist das nicht mehr der Fall, verschwindet auch die Freizügigkeit wieder. Dann gleichen Grenzen einem angegriffenen Chamäleon, das schnell sein Aussehen verändert. So auch im März 2020. Am 10. März erklärte das Robert-Koch-Institut in Berlin die französische Region am Oberrhein zum Hochrisikogebiet für Covid-19-Infektionen. Am Morgen des 18. März wurden an den Grenzen zu Frankreich wieder Grenzkontrollen eingeführt. Im Saarland blockierten Absperrgitter eine der wichtigsten Verbindungen nach Frankreich, die Europastraße 29. Viele Gemeinden, überall in der EU, fühlten sich über Nacht von ihren Nachbarn und Freunden auf der anderen Seite durch Grenzen abgeschnitten. Von Kehl im Westen bis zum bayerischen Oberndorf im Süden wachten wieder Grenzschützer darüber, wer von einem EU-Land ins andere reisen wollte.

Wächst die Angst, verhärten sich Grenzen. Wer sie wieder aufweichen will, muss die Beziehungen zwischen den Ländern verbessern. Denn die Metamorphose von Grenzen kann auch rückwärts ablaufen, und dann verwandelt sich der bunte Schmetterling wieder in eine hässliche Raupe.

So sind Grenzen der Lackmustest für zwischenstaatliche Beziehungen. Das Dreiländermuseum in der südbadischen Stadt Lörrach, ein wunderbarer Ort, erzählt dies anhand der dramatischen Geschichte der Region am Oberrhein. So gab es im frühen 20. Jahrhundert zwischen Baden und dem Schweizer Kanton Basel keine Personenkontrollen. Das schien natürlich, denn bei Basel führt die Schweizer Grenze nördlich des Rheins 18 Kilometer lang durch Weingärten, Wälder und Hügel. In der Stadt Basel lebten damals viele Deutsche, überall im Oberrheingebiet wurde ein ähnlicher alemannischer Dialekt gesprochen. Dann begann der Erste Weltkrieg. Das Fremde wurde zur Bedrohung. Zunächst wurde die Ausreise aus Baden verboten, die Grenzüberwachung übernahm das Militär. Ab November 1914 brauchte man einen Reisepass mit Visum. Der Besuch von Verwandten jenseits der Grenze erforderte Formulare. Auch nach dem Krieg blieben Kontrollen bestehen. Und kaum waren die restriktiven Grenzregelungen in den 1920er-Jahren wieder gelockert worden, griffen im fernen Berlin die Nationalsozialisten nach der Macht. Als es 1939 erneut zum Krieg kam, errichtete die Schweiz Schlagbäume an allen Grenzübergängen. Wieder kam ein Visazwang. Die Region entwickelte sich zum Schauplatz unzähliger Tragödien von gescheiterten Fluchtversuchen verzweifelter deutscher Juden. Ein Polizeibericht aus Basel vom 23. November 1938 schilderte den neuen Alltag:

»Betreffend Juden an der Grenze Riehen [Grenzdorf im Kanton Basel]
Um 21.30 Uhr waren im Polizeiposten Riehen zwei Juden und eine Jüdin und im Zollamt Riehen noch weitere zehn jüdische Personen, wovon die Hälfte weiblich, welche alle schwarz über die Grenze gekommen. Diesen wurde durch Unterzeichneten bekanntgegeben, dass durch den Tagesoffizier der Polizei verfügt wurde, dass sämtliche Personen wieder über die deutsche Grenze zu verbringen sind. Nach einigem Sträuben wurden sie nach der Grenze geführt, wo sie von deutschen Beamten in Empfang genommen wurden …
Einer der Juden weigerte sich, wieder über die Grenze zu gehen, und musste getragen werden. Ein zweiter Jude flüchtete sich, wurde jedoch

durch einen Schweizer Grenzwächter eingeholt und musste ebenfalls bis zur Grenze durch Tragen transportiert werden.«[10]

1942 befahl SS-Führer Heinrich Himmler die Errichtung eines drei Meter hohen Stacheldrahtzaunes. Dieser sollte Kriegsgefangene, Deserteure und Juden daran hindern, in die Schweiz zu fliehen. Der Zaun blieb auch unter der französischen Besatzung Badens noch bis 1951 bestehen.[11]

Es dauerte mehr als ein halbes Jahrhundert, bis Personenkontrollen zwischen der Schweiz und Deutschland erneut aufgehoben wurden. Im Oktober 2004 unterzeichneten die EU und die Schweiz ein Abkommen zur Schengen-Assoziierung. Für die Schweizer Volkspartei (SVP), die größte Partei im Land, war dies ein Verrat an nationalen Interessen. Sie warnte vor einem Desaster, vor der »größten Bedrohung der Souveränität des Landes seit 1848«. Sie beförderte ein Trojanisches Pferd, fünf Tonnen schwer und acht Meter hoch, durch die Schweiz, als Symbol für Schengen. Ein Aktionskomitee warnte 2005: »Wir öffnen die Tür für zehntausende von Kriminellen, Illegalen, Schwarzarbeitern, Zwangsprostituierten und sogar Terroristen … Kein vernünftiger Mensch unterschreibt einen solchen Vertrag.« Doch bei der Volksabstimmung im Juni 2005 stimmten 55 Prozent für die Schengen-Assoziierung.

Dabei zeigte sich ein weiterer Grund für den Erfolg der europäischen Grenzrevolution der letzten Jahrzehnte: Um Mehrheiten davon zu überzeugen, Grenzkontrollen aufzugeben, mussten Politiker zeigen, dass dies zu mehr und nicht zu weniger Sicherheit führen würde. So erklärte der Schweizer Präsident Hans-Rudolf Merz in einer Rede im März 2009: »Schengen mag auf den ersten Blick wie die Quadratur des Kreises erscheinen: mehr Sicherheit durch mehr Freiheit.« Die Auflösung dieses vermeintlichen Widerspruchs liege in der engen Kooperation zwischen Demokratien, die die Sicherheit aller erhöhen werde.[12]

So haben sich Grenzen in Europa im Laufe des letzten Jahrhunderts mehrmals dramatisch verwandelt, verschwunden aber sind sie nie. »No Borders«, »Keine Grenzen«, bedeutet, zu Ende gedacht, entweder Anarchie oder ein grenzenloses Imperium, entweder das Fehlen legitimer Autoritäten oder das Fehlen nationaler Souveränität, wenn Mächte auf Grenzen keine Rücksicht nehmen und auch in anderen Ländern Gegner ermorden. Wiener Juden, die versuchten, über den alten Rhein in Vorarlberg in die Schweiz zu gelangen, wurden manchmal hinter der Landesgrenze im kleinen Schweizer Ort Diepoldsau untergebracht. Es war die Schweizer Grenze, die sie vor dem Zugriff der Gestapo schützte. Wer Schutz vor staatlicher Verfolgung sucht, sucht ihn hinter Grenzen und muss hoffen, dass diese vom Aufnahmestaat verteidigt werden.

Dagegen sind »No *inhumane* Borders«, »Keine inhumanen Grenzen«, ein großes und erstrebenswertes Ziel und unsichtbare Grenzen eine erreichbare Utopie. Hier ist Europa mit der visionären Grenzrevolution an seinen Binnengrenzen seit 1985 weitergekommen als jeder andere Kontinent. Nun gilt es, die Mehrheit der Europäerinnen und Europäer davon zu überzeugen, dass diese vermeintliche Quadratur des Kreises – mehr Sicherheit und mehr Freiheit – auch an den Außengrenzen der EU möglich ist.

Unmenschliche Grenzen

»Keiner der vertragschließenden Staaten wird einen Flüchtling auf irgendeine Weise über die Grenzen von Gebieten ausweisen oder zurückweisen, in denen sein Leben oder seine Freiheit wegen seiner Rasse, Religion, Staatsangehörigkeit, seiner Zugehörigkeit zu einer bestimmten sozialen Gruppe oder wegen seiner politischen Überzeugung bedroht sein würde.«
Genfer Flüchtlingskonvention Artikel 33 (1951)

In einer Welt der Staaten wird es immer Grenzen geben. Die entscheidende Frage ist: Sind diese Grenzen unmenschlich oder menschlich, undurchlässig oder unsichtbar? Unsere Grenzen sind dabei Visitenkarten unserer Gesellschaft und ihrer Werte. Sie zeigen, wer wir sein wollen. Vor allem aber zeigen sie, wer wir sind.

Der Optiker und die Ertrinkenden

Seit jenem Tag im Oktober 2013 plagt Carmine Menna ein schlechtes Gewissen. Damals fuhr der einzige Optiker von Lampedusa, der südlichsten europäischen Insel im Mittelmeer, mit seiner Frau und sechs Freunden auf der 15-Meter-Jacht eines Bekannten zur Entspannung auf das offene Meer hinaus. Sie tranken Wein, redeten und legten sich schlafen. Am nächsten Morgen hörte Menna Schreie. Er hielt sie für das Kreischen von Möwen, doch als die Jacht dem Geräusch entgegenfuhr, merkte er:

Es war das Rufen Ertrinkender. Verzweifelte Menschen, die wenige Hundert Meter von der Küste Lampedusas entfernt um ihr Leben kämpften.

Es handelte sich um einen der tödlichsten Unfälle der letzten Jahre. Das Unglücksschiff hatte schon fast die 200 Meilen von Libyen nach Lampedusa zurückgelegt, bevor es in Sichtweite der Inselküste Feuer fing. Jetzt kämpften diejenigen, die dem sinkenden Schiff entkommen waren, gegen den Tod. Es gelang Menna und seinen Freunden, 47 Menschen auf ihre kleine Jacht zu ziehen. 366 Menschen ertranken, die meisten aus Ost- und Westafrika, aus Somalia, Eritrea und Ghana.

Nach der Rückkehr wehrte sich Menna dagegen, als Held gesehen zu werden. Es sei menschlich, auf Hilferufe zu reagieren, erklärte er. Tatsächlich wurde er von Schuldgefühlen überwältigt. Ein Buch, das eine britische Journalistin später über das Unglück von Lampedusa schrieb, erklärte, warum.[13] Carmine Menna hatte vor dem Unfall seine Augen vor dem Schicksal von Migranten verschlossen. Immer wieder sah er junge Afrikaner auf seiner Insel und beschloss, »nicht zu viel darüber nachzudenken«. Er entdeckte Wracks hölzerner Boote, die Menschen von Libyen auf die Insel gebracht hatten, doch dabei fiel ihm nur ein, dass er für seine Frau Sardinen kaufen sollte. Er hörte einen Bericht über ertrinkende Migranten vor der Küste Siziliens und schaltete das Radio aus. Nach dem Unfall machte sich Menna nun Vorwürfe: »Ich hatte sie jeden Tag gesehen, aber nicht wirklich wahrgenommen. Ich hatte ihnen nicht die Hand gereicht. Im Fernsehen, in den Zeitungen, im Radio war über sie berichtet worden. Ich hätte ihre Stimmen hören können. Aber es hatte mich nicht gekümmert.«

Doch dann erfuhr Menna etwas, das ihn erschreckte. Einer der geretteten Afrikaner erzählte, schon vor Mennas Jacht sei ein Boot vorbeigekommen, habe aber nicht angehalten. Der Bootsführer hatte sich offenbar entschieden, die Menschen ertrinken zu lassen. Menna dachte daran, was ihm sein Vater über die menschliche Natur erzählt hatte, als dessen Lehre aus der Zeit des Zweiten Weltkriegs: Jeder »trägt eine verborgene Neigung zu Grausamkeit und Gleichgültigkeit im Herzen; wir alle sind zu schrecklichen Dingen fähig«. Wie die Besatzung des Schiffes, die sich in ihrer grausamen Gleichgültigkeit so verhielt, wie Menschen es oft tun: unmenschlich und feige.

Nur wenige Tage nach dem Unglück kam es zur nächsten Tragödie. Ein Fischerboot mit syrischen Familien, darunter vielen Ärzten, insgesamt 480 Personen, wurde auf offener See von Maschinengewehrsalven libyscher Milizen getroffen, die die Flüchtlinge ausrauben wollten. Das Boot bekam 61 Meilen vor Lampedusa und 118 Meilen vor Malta ein Leck. Ein syrischer Arzt, Mohamad Jammo, rief die Seenotrettungszentrale in Rom an und flehte um Hilfe, das erste Mal um 12.39 Uhr mittags: »Bitte beeilen Sie sich!« Doch obwohl andere Boote in der Nähe waren, darunter ein Patrouillenschiff der italienischen Marine in etwa eineinhalbstündiger Entfernung, blieb rechtzeitige Hilfe aus. Die italienische Militärführung gab ihrem Schiff, trotz eindringlicher Bitten auch der maltesischen Behörden, keinen Auftrag zu handeln. Nach fünf Stunden kenterte das Flüchtlingsboot. Nun, viel zu spät, wurde ein Rettungsversuch unternommen, wurden aus der Luft Schwimmwesten ins Wasser geworfen. Etwa 300 Menschen, darunter 60 Kinder, ertranken. Der Arzt, der den Hilferuf abgesetzt hatte, verlor zwei seiner Kinder.

Wenige Tage darauf erklärte die italienische Regierung den Beginn eines nationalen Seenotrettungsprogramms, wie es die Welt noch nicht gesehen hatte: »Mare Nostrum«. Das Ziel: mit fünf Schiffen und drei Flugzeugen des italienischen Militärs in der Nähe Nordafrikas aktiv nach Booten mit Migranten Ausschau zu halten, um Menschenleben zu retten. Im Parlament war die Unterstützung groß. Laura Boldrini, die Präsidentin des italienischen Abgeordnetenhauses, sprach von einem humanitären »Krieg gegen das Meer«. Italien wurde damals von einer Großen Koalition regiert. Innenminister war der Sizilianer Angelino Alfano, Chef der Partei von Silvio Berlusconi. Nur die separatistische Lega Nord unter ihrem neuen Parteivorsitzenden Matteo Salvini griff die Politik der Seenotrettung an.

Begleitet wurde »Mare Nostrum« von einer intensiven Öffentlichkeitsarbeit. 2014 wurde von der Marine ein kurzer Film dazu ausgestrahlt. Man sieht Menschen im Meer, die gegen das Ertrinken ankämpfen, Tote, die im Wasser treiben, und ein Schiff mit einem Deck voller Särge. Dann sieht man Papst Franziskus, der von einer »Schande« spricht, und das anrückende italienische Militär. Im Hintergrund hört man dramatische Musik, die an den Film *Gladiator* erinnert. Das Video hat eine einfache Botschaft: Das Meer ist ein humanitäres Schlachtfeld. Die italienische Marine setzt modernste Technologie und Medizin ein, um Leben zu retten. Der Clip endet mit dem Bild zweier Kinder, die ein Plakat hochhalten mit den Worten: »Thank you Italya«.[14] Im selben Jahr wurde eine siebenteilige Serie über die Retter in Uniform, *Catias Wahl*, im staatlichen Fernsehen ausgestrahlt. Es ist die Geschichte von Catia Pellegrino, der ersten Frau als Kommandantin eines italienischen Militärschiffs. Pellegrino und ihre Männer erscheinen als Helden, Teil einer humanitären Armee von 900 Marinesoldaten, Fregatten und Korvetten, Hubschraubern, Drohnen und Suchflugzeugen.

Das italienische Militär rettete in einem Jahr, in Hunderten von Einsätzen, 82 000 Menschen und brachte sie nach Italien. Andere hinzugezogene Schiffe der Küstenwache oder Carabinieri retteten weitere 40 000. Politiker feierten ihr Militär. Im Oktober 2015, bei einem Besuch des UN-Generalsekretärs in Rom, erklärte Italiens Ministerpräsident Matteo Renzi, Italien sei ein Land, in dem Soldaten auf Kriegsschiffen bei der Geburt jener Kinder assistierten, deren Mütter sie davor vor dem Tod gerettet hätten: »Auf dieses Italien sind wir stolz.«

Zwei Jahre später, im Mai 2017, stellte das italienische Magazin *Espresso* ein Video mit dem Titel »Der Schiffbruch der Kinder« online. Es ging um den tödlichen Unfall im Oktober 2013, bei dem der syrische Arzt Mohamad Jammo seine zwei Kinder verloren hatte: Man hört Telefongespräche zwischen maltesischen und italienischen Beamten der Seenotrettungszentralen und die zunehmend verzweifelten Bitten der syrischen Flüchtlinge um Hilfe. Es ist ein Dokument des Schreckens:

12.39 Uhr
Hallo, wir haben 300 Personen an Bord.
Sind Kinder bei Ihnen?
Etwa 100 Kinder und 100 Frauen und vielleicht 100 Männer.
Sie kommen aus Libyen, oder?
Ja, aus Zuwara. Bitte beeilen Sie sich. Das Wasser kommt rein. Bitte beeilen Sie sich. Beeilung, Beeilung, Beeilung. Bitte beeilen Sie sich.
Mein Herr, bewegen Sie sich, oder stehen Sie still?
Die Wellen bewegen uns. Ich schwöre Ihnen, wir befinden uns in einer echten Notlage. Bitte, ich bin Arzt, bitte.
Was ist das Problem an Bord?
Das Boot geht unter. Ich schwöre Ihnen, im Boot befinden sich etwa zwei Meter Wasser. Am Boden.
Wie lautet Ihr Name?
Mein Name ist Mohamad Jammo. Rufen Sie einen Arzt.
Mein Herr, wiederholen Sie Ihre Position noch einmal ...
Nord 34 20 18. Und Ost 12 42 05.
Okay, danke, mein Herr, danke.

13.17 Uhr
Hallo, bitte, haben Sie jemanden zu uns geschickt?
Hallo, hallo, bitte sprechen Sie, sprechen Sie.
Haben Sie jemanden zu uns geschickt? Wir sind Syrer, etwa 300 ...
Mein Herr, ich habe Ihnen die Nummer der maltesischen Behörde gegeben, weil Sie sich in der Nähe von Malta befinden. Sie befinden sich in der Nähe von Malta, haben Sie mich verstanden?
In der Nähe von Malta? Sind wir in der Nähe von Malta?
Ja, mein Herr, ja.
...

13.48 Uhr

Mein Herr? Hallo, hallo.

Bitte, ich habe Malta angerufen. Sie sagten uns, dass wir näher an Lampedusa sind als an Malta. Ich habe ihnen den Standort genannt. Für uns sind Sie näher dran. Wir sterben, bitte.

Okay, Sie sind, Sie sind …

WIR STERBEN. 300 Menschen, wir sterben.

Haben Sie Malta angerufen? Haben Sie Malta angerufen?

Verlassen Sie uns nicht, unser Guthaben ist verbraucht. Wir sind ohne Guthaben, verstehen Sie mich?

Ja, ich verstehe, ich verstehe.

Wir haben kein Guthaben mehr. Das Telefonguthaben ist aufgebraucht. Es ist fast vorbei.

Ja, ja, ja, ja, ich rufe Malta an, ich rufe Malta an.

Mein Telefonguthaben geht zur Neige. Wenn Sie die Verbindung trennen, haben Sie jetzt meine Nummer, rufen Sie mich bitte an.

…

16.44 Uhr

ROM: Meine Dame, zu Ihrem letzten Fax habe ich einige Fragen an Sie. Sie wissen, dass das Kriegsschiff eine wichtige Einheit bei der Sichtung neuer Ziele im südlichen Gebiet ist. Wenn Sie wollen, dass wir ein Kriegsschiff schicken, um die Leute zu retten … dann werden wir mit unserem Kriegsschiff die Aufgabe haben, sie zur nächsten Küste zu bringen. Und ich glaube nicht, dass dies die beste Vorgehensweise ist. Denn dann hätten wir keine Einheiten in der Gegend, die in der Lage wären, die neuen Ziele auszumachen. Normalerweise …

MALTA: Okay, was ist mit der P 402? Die P 402 und dieses Schiff. Das Kriegsschiff.

ROM: Nein, eigentlich nicht P 402.

MALTA: P 402.

ROM: P 402 ist Ihr Schiff.

MALTA: Nein, P 402 ist ein italienisches Marineschiff. Ich weiß nicht, ob es Ihr Schiff ist.

ROM: *Nun, wahrscheinlich ist es ein Marineschiff und kein Schiff der Küstenwache. Ich bin mir da nicht ganz sicher.*

MALTA: Ah, o. k., kein Schiff der Küstenwache, aber es ist das nächstgelegene. Sie verstehen, dieses Boot. Weil wir ein Flugzeug in der Gegend haben und sie die Migranten gesichtet haben, es sind ungefähr 250. Und das Boot hat anscheinend aufgehört, sich zu bewegen, und sie rufen weiter an. Sie fragen, wann das Schiff kommt. Ihr Schiff ist das nächstgelegene. Wenn Sie Ihr Schiff nicht schicken können, müssen wir sehen, was wir tun müssen. Wir haben auch einem zivilen Schiff gesagt, es solle versuchen, in das Gebiet zu fahren, aber sie sind etwa 70 Seemeilen entfernt.

17.17 Uhr
MALTA: Ich bin die diensthabende Offizierin, unser Flugzeug teilt uns mit, dass das Boot kentert, die Menschen sind im Wasser. Von dem Boot, von dem ich Ihnen erzählt habe. Die Migranten … das Boot ist gesunken.

ROM: *Okay, aber ist es dasselbe Boot?*

MALTA: Es kentert, die Menschen sind im Wasser. Es ist dasselbe Boot, es kentert.

ROM: *Nun, ich habe bereits Anweisungen an die* Nave Libra *weitergegeben. Also …*

MALTA: O. k., bitte sagen Sie ihnen, sie sollen sich beeilen, denn die Menschen sind im Wasser.

ROM: *Sie sind im Wasser, und das Boot kentert.*

17.29 Uhr
(Videoaufnahmen des gekenterten Bootes und der im Wasser treibenden und um Hilfe rufenden Menschen)

Wenige Tage nach der Veröffentlichung des Gesprächsprotokolls leitete ein Untersuchungsrichter im sizilianischen Agrigento eine Untersuchung gegen italienische Militärs wegen unterlassener Hilfeleistung ein. Der Richter erinnerte an die UN-Seerechtskonvention: »Jeder Staat muss verlangen, dass der Kommandant eines Schiffes unter seiner Flagge so weit wie möglich … jedem Hilfe leistet, der in einer Notlage auf See angetroffen wird, und dabei so schnell wie möglich gefährdeten Personen zu Hilfe eilt.« Er unterstrich, dass sich das italienische Militärschiff *Libra* in der Nähe des gefährdeten Boots befunden hatte. Es sei »in der Lage [gewesen], beizeiten und rechtzeitig einzugreifen, um den Ertrinkungstod von 300 Personen zu verhindern, aber diese Hilfeleistung wurde nicht eingeleitet«. Unter den Beschuldigten befand sich auch die Kommandantin der *Libra*, die nicht rechtzeitig zu Hilfe gekommen war: Catia Pellegrino, die Heldin von »Mare Nostrum« und *Catias Wahl*.[15]

Was ist eine unmenschliche Grenze? Eine unmenschliche Grenze ist eine Grenze, an der Menschen in kleinen Booten, die in Seenot geraten, nicht gerettet werden. An der man Menschen, die man retten könnte, ertrinken lässt. Eine humane Grenze ist eine Grenze, an der jeder so handelt wie Carmine Menna. Hier haben wir einen Maßstab, an dem wir festhalten können. Tatsächlich beginnt damit aber erst die Suche nach der richtigen Politik, die sicherstellen kann, dass an Europas Grenzen keine Menschen sterben.

Im Sommer 2017 präsentierte Matteo Renzi, der ehemalige Premierminister, der 2015 noch so stolz auf sein lebensrettendes Militär gewesen war, ein Buch, *Avanti* (Vorwärts), in dem die Frage der Migration eine große Rolle spielte. Renzi forderte, Italien müsse sich in der Migrationspolitik von Schuldgefühlen befreien. Italien könne nicht alle Menschen aufnehmen, denen es schlecht gehe. Migranten sollte vor Ort, in *ihrer* Heimat – »in casa loro« –, geholfen werden. Es war eine Formulierung, die die Italiener kannten. Auch das Argument, dass unbegrenzte Einwanderung zu einer sozialen Katastrophe führen würde, verwendeten Politiker der Opposition seit Langem.

Renzis Argumente spiegelten die radikal neue Politik der von seiner Partei dominierten Regierung wider.[16] Italiens Innenminister, Marco Minniti, verhandelte ab Anfang 2017 intensiv mit libyschen Stammesführern und Milizen. Er wollte, dass Migranten nicht mehr von Libyen aus in See stachen – und dass Gerettete, wenn sie es doch wagten und aufgegriffen wurden, nach Afrika zurückgebracht wurden. Man belebte alte Abkommen mit Libyen aus der Zeit von Silvio Berlusconi wieder. Der italienische Geheimdienst nutzte seine Kontakte im Land. Im Sommer 2017 sank die Zahl der in Italien Ankommenden dramatisch.

Noch 2013 war es italienische Politik, bei der Seenotrettung erst einmal abzuwarten. 2014 war es italienische Politik, proaktiv zu retten. Das stieß damals auf breite Zustimmung, und die Partei von Matteo Renzi, die sich dafür eingesetzt hatte, feierte bei der Europawahl 2014 einen Triumph. Doch 2017 wurde es wieder italienische Politik, sich aus der Seenotrettung zurückzuziehen. In Umfragen 2018 sprach sich eine Mehrheit der Italiener dafür aus, Migration über das Mittelmeer möglichst ganz zu stoppen. Und im Juni 2018 wurde jener Politiker, der sich seit Jahren am schärfsten gegen die Seenotrettung ausgesprochen hatte, Matteo Salvini, Innenminister. Vor allem aufgrund seiner harten Politik war er immens populär. Was war geschehen? Was erklärt derart starke Schwankungen? Hatte die italienische Gesellschaft in wenigen Jahren ihre Empathiefähigkeit verloren?

Im Herbst 2013 erklärte Enrico Letta, der damalige italienische Ministerpräsident, es sei nicht hinnehmbar, dass das Mittelmehr zum »Todesmeer« werde. Seenotrettung bis vor die Küste Libyens im Rahmen der Operation »Mare Nostrum« sollte das Sterben im Mittelmeer verhindern. Die Mission begann im Oktober 2013 und dauerte zwölf Monate. Bis heute wird »Mare Nostrum« von vielen als Sternstunde empathischer europäischer Politik gelobt. Manche wollen sogar europäische Politiker vor Gericht bringen, weil sie sich im Herbst 2014 dafür eingesetzt haben sollen, dass Italien die Operation nicht verlängerte. Allerdings starben in der zweiten Hälfte dieser Operation, von Mai bis Oktober 2014, als Catia Pellegrino und ihre Männer von einem Kamerateam begleitet wurden, laut der Internationalen Organisation für Migranten (IOM) 3029 Menschen auf dem Meer zwischen Nordafrika und Italien. Damit wurden diese sechs Monate zum tödlichsten Halbjahr in Friedenszeiten in der Geschichte des zentralen Mittelmeeres. Nie zuvor waren hier so viele Menschen in sechs Monaten ums Leben gekommen.

Im Oktober 2014 wurde »Mare Nostrum« durch eine kleinere EU-Mission ersetzt, die Seenotrettung nicht mehr als ihre Hauptaufgabe definierte. In den sechs darauffolgenden Monaten starben weiterhin Menschen – insgesamt 1704, davon fast die Hälfte bei einem einzigen Unfall im April 2015. Direkt nach dem Unglück erklärte der UN-Hochkommissar für Menschenrechte, Said Raad al-Hussein, diese Toten seien das Resultat »eines monumentalen Mangels an Mitgefühl«.[17]

Die EU berief einen Sondergipfel ein. Die Kommission entwarf eine Strategie. In den deutschen Medien wurde das Ende von »Mare Nostrum« 2014 im Nachhinein als ursächlich für den Unfall beschrieben. *Bild* zitierte den deutschen Verein Pro Asyl: »Auf die italienische Großtat folgt nun Europas Schande!«[18] Und prangerte die Kälte von Beamten in Brüssel an, die im November 2013 geschrieben hatten, dass es einen »kontraproduktiven Pull-Faktor« geben könne. *Bild* schrieb: »Klartext des eiskalten EU-Diplomaten-Kauderwelschs: Wenn wir Flüchtlinge aus Seenot retten, führt das nur dazu, dass noch mehr in See stechen.« Der *Spiegel* schrieb im April 2015 über eine »Chronik einer angekündigten Katastrophe«. Und weiter: »Die Frage, wer Schuld hat am Tod so vieler Menschen und wer welchen Teil der Verantwortung trägt, ist nicht leicht zu beantworten. In jedem Fall führt sie auch in die Hauptstädte Europas.«[19] Im April 2015 sprach Innenminister de Maizière im Bundestag von Bildern, die sich »in unsere Herzen eingebrannt« hätten. Er betonte: »Seenotrettung ist das

Erste, Wichtigste und Dringlichste, was unverzüglich beginnen muss.«

Überall wurde nun mehr Seenotrettung gefordert. Dazu wurde auch eine neue EU-Mission – später Sophia genannt – ins Leben gerufen. So kehrte eine Koalition europäischer Staaten im April 2015 zum Ansatz von »Mare Nostrum« zurück. In den darauffolgenden zwei Jahren befanden sich die meisten Seenotretter in der Geschichte des Mittelmeers vor Libyen, koordiniert von der Seenotrettungsleitstelle in Rom, eine Armada aus italienischen und europäischen, staatlichen und privaten Booten. Die Zahl der Boote zwischen Libyen und Italien wuchs schnell. Noch nie gab es so viele Rettungsschiffe und so viele von der italienischen Küstenwache koordinierte Rettungsaktionen, allein 2016 wurden mehr als 181 000 Menschen nach Italien gebracht. Und erneut scheiterte die Strategie zur Verhinderung von Toten.

Die Zahl der Ertrunkenen erreichte einen tragischen Höchststand: Neben das *tödlichste Halbjahr* von Mai bis Oktober 2014 traten das *tödlichste Jahr* 2016 mit 4581 Toten und die tödlichsten *zwei Jahre* von Mai 2015 bis April 2017.

Aus diesen Zahlen folgt eine offensichtliche Erkenntnis: Je mehr Menschen sich in klapprige Holz- und Schlauchboote setzten, desto mehr Menschen starben. Manche fürchteten, diese Erkenntnis werde in eine Rechtfertigung dafür münden, Menschen ertrinken zu lassen. So kam es zu immer komplizierteren Argumenten, die die absoluten Zahlen von Toten durch Prozente ersetzten. Zu Ende gedacht, liefen sie darauf hinaus, es wäre besser, 100 von 1000 Menschen würden im Mittelmeer ertrinken als 2 von 4, denn im ersten Fall wären nur 10, im zweiten 50 Prozent der Aufgebrochenen gestorben. Doch diese Argumente überzeugten immer weniger Menschen in dem Land, das sich jahrelang für Seenotrettung eingesetzt hatte wie kein zweites: Italien. Nun verstummten viele Politiker. Salvini, der seit Jahren *jede* Form von Rettung, staatlich oder privat, außerhalb von Italiens Rettungszone bekämpft hatte, stieg zum einflussreichsten Politi-

Tote im zentralen Mittelmeer pro Monat 2014–2019[20]

	2014	2015	2016	2017	2018	2019
Januar	0	67	90	225	215	152
Februar	9	336	7	217	121	6
März	1	53	258	300	23	56
April	50	**1480**	611	279	20	52
Mai	**329**	95	1130	621	11	65
Juni	**314**	5	388	529	564	27
Juli	**839**	206	208	68	157	301
August	**616**	652	40	143	19	167
September	**813**	76	341	102	130	19
Oktober	**118**	163	431	167	7	91
November	18	8	703	193	24	279
Dezember	58	8	374	9	23	47
Gesamt	**3165**	**3149**	**4581**	**2853**	**1314**	**1262**

Die zweite Hälfte von »Mare Nostrum« war von Mai bis Oktober 2014. Die Politik des neuen Innenministers der Großen Koalition in Rom reduzierte Abfahrten aus Libyen und Tote ab Juli 2017. Matteo Salvini wurde im Juni 2018 Innenminister.

ker des Landes auf. Bei der Europawahl im Mai 2014 hatte Salvinis Lega nur 6 Prozent der Stimmen gewonnen. Im März 2018 erreichte sie bei Parlamentswahlen 17 Prozent. Im Juni wurde Salvini in Koalition mit der Fünf-Sterne-Bewegung Vizepremier- und Innenminister. Am 10. Juni erklärte er auf Twitter Italiens Häfen für alle Seenotretter für geschlossen. Einen Tag später lobte er im Senat in Rom seinen Vorgänger als Innenminister, Marco Minniti, der 2017 die Kooperation mit Libyen erneuert hatte, und bekundete sein Mitgefühl für junge Afrikaner, die von Menschenhändlern missbraucht wurden. Die NGOs, die sich für Seenotrettung eingesetzt hätten, sagte er in Interviews, hätten das

Problem im Mittelmeer verschärft: »Ich würde dieses Konzept gern in Ruhe den Menschen erklären, die ja nicht unbedingt immer aus böser Absicht in diesem Bereich engagiert sind. Wenn ihr aber hingeht, um sie abzuholen, provoziert ihr weitere Abfahrten. Wenn ihr weitere Abfahrten provoziert, steigert ihr die Gewinne der Menschenhändler. Wenn die Schmuggler mehr Geld haben, können sie sich mehr Waffen und Drogen beschaffen. Und hauptsächlich wird es mehr Tote auf See geben. Hingegen haben sich die Todesfälle im Mittelmeer inzwischen, seitdem im Innenministerium der ach so schlimme Salvini sitzt, drastisch verringert.«[21]

Immer mehr Italiener stimmten ihm zu. Im Juli 2018 war Salvini laut einer in der italienischen Tageszeitung *Il Giorno* veröffentlichten Umfrage bereits der beliebteste Minister in Italien. Im selben Monat hob Salvini bei der jährlichen Kundgebung seiner Partei im norditalienischen Pontida nationalistische Anti-Immigrations-Parteien in ganz Europa hervor. Er lobte die Französin Marine Le Pen und den Ungarn Viktor Orbán, aber auch Donald Trump und Wladimir Putin, und kündigte europäische Ambitionen an: »Ein internationales Bündnis von Populisten. Ich werde die Hauptstädte bereisen, und nicht nur die europäischen, um eine Alternative zu diesem Europa zu schaffen, das auf Ausbeutung … und Masseneinwanderung beruht.«[22] Salvinis Lega überholte sowohl die Demokratische Partei von Matteo Renzi als auch die Protestpartei Fünf Sterne und wurde bei den Wahlen zum Europäischen Parlament im Mai 2019 mit 34 Prozent zur stärksten Partei Italiens. Und auch als Salvini sein Amt im August 2019 wieder verlor, blieb seine Partei die beliebteste Partei des Landes.

Wie kam es zu dieser radikalen Wende in der italienischen Debatte über Seenotrettung? Tatsächlich hatte es seit 2013 in ganz Europa eine Diskussion mit zwei scheinbar unversöhnlichen Positionen gegeben. Die eine: Es gibt *keinen* Pull-Faktor. Rettungsboote reduzieren die Zahl der Toten, weil jedes Schiffbrüchige vor dem sicheren Tod rettet. Dadurch ertrinken weniger Menschen. Die andere: Rettung *schafft* einen Pull-Faktor. Man solle die Zahl der Rettungsboote reduzieren, dann würden sich weniger Menschen in Boote setzen, die gar nicht imstande seien, Italien oder Malta zu erreichen. Dadurch würden weniger Menschen ertrinken. Doch beide Positionen sind irreführend.

Die Vorstellung, erst die Seenotrettung habe zu Toten geführt, war offensichtlich falsch. Zu viele Tote hatte es schon lange vor »Mare Nostrum« gegeben. Doch die gegenteilige Idee, man müsse vor allem mehr Seenotretter losschicken, um Menschenleben zu retten, war nun ebenfalls diskreditiert. Tatsächlich hielt auch die italienische Regierung, die nach dem Rücktritt von Matteo Salvini ins Amt kam, an der Kooperation mit Libyen und der ablehnenden Politik gegenüber der Seenotrettung fest.

Mit welcher anderen Politik hätten Italiens und Europas Politiker auf die Unfälle 2013 und 2015 reagieren können, sodass tatsächlich weniger Menschen ertrinken? Auch der Optiker Carmine Menna stellte sich angesichts der Toten, die ihn im Traum verfolgten, diese Frage: »Er wusste, dass Europa nicht jeden einzelnen Menschen willkommen heißen konnte, der sich ein besseres Leben wünschte, doch zu diesem Schlamassel musste es eine Alternative geben. Von seiner Internetrecherche wusste er, dass die meisten Eritreer, die in Europa ankamen, automatisch Asyl erhielten … Warum also zwang man sie dazu, diese tückische Reise zu unternehmen? Es war wie ein teuflisches Ausleseverfahren: Meistere diesen tödlichen Hindernislauf und zack! hast du dir einen Platz im Paradies verdient.«[23] Eine unmenschliche Grenze ist eine, an der Menschen Seenotrettung verweigert wird. Es ist eine, an der jedes Jahr Tausende ertrinken. Und es ist eine, die Flüchtende zu einem *tödlichen Hindernislauf* zwingt.

Die Schweizer Grenze und Refoulement

Die europäische Diskussion über Grenzen wird seit Jahren von populären Trugschlüssen bestimmt, von Wahrnehmungen, die oberflächlich plausibel klingen, aber nicht plausibel sind. Der französische Schriftsteller Gustave Flaubert hat sie als Idées reçues bezeichnet, als formelhafte Klischeevorstellungen. Ihre Dominanz wird gefördert durch die Angewohnheit, Flucht und Migration als Phänomene in der Sprache der Physik und Hydraulik zu beschreiben: Da geht es um Pull- und Push-Effekte, um Dämme, die Ströme stoppen, und um biblische Fluten, so stark, dass ihnen kein Damm gewachsen ist. Aus diesen Bildern erwächst ein weit verbreitetes Klischee, das sich viele derjenigen zu eigen machten, die Migrationskontrolle als unmoralisch ablehnen. Sie erklären, dass solche Kontrollen von vornherein zum Scheitern verurteilt seien. Sei der Druck zur Flucht und Abwanderung erst einmal groß genug, sei das Überschreiten von Grenzen nicht mehr zu verhindern.

2016 schrieb der britisch-polnische Soziologe Zygmunt Bauman einen *Essay über Migration und Panikmache*. Er prophezeite, dass die derzeitige Massenmigration »nicht so bald zum Stillstand kommen« werde, denn sie sei das Resultat globaler Ungleichheiten. Die Weltbevölkerung verhalte sich, so Bauman, »wie eine Flüssigkeit in kommunizierenden Röhren«. Die Zahl der Immigranten steige, bis ein Gleichgewicht erreicht sei und sich die Wohlstandsniveaus in den »entwickelten« und den »in Entwicklung befindlichen« Teilen der globalisierten Welt angeglichen hätten.[24] Daher sei die Errichtung von Mauern zur Abwehr von Migranten »lächerlich«, man brauche es erst gar nicht versuchen. Auch der Autor Sascha Lobo argumentierte jüngst so: »Migration wird weder mit Gewalt noch mit Geld gestoppt werden können … Migration ist unaufhaltsam, auch deshalb, weil sie heute mit der Kraft der Vernetzung geschieht.«[25] Auch Rechte und Rechtsextreme, so Lobo, würden daran scheitern. Sie »setzen auf Abschreckung, Zäune und Gewalt. Aber auch das ist – neben todbringender Menschenfeindlichkeit – ein Trugschluss. Die Wahrheit ist, Migration lässt sich nicht verhindern, auch nicht gewaltsam.«[26]

Die politische Botschaft hinter solchen Analysen ist eindeutig: Glaubt nicht den Festungsbauern, die Abschottung versprechen, denn diese ist unmöglich. Das Wünschenswerte, offene Grenzen, ist auch das migrationswissenschaftlich erwiesenermaßen Unvermeidliche. Denn, so Lobo 2019: »Mehrere Millionen Menschen haben einen regelrechten Ring des Migrationsdrucks rund um Europa entstehen lassen.« Diesem Druck könne kein Staudamm widerstehen.

Das Problem an diesem Bild ist: Es ist falsch. Es beruht auf Wunschdenken. Und es lenkt so von der Herausforderung ab, zu humanen Grenzen zu gelangen. Denn entschlossene Grenzkontrolle kann funktionieren. Nicht technisches Unvermögen oder irgendein Naturgesetz der Migrationsphysik hält Regierungen davon ab, größere Migrationsbewegungen zu stoppen, sondern ihre Werte und die Interessen, die sie verfolgen.

Genau das zeigte sich in tragischer Weise vor etwa 80 Jahren mitten in Europa. Damals spielte sich an den Grenzen der Schweiz eines der großen Flüchtlingsdramen der europäischen Geschichte ab. Im Jargon der heutigen Migrationsliteratur bestand in den Nachbarländern der Schweiz in jenen Jahren ein hoher, kaum zu steigernder »Migrationsdruck«. Es gab viele Menschen, die ihre Heimat verlassen mussten, um ihr Leben zu retten: Juden und Roma, aber auch verfolgte politische Gegner der Nationalsozialisten, sexuelle Minderheiten und Glaubensgemeinschaften. Zwischen 1938 und 1945 versuchten Schutzsuchende, heimlich die Schweizer Landesgrenze zu überqueren, da ihnen die legale Einreise verweigert wurde. Zehntausende wurden abgewiesen und zurückgeschickt. Für viele bedeutete dies den Tod.

Im März 1938 brach nach dem »Anschluss« Österreichs eine

Orgie der Gewalt über die Wiener Juden herein, mit Verhaftungen, Enteignungen und alltäglichem Terror.[27] Der deutsche Schriftsteller Carl Zuckmayer, der damals in Wien lebte, war fassungslos angesichts der Zerstörungswut, die er als einen »Hexensabbath des Pöbels und ein Begräbnis aller menschlichen Würde« beschrieb. Zuckmayer tat das offensichtlich Vernünftige und floh binnen weniger Tage mit dem Zug in die Schweiz.

Die Vertreibung aller Juden durch Terror wurde nun zum Ziel nationalsozialistischer Politik. In Wien leitete Adolf Eichmann ab August 1938 die »Zentralstelle für jüdische Auswanderung« der SS. Die Israelitische Kultusgemeinde wurde gezwungen, jene zu registrieren, die Österreich verlassen sollten.[28] Manche, die fliehen wollten, wurden sogar von der Gestapo auf unbewachten Wegen an die Schweizer Grenze geführt. Sie mussten ihr Eigentum zurücklassen und wurden gewarnt, dass sie bei einer Rückkehr in ein KZ gebracht würden.[29] Brutale Repression beschleunigte die Abwanderung und wurde von Monat zu Monat schlimmer. Das Pogrom der »Reichskristallnacht« in der Nacht vom 9. November 1938 führte zu massenhaften Verhaftungen. Allein in Wien wurden 42 Synagogen zerstört, mehr als 4000 jüdische Geschäft geschlossen und mehr als 6500 Juden verhaftet. Überall im Reich wurden sogenannte »Aktionsjuden« in KZs gebracht, etwa 6000 ins KZ Sachsenhausen im Norden von Berlin. Wer angeben konnte, ein Visum für die Emigration zu haben, hatte in jenen Tagen noch die Gelegenheit, wieder aus dem KZ herauszukommen.[30] Damit waren die Absichten des NS-Regimes auch für die Nachbarstaaten klar. Wenige Tage nach dem November-Pogrom erklärte der Staatssekretär im deutschen Auswärtigen Amt, Ernst von Weizsäcker, dem Schweizer Gesandten in Paris, die über 500 000 Juden, die in Deutschland lebten, müssten »unbedingt irgendwohin abgeschoben werden, denn sie könnten nicht in Deutschland bleiben. Wenn jedoch, wie bisher, kein Land bereit ist, sie aufzunehmen, so gingen sie eben über kurz oder lang ihrer vollständigen Vernichtung entgegen.«[31]

Im September 1939 begann der Zweite Weltkrieg. 1940 wurden Frankreich, die Niederlande, Belgien, Luxemburg und Dänemark von der deutschen Armee besetzt. Ab Oktober 1941 verbot das NS-Regime dann jede Ausreise von Juden. Die grausame Logik der Vertreibung wurde ersetzt durch die mörderische Logik der Vernichtung. Zu diesem Zeitpunkt war die systematische Ermordung von Juden in Osteuropa bereits in vollem Gang. Im Januar 1942 wurde bei der Wannseekonferenz in Berlin die Organisation der Tötung von elf Millionen Juden in ganz Europa besprochen. Im Juni 1942 begannen Deportationen aus Frankreich in die KZs. Nun gab es in Mitteleuropa keinen Ort mehr, außer der Schweiz, an dem Juden in Sicherheit waren.

Man kann sich keinen stärkeren Anreiz – im unglücklichen akademischen Jargon: keinen stärkeren »wanderungsfördernden Faktor« – zur Flucht vorstellen als diese Situation. Doch tragischerweise bedeutete die Notwendigkeit, über Grenzen fliehen zu müssen, keineswegs die Möglichkeit dazu. Denn auch die Schweizer Strategie ab 1938 war klar: Die Einwanderung von Juden war unerwünscht und sollte bekämpft werden. Das dafür zuständige Eidgenössische Justiz- und Polizeidepartement (EJPD) informierte am 31. März 1938 die Kantone und Botschaften: Man müsse »Überfremdung« und den Zuzug von »wesensfremden Elementen« verhindern.

Heinrich Rothmund war ab 1929 der für Fragen der Einwanderung zuständige Chef der Polizeiabteilung im EJPD. Er war auch überzeugter Antisemit. 1938 teilte er einem Politiker mit: »Aber dass wir uns nicht auf der Nase herumspazieren lassen, ganz besonders nicht von Ostjuden ... darin dürfte sich unsere Auffassung wohl gänzlich mit derjenigen unseres Schweizervolkes decken.«[32] Im Januar 1939 schrieb Rothmund in einem Bericht: »Wir haben nicht seit zwanzig Jahren mit dem Mittel der Fremdenpolizei gegen die Zunahme der Überfremdung und ganz besonders gegen die Verjudung der Schweiz gekämpft, um uns heute die Emigranten aufzwingen zu lassen.«[33]

Und so machte sich Rothmund im Auftrag der Regierung an die Arbeit. In den drei Wochen nach dem »Anschluss« Österreichs hatten es etwa 4000 österreichische Juden gerade noch geschafft, mit ihrem regulären Pass in die Schweiz zu fliehen. Damit war es nun vorbei: Am 1. April 1938 wurde ein Visazwang für österreichische Pässe eingeführt. Mehr als 14 500 im Ausland bei Botschaften und Konsulaten gestellte Einreiseanträge von Schutzsuchenden wurden in den folgenden Jahren abgelehnt.[34] Juden sollten nur noch in die Schweiz reisen dürfen, wenn garantiert war, dass sie diese schnell in Richtung eines anderen Landes auch wieder verlassen würden. Die einzige Migration, die die Schweiz zuließ, war Transitmigration.

Dennoch kamen über den Sommer 1938 weiterhin viele Hundert jüdische Flüchtlinge über die grüne Grenze in die Schweiz, nicht zuletzt am Altrheinbogen bei Hohenems zwischen Vorarlberg und dem Kanton St. Gallen. In Wien sprach sich herum, dass man dort über die Grenze käme. Und tatsächlich wurden dort im Juli und August Flüchtlinge am Bahnhof von der Gestapo in Empfang genommen, aller Wertsachen beraubt und mit den erlaubten 10 Reichsmark in Richtung Grenze geschickt.

In der Schweiz sorgte diese Fluchtbewegung für harte Reaktionen. Die Grenzbewachung wurde verschärft. Rothmund wandte sich an die deutsche Regierung. Im August 1938 schrieb er in einem Papier für den Schweizer Bundesrat, es sei Zeit, »dass Deutschland zur Vernunft gebracht wird und die illegale Zureise von Emigranten ein für allemal verhindert«.[35] Um Juden bei der Einreise zu identifizieren, einigten sich Bern und Berlin im Herbst 1938 darauf, dass das NS-Regime allen Juden ein rotes »J« in den Pass stempelte.

Des Weiteren wurden Grenzkontrollen verschärft und Fluchthelfer bestraft. 1939 erklärte die Schweiz eine Zone entlang der Grenze bei Basel zum militärischen Sperrgebiet, in dem bei jedem Fluchtversuch geschossen werden würde. Auch Fluchthelfer wurden an allen Grenzen verfolgt. Ein Fischer, der Flüchtlingen am Genfer See half, wurde von einem Schweizer Beamten tödlich verletzt. Der Zollbeamte Robert Matthey wurde zu acht Monaten Haftstrafe auf Bewährung verurteilt, weil er 1942 eine österreichische Jüdin nicht zurück nach Frankreich abgeschoben hatte.

Als wichtigste Maßnahme drang Rothmund auf die Abschiebung aller Juden, die versuchten, die rettende Schweiz über die grüne Grenze zu erreichen. Die Weisung der Regierung vom 7. September 1938 war eindeutig: Alle Flüchtlinge ohne Visum, insbesondere diejenigen, »die Juden oder sehr wahrscheinlich Juden sind«, waren mit dem Vermerk »zurückgewiesen« (refoulé) in ihren Pässen zurückzuschicken.[36] Unzählige Unglückliche wurden an der Grenze gestoppt und den deutschen Behörden übergeben. Aber auch diejenigen, deren Weiterreise aus der Schweiz ins Stocken geriet, mussten eine Abschiebung fürchten. Wie die Familie von Bertold Berger, einem Zahntechniker aus Wien, dem im Herbst 1938 mit seiner Frau Trude und den Kindern Heinz und Fredi noch die Flucht über die grüne Grenze in die Schweiz gelungen war: »In einem Auffanglager warten sie auf ein Visum für Uruguay. Doch die Familie wird nach etlichen Monaten aus der Schweiz ›ausgeschafft‹ – nur wenige Tage danach trifft das Visum ein. Die ganze Familie Berger wird in ein Vernichtungslager im besetzten Polen deportiert und umgebracht.«[37] Im September 1942 übergab die Genfer Heerespolizei einen jüdischen Flüchtling den Deutschen sogar mit dessen Vernehmungsprotokollen über Kontakte im holländischen Widerstand.[38] Und nicht nur Juden wurden ihren Henkern ausgeliefert. Im September 1941 teilte das Armeekommando den zuständigen Stellen mit, dass »Russen«, seien es Offiziere, Zivilisten oder Soldaten, »die sich an der Grenze einfinden, mit sofortiger Wirkung wieder an die Grenze zurückzuschieben« seien.[39] Auch Roma wurden zurückgeschickt, ebenso polnische oder ukrainische Zwangsarbeiter, die entkommen waren. Diese wurden meist sofort vom NS-Staat hingerichtet. Der Schweizer Diplomat Walter Stucki schrieb 1941 vor dem Hintergrund der Ereignisse in Europa:

»Das Recht hat den größten Teil seiner Macht verloren und die Macht dominiert das Recht.«[40]

Wussten die Politiker, die diese Anweisungen gaben, was sie für die Abgewiesenen bedeuten würden? Ja, sie wussten es. Bereits im Juli 1938 schrieb Rothmund in einem Bericht an seinen Vorgesetzten über die »unmenschliche, ausgeklügelt grausame Behandlung der Juden in Deutsch-Österreich«.[41] Im Juli 1942 beschrieb ein interner Bericht seiner Behörde die Lage der Juden als »derart grässlich, dass man die verzweifelten Versuche der Flüchtlinge, solchem Schicksal zu entrinnen, verstehen muss und eine Rückweisung kaum mehr verantworten kann«.[42] Am 12. August 1942 schrieb eine Schweizer Tageszeitung über die Lage im von Deutschland besetzten Europa: »Man ist dabei, eine Rasse systematisch auszurotten.« Am 30. August wandte sich der für die Polizei zuständige Bundesrat und Rothmunds direkter Vorgesetzter, Eduard von Steiger, in Zürich an 8000 Schweizer Jugendliche. Er erklärte, warum die Schweiz niemanden aufnehmen könne und warum dies die einzig *menschliche* Politik sei: »Wer ein schon stark besetztes kleines Rettungsboot mit beschränktem Fassungsvermögen und ebenso beschränkten Vorräten zu kommandieren hat, indessen Tausende von Opfern einer Schiffskatastrophe nach Rettung schreien, muss hart scheinen, wenn er nicht alle aufnehmen kann. Und doch ist er noch menschlich, wenn er beizeiten vor falschen Hoffnungen warnt und wenigstens die schon Aufgenommenen zu retten sucht.«[43]

Besaßen diejenigen, die diese Anweisungen durchführten, keine Empathie? Doch, viele hatten Empathie. Polizisten, Bewohner der Grenzregionen, kantonale Politiker in Basel, Schaffhausen oder St. Gallen. Doch es nützte wenig. Die Tochter eines Zollbeamten erinnerte sich an ihren Vater, der Ende 1938 in Basel mehrmals Flüchtlinge an die Grenze zurückbrachte, wo sie mit Tritten und Schlägen empfangen wurden: »Es war ja so viel einfacher für jene, die in Bern saßen, Verordnungen herauszugeben – ausführen mussten es die andern.«[44] Ein anderer Grenzwächter erklärte: »Manchmal konnte man helfen … Aber sehr viele Menschen mussten wir zurückweisen. Männer, Frauen, auch Kinder. Es war ein verdammt harter Beruf.«[45] Der Sohn eines Grenzwächters bei Basel erzählte später über seinen Vater: »Sehen Sie, wenn einer einmal 150 jüdische Flüchtlinge – die meisten davon Kinder und Frauen – über die Grenze zurückschicken musste, und er weiß, die werden erschossen und vergast … das kann man nicht vergessen. Das kommt dann jede Nacht wieder.«[46] Der ehemalige Vorsteher des Schweizer Zolls beschrieb herzzerreißende Szenen, »die es den Grenzwächtern schwer oder unmöglich machten, die Rückweisungen durchzuführen. In diesen Fällen war die Lage des Zollbeamten besonders schwierig, da er einerseits Befehle ausführen musste, die er aus humanitären Gründen missbilligte, andererseits weil die Zivilbevölkerung, die Zeuge solcher Vorgänge war, immer für die Flüchtlinge Partei ergriff.«[47] Er merkte an, dass selbst die Polizeibehörden, wurden sie persönlich von Flüchtenden um Hilfe angefleht, oft »zugunsten der Opfer entschieden«.

Das galt auch für Heinrich Rothmund. Anfang August 1942 besuchte dieser mit hohen Beamten die Grenze zum besetzten Frankreich. Seine Gruppe hatte einen Anruf von einem Grenzposten erhalten. Was dann geschah, beschrieb er in einem Bericht an seinen Minister: »Wir fuhren hin und fanden polnische und belgische Juden, alle aus Brüssel … Es handelte sich an beiden Orten um eine recht wenig erfreuliche Gesellschaft. Ich überlegte mir, ob ich die Rückweisungen verfügen sollte … Ich wollte aber nicht einen Entscheid aus dem Handgelenk treffen und hätte es offen gestanden auch nicht über mich gebracht, da zwei herzige Kinder dabei waren, da ich doch noch glauben musste, die Leute wären in Lebensgefahr bei einer Rückweisung.«[48] Im Angesicht »herziger Kinder« wollte auch Rothmund seine eigene Politik nicht umsetzen. Das tat er erst wieder an seinem Schreibtisch in Bern.

Wie viele Menschen wurden Opfer dieser Politik? Man weiß es

Der Grenzschließer: Heinrich Rothmund, von 1929 bis 1954 der Chef der Schweizer Fremdenpolizei, hier im August 1941 in seinem Büro. Er setzte eine Strategie um, die Flucht von Juden und anderen vor dem nationalsozialistischen Regime in die Schweiz zu verhindern um diese so vor »Überfremdung« zu schützen. Er war dabei tragisch erfolgreich. [1]

nicht, denn nach dem Krieg wurden die Zurückweisungsakten der Behörden vernichtet. Eine unabhängige Expertenkommission sprach 1999 von 24 400 belegten Abschiebungen.[49] Der Historiker Jacques Picard vermutete, dass »aufgrund der Abschreckungspolitik der Schweiz« bis zu 90 000 Flüchtlinge direkt oder indirekt »in den Tod geschickt wurden«.[50]

Aus der Sicht Rothmunds hingegen war seine Strategie ein großer Erfolg. Im November 1942 schrieb Rothmund stolz an seinen Vorgesetzten: Es »kam die Nacht vom 9. November 1938 mit besonders hässlichen Judenverfolgungen. Das hatte zur

Folge, dass Basel und St. Gallen trotz unserer ständigen Proteste noch einige hundert illegal eingereiste Flüchtlinge aufnahmen. Dann gab es endlich Ruhe.«[51]

Der »Erfolg« Rothmunds lässt sich in Zahlen fassen. Von Beginn des Krieges im September 1939 bis zum Ende desselben Jahres wurden nur 45 Zivilflüchtlinge in der Schweiz aufgenommen. 1940 waren es 47. Im Jahr darauf 120. Während des gesamten Krieges wurden insgesamt etwa 21 000 jüdische Zivilflüchtlinge aus ganz Europa aufgenommen, die allermeisten erst 1944 und 1945. Darunter waren nur 2203 Juden aus Deutschland und Österreich, etwa ein Prozent der 230 000 deutschen und österreichischen Juden, die im Holocaust ermordet wurden.

Es gelang dem Eidgenössischen Justiz- und Polizeidepartement sogar, die »Überfremdung« des Landes, trotz der außergewöhnlichen Bedingungen jener Jahre, abzuschwächen. So sank der Anteil der ausländischen Wohnbevölkerung in der Schweiz, der 1910 noch bei 15 Prozent gelegen hatte, zwischen 1930 und 1941 von 9 auf 5 Prozent.[52] Dass es 1960 wieder 17 Prozent sein würden, erlebte der 1961 gestorbene Rothmund noch. 2016 waren 25 Prozent der Schweizer Wohnbevölkerung Ausländer.

Doch Rothmund war mit seiner Strategie weder in der Schweiz noch international isoliert. Damit seine Politik umgesetzt werden konnte, war ein breiter politischer Konsens notwendig. Und diesen gab es: im Bundesrat, bei kantonalen Regierungen, in der Militärführung und unter den meisten Diplomaten. Überdies handelten andere Demokratien nicht anders. Die Niederlande verschärften 1938 ihre Grenzkontrollen und brachten an Weihnachten einen Bus mit 70 jüdischen Flüchtlingen zurück ins »Dritte Reich«. Belgien bat die Regierung in Berlin, eine Barrikade an der Grenze zu bauen, um Juden an der Ausreise in ihr Land zu hindern. Auch an der belgischen Grenze wurden Juden abgeschoben.

Und dann war da noch das Fiasko der Konferenz in Évian. US-Präsident Roosevelt hatte sie kurzfristig anberaumt, und so kamen in dem französischen Kurort am Genfer See im Juli 1938 200 Delegierte aus 32 Nationen zusammen – 9 aus Europa, 20 aus Lateinamerika und 3 aus dem Britischen Empire –, dazu Vertreter von 39 Nichtregierungsorganisationen.[53] Der Gedanke, den Roosevelt kurz nach dem »Anschluss« Österreichs zur Rettung der 500 000 deutschen Juden entwickelte, war einfach: »Plötzlich kam mir eine Idee: warum nicht alle demokratischen Staaten zusammenbringen, um die Last untereinander aufzuteilen?«[54] Das Problem dabei war, dass die USA selbst nicht bereit waren, mehr zu tun. Meinungsumfragen zeigten eine skeptische Bevölkerung. Der Chef der US-Delegation erklärte gleich zu Beginn des Treffens in Évian, dass die Vereinigten Staaten nicht gewillt seien, ihre eigene Quote von 27 370 Einwanderern aus Deutschland und Österreich pro Jahr zu erhöhen. Großbritannien erklärte daraufhin, man sei bereit, »so viel zu helfen, wie Amerika zu helfen bereit war«. Man könne sich die Einwanderung »ausgewählter Familien« in bestimmte Gegenden Ostafrikas vorstellen.[55] Der niederländische Delegierte erklärte: »Unsere Regierung lehnt im Moment die Aufnahme von Flüchtlingen ab. Mit einigen wenigen Ausnahmen.«[56] Der Delegierte Kanadas sagte: »Man wird zweifellos verstehen, dass wir, die wir kein wirkliches Rassenproblem haben, auch nicht wünschen, ein solches bei uns einzuführen.«[57] Frankreich wollte eine faire Verteilung: »Während Frankreich fast die Hälfte der Flüchtlinge betreute, hatten die USA … kaum jemanden genommen.«[58] So wurde offensichtlich, dass kein Staat bereit war, mehr zu helfen. Kein Land verpflichtete sich zur Aufnahme einer konkreten Zahl von Emigranten. Nur der Vertreter des Diktators der Dominikanischen Republik bot an, bis zu 100 000 Flüchtlinge anzusiedeln.[59] Woran es unter den Delegierten in Évian nicht fehlte, war Mitgefühl. Die Abgesandten von Nicaragua, Costa Rica, Honduras und Panama erklärten ihre volle »moralische Unterstützung für die großzügige Initiative« Roosevelts.[60] Der irische Delegierte hatte »tief empfundenes Mitgefühl für die Flüchtlinge«. Schweden war besorgt über das »unglückliche und oft tragische Schicksal« der Flüchtlinge.[61] Und auch Heinrich Rothmund, der die Schweiz vertrat, sprach von seinem »größten Mitgefühl« für die jüdischen Flüchtlinge.[62]

Der *Völkische Beobachter* höhnte, man habe der Welt die Juden angeboten, aber keiner habe sie gewollt.[63] Nicht nur das NS-Regime fühlte sich ermutigt. Nach diesem Desaster konnte sich jedes Land hinter den anderen verstecken, um seine Politik der Abschottung zu rechtfertigen.

Da es zu dieser Zeit kein international verpflichtendes Flüchtlingsrecht gab, stand es aus Sicht der Regierung in Bern jedem Staat frei, andere aufzunehmen oder abzuweisen. Asyl wurde *gewährt*, Rechtsanspruch gab es keinen. Es fehlten verbindliche Kriterien der Schutzbedürftigkeit. So beschloss die Schweiz vor dem Krieg, nur »politische Flüchtlinge« aus Deutschland aufzunehmen. Diesen Status erhielten im ganzen Krieg nur 644 Menschen, jüdische Flüchtlinge galten grundsätzlich nicht als politisch verfolgt.[64]

Einer widersetzte sich Rothmunds Politik dennoch entschlossen und solange er konnte: der wie Rothmund aus St. Gallen stammende kantonale Polizeichef Paul Grüninger. Dass Rothmund und Grüninger die Situation an der Grenze unterschiedlich beurteilten, zeigte sich bereits bei einer Konferenz aller kantonalen Polizeidirektoren in Bern am 17. August 1938. Rothmund wollte besprechen, wie man die Grenze »definitiv dichtmachen« könnte, um die Schweiz vor der »Überflutung mit Juden« zu schützen. Paul Grüninger erklärte hingegen: »Rückweisungen? Wie, wenn 50 miteinander kommen? Geht schon vom menschlichen Standpunkt aus nicht ... Wir müssen viele hereinlassen.«[65] Nach dem Treffen in Bern kehrte Grüninger nach St. Gallen zurück, entschlossen, Schutzsuchenden zu helfen. Für ihn war es offensichtlich Unrecht, unschuldige Menschen in den Tod zu schicken.

Zwei Tage nach der Zusammenkunft beschloss die Regierung in Bern, die grüne Grenze genauer zu überwachen. Trotzdem kamen bis Ende 1938 fast 1000 Juden in den Kanton St. Gallen, die große Mehrheit dank der Hilfe Paul Grüningers. Er fälschte Informationen in Einreisedokumenten, verhinderte Abschiebungen und versandte sogar Einreisedokumente an Häftlinge in deutschen Konzentrationslagern, damit sie freikamen. So wurde Grüninger zum wichtigsten Gegenspieler Rothmunds.

Was motivierte ihn? Grüninger erklärte später, er habe »als Mensch und Beamter aus achtenswerten Motiven gehandelt«. Er verwies auf sein Christentum und die Asyltradition der Schweiz, auf ihre Geschichte als »Zufluchtsort Vertriebener«. Dieser Tradition sah sich Grüninger verpflichtet. Er zitierte den einstigen Schweizer Außenminister Numa Droz, der 1888 vor dem Nationalrat erklärt hatte: »Eines der wertvollsten Souveränitätsrechte ist das Asylrecht. Von jeher haben wir den politischen Flüchtlingen unser Haus in liberaler Weise geöffnet, meist nicht aus Sympathie für ihre Personen oder ihre Lehren, sondern aus Menschlichkeit.«[66] Und schließlich erklärte er, dass es schlicht »unmöglich sei, diese Leute wieder zurückzuschaffen. Einen anderen Standpunkt hätte man *vernünftigerweise* gar nicht einnehmen können, wenn man die Not und das Elend dieser Leute sah und sich vergegenwärtigte, welches Schicksal ihrer harrte, wenn sie wieder zurückgeschafft werden mussten.«[67] Am 26. Januar 1939 schrieb Grüninger in einem Brief an seine Kantonsregierung: »Wir konnten es namentlich über den Zustrom vom 10. November ... nicht übers Herz bringen, Leute, die auf schändlichste Art und Weise in Deutschland misshandelt wurden und denen es nach großen Strapazen gelungen war, in die Schweiz einzureisen, kurzerhand wieder zu überstellen und vielleicht dem Tod auszuliefern.«[68]

Doch die Einreisen in St. Gallen fielen in Bern auf. Eine Untersuchung wurde eingeleitet, die im März 1939 zur Eröffnung eines Strafverfahrens gegen Grüninger führte. Er wurde wegen Amtsmissbrauchs suspendiert. Was ihm *vernünftig* erschien, erschien seinen Vorgesetzten *verrückt*. Am 6. Mai wurde er einem Arzt

*Der Menschenretter: Paul Grüninger war bis zu seiner Ent-
lassung 1939 Chef der Kantonspolizei St. Gallen und half,
entgegen der Politik der Regierung in Bern, etwa 1000 Juden, in die Schweiz zu fliehen. Nach seinem Tod 1972 dauerte es bis 1995, bevor ein Gericht seine Verurteilung 1941
wegen Verletzung der Amtspflicht aufhob. Heute ist er eine
Lichtgestalt in einer dunklen Epoche. Sein Beispiel erinnert
daran, dass es Zeiten gibt, in denen Verteidiger der Menschenwürde handeln müssen, auch wenn die meisten anderen es nicht tun.* [2]

vorgeführt, drei Polizisten begleiteten ihn mit einer Zwangsjacke
in der Hand. Die Ermittler vermuteten, er habe schwere »Cha-
rakterdefekte im Sinne fehlender Hemmungen«. Der Bezirksarzt
konnte keine Defekte feststellen.[69] Am 12. Mai 1939 folgte Grüningers fristlose Kündigung. Im Oktober 1940 begann sein Prozess. Das Urteil wurde ihm am 14. März 1941 zugestellt. Er wurde

der Verletzung der Amtspflicht und des Fälschens von offiziellen Dokumenten schuldig gesprochen. Das Urteil hielt fest, dass er bei diesen Handlungen »keinerlei persönlichen Vorteil für sich beabsichtigte, noch sonst erhielt«. Dennoch war er schuldig, denn: »Er hat es nicht verstanden in den Grenzen zu bleiben und ist Schritt für Schritt weiter zum eigentlichen Vergehen gekommen.«[70]

Es fiel Heinrich Rothmund leicht, sich Grüningers zu entledigen. Auch Grüningers sozialdemokratischer Vorgesetzter in der kantonalen Regierung, der ihn lange Zeit gedeckt hatte, ließ ihn im Frühjahr 1939 fallen. Schließlich stand seine Wiederwahl an, und Rechtspopulisten machten Stimmung gegen Flüchtlinge und jene, die ihnen halfen. Niemand kam Grüninger zu Hilfe. Auch die jüdische Gemeinde nicht, die die Kosten für die Versorgung der Flüchtlinge alleine aufzubringen, ja selbst die Unterbringung und Bewachung im Flüchtlingslager an der Grenze zu tragen hatte. Auch nach dem Krieg änderte sich an der Wahrnehmung zunächst nichts: hier der verantwortungsvolle Beamte, dort ein Gesetzesbrecher. Rothmund blieb bis 1954 auf seinem Posten. 1969 erklärte ein sozialdemokratischer Regierungsrat in St. Gallen zum Fall Grüninger, er habe das Dossier studiert und festgestellt: »Der Mann hat noch mehr Dreck am Stecken.«[71] Im September 1971 wurde Grüninger von der Holocaust-Gedenkstätte Yad Vashem in Jerusalem als »Gerechter unter den Völkern« anerkannt. Als er 1972 mit 80 Jahren starb, zitierte ein Rabbiner bei seiner Beerdigung aus dem Talmud: »Wer nur eine Seele rettet, gleicht einem, der die ganze Welt gerettet hat.«[72] Da war Paul Grüninger immer noch ein verurteilter Mann.

Es sollte noch Jahrzehnte dauern, bis die Politik der Schweiz in jener Zeit anders bewertet wurde. Mehrmals, so auch 1985 und 1990, hatte die Kantonsregierung in St. Gallen eine Rehabilitierung Grüningers abgelehnt. Erst ein knappes Vierteljahrhundert nach seinem Tod war es so weit. Wie kam es dazu? Es wurden Geschichten erzählt. Es wurde geforscht, es wurden Bücher geschrieben, es wurden Filme gedreht. Nach und nach erhielt die Vergangenheit ein Gesicht, viele Gesichter: von Opfern und Tätern. Und so entstand das Bild eines einsamen Helden. Im Frühjahr 1991 wurde der Verein »Gerechtigkeit für Paul Grüninger« gegründet. Der Journalist Stefan Keller wurde mit Recherchen beauftragt und veröffentlichte 1993 ein Buch mit dem Titel *Grüningers Fall*. Es war ein Erfolg, wurde gekauft, gelesen und diskutiert. Im Juni 1993 präsentierte Stefan Keller dann der Regierung in St. Gallen die Ergebnisse seiner Forschung.[73] Am 30. November 1993 wurde im großen Rat des Kantons St. Gallen eine Erklärung der Kantonsregierung verlesen. Paul Grüninger habe sich 1938 und 1939 »an ethischen Werten orientiert«, die inzwischen zur »Grundlage des internationalen und schweizerischen Rechts« geworden seien.[74] Im Februar 1994 erklärte die Bundesrätin und Schweizer Innenministerin Ruth Dreifuss im Namen der Regierung, der Fall Grüninger sei »die Folge eines Rechtszerfalls im Namen der Staatsräson«. Die Schweiz habe »anzuerkennen, dass Paul Grüninger richtig handelte, als er internationalem Gewohnheitsrecht folgte, einem Recht, das die Auslieferung von Opfern an ihre Henker verbietet, statt dass er den Anordnungen der Eidgenössischen Fremdenpolizei nachkam«. Dabei gehe es nicht nur um die Vergangenheit. Es gehe auch, so die Bundesrätin, um die Gegenwart und Zukunft, darum, die »Widerstandsfähigkeit gegenüber dem Zerfall des Rechts« zu stärken.[75] Stefan Keller, der so viel dazu beigetragen hatte, Grüningers Handeln bekannt zu machen, sah in dieser Erklärung einen Wendepunkt der Schweizer Geschichte.[76]

Im März 1995 legte ein Strafrechtsprofessor ein Gutachten vor: Grüninger sei sogar verpflichtet gewesen, die Gesetze zu brechen, denn niemand dürfe »zusehen, wie ein wehrloses Opfer von einem Mörder verfolgt, geschweige denn von einem verbrecherischen System – und sei es ein staatliches – mit dem Tod bedroht werde«.[77] Nicht Grüninger hätte verurteilt werden müssen, sondern jene Polizisten und Beamte, die jüdische Flüchtlinge ihren Verfolgern auslieferten. Im Mai 1995 erklärte der Schweizer Bundespräsident zum 50. Jahrestag des Kriegsendes: »Es steht für mich außer Zweifel, dass wir mit unserer Politik Schuld auf uns geladen haben.« Und im November fand ein neuer Prozess in jenem Saal des Bezirksgerichts St. Gallen statt, in dem Grüninger 54 Jahre zuvor verurteilt worden war. Am 30. November 1995 sprach das Gericht Paul Grüninger von der Verletzung der Amtspflicht frei. Es war ein Prozess, in dem eigentlich Heinrich Rothmund auf der Anklagebank saß, mit der Nachwelt als Geschworene. Nun wurden auch andere Fluchthelfer rehabilitiert. Gleichzeitig beauftragte die Regierung Historiker damit, die Flüchtlingspolitik der Jahre 1933 bis 1950 zu untersuchen. 1999 erschien ein atemberaubender Bericht der »Unabhängigen Expertenkommission Schweiz – Zweiter Weltkrieg« über die Schweiz und Flüchtlinge. Das Fazit der Historiker war schonungslos: Die Schweizer Demokratie habe »Menschen in höchster Lebensgefahr die Hilfe [verweigert]. Eine am Gebot der Menschlichkeit orientierte Politik hätte viele Tausend Flüchtlinge vor der Ermordung durch die Nationalsozialisten und ihre Gehilfen bewahrt.«[78]

Auch Demokratien sind in der Lage, mit brutaler Gewalt Flüchtlinge an ihren Grenzen von der Einreise abzuhalten. Der Schweiz gelang es jahrelang, verzweifelte Menschen zu stoppen. Doch Demokratien können auch aus der Geschichte lernen. Heute sind Heinrich Rothmund und sein Vorgesetzter Eduard von Steiger dunkle Figuren. Paul Grüninger hingegen ist eine Lichtgestalt. 1997 kam der Dokumentarfilm »Grüningers Fall« in die Kinos. In St. Gallen wurde ein Platz nach ihm benannt, ebenso im israelischen Ramat Gan. In Wien-Floridsdorf gibt es die Paul-Grüninger-Schule, seit 2012 ist eine Brücke über den Alten Rhein zwischen Diepoldsau in St. Gallen und Hohenems in Vorarlberg nach Grüninger benannt. 2014 produzierte das Schweizer Fernsehen den Spielfilm »Akte Grüninger«.

Das Non-Refoulement-Gebot, das die Zurückweisung von Menschen in Gefahr untersagt, wurde 1951 in die Genfer Flüchtlingskonvention als zentraler Artikel aufgenommen, ebenso Kriterien für die Zuerkennung des Flüchtlingsstatus. Damit sollte die Willkür beendet werden, mit der Regierungen den Begriff »Flüchtling« verwenden, und einzig die Frage der Schutzbedürftigkeit des Einzelnen zählen. Flüchtling war, nach der Genfer Konvention, eine Person, die »aus der begründeten Furcht vor Verfolgung wegen ihrer Rasse, Religion, Nationalität, Zugehörigkeit zu einer bestimmten sozialen Gruppe oder wegen ihrer politischen Überzeugung sich außerhalb des Landes befindet, dessen Staatsangehörigkeit sie besitzt, und den Schutz dieses Landes nicht in Anspruch nehmen kann oder wegen dieser Befürchtungen nicht in Anspruch nehmen will; oder die sich als staatenlose infolge solcher Ereignisse außerhalb des Landes befindet, in welchem sie ihren gewöhnlichen Aufenthalt hatte«. Hier wurde jedes Wort gewogen: Es ging um *begründete Furcht vor Verfolgung* und nicht mehr darum, ob jemand Franzose, Jude oder ein entflohener russischer Kriegsgefangener war. Es ging um individuelle Verfolgung.

Das Non-Refoulement-Gebot wurde seitdem in immer mehr Gesetze und Konventionen aufgenommen. So verbietet Artikel 3 der UN-Antifolterkonvention von 1984 Refoulement ohne Ausnahme: »Ein Vertragsstaat darf eine Person nicht in einen anderen Staat ausweisen, abschieben oder an diesen ausliefern, wenn stichhaltige Gründe für die Annahme bestehen, dass sie dort Gefahr liefe, gefoltert zu werden.«

Das Gebot beruht auf einer starken Intuition: Eine Person, die einem konkreten Menschen gegenübersteht und dessen Angst vor Folter und Tod von Angesicht zu Angesicht erlebt, würde dies fordern. Er habe die Erfahrung gemacht, schrieb der Schweizer Konsul Ferdinand Imhof, eine weitere Lichtgestalt der Schweizer Geschichte, »dass diese Leute auch den härtesten Menschen unserer Fremdenpolizei gerührt und erweicht hätten«.[79] Konsul Imhof hat wie Grüninger gehandelt und jüdische Antragsteller im Schweizer Konsulat in Venedig mit dort ausgestellten Reisedokumenten gerettet. Er ist nie dafür bestraft worden.

Nur zwei Drittel der österreichischen Juden gelang es, dem Naziregime zu entkommen, obwohl dieses Regime alles tat, um sie zu vertreiben. In Deutschland waren es 60 Prozent. Was wäre passiert, hätte sich die Schweizer Regierung 1938 an Grüningers Überzeugungen orientiert? Wenn es keine Abschiebungen gegeben hätte? Wenn die Visapflicht für Juden nicht eingeführt worden wäre? Wäre die Schweizer Gesellschaft bereit gewesen, 200 000 jüdische Flüchtlinge aufzunehmen? Das hätte 5 Prozent der damaligen Wohnbevölkerung entsprochen, eine beeindruckende, aber keineswegs einzigartige Zahl. Es wären prozentual in etwa so viele Flüchtlinge, wie heute offiziell in der Türkei leben, und um vieles weniger als im Libanon.

Letztlich war Grüningers wichtigste Botschaft an die Nachwelt seine Bereitschaft, das in seinen Augen moralisch Gebotene auch dann zu tun, wenn andere es nicht taten. Es ist eine Botschaft an Bürger, Beamte und Staatenlenker. Die Frage für die Gegenwart und Zukunft, die daraus folgt, lautet: Wäre die Schweiz, wäre Deutschland, wären andere Demokratien in Europa heute bereit, in einer vergleichbaren Situation wie Grüninger zu handeln? Im Notfall auch allein?

Die Mauer und tödliche Gewalt

Wenn Deutsche von unmenschlichen Grenzen sprechen, ist es unvermeidlich, dass sie an das Monstrum einer Mauer denken, das ihre Hauptstadt quer durch ihr Zentrum für 28 Jahre in zwei Hälften teilte. Und an die Opfer dieser Mauer: jene, die über Nacht von ihren Familien getrennt wurden, und jene, die versuchten, sie zu überwinden, und dabei ums Leben kamen. Ältere kennen die Geschichten: Günter Litfin, der im August 1961 in

Berlin-Mitte in der Nähe des heutigen Hauptbahnhofs beim Schwimmen durch den Humboldthafen von einem Beamten erschossen wurde. Peter Fechter, der 1962 in Berlin-Mitte auf dem Todesstreifen verblutete. Chris Gueffroy, der im Februar 1989 versuchte, über eine Kleingartensiedlung und einen Kanal von Treptow aus den Westberliner Stadtteil Neukölln zu erreichen. Er war erst 22 Jahre alt und wurde von einem Grenzwächter nur wenige Monate vor der Öffnung der Berliner Mauer erschossen.

Die Berliner Mauer wurde in einer Augustnacht 1961 als Zaun und Stacheldrahtsperre geboren und danach mit jedem Jahr massiver. Sie verlief, 155 Kilometer lang, rund um Westberlin, hatte einen 40 Meter breiten Todesstreifen, vier Meter hohe Betonwände, Wachtürme und Panzersperren. Ihr Ziel war Abschreckung, sie sollte das irreguläre Überqueren der Staatsgrenze unmöglich machen. Ihr Erfolg dabei ist bis heute für manche eine Inspiration, erstaunlicherweise sogar in Deutschland.

2018 erschien das Buch *Deutschlands unsichere Grenze: Plädoyer für einen neuen Schutzwall*. Der Autor ist Martin Wagener, Professor an der Hochschule des Bundes für öffentliche Verwaltung. Das Thema des Buches ist die Bedrohung Deutschlands durch Massenmigration, die nur durch einen gewaltigen Schutzwall abgewendet werden könne. Das wachsende Wirtschaftsgefälle zwischen Europa und Afrika habe Europa in einen »Magneten für die afrikanische und arabische Jugend« verwandelt. Schon heute hätten über »eine Milliarde Menschen« einen hinreichenden Grund, nach Europa zu kommen.[80] Doch wie sieht angesichts solchen »Drucks« ernsthafte Migrationskontrolle aus? Wagener zitiert Rainer Wendt, den Vorsitzenden der Deutschen Polizeigewerkschaft, der sich im Oktober 2015 für einen Zaun an der Grenze zu Österreich ausgesprochen hatte.[81] Und erklärt dann, dass es ohne eine neue Grenztruppe und eine befestigte Grenzanlage rund um das Land schlicht nicht möglich sei, Massenmigration zu stoppen.

Wagener beginnt zu rechnen: 2017 hatte die Bundespolizei 42 500 Mitarbeiter. Mit Feiertagen, Urlaubstagen und Krankentagen komme man, so Wagener, auf 7800 einsetzbare Mitarbeiter pro Arbeitsschicht. Da etwa ein Fünftel von diesen in der Verwaltungsarbeit eingebunden sei, blieben der Bundespolizei für jede Schicht etwa 6200 Männer und Frauen für den Außendienst. Diese sind verantwortlich für die Land- und Seegrenze, für alle Flughäfen, für die Sicherung der Bahn und alle Bahnhöfe. Das bedeutet: Nur ein kleiner Teil von ihnen steht für die Grenzsicherung zur Verfügung. Das ist nicht verwunderlich, denn eigentlich gibt es im Schengenraum keine Grenzkontrollen, dürfen anlasslose Personenkontrollen gar nicht stattfinden. Wer dem gewaltigen »Migrationsdruck«, der 2015 sichtbar geworden sei, standhalten wolle, so Wagener, komme mit so wenigen Beamten und einem improvisierten Zaun nicht weit. Er verweist auf die historischen Erfahrungen, die in Deutschland damit gemacht wurden, entschlossene Menschen an einer Grenze aufzuhalten: auf die »letzte große Grenzanlage, die von Deutschen gebaut worden ist«, die DDR-Grenze und die Berliner Mauer. Dieser Bau sei »für die Führung der DDR eine Überlebensfrage« gewesen. Die DDR-Grenze war – ohne Berlin – fast 1400 Kilometer lang. Sie wurde von 47 000 Soldaten der DDR-Grenztruppen bewacht; weitere 7000 Grenztruppen waren für die Mauer rund um Westberlin verantwortlich, unterstützt von 7000 freiwilligen Helfern, die in der Sperrzone als deren Augen und Ohren agierten: »Diese Form der Hinterlandsicherung war sehr erfolgreich. Etwa 90 Prozent der Flüchtlinge sollen bereits vor dem Schutzstreifen aufgegriffen worden sein.«[82] Entlang der DDR-Grenze wurden überdies 1,3 Millionen Bodenminen verlegt, dazu Selbstschussfelder mit geschätzt 71 000 Splitterminen errichtet, um Flüchtlinge tödlich zu verletzen.

Wagener merkt an, dass »die Deutschen umfassende Erfahrungen mit den negativen Auswirkungen von Grenzen und Mauern im eigenen Land gemacht haben«. Trotzdem habe das SED-

Regime »dieses Sperrsystem mustergültig auf den beabsichtigten Zweck ausgerichtet … Bezogen auf die vier Jahrzehnte während Existenz des SED-Regimes muss der innerdeutschen Grenzanlage aber ein sehr hoher Abhaltewert zugesprochen werden, weil nur wenigen Menschen die Flucht gelang.« Wie ein Schutzwall mit hohem Abhaltewert heute aussehen könnte, beschreibt Wagener detailliert: »Vor der Befestigungsanlage wird ein zehn Meter breites Vorfeld ausgewiesen. Es enthält einen Patrouille-Streifen für Fahrzeuge und einen Sandstreifen, um Spuren von Eindringlingen zu erkennen. Dem folgt als erste Hürde ein 4 Meter hoher Sicherheitszaun mit etwa einem Meter Fundamenttiefe gegen schnelle Untergrabungen; die Krone und die Außenseite werden mit Stacheldraht bewehrt, der obere Teil verfügt über Bewegungssensoren und eine Anti-Sprungvorrichtung … Hinter dem Sicherheitszaun wird eine Stange für das Detektionssystem RoboGuard angebracht [vollautomatische Patrouilleroboter, die auf einer Stange hinter einem Grenzzaun patrouillieren, über Kameras verfügen und mit Reizgas ausgestattet werden können[83]]. Es folgt der Mittelstreifen mit 20 Metern Breite, der in der Mitte einen 2 Meter hohen leichten Zaun enthält, der wiederum links und rechts sowie auf der Krone mit Stacheldraht ausgerüstet wird. Vor und hinter diesem Zaun werden jeweils 4 Meter Stolperdrahtvorrichtungen aufgebaut.« Dann ergänzt er: »Zum Einsatz kämen Wasserwerfer und Tränengas. Setzen die Eindringlinge Schusswaffen ein, können die Grenzschützer ebenfalls von der Schusswaffe Gebrauch machen.«[84]

Ein solcher Schutzwall solle um ganz Deutschland herumgebaut werden, 3876 Kilometer lang. Wagener merkt an, dass dies die Aufkündigung des Schengener Abkommens erfordern würde, perspektivisch wohl auch die Wiedereinführung der D-Mark und den Austritt aus der Europäischen Union. Andererseits wäre so die Existenz des deutschen Staates abgesichert.[85] Deutschland würde endlich »zur Burg werden, bei der im Bedarfsfall die Zugbrücken hochgezogen werden können«.[86]

Eine deutsche Partei griff Wageners Vorschlag mit Freude auf. So schrieb Alice Weidel, die Fraktionsvorsitzende der AfD im Deutschen Bundestag, am 7. September 2018 in einer Pressemitteilung: »Der Vorschlag Wageners ist fundiert und könnte als Blaupause für eine effiziente Kontrolle unserer Grenzen dienen. Die Bundesregierung sollte Wagener als Experten einladen und ihm die Möglichkeit geben, seine Ideen zu erläutern.« Weidel hob den Realismus der Ausführungen Wageners hervor: Dieser »bestätigt zugleich indirekt, dass die Forderung der AfD-Fraktion, die deutschen Grenzen zu kontrollieren, selbstverständlich realisierbar ist«.[87] Warum sollte etwas, das es in Deutschland schon einmal gab, nicht realisierbar sein?

Dass die unglaublichsten Pläne wahr werden können, wenn Politiker an der Macht sind, die sie befürworten, ist eine der Lehren der Berliner Mauer. Walter Ulbricht, ihr geistiger Vater, fürchtete 1961 um die Existenz der DDR und damit auch um seine Macht. Von der Staatsgründung 1949 bis zum Sommer 1961 hatten 2,5 Millionen Menschen das Land verlassen. Im Juni 1961 waren es 19 200.[88] In den letzten vier Tagen vor dem Bau der Berliner Mauer wanderten täglich mehr als 1000 aus.[89] Die DDR sprach von Menschenhandel und heimtückischer Sabotage. Es handele sich um einen »Kampf gegen unsere Republik«, erklärte Ulbricht bei einer Tagung des Warschauer Pakts.[90] Dem sowjetischen Botschafter erklärte er: »Der wachsende Flüchtlingsstrom desorganisiere immer mehr das ganze Leben der Republik. Bald müsse es zu einer Explosion kommen.« Würde nicht entschlossen gehandelt, sei der Zusammenbruch der DDR »unvermeidlich«.[91] Und Ulbricht war nicht der Einzige, der das so sah. Auch der amerikanische Präsident John F. Kennedy sagte zu einem Mitarbeiter im Juli 1961, dass die steigende Zahl von Menschen, die aus der DDR in den Westen abwanderten, den Staat an den Rand einer Existenzkrise bringe: »Er wird etwas tun müssen, um den Flüchtlingsstrom zu unterbinden – vielleicht eine Mauer bauen. Und wir werden es nicht verhindern können.«[92]

Dass etwas in der Luft lag, spürten 1961 einige. Der BND hatte über diesbezügliche Pläne informiert. Allerdings konnten sich viele den Bau einer Mauer quer durch eine Millionenstadt nicht vorstellen. In Bonn erklärte der Minister für gesamtdeutsche Fragen in einem Gespräch wenige Wochen vor dem Mauerbau, eine Großstadt hermetisch abzusperren, »das gehe nicht«.[93] Aber es ging. Am 13. August 1961, um ein Uhr morgens, zogen Wachposten auf, verlegten Grenzsoldaten Stacheldraht, wurden Straßen abgeriegelt, S-Bahn-Linien unterbrochen und Betonsperren errichtet. Damit war der Beweis erbracht: Es war möglich, eine Stadt von etwas mehr als drei Millionen Menschen zu teilen. Der junge Sicherheitssekretär Erich Honecker hatte die »Operation Rose« geplant. Als Nächstes träumte er – darin dem Schweizer Rothmund ähnlich – von einer immer perfekteren Kontrolle mit dem Ziel, *alle* Durchbruchsversuche unmöglich zu machen. So wurde der Schutzwall immer weiter ausgebaut.

Das Bemerkenswerte daran ist, dass es Ulbricht und Honecker, wie schon Steiger und Rothmund in den 1930er-Jahren, tatsächlich gelang, die Massenemigration zu stoppen. Die Abschreckung funktionierte. Sogar die Zahl der Mauertoten ging zurück, je weiter die Mauer ausgebaut wurde: von 90 Todesopfern (1961 – 1969) auf 30 (1970 – 1979) und schließlich 16 (1980 – 1989).[94] Das Regime und die DDR existierten noch 28 Jahre. Doch das Geheimnis dieses Erfolgs ist offensichtlich: Es war die Bereitschaft zu Brutalität. Das Grenzregime war Teil eines Krieges. Jeder irreguläre Grenzübertritt wurde als Angriff auf das Land gesehen. Es ging darum, Feinde abzuwehren, wie Walter Ulbricht am 29. August 1961 in seiner unnachahmlichen Sprache erläuterte: »konterrevolutionäres Ungeziefer, Spione und Diversanten, Schieber und Menschenhändler, Prostituierte, verdorbene Halbstarke und andere Gegner der volksdemokratischen Ordnung«. Flüchtlinge waren Verbrecher, Unkraut, das bekämpft werden musste: »Deshalb haben wir die Risse in unserem Haus dichtgemacht, die Schlupflöcher für die ärgsten Feinde des deutschen Volkes geschlossen.«[95] Und dies, so Ulbricht, rechtfertige Gewalt. Grenzschützer wurden angewiesen, »Grenzverletzer zu verhaften oder sie zu vernichten«.[96]

. Manche der Opfer dieser Grenze wurden bekannt, wie der 18-jährige Peter Fechter, der 1962 in der Zimmerstraße in Berlin-Mitte angeschossen wurde und vergeblich um Hilfe rief, während er verblutete. Andere wurden lange verheimlicht. Allein an der Berliner Mauer gab es 136 Todesopfer, von denen 67 erschossen worden waren. Schuld daran waren die Flüchtlinge selbst, so Ulbricht: »Es ist allgemein üblich, dass Soldaten oder Grenzpolizisten die Grenzen eines Staates bewachen. Diese Grenzposten sind überall in der Welt bewaffnet ... Die Grenzverletzer haben sich bewusst und vorsätzlich in Lebensgefahr gebracht und sind darin umgekommen.«[97] 1994 zählte das Berliner Landgericht in einem Urteil einige der Flüchtlinge auf, die sich »vorsätzlich in Lebensgefahr« gebracht hatten. Es ist eine Chronik des Schreckens an einer Grenze in der Mitte Europas:

»Am 8. April 1971 trat der 18jährige Se. in der Nähe des Ortes Schwickerthausen beim Versuch, das dortige Minenfeld zu überqueren, auf eine Erdmine. Diese riß ihm den linken Fuß ab, trotzdem gelang es ihm, das Gebiet der Bundesrepublik zu erreichen. Hier verstarb Se. ...
Am 16. Januar 1973 löste der 29 Jahre alte F. in der Nähe der Ortschaft Blütlingen im Landkreis Lüchow-Dannenberg eine dort installierte Splittermine SM-70 aus und wurde durch zahlreiche Splitter schwer verletzt. Trotzdem gelang es ihm, das Gebiet der Bundesrepublik zu erreichen. Hier starb F. ...
Am 1. Dezember 1984 schossen um 3.15 Uhr in Berlin zwei Grenzsoldaten auf den 20 Jahre alten Sch. mit Dauerfeuer, als dieser versuchte, mit einer Leiter die Mauer zu überwinden, und trafen ihn im oberen Bereich des Rückens. Dem Verletzten wurde ärztliche Hilfe verweigert. Er wurde erst gegen 5.15 Uhr in das Krankenhaus der Volkspolizei eingeliefert. Zu diesem Zeitpunkt war er verblutet ... Die Schützen

wurden belobigt, lediglich der hohe Munitionsverbrauch wurde beanstandet.

In der Nacht vom 5. zum 6. Februar 1989 versuchten der 22jährige G. und der gleichaltrige Ga., die Mauer nach West-Berlin zu übersteigen. Dabei wurde G. durch einen von einem Grenzsoldaten abgegebenen Schuß in die Brust tödlich getroffen. Ga. wurde durch einen Schuß verletzt. Die Schützen wurden förmlich belobigt; ihnen zu Ehren fand ein Essen statt.«[98]

Der letzte Fall betraf das letzte Opfer an der Mauer, Chris Gueffroy. Der Todesschütze, Ingo Heinrich, war im März 1994 schon in einem anderen Prozess wegen Totschlags verurteilt worden. Das Gericht schrieb über Heinrich: »Zulasten des Angeklagten war strafverschärfend zu bedenken, dass der äußere Tathergang – ein gezielter Schuss auf den Oberkörper des an die Mauer gelehnten unbewaffneten Chris Gueffroy aus einer relativ kurzen Entfernung von ca. 39 m geradezu einer Hinrichtung gleichkam.«[99] Im Fall von Gueffroy, so Roman Grafe in einem Buch über die Prozesse gegen DDR-Grenzschützen nach 1990, wurden binnen eines Jahrzehnts fast alle für die Tat direkt Verantwortlichen verurteilt: »der Todesschütze, der Kompaniechef und der Regimentskommandeur, Befehlshaber im Kommando der Grenztruppen und im Verteidigungsministerium, oberste Schreibtischtäter im Nationalen Verteidigungsrat und im SED-Politbüro«.[100]

Während die Grenzwächter in der DDR geehrt wurden, sammelte man in der Bundesrepublik jahrzehntelang Material, um sie eines Tages vor Gericht stellen zu können. 1963 gelang dies erstmals, als das Landgericht Stuttgart einen selbst geflüchteten DDR-Grenzsoldaten, der aber auch einen Flüchtling mit einem Schuss in den Kopf getötet hatte, zu einer Haftstrafe verurteilte. Die Richter erinnerten dabei an das in der DDR-Verfassung anerkannte Grundrecht auf Freizügigkeit. Und an Artikel 13 der UN-Menschenrechtserklärung: »Jeder hat das Recht, jedes Land, einschließlich seines eigenen, zu verlassen und in sein Land zurückzukehren.«

Nach der Wiedervereinigung 1990 kam es dann zu einer Serie von Prozessen. Deutsche Gerichte, vom Landgericht Berlin bis zum Bundesgerichtshof in Karlsruhe, verurteilten das DDR-Grenzregime und die dort getroffenen Maßnahmen als verbrecherisch. Der Bundesgerichtshof stellte fest, dass die vorsätzliche Tötung von unbewaffneten Flüchtlingen ein »unerträglicher Verstoß gegen elementare Gebote der Gerechtigkeit und gegen völkerrechtlich geschützte Menschenrechte« war.[101] Die strafrechtliche Aufarbeitung der Berliner Mauer führte zu Anklagen gegen 246 Personen. 132 wurden rechtskräftig verurteilt: 80 Grenzsoldaten, 42 Mitglieder der militärischen Führung und 10 Mitglieder der SED-Führung.[102] Vor Gericht standen Grenzer und »Täter hinter den Tätern«: ehemalige Minister, Politbüromitglieder, der einstige Chef der Grenztruppen.[103]

Im März 2001 beschäftigte sich auch die große Kammer des Europäischen Gerichtshofs für Menschenrechte (EGMR) in Straßburg mit dem DDR-Grenzregime. Im Prozess gegen Egon Krenz, den letzten DDR-Staats- und Parteichef, trafen 17 europäische Richter eine einstimmige und bemerkenswerte Entscheidung. Sie befanden es für rechtens, Krenz und andere zu mehrjährigen Haftstrafen zu verurteilen. Ihre Urteilsbegründung stützte sich zum einen auf das damals in der DDR gültige Recht. Zwar habe es, erklärten die Richter, in der DDR ein Verbot gegeben, die Landesgrenze ohne Erlaubnis zu überqueren, und im Grenzgesetz der DDR stand auch eine Rechtfertigung des Schusswaffengebrauchs, um »die unmittelbar bevorstehende Begehung oder die Fortsetzung einer Straftat zu verhindern«. Doch es waren auch Bedingungen für den Einsatz von Schusswaffen festgelegt. Die Richter zitierten: »Bei der Anwendung der Schusswaffe ist das Leben von Personen nach Möglichkeit zu schonen … Die Anwendung der Schusswaffe ist die äußerste Maßnahme der Gewaltanwendung gegenüber Personen.« Junge, unbewaffnete Personen, die mit einer Leiter versuchten, eine Grenze zu überqueren, »stellten keine Gefahr für irgendjemanden dar«. Dann wandten sich die Richter dem internationalen Recht zu. Sie unterstrichen, »dass bereits zur Tatzeit das Recht auf Leben, international gesehen, das höchste Gut auf der Werteskala der Menschenrechte war«. Die Richter verwiesen auf die Allgemeine Erklärung der Menschenrechte, die festhält: »Jeder Mensch hat das Recht auf Leben.« Auf die Europäische Menschenrechtskonvention: »Das Recht jedes Menschen auf Leben wird gesetzlich geschützt.« Dafür gebe es Ausnahmen, doch, so das Urteil: »Der Gerichtshof ist der Auffassung, dass ... der Tod von Flüchtlingen auf keinen Fall das Ergebnis einer ›unbedingt erforderlichen‹ Gewaltanwendung war.« Und: »Indem die DDR Anti-Personen-Minen und Selbstschussanlagen entlang der Grenze installierte und die Grenztruppen anwies, ›Grenzverletzer zu vernichten und die Grenze um jeden Preis zu schützen‹, hat die DDR ein Grenzregime errichtet, das klar die Pflicht zum Schutze des menschlichen Lebens, die in der DDR-Verfassung und den Gesetzen enthalten war ... missachtete.«[104]

Auch der Staatsräson sind Grenzen gesetzt. Auch an Staatsgrenzen gilt das Gebot der Verhältnismäßigkeit und der Achtung vor dem Leben. Selbst wenn sich Staaten bedroht fühlen, gibt es Maßnahmen beim Grenzschutz, die nicht im Einklang mit internationalem Recht stehen. Minen zu legen, Selbstschussanlagen zu installieren oder auf unbewaffnete Personen zu schießen, sind Verbrechen. Darin waren sich deutsche und europäische Gerichte einig: Auf unbewaffnete Personen an einer Grenze zu schießen ist ein »offensichtlicher« Verstoß gegen elementare Menschenrechte.

Andererseits: Was »offensichtlich« ist, liegt im Auge des Betrachters. So sprach sich Marcus Pretzell, damals Landeschef der AfD in Nordrhein-Westfalen, auf dem Höhepunkt der Flüchtlingskrise im November 2015 dafür aus, Migranten notfalls mit Waffengewalt zu stoppen: »Die Bewaffnung der Grenzpolizei macht ja nur Sinn, wenn die Beamten auch die Erlaubnis haben, diese Waffen notfalls auch einzusetzen – um zu warnen, zu verletzen oder letztlich auch, um zu töten.«[105] Der damalige stellvertretende AfD-Bundessprecher Alexander Gauland unterstützte diese Position: »Ich sehe das ganz genauso, unsere Grenzen müssen effizient gesichert werden. Alles andere macht keinen Sinn.«[106] Die stellvertretende AfD-Bundesvorsitzende Beatrix von Storch schrieb im Januar 2016 auf ihrer Facebook-Seite: »Wer das HALT an unserer Grenze nicht akzeptiert, der ist ein Angreifer. Und gegen Angriffe müssen wir uns verteidigen.«[107] Auf die Frage eines Facebook-Nutzers, ob die AfD »etwa Frauen mit Kindern an der grünen Wiese den Zutritt mit Waffengewalt« verwehren wolle, antwortete von Storch: »Ja.«

Halten wir fest: Grenzen, an denen Minen gelegt werden und an denen es einen Schießbefehl gibt, sind unmenschlich. Hinweise auf die Staatsraison ändern nichts daran, dass ein solches Grenzregime ein Verbrechen ist, solange Gesellschaften an dem Maßstab festhalten, den Gerichte in der Auseinandersetzung mit der Berliner Mauer entwickelt haben. Und dies dürfte in Deutschland zumindest so lange der Fall sein, wie die Geschichten der Toten des letzten deutschen Schutzwalls in Erinnerung bleiben. Nicht nur gibt es Museen und Gedenkstätten, die der Opfer dieser Grenze gedenken. Es gibt auch Menschen, die sich an Fluchthelfer wie Harry Seidel und Burkhart Veigel erinnern und diese als Inspiration sehen. Veigel, der 1961 in Berlin Medizin studierte, ermöglichte unter anderem durch das Fälschen von Pässen 650 Menschen die Flucht aus der DDR. Für Erich Honecker waren Menschen wie er kriminelle Menschenhändler. Im wiedervereinigten Deutschland erhielt Veigel 2012 das Bundesverdienstkreuz. Und die *Berliner Morgenpost* schrieb: »Wer uneigennützig anderen Menschen hilft, verdient Lob. Wer die eigene Freiheit, sogar das eigene Leben, aufs Spiel setzt, um Verwandten, Freunden oder gänzlich Unbekannten ein selbstbestimmtes

Leben zu ermöglichen, ist dem gesunden Menschenverstand zufolge ein Held.«[108]

Solange es Menschen in Deutschland gibt, die sich an die Berliner Mauer erinnern, werden diese Erfahrungen und Geschichten sie dazu motivieren, Mauern überwinden zu wollen. Menschen wie Harald Höppner, Gründer des Vereins Sea-Watch, der in Ostberlin aufgewachsen ist. Es war, schreibt er, eine glückliche Kindheit, aber »manchmal fühlte ich mich eingesperrt. Doch ich war zu jung, um darüber nachzudenken, in den Westen zu gehen. Als die Mauer fiel, war ich gerade 16 Jahre alt geworden. Heute bin ich mir ziemlich sicher, wäre ich damals älter gewesen, wäre ich geflohen.«[109]

Und solange es Politiker in Deutschland gibt, die im Schatten der letzten von Deutschen erbauten Mauer aufgewachsen sind, wird der »Abhaltewert« dieses Schutzwalls nicht das Erste sein, woran sie denken, wenn Vorschläge vorgebracht werden, eine Mauer um ganz Deutschland zu bauen. Im Oktober 2015 bemerkte Viktor Orbán bei einem Treffen in Brüssel spöttisch: »Es ist nur eine Frage der Zeit, wann Deutschland einen Zaun baut, dann habe ich das Europa, das ich für richtig halte.« Die Antwort der deutschen Kanzlerin erinnerte ihre Kollegen an die monströse Mauer in Berlin: »Ich habe zu lange hinter einem Zaun gelebt, als dass ich mir das noch einmal zurückwünsche.«[110]

Die Verdammten von Papua-Neuguinea

Der Geruch der Leichen nach dem Angriff. Die Flucht aus seinem Dorf. Die nicht bestatteten Toten im Flüchtlingslager. Der Traum eines zehnjähren Jungen, der Ärzte bei der Arbeit sah und sich dachte, so etwas wolle er auch einmal machen. Erinnerungen an eine Kindheit im Sudan.

Wer wie Abdul Aziz Muhamat gegen Ende des 20. Jahrhunderts in Darfur geboren wurde, wuchs in einer Welt des Schreckens auf. Regierungsnahe Milizen vertrieben Millionen Menschen, töteten Hunderttausende und zerstörten Tausende Dörfer. Sein Bruder kam ums Leben, noch bevor Aziz mit seiner Familie in ein Flüchtlingslager fliehen konnte. Dort wuchs er auf, und von dort schickten ihn seine Eltern später in die Hauptstadt des Landes, um eine Entführung durch Rebellen zu verhindern. Doch auch bei seinem Onkel in Khartum fühlte er sich nicht sicher, und so kaufte ihm dieser ein Ticket für einen Flug nach Indonesien. Dort beschloss Aziz, mit Schleppern weiterzureisen. Sein Ziel: die südlich von Indonesien gelegenen australischen Weihnachtsinseln. Seine Hoffnung: Asyl in Australien.

Sein erster Versuch, nach Australien zu gelangen, schlug fehl; er überlebte einen Unfall in einem maroden Fischerboot, fünf andere Insassen ertranken. Beim zweiten Versuch wurde sein Boot nach angstvollen Tagen von einem australischen Militärschiff entdeckt. Es nahm die Flüchtenden auf, und dort erhielt Aziz eine neue Identität, die aus drei Buchstaben und drei Zahlen bestand: QNK002. Er ahnte nicht, dass dies sein offizieller Name in der Schattenwelt werden würde, in der er nun für die nächsten sechs Jahre, bis 2019, verschwand. Denn kurz nachdem er es auf die Weihnachtsinseln geschafft hatte, stellte ihn eine Beamtin der australischen Einwanderungsbehörde vor die Wahl zwischen der Rückkehr in den Sudan und dem Transfer nach Manus, einer in der Bismarcksee im Norden von Papua-Neuguinea gelegenen kleinen Insel im ehemaligen Deutsch-Neuguinea. Und so fand er sich ab Oktober 2013 in der Nähe des Äquators wieder, hinter Metallzäunen, in einem unerträglich heißen Raum mit 122 Männern aus Dutzenden Ländern. In dem Lager lebten zunächst über 1200 Asylsuchende inmitten eines einst japanischen, dann amerikanischen, später australischen und schließlich neuguineischen Militärstützpunktes.

Seiner Freiheit beraubt, war Aziz nun Leidtragender einer Politik der australischen Regierung, durch schlechte Behandlung einiger Tausend Menschen auf den Pazifikinseln Manus und

Nauru weitere Überfahrten aus Südostasien zu verhindern. Greg Lake von der australischen Einwanderungsbehörde, der 2012 für die Lager in Nauru und Manus verantwortlich war, erklärte später, die Absicht hinter den Maßnahmen sei jedem klar gewesen: Es galt, den Menschen auf den Inseln jede Hoffnung auf die Zukunft zu nehmen. Daher wurden sie mit ihrer Nummer und nie mit ihrem Namen angesprochen. Ihr Alltag war bis ins Detail so organisiert, dass sie keine Kontrolle über ihr Leben hatten, Eltern keine über das ihrer Kinder. Man sagte ihnen gleich zu Beginn, dass sie viele Jahre festsitzen würden.[111] Zunächst versuchte die australische Regierung auch mit drakonischen Strafandrohungen, selbst für die auf den Inseln tätigen australischen Ärzte, jeden Informationsfluss über die Bedingungen in den Lagern zu unterbinden. Doch ohne Erfolg: Es erschienen Artikel und Reportagen, Filme und sogar ein Theaterstück über Manus. John Zammit, ein australischer Psychologe, der 2013 dort arbeitete, beschrieb das Lager später als »höllisch« und die psychologische Betreuung, die er dort anbieten sollte, als sinnlos: John sah, »wie Menschen vor [ihm] auseinanderbrachen«, zermürbt von einem Leben wie in einem Albtraum: erniedrigende Tage hinter Zäunen, sinnlose Regeln, Insassen, die selbst um Toilettenpapier und Seife betteln mussten. Viele verfielen nach jahrelanger Haft und Ungewissheit in Apathie und stellten sich jeden Abend in die Warteschlange für Schlafmittel und Antidepressiva. Andere verletzten sich, immer wieder gab es Selbstverstümmelungen. Ein Flüchtling wurde vom Sicherheitspersonal bei Tumulten erschlagen, ein zweiter verstarb aufgrund einer verschleppten Behandlung. Von 2013 bis 2018 begingen 14 Insassen auf Manus und Nauru Selbstmord. 2019 gab es erneut Selbstmordversuche, nachdem der ehemalige australische Migrationsminister Scott Morrison, ein führender Architekt dieser Insel-Zermürbungsstrategie, überraschend die Parlamentswahlen gewonnen hatte.[112]

Der Psychologe John Zammit sprach bei den Zuständen in den Lagern von Folter. Er erklärte später, er glaube, er hätte Manus als Insasse nicht überlebt. Und dass er sich trotzdem an Aziz' Lächeln und seine Ausstrahlung erinnere, unter widrigsten Umständen eine Inspiration für andere. Denn Aziz übernahm eine Führungsrolle im Lager, organisierte friedliche Proteste, erwarb verbotenerweise ein Mobiltelefon und verschickte Tausende Nachrichten an einen Journalisten. Ein kurdischer Freund schrieb sogar ein Buch über das Lagerleben auf einem Mobiltelefon.[113] Das Ziel all jener, die nicht gebrochen wurden, war es, die Welt mit ihren Geschichten aufzurütteln. Und so an ihre unantastbare und verletzte Würde zu erinnern.

2019 erhielt Aziz den internationalen Martin-Ennals-Menschenrechtspreis und durfte Papua-Neuguinea für zwei Wochen verlassen. Er hielt in Genf eine bewegende Rede und erhielt in der Schweiz Asyl. Und dort, in Genf, zeigte er mir auf seinem Mobiltelefon ein Foto vom Schreibtisch des australischen Premierministers Scott Morrison, auf dem ein kleines, graues Boot stand mit der Aufschrift: »I stopped these«, »Ich habe sie gestoppt«. Denn während Menschenrechtsorganisationen das australische Grenzregime seit Jahren scharf kritisieren, ist Scott Morrison stolz auf eine Politik, die Aziz sechs Jahre seines Lebens kostete und die von australischen Ärzten als Folter beschrieben wurde. Morrisons politischer Erfolg zeigt, dass es viele australische Wähler gibt, die dies ähnlich sehen. Erklärungen, dass die Bürger dieser multikulturellen Einwanderergesellschaft besonders empathielos gegenüber Menschen in Not wären, überzeugen nicht. Was also erklärt die Popularität dieser Politik?

Bei der Beurteilung des australischen Grenzregimes hilft eine jener hypothetischen Geschichten, anhand derer Studenten der Moralphilosophie zum Nachdenken angeregt werden: Eine Straßenbahn ist außer Kontrolle geraten und droht fünf Personen zu überfahren. Durch Herabstoßen eines unbeteiligten dicken Mannes von einer Brücke vor die Bahn kann sie gestoppt werden. Ist es legitim, den Tod *eines* Mannes herbeizuführen, wenn man dadurch das Leben von *fünf* Personen rettet? Und: Sähe Ihre Abwägung anders aus, wenn Sie, anstatt den Mann herabzustoßen, lediglich eine Weiche umzustellen hätten, die die Straßenbahn auf ein anderes Gleis lenkte, wo dann nicht fünf Personen getötet, sondern nur eine Person schwer verletzt würde? Es gibt viele Versionen dieser Geschichte, die im Deutschen als »Weichenstellerfall«, im Englischen als »Trolley-Problem« bekannt ist. Immer geht es dabei darum, ob es legitim wäre, wenige Menschen zu opfern, um viele zu retten. Hier könnten wir es das »Exotische-Insel-Problem« nennen.

Stellen Sie sich vor, Sie wären der Kapitän eines (australischen) Kriegsschiffes, das auf dem Meer vor einer Küste auf und ab fährt. Sie wissen, dass sich an dieser Küste Zehntausende Männer, Frauen und Kinder darauf vorbereiten, mit instabilen Booten in See zu stechen, um in das viele Reisetage entfernte Land auf der anderen Seite des Meeres zu gelangen und dort einen Asylantrag zu stellen. Sie wissen auch, dass im Jahr zuvor bei solchen Fahrten 1200 Menschen ertrunken sind. Nun bekommen Sie von Ihrer Regierung den Auftrag, die nächsten zehn Schiffe mit insgesamt 3000 Personen zu stoppen, die Menschen aufzunehmen und sie dann ohne Ausnahme auf einer kleinen Insel in der Mitte des Meeres auszusetzen. Das Leben auf dieser Insel ist hart, die Menschen werden eingesperrt und können die Insel viele Jahre nicht verlassen. Einige werden aus Verzweiflung versuchen, sich umzubringen. Andererseits wissen Sie auch: Wenn Sie die Menschen dorthin bringen, werden sich Zehntausende andere in den nächsten Jahren nicht in ein Boot setzen. Es wird niemand mehr ertrinken. In drei Jahren wären das 3600 Menschen, die nicht dem Meer zum Opfer fielen, darunter Hunderte Kinder. Sie sind Soldat und erfüllen den Auftrag Ihrer Regierung, doch wie denken Sie darüber? Ist dies ein schwieriger, aber dennoch vernünftiger, ja sogar moralisch gebotener Auftrag? Oder ist die Politik, die Sie hier umsetzen, zutiefst unmoralisch, und Sie wachen nachts mit einem schlechten

Gewissen auf, wenn Sie an jene denken, die Sie auf der Insel ausgesetzt haben?

In Australien, das eine solche Politik in den letzten 20 Jahren mit großer Unterstützung der Bevölkerung umgesetzt hat, wäre die Antwort der Regierung und der meisten ihrer Beamten eindeutig: Eine solche Politik ist vernünftig und moralisch richtig. So haben australische Regierungen zwischen 2001 und 2007 etwa 1600 Menschen auf die Inseln Nauru und Manus gebracht und zwischen Sommer 2013 und heute noch einmal 3100.[114] Im Oktober 2001 erklärte Premierminister John Howard, der diese Politik als »pazifische Lösung« präsentiert hatte: »Wir sagen der Welt, dass wir ein großzügiges, offenherziges Volk sind, das mehr Flüchtlinge pro Kopf aufnimmt als jede andere Nation außer Kanada ... Aber wir werden entscheiden, wer in dieses Land kommt und unter welchen Umständen sie kommen.«[115] Diese Meinung vertritt heute auch die größte Oppositionspartei im Land und somit die überwältigende Mehrheit der Parlamentarier. Alle Versuche, diese Politik vor australischen Gerichten anzufechten, scheiterten. Im Juni 2014 bestätigte der High Court in Canberra im Falle eines iranischen Bootsflüchtlings die Rechtmäßigkeit des Lagers in Papua-Neuguinea.[116] Die Entscheidung fiel einstimmig. 2014 urteilte dasselbe Gericht im Fall eines staatenlosen Asylbewerbers, der auf einem Boot nach Australien gekommen war, eine unbefristete Zwangsinternierung sei selbst dann rechtmäßig, wenn es keine Aussicht auf eine Abschiebung gebe.[117] 2016 entschied das Oberste Gericht Papua-Neuguineas (nicht Australiens), das Lager in Manus sei verfassungswidrig, weil dort Menschen ohne Rechtsgrundlage ihrer Freiheit beraubt würden. Im August 2017 entschied der High Court in Australien, die australische Regierung könne das Lager auf Manus dennoch weiter betreiben.[118]

In Europa würde die Antwort europäischer Gerichte auf die Frage des Kapitäns ebenso eindeutig lauten: Eine australische Politik ist weder mit der Europäischen Menschenrechtskonvention noch mit der Europäischen Grundrechtecharta vereinbar, denn diese verbieten jede Form von »unmenschlicher Behandlung« sowie jede Ausweisung, die das Risiko einer solchen in Kauf nimmt. Dabei spielt es laut Europäischem Gerichtshof für Menschenrechte keine Rolle, ob eine Person über das Meer kommt und auf hoher See gestoppt wird oder ob sie bereits die EU erreicht hat. So erklärte der EGMR in einem Urteil im Februar 2012, dass jeder Staat, unter dessen Kontrolle sich eine Person befindet, auch auf seinen Schiffen dazu verpflichtet ist, die Menschenrechtskonvention anzuwenden. In diesem Urteil ging es um eine Gruppe von Somaliern und Eritreern, die 2009 von einem Schiff der italienischen Küstenwache gestoppt und nach Libyen zurückgebracht worden war. Der damalige italienische Innenminister bezeichnete das Vorgehen auf einer Pressekonferenz als großen Erfolg und den Tag der Abschiebung nach Libyen als historisch.[119] Der EGMR widersprach und verurteilte Italien. Das Risiko einer unmenschlichen Behandlung in Libyen sei so hoch, dass die Abschiebungen allen Prinzipien der Menschenrechtskonvention diametral zuwiderliefen. Nach dem Urteil im »Fall Hirsi« (benannt nach Hirsi Jamaa, einem der Somalier, die nach Libyen zurückgeschickt wurden) stoppte Italien die Rückführungen durch seine Marine. Allerdings gab es Beamte in Rom, die sich später daran erinnern würden, dass 2009 so wenige Menschen aus Nordafrika Italien erreichten wie in keinem anderen Jahr in den zwei Jahrzehnten zuvor.

Ein solches Vorgehen – Boote auf offener See zu stoppen und durch die Marine in die Hoheitsgewässer Indonesiens zurückzubringen – war, sowohl 2001 als auch 2013, zentraler Bestandteil der australischen Politik. So erklärte die australische Regierung, in den drei Jahren nach dem Beginn der »Operation Souveräne Grenzen« im Sommer 2013 mit ihren Kriegsschiffen 25 Boote mit 698 Menschen auf dem Meer gestoppt und zurückgeschickt zu haben. Diese »Operation Souveräne Grenzen« dauert bis heute an. Auf ihrer Webseite verkünden hohe Militärs mit entschlossener Miene, dass kein irregulär eingereister Migrant je eine Chance haben werde, in Australien zu leben.[120] In einer Region, in der Anrainerstaaten im Südchinesischen Meer seit Jahrzehnten Boote mit Migranten auf das offene Meer zurückstoßen, ist Australien mit dieser Politik nicht allein. Aber auch die USA praktizieren solche Push-Backs seit Jahrzehnten. Zwischen 1982 und 2005 wurden 209 000 Menschen auf dem Meer gestoppt, darunter 108 000 Bürger Haitis. Unter Präsident George Bush wurden Haitianer zunächst auf dem amerikanischen Marinestützpunkt in Guantanamo festgehalten, später wurden sie ohne jedes Verfahren nach Haiti zurückgebracht.[121]

Der EGMR hat den Staaten Europas eine derartige Politik verboten. Darüber hinaus haben die Straßburger Richter in vielen Urteilen klargemacht, was unter »unmenschlicher Behandlung« zu verstehen ist, die eine Abschiebung verbietet. Im »Fall Hirsi« war es die Gefahr der Folter in Libyen, doch in einem anderen Urteil ein Jahr zuvor war es die erniedrigende Behandlung eines Asylbewerbers in Griechenland. M.S.S. war ein afghanischer Staatsbürger. Wir kennen seinen vollen Namen nicht, nennen wir ihn Munir. Munir erklärte, er sei in seinem Land einem Mordanschlag der Taliban nur knapp entkommen. Es sei die Vergeltung für seine Arbeit als Dolmetscher für die internationalen Streitkräfte in Kabul gewesen. Nach dem Anschlag war er über den Iran und die Türkei nach Griechenland geflohen und dann weiter nach Belgien, wo er im Februar 2009 einen Asylantrag stellte. Allerdings war nach EU-Recht Griechenland für die Prüfung seines Asylantrags zuständig, da er dort zum ersten Mal erfasst worden war. Im Juni 2009 wurde er von Belgien nach Griechenland zurückgebracht.

Der EGMR verurteilte 2011 sowohl Belgien als auch Griechenland.[122] Das Urteil beschreibt die Situation, die Munir in Athen vorfand: »Unmittelbar nach seiner Ankunft wurde er in einem Gebäude neben dem Flughafen untergebracht, wo er nach seinen Angaben mit 20 anderen Personen in einem kleinen Raum eingeschlossen wurde, nur zu bestimmten Zeiten Zugang zu den Toiletten und keinen Zugang zur frischen Luft hatte, nur wenig zu essen bekam und wo er entweder auf schmutzigen Matratzen oder dem nackten Boden habe schlafen müssen. Am 18. Juni 2009 wurde er freigelassen und erhielt einen Asylbewerberausweis. Seitdem habe er ohne Unterhaltsmittel auf der Straße gelebt.«[123] Das Gericht erklärte, dass diese Lebensbedingungen eine unmenschliche und erniedrigende Behandlung darstellten. Der EGMR erklärte weiter, Belgien hätte prüfen müssen, ob Asylverfahren in Griechenland Schutz vor willkürlichen Abschiebungen böten. In Griechenland gebe es dafür keine Garantie, denn Asylgesetze würden nicht umgesetzt. Es fehle an Dolmetschern und Prozesskostenhilfe. Überdies teilte der UNHCR dem Gericht mit, dass in Griechenland »beinahe alle erstinstanzlichen Entscheidungen negativ ausfallen und stereotyp abgefasst sind«. Berufungen vor dem Obersten Verwaltungsgericht würden im Schnitt länger als fünf Jahre dauern. Die belgischen Behörden, so der EGMR, überstellten Munir »in Kenntnis der Unzulänglichkeiten« der griechischen Asylverfahren.[124] Und verletzten damit seine Menschenwürde.

Der EGMR ist nicht das einzige Gericht in Europa, das Asylantragsteller vor Überstellungen bewahrt, wenn unmenschliche Behandlung droht. Auch die 2009 in Kraft getretene Grundrechtecharta der Europäischen Union bietet ihnen Schutz. Dort heißt es:»Niemand darf der Folter oder unmenschlicher oder erniedrigender Strafe oder Behandlung unterworfen werden.« Viele Urteile des Europäischen Gerichtshofs (EuGH) in Luxemburg, dem höchsten Gericht der EU, beziehen sich darauf. So entschied nach dem Europäischen Gerichtshof für Menschenrechte in Straßburg im Januar 2011 auch der EuGH im Dezember desselben Jahres, dass Überstellungen von Asylsuchenden nach Griechenland unzulässig und Asylverfahren und Bedingungen dort unzumutbar seien. In der Folge setzten fast alle Mitgliedsstaaten Rücküberstellungen nach Griechenland aus. Rückführungen in das Land, das der Asylbewerber als Erstes betreten hat, waren nun nicht mehr automatisch möglich. Das sollte auch 2015 eine wichtige Rolle spielen, denn damals untersagten deutsche Verwaltungsgerichte aus diesen Gründen, Asylbewerber, die Deutschland erreichten, sowohl nach Griechenland als auch nach Ungarn zu überstellen.

Ein weiteres Beispiel zeigt, wie nationale Gerichte und der EuGH Asylantragsteller schützen. Es betrifft den Gambier Abubaccar Jawo. Er verließ 2012 sein kleines westafrikanisches Land, eines der ärmsten der Welt, das damals von einem unberechenbaren Diktator regiert wurde. Dieser hatte noch drei Jahre zuvor Menschen wegen Hexerei ins Gefängnis geworfen und gedroht, alle Homosexuellen zu köpfen. Im August 2012 kündigte er Massenhinrichtungen von Häftlingen an.[125] Jawo gelang es, über Libyen nach Italien zu kommen, wo er 2014 einen Asylantrag stellte. Dann reiste er nach Deutschland weiter und stellte einen weiteren Asylantrag. Das Bundesamt für Migration und Flüchtlinge (BAMF) lehnte es ab, diesen zu bearbeiten, da nach den Dublin-Regeln der EU Italien dafür zuständig war. Es ordnete die Abschiebung Jawos nach Italien an. Der Fall kam in Baden-Württemberg vor Gericht. Im März 2017 richtete das dortige Verwaltungsgericht folgende Frage an den EuGH in Luxemburg: Darf Deutschland einen Asylbewerber nach Italien überstellen, wenn dieser selbst bei einer Anerkennung als Flüchtling »im Hinblick auf die dann zu erwartenden Lebensumstände [in Italien] einem ernsthaften Risiko ausgesetzt« ist, erniedrigend behandelt zu werden? Hier ging es nicht um Mängel im Asylverfahren oder bei der Unterbringung wie im Fall des Afghanen Munir in Griechenland. Hier ging es um die Lebensumstände anerkannter Flüchtlinge. Die Antwort des EuGH im März 2019 war eindeutig: Da die Grundrechtecharta »ausnahmslos jede Form unmenschlicher oder erniedrigender Behandlung verbietet und somit fundamentale Bedeutung und allgemeinen und absoluten

Charakter hat«, müsse dies geprüft werden.[126] Als kurz darauf ein deutsches Gericht in Magdeburg in einem Urteil zur Abschiebung eines Afghanen nach Griechenland dieses EuGH-Urteil falsch interpretierte, rügte das Bundesverfassungsgericht in Karlsruhe den Richterspruch im April 2019 scharf: Die Magdeburger Richter hätten eine »offensichtlich einschlägige Norm nicht berücksichtigt«, diese »in krasser Weise missverstanden«, ihr Richterspruch sei »unhaltbar« und »nicht mehr nachvollziehbar«.[127] Wenn es um Gefahren für die Menschenwürde geht, ist die Sprache der Richter des EGMR, des EuGH und des Bundesverfassungsgerichts unmissverständlich.

Zurück zu unserem »Exotische-Insel-Problem«, zum Kapitän und zu den Migranten an der Küste. Man könnte allerlei Details variieren, um die eigenen moralischen Intuitionen zu prüfen. Man könnte sich fragen, ob es an unserem Urteil etwas ändern würde, wenn wir wüssten, ob die Mehrheit der Zehntausenden, die sich auf den Weg machen wollen, schutzbedürftig ist oder nicht. Oder ob sich die Menschen an der Küste in Gefahr befinden. Aber die eigentliche Frage lautet: Denken wir wie die Richter und Gesetzgeber in Europa oder wie die Richter und Gesetzgeber in Australien? Ist für uns die Würde jedes Menschen und das Verbot erniedrigender Behandlung von absoluter, ausnahmsloser Bedeutung, wie dies das deutsche Verfassungsgericht betont? Dann müssten wir als Kapitän die Ausführung des Befehls verweigern: Jede Politik, die die Menschenwürde verletzt, ist nicht nur unmoralisch, sondern auch unrechtmäßig. Und das deutsche Soldatengesetz schreibt in Paragraf 11 vor: »Ein Befehl darf nicht befolgt werden, wenn dadurch eine Straftat begangen würde.« So wie es ein ausnahmsloses Verbot der Folter gibt, selbst wenn das Ziel dieser Folter in einem Einzelfall von der Mehrheit der Bevölkerung befürwortet und für nachvollziehbar gehalten wird – etwa, mehr über eine Terrorgruppe zu erfahren –, so gibt es ein ausnahmsloses Verbot, Asylantragsteller wie

Straftäter oder – im Fall von Manus und Nauru – noch schlimmer zu behandeln. Auch Straftäter haben eine Menschenwürde. Ein Inselgefängnis zur Abschreckung irregulärer Migration ist damit Teil eines inhumanen Grenzregimes und für Europa inakzeptabel.

Damit haben wir ein weiteres Kriterium für unmenschliche Grenzen: Eine unmenschliche Grenze ist eine Grenze, an der Menschen im Widerspruch zur Menschenrechtskonvention und Grundrechtecharta unmenschlich behandelt oder mit Schiffen ohne Prüfung ihrer Schutzbedürftigkeit in ein anderes Land zurückgestoßen werden. Dabei könnten wir es belassen. Aber damit würden wir es uns zu einfach machen. Denn tatsächlich gibt es seit Jahren, trotz des Anspruchs, im Sinne der Menschenrechtskonvention zu handeln, Abschreckung durch unmenschliche Behandlung in Europa. Betrachtet man die Folgen für Migranten und Asylsuchende, so waren die Grenzen in der Europäischen Union in den letzten Jahren unmenschlicher als jene in Australien. Meinen wir es ernst mit dem Schutz der Menschenwürde, muss uns das zutiefst beunruhigen.

Vergleichen wir die Folgen der europäischen Politik im Mittelmeer und der australischen im Indischen Ozean von 2014 bis 2018. In diesen fünf Jahren ertranken laut IOM im zentralen Mittelmeer 15 062 Menschen.[128] Es gibt keine verlässlicheren Zahlen, auch wenn zu vermuten ist, dass es wohl mehr Tote waren, weil nicht jeder Unfall bekannt wird. Im gleichen Zeitraum ertrank auf dem Meer zwischen Indonesien und Australien: nicht ein einziger Flüchtling. Der Hauptgrund für diesen Unterschied ist offensichtlich: Es ist die Anzahl der Boote, die sich auf den Weg machten. In diesen fünf Jahren kamen 648 000 Menschen von Nordafrika nach Italien. In der gleichen Zeit erreichten nur 163 Menschen mit Booten Australien (und wurden dann nach Nauru gebracht). In den fünf Jahren davor kamen noch 52 000 über den Indischen Ozean, und 1158 starben. Das ist ein dramatischer Unterschied.

Doch die Politik der Europäischen Union im zentralen Mittelmeer scheiterte auch auf anderen Ebenen. Denn es starben nicht nur mehr als 15 000 Menschen in wenigen Jahren auf dem Meer; eine unbekannte, aber möglicherweise ähnlich große Anzahl kam gleichzeitig in der Sahara ums Leben. Und wer Libyen erreichte, wurde dort misshandelt. Dennoch machten sich ab 2013 immer mehr Menschen vor allem aus Westafrika auf den Weg nach Libyen, weil sie eine realistische Möglichkeit sahen, von dort nach Europa zu kommen.

2015 besuchte der britische Journalist Patrick Kingsley die Stadt Agadez im Norden Nigers, die letzte Station vor der Sahara auf dem Weg nach Libyen. In seinem Buch *Die neue Odyssee* beschreibt er Begegnungen mit westafrikanischen Migranten in der Stadt. Diese waren meist auf der Suche nach »Geld, Jobs und einem besseren Leben. In den engen Straßen von Agadez und auf den Migrationsrouten treffe ich immer wieder auf Menschen, die zugeben, dass sie sich auf den Weg gemacht haben, um eine Arbeit zu finden. Da ist der Schweißer, der in Senegal nicht mehr gebraucht wurde. Da ist der nigerianische Ingenieur, der keinen Job mehr in seinem Beruf fand. Und sein Freund Paul Ohioyah, ein nebenberuflicher Schafhirte, der gern wieder als Klempner arbeiten möchte … Alle diese Männer haben keinen Anspruch, in Europa unter Berufung auf die Genfer Flüchtlingskonvention von 1951 Schutz zu suchen – denn diese Konvention soll Menschen schützen, die vor Verfolgung fliehen, nicht aber vor Armut … Diese Menschen sind keine Flüchtlinge.«[129] Doch der bevorstehende Aufenthalt in Libyen würde für diese Menschen unsagbares Leid bedeuten. Die meisten erleben in Libyen Schreckliches, werden gefangen genommen, ausgebeutet, versklavt, vergewaltigt und manchmal getötet. Während man eine Person wie »Paul Ohioyah bei seinem Aufbruch aus Nigeria noch als Wirtschaftsmigranten bezeichnen kann, wird er einige Wochen später, wenn er in Libyen angekommen ist, eher zu einem Flüchtling … [so] sind Migranten in diesem Land in Gefahr, sobald sie dort angekommen sind. Deshalb müssen sie so schnell wie möglich wieder aus dem Land hinauskommen.«[130] Denn einmal in Libyen, war eine Bootsreise nach Europa erfolgversprechender, um der Hölle zu entkommen, als die Rückkehr durch die Sahara. Migranten wurden nach Libyen gelockt wie in eine Falle.

2016 stammte mehr als die Hälfte der Menschen, die aus Libyen nach Italien kamen, aus sechs Ländern Westafrikas: die meisten aus dem großen Nigeria, aber auch Tausende aus dem kleinen Gambia. Besonders schlimm war die Situation für junge Frauen. Ein anderer Journalist, der Amerikaner Ben Taub, reiste 2016 in den Süden Nigerias nach Benin-Stadt im Bundesstaat Edo, aus dem die meisten nigerianischen Migranten stammen, die über das Mittelmeer nach Europa kommen. Er war später auf einem Rettungsschiff der Organisation Ärzte ohne Grenzen, als diese 355 Menschen aus einem Schlauchboot retteten, darunter nigerianische Mädchen, Opfer von Menschenhändlern, die nach Europa in die Prostitution verkauft wurden. Auf dem Boot sprach Taub mit der 17-jährigen Blessing aus Benin-Stadt. Eine Frau dort hatte ihr versprochen, ihr eine Arbeit in Europa zu verschaffen. Blessing stieg in einen Minibus und wurde nach Libyen gebracht. Dort wurde sie gefangen genommen, und ihre Mutter wurde erpresst. Sie musste 1500 Dollar Lösegeld auftreiben, um ihre Tochter freizukaufen. Diese blieb Gewalt und Missbrauch ausgesetzt, bis sie einige Monate später von Menschenschmugglern in ein Schlauchboot nach Italien gesetzt wurde.[131]

Blessing gelang 2016 die Überfahrt. Ab Sommer 2017 wurde auch dies immer unwahrscheinlicher. Denn nun kooperierte die Europäische Union eng mit der libyschen Küstenwache, die Boote auf dem Meer abfing und die Menschen nach Libyen zurückbrachte. Dort wurden sie in Lager gesteckt, in denen gefoltert wurde. Die Methoden, mit denen es der EU im Sommer 2017 gelang, die Zahl der Boote wieder zu reduzieren, waren eine Verhöhnung der Werte ihrer Konventionen und Charta. Das Ziel war dabei das Gleiche, das auch die Regierungen in Canberra verfolgten: ein Rückgang von irregulärer Migration und Ertrinken durch Abschreckung. Als der neue italienische Innenminister Matteo Salvini im Juni 2018 per Twitter die Schließung aller Häfen verkündete und private Rettungsboote sabotierte, ertranken in nur einem Monat 564 Menschen. Und als im Spätsommer 2018 in der Hauptstadt Tripolis erneut Kämpfe entbrannten, wurden dort etwa 8000 Migranten in Lagern festgehalten.[132]

Im Wahlkampf 2013 versprach der australische Oppositionsführer Tony Abbott seinen Wählern: »Natürlich ist unser Ideal, kein einziges Schiff [mit irregulären Migranten] zu haben.«[133] Als im April 2015 bei einem Schiffsunglück im zentralen Mittelmeer über 800 afrikanische Migranten ums Leben kamen, richtete Abbott, nun australischer Premierminister, den Europäern aus, der einzige Weg, das Sterben zu stoppen, sei es, die Boote zu stoppen. Auf dem Höhepunkt der Flüchtlingskrise im Mittelmeer im Oktober 2015 wiederholte er seine Botschaft bei einem Vortrag in London: »Es ist jetzt 18 Monate her, dass es das letzte illegale Boot nach Australien geschafft hat ... und – das Beste daran – es gibt keine Todesfälle auf dem Meer mehr. Deshalb sind das Stoppen der Boote und die Wiederherstellung der Grenzsicherheit *die einzig wirklich empathische Politik*.«[134]

Eine »empathische Politik«? Der australische Premierminister Tony Abbott wusste wie auch seine Nachfolger um die Lage der Menschen auf Nauru und Manus, denn jeder Zwischenfall dort wurde dokumentiert.[135] Nachdem immer mehr über die unerträglichen Zustände auf den Inseln an die Öffentlichkeit gedrungen war, forderten Politiker die australische Bevölkerung auf, ihre Empathie für die dort Festgehaltenen zu unterdrücken. So appellierte Abbotts Nachfolger, Premierminister Malcolm Turnbull, im April 2016 an seine Bürger: »Wir können es uns nicht leisten, dass das Mitgefühl, das wir für die verzweifelte Situation vieler Menschen haben, unser Urteilsvermögen trübt.«[136] Und Australiens Innenminister Peter Dutton erklärte im Juni 2018,

Australien könne sich angesichts irregulärer Migranten kein Mitgefühl erlauben: »Wir sind in Gefahr … vor einem Monat stoppten wir ein Schiff mit 131 Menschen … Alle Menschen müssen wissen: *Eine einzige Tat aus Mitgefühl* kann alle hart erkämpften Erfolge der letzten Jahre zunichtemachen.«[137] Das Argument: Um diese »einzig wirklich empathische Politik« zu ermöglichen, musste die Gesellschaft Empathie für konkrete Menschen unterdrücken. Es war der australischen Regierung überdies viel Geld wert, 2017 einen öffentlichen Gerichtsprozess über die Zustände in den Offshorelagern zu verhindern. Ein iranischer Asylbewerber, der auf Manus festgehalten worden war, hatte vor dem Obersten Gerichtshof des australischen Bundesstaats Victoria geklagt. 1923 andere schlossen sich ihm an. Die Kläger forderten eine Entschädigung für schwere körperliche und psychische Schäden und für ihre widerrechtliche Festsetzung. Sie konnten sich auf den Obersten Gerichtshof von Papua-Neuguinea berufen, der im April 2016 entschieden hatte, dass die Festsetzung auf Manus rechtswidrig war.[138] Im September 2017 akzeptierte die australische Regierung einen außergerichtlichen Vergleich und zahlte an die Kläger eine Entschädigung von insgesamt 70 Millionen australischen Dollar (damals etwa 47 Millionen Euro). Geld spielte bei der Inselpolitik Australiens nie eine große Rolle. So beliefen sich die Ausgaben für 3000 Personen in zwei Lagern ab 2012 auf etwa 600 Millionen Euro jährlich. Der Betrag entsprach den jährlichen Ausgaben für das gesamte australische Gerichtswesen.[139]

So wie Geld keine Rolle spielte, so wurde in Canberra seit 2013 auch Kritik aus der australischen Zivilgesellschaft konsequent ignoriert. Menschenrechtsgruppen, Ärzte und Künstler protestierten unermüdlich. Der bekannteste Schriftsteller des Landes, Richard Flanagan, nannte die Insellager einen verbrecherischen »Zoo der Grausamkeit«.[140] Doch Tony Abbott und seine Nachfolger wussten, dass nicht nur die Mehrheit der Bevölkerung, sondern auch die größte Oppositionspartei des Landes zu den

Lagern keine Alternative sah. Im April 2016 erklärte Bill Shorten, Oppositionsführer und Parteichef der Labor Party, dass »es bei Labor keine einzige Person gibt, die sehen will, dass die Boote wieder ablegen«. Im November 2017 betonte Shorten: »Die Lager auf Manus und Nauru wurden als Transitzentren eingerichtet, um sicherzustellen, dass Australien kein Ziel für Menschenschmuggler wird, und um die Todesfälle auf See zu stoppen. Diese Strategie hat funktioniert.«[141] Diese Argumentation fand bei einer großen Mehrheit der Wählerschaft Anklang. Damit liefen die Kampagnen von NGOs ins Leere. Die große Mehrheit der Australier sah keine Alternative zur Offshorepolitik. Die Kritiker dieser Politik hatten ebenfalls keine.

Es war eine ernüchternde Lehrstunde für Menschenrechtsaktivisten: Es genügt nicht, auf unschuldig leidende Menschen zu verweisen, um einen Politikwechsel herbeizuführen, solange der kritisierten Politik keine mehrheitsfähige Alternative entgegengesetzt wird. Daran scheiterten die Kritiker der Nauru-Manus-Politik in Australien.

Doch sind nicht auch Kritiker in Europa daran gescheitert, in Italien seit 2013, in Griechenland seit 2016? Heute setzt auch die EU im Mittelmeer auf Abschreckungspolitik, die sogar noch brutaler ist als das Vorgehen Australiens. Und obwohl Menschenrechtsorganisationen immer wieder die Unmenschlichkeit dieses Handelns beklagen, bleiben Regierungen mit Unterstützung wachsender Mehrheiten bei dieser Linie. Denn auch in der europäischen Diskussion fehlt eine glaubwürdige Strategie, die die von Mehrheiten geforderten Ziele – weniger irreguläre Migration und weniger Tote – auf humane Art und Weise erreicht.

Gleichzeitig lobten manche europäische Politiker die australische Politik als vorbildlich. Der damalige britische Premierminister Tony Blair sprach sich schon 2003 für ein ähnliches Vorgehen aus.[142] Im Juli 2016 forderte der damalige Außenminister Österreichs, Sebastian Kurz, eine australische Lösung für das

Mittelmeer. Auch Europa solle Menschen auf dem Meer abfangen und auf Inseln internieren – Kurz erwähnte Lesbos –, bevor sie von dort in ihre Heimat zurückgeschickt würden, um so »die illegale Migration zu stoppen«. Denn: »Flüchtlinge, die nicht auf legalem Weg nach Europa kommen, hätten ihr Recht auf Asyl verwirkt und sollten im Idealfall sofort in ihre Heimatländer zurückgeschickt werden. Sei das nicht möglich, so sollten sie in Asylzentren untergebracht werden, ›idealerweise auf einer Insel‹.«[143] Dass auch Flüchtlinge, also Schutzbedürftige, *sofort* in ihre Heimatländer zurückgeschickt werden sollen, geht sogar noch weit über die australische Praxis hinaus, denn auf Manus und Nauru fanden zumindest Asylverfahren statt, in denen fast vier von fünf Personen als Flüchtlinge anerkannt wurden.

Im August 2016 wiederholte Kurz seine Forderung:

»Kurz: Aber es muss eben klar sein, dass jegliche illegale Migration unterbunden wird. Die Rettung im Mittelmeer darf kein Ticket nach Mitteleuropa bedeuten.

Spiegel online: Heißt konkret?

Kurz: Wer an den Außengrenzen aufgegriffen wird, muss in Hotspots auf Inseln versorgt werden und im Idealfall in sein Herkunftsland oder ein sicheres Transitland gebracht werden – so wie es Australien erfolgreich praktiziert.«[144]

Schlägt Sebastian Kurz tatsächlich vor, wie manche seiner Interviews nahelegen, dass das Kriterium der Schutzbedürftigkeit an Europas Grenzen keine Rolle mehr spielen soll, wie in der Zeit vor 1951? Das wäre eine radikale Forderung. Wird sie bald auch in den meisten Staaten der Europäischen Union mehrheitsfähig? In Österreich, das in relativen Zahlen 2015 mehr Asylsuchende aufnahm als jedes andere Land der Welt außer Schweden, stieg Kurz schnell zum beliebtesten Politiker des Landes auf.

Soll die Europäische Union ihre Grundrechtecharta, gültige Konventionen und Gerichtsurteile des EuGH und EGMR ignorieren und ihre Verbundenheit mit der Idee der unantastbaren Menschenwürde aufgeben? Oder kann es gelingen, einen Weg zu finden, der das Respektieren der Menschenwürde mit Kontrolle verbindet, die Mehrheiten in allen Demokratien einfordern? Dabei ist das Ziel nicht, die Straßenbahn nur auf ein anderes Gleis zu lenken, um anstatt fünf Personen nur eine zu töten. Das Ziel muss es sein, dass die Straßenbahn nicht mehr außer Kontrolle gerät. Darum geht es im Folgenden.

Wer ist unser Nächster?

»*Es war ein Mensch, der ging von Jerusalem hinab nach Jericho und fiel unter die Räuber; die zogen ihn aus und schlugen ihn und machten sich davon und ließen ihn halb tot liegen. Es traf sich, dass ein Priester dieselbe Straße hinabzog; und als er ihn sah, ging er vorüber. Desgleichen ein Levit: Als er zu der Stelle kam und ihn sah, ging er vorüber. Ein Samariter aber, der auf der Reise war, kam dahin; und als er ihn sah, hatte er Mitleid; und er ging zu ihm, goss Öl und Wein auf seine Wunden und verband sie ihm. Er hob ihn auf sein Tier und brachte ihn in eine Herberge und pflegte ihn.*«
Das Gleichnis vom barmherzigen Samariter, Lukasevangelium

Ein Bild, das in der Debatte um Grenzen immer wieder auftaucht, ist das des vollen Bootes. Die Botschaft versteht jedes Kind: Ein Boot hat eine begrenzte Aufnahmefähigkeit, sonst ist die ganze Mannschaft gefährdet. Als Carmine Menna, der Optiker von Lampedusa, im Oktober 2013 versuchte, Ertrinkende in sein Boot zu ziehen, stöhnte seine Jacht unter der Last und drohte außer Kontrolle zu geraten. Da waren bereits 55 Menschen auf einem Boot, das für zehn gebaut war, und es waren immer noch Menschen im Wasser, die gerettet werden mussten. Das »volle Boot« ist ein Bild, das oft gebraucht und öfter noch missbraucht wird. Etwa als der Schweizer Bundesrat Edmund von Steiger sein Land im August 1942 als Rettungsboot mit beschränkten Vorräten beschrieb. Tatsächlich waren nicht die Vorräte begrenzt, begrenzt war die Bereitschaft. Es ging nicht um Aufnahmefähigkeit, sondern um Aufnahmewillen. Dieser Wille ist dann (fast) unbegrenzt, wenn es um Menschen geht, die wir als unsere Brüder und Schwestern begreifen. Als im Juni 1961 in einem Monat 19 000 Menschen aus der DDR nach Westberlin flohen, gab es in der Bundesrepublik keine Diskussion über Aufnahmefähigkeit. Dies waren Landsleute, die man im Einklang mit dem Grundgesetz aufnehmen musste, aber auch aufnehmen wollte. Das galt viele Jahrzehnte lang auch für Aussiedler. Es gilt in Israel für Juden aus der Diaspora. Für »Brüder und Schwestern« gibt es keine Obergrenzen, weil sie »zu uns« gehören. Für andere Menschen hingegen stellt sich in jeder Gesellschaft die Frage der Aufnahmebereitschaft. Sie wird dadurch bestimmt, wie Gruppen gesehen werden.

Seine erste Reise als gewähltes Kirchenoberhaupt führte Papst Franziskus im Juli 2013 nach Lampedusa. Dort forderte er in einer Predigt auf einem Sportplatz Mitgefühl für jene, die, lange bevor es staatliche und private Seenotrettung gab, im Mittelmeer ertranken. Die Frage »Wer ist unser Nächster?« beantwortete der Papst mit der Geschichte des barmherzigen Samariters. »Wir sehen den halb toten Bruder am Straßenrand, vielleicht denken wir: ›Der Arme‹, und gehen auf unserem Weg weiter; es ist nicht unsere Aufgabe.« Menschen müssten Anteil nehmen, forderte Franziskus: »Wir sind eine Gesellschaft, die die Erfahrung des Weinens, des ›Mit-Leidens‹ vergessen hat.« Für den Papst war die Gleichgültigkeit der meisten Europäer angesichts der Tragödien im Mittelmeer sowohl unchristlich als auch unmenschlich.

Zwei Jahre später, am 5. September 2015, erklärte Premierminister Viktor Orbán in einer Rede am ungarischen Plattensee vor Parteimitgliedern, es sei nicht möglich, an Menschenrechte zu glauben und Flüchtlinge aufzunehmen, ohne Europas Wohlstand zu opfern: »Nachdem wir globale, universelle Menschenrechte verkündet haben … sind wir jetzt überrascht, dass sie an unsere Tür klopfen.« Die Flüchtlingskrise führe zu einer Identitätskrise in Europa, so Orbán, aber »es ist die erste gute Identitätskrise, die ich je gesehen habe«. Denn sie bringe das Ende einer Ära, die er als »Ära des liberalen Geschwätzes« bezeichnete, des Geschwätzes über allgemeine Menschenrechte. Ein guter Christ, erklärte er, solle zuerst an seine Kinder denken, dann an die Eltern, an das Dorf und an die eigene Stadt. »Dann kommt unser Land, und dann können alle anderen kommen.«

Die Frage, wen Gesellschaften in konkreten Situationen als ihre Nächsten wahrnehmen und wen nicht, spielt offensichtlich eine große Rolle dabei, ob Menschen an Grenzen aufgenommen oder abgewiesen werden. Was aber beeinflusst diese Wahrnehmung in einer Gesellschaft? Wann sind Mehrheiten bereit, so zu denken, wie der Papst es forderte, und in allen Kommenden »Brüder und Schwestern« zu sehen? Und wann denken sie, wie Orbán es einfordert, nur an ihre Landsleute?

Die Tatsache, dass die meisten Menschen mehr Empathie für diejenigen empfinden, die ihnen nahestehen, ist Kern der Theorie der Solidarität des amerikanischen Philosophen Richard Rorty. Die Fähigkeit zur Empathie ist Teil unserer Natur als soziale Säugetiere, so wie die Fähigkeit zu Zorn und Scham. Solidarität hingegen, das Zusammenhalten mit anderen aufgrund gleicher Anschauungen und Ziele, ist Teil unserer Kultur und reflektiert unsere Überzeugungen. Es ist nicht Biologie, es sind nicht die Strukturen unseres Gehirns, sondern die Geschichten, die wir glauben, und die Erfahrungen, die wir machen, die bestimmen, wer »zu uns« gehört. Menschen sind zu großer Solidarität fähig, schreibt Rorty, wenn sie sich mit anderen »in ihrer Fantasie identifizieren können«. Solidaritätsgefühle gegenüber anderen hängen, so Rorty, vor allem davon ab, »welche Ähnlichkeiten und Unähnlichkeiten uns besonders auffallen«.[145] So werden die Grenzen, die wir haben, und die Grenzen, die wir wollen, durch Geschichten bestimmt, die wir uns über andere Menschen erzählen.

Solidarität ist mehr als Empathie. Es bedarf unermüdlicher Anstrengungen, um Solidarität aufrechtzuerhalten. Bleiben diese aus, fehlen die Erzählungen, die uns im anderen uns selbst sehen lassen, wachsen die Unsicherheit und Angst. Werden andere gar als Gefahr empfunden, wird das Rettungsboot schnell als voll gesehen, und selbst ertrinkende Schutzsuchende werden sich selbst überlassen. Konkretes Handeln fordert mehr als die Fähigkeit zu Mitgefühl, auch wenn Letzteres dafür die Voraussetzung ist. Am Ende ist die wichtigste Frage immer diejenige danach, wie eine Gesellschaft andere wahrnimmt: als Brüder und Schwestern, als Freunde, als Fremde oder als Gefahr und Feinde.

Empathie und der »Stamm am anderen Ufer«

Die Grenzen und Voraussetzungen von Empathie und Solidarität zu verstehen und daraus praktische Schlüsse zu ziehen ist essenziell für eine Politik humaner Grenzen. Empathie ist ein mächtiges Gefühl. Die Fähigkeit, sich in andere hineinzuversetzen und deren Schmerz mitzufühlen, ist ein Motor menschlichen Handelns. Sie ist eine Voraussetzung für das Leben in Gruppen, die Grundlage für Solidarität und ein Schlüssel zur Lösung gemeinsamer Probleme. Doch Empathie ist auch flüchtig und unstet. Und sie diskriminiert.

Psychologen studieren und messen Empathie, indem sie Menschen Bilder vom Leiden anderer zeigen, etwa Kinder, denen mit einer Nadel in den Finger gestochen wird. Sie beobachten dabei das Schmerzzentrum des Gehirns, sehen, wie wir den Schmerz des anderen im eigenen Nervensystem fühlen. Durch Experimente dieser Art versuchen sie zu ergründen, was empathische Reaktionen verstärkt oder reduziert. Vieles, das Psychologen über Empathie so herausgefunden haben, ist jedem von uns aus dem Alltag vertraut. Menschen empfinden mehr Empathie für jene, die ihnen ähnlich sind und die sie kennen. Sie haben mehr

Mitgefühl mit Menschen, die unschuldig leiden, als mit solchen, von denen sie zu wissen glauben, dass sie für ihr Unglück mitverantwortlich sind. Angst und das Gefühl, bedroht zu sein, schwächt Empathie. Im Konfliktfall führt Empathie leicht zur Parteinahme, zur Solidarität nur mit denen, die uns nahestehen und die sich mit uns anderen Gruppen entgegenstellen. Vorurteile und Abneigung, bis hin zu offenem Rassismus, können dazu führen, dass Menschen das Leiden anderer kaum berührt. Doch auch das Gegenteil kennen wir: dass Empathie für andere Gruppen wächst, wenn wir unerwartet positive Erfahrungen mit einzelnen Menschen machen, die anderen Gruppen angehören. So wird Empathie erlernbar. Positive Erfahrungen mit einem Fremden können zu verstärkter Empathie für eine ganze Gruppe führen.[146]

Neben persönlichem Kontakt gibt es noch einen Weg, die Wahrnehmung anderer zu verändern. Er führt über das genaue Beschreiben von Schmerz, Freude und Demütigung. Geschichten, die es uns ermöglichen, andere besser zu verstehen, verändern auch, mit wem wir Solidarität empfinden.[147] Wenn Richard Rorty von Geschichten spricht, die den Menschen helfen, »weniger grausam« zu sein, dann denkt er an die großen Romane, von Harriet Beecher Stowes *Onkel Toms Hütte* über Victor Hugos *Les Misérables* bis zu George Orwells *1984*. Beim Thema Flucht und Migration sind es Reportagen und Filme, Berichte in Medien, die die Beweggründe von Menschen nachvollziehbar machen und Verbindungen herstellen, sodass sich Leser und Zuschauer betroffen fühlen. Oder starke Bilder wie das dicht gedrängter junger Menschen auf dem vietnamesischen Flüchtlingsboot *Hai Hong* im November 1978 oder das eines kleinen Jungen am Strand von Bodrum im September 2015.

Empathie bedarf der Aufmerksamkeit. Dabei helfen Geschichten über Helfer, mit denen man sich identifizieren kann. Geschichten von Männern und Frauen, über deren Handeln wir Verbindungen zu anderen herstellen können, die uns unbekannt sind, ob es um das Handeln mutiger Politiker oder die Aktivitäten innovativer Vereine geht. In Deutschland gab es in den letzten Jahren viele Beispiele dafür, wie die Empathie einiger zu praktischer Solidarität führte, die viele bewegte. Beispielsweise die Aktionen des bayerischen Unternehmers Claus-Peter Reisch, der bei einer privaten Bootsreise im Spätsommer 2015 im Mittelmeer an der italienischen Küste abgewrackte Flüchtlingsboote sah. Es begann mit Empathie: Reisch versetzte sich in die Lage derjenigen, die sich damit aufs offene Meer begeben hatten: »Ich versuchte mir die Hilflosigkeit vorzustellen, wenn man im Bauch eines solchen Schiffes sitzt. Und ich weiß, wie es sich anfühlt, wenn man in keiner Richtung mehr Land sehen kann und dem Meer ausgeliefert ist.«[148] Reisch begann sich einzulesen, und sein Wunsch, etwas für Bootsflüchtlinge zu tun, wuchs. Der nächste Schritt war, sich anderen anzuschließen, die etwas Konkretes tun wollten. Er fing an, Rettungsmissionen im Mittelmeer zu leiten. Damit diese Missionen zustande kamen, mussten viele Räder ineinandergreifen. Reisch trieb Spenden auf, denn jeder Einsatztag seines Rettungsschiffs kostete 2500 Euro. Dafür war ein Netzwerk von Spendern und Helfern erforderlich. Ein Geldgeber war der Sänger Udo Lindenberg. Für ihn, wie für viele andere, stand fest: Wenn Menschen aus Katastrophengebieten nach Europa kommen und sich dabei in Lebensgefahr begeben, dann ist es Zeit zu handeln. »Helden oder Arschloch, dazwischen gibt es nicht mehr viel«, schrieb Lindenberg im Vorwort zu Reischs Buch.[149]

Im Juni 2018 befand sich Reisch als Kapitän auf dem privaten Schiff des Dresdner Vereins Lifeline mit seiner fast ausschließlich deutschen Mannschaft vor der Küste Libyens und rettete 235 Personen. Es wurde seine bislang schwierigste Mission, denn Reisch fand nach der Rettung keinen Hafen. Nachdem acht EU-Staaten die Aufnahme der Migranten zugesagt hatten, lief Reisch in den Hafen von La Valetta ein, wo er verhaftet und das Schiff festgesetzt wurde. Die maltesischen Behörden warfen ihm vor, dass das Schiff nicht ordnungsgemäß registriert gewesen sei. Außerdem habe Reisch die Anweisungen der italienischen Behörden ignoriert, die Rettung der libyschen Küstenwache zu überlassen. Im Mai 2019 wurde Reisch zur Zahlung einer Geldstrafe von 10 000 Euro verurteilt, im Berufungsverfahren jedoch im Januar 2020 freigesprochen. Im Juni 2019 hatte auch die Hannoveranerin Carola Rackete, die ihr Schiff mit 40 entkräfteten Geretteten in den Hafen von Lampedusa lenkte, Probleme mit der Justiz. Wie Reisch war sich auch Rackete ihrer Sache sicher, auch sie hatte sich immer wieder in die Lage der Menschen auf dem Meer versetzt: »Wie muss es sein, auf einem billig hergestellten, überladenen Schlauchboot zu sitzen, den Naturgewalten ausgesetzt, während die provisorisch eingeschraubten Holzplanken im Boden permanent gegen die Luftschläuche reiben, bis diese kaputtgehen?«[150] Und auch Harald Höppner von Sea-Watch, dessen Schiff Rackete lenkte, hatte, bevor er sich daranmachte, ein privates Rettungsboot für das Mittelmeer zu organisieren, vom Tod im Meer gelesen: »Wie sich das Ertrinken anfühlt, kann niemand sagen. Aber es muss eine besonders schreckliche Todesart sein.«

Empathie belohnt die, die helfen. Schon Kinder machen diese Erfahrung: Andere trösten, Trauer lindern, Gutes tun fühlt sich richtig an. Claus-Peter Reisch beschrieb dieses Gefühl, als er im Juni 2018 auf seinem Schiff einen Rundgang machte, um nach den 235 Aufgenommenen zu sehen. Er kam zur Krankenstation des Schiffes, wo sich die geretteten Frauen und Kinder dicht drängten: »Ein Mädchen lag auf dem Boden, es schlief tief und fest. Daneben lag ihre Puppe, sie war ihr wohl im Schlaf aus der Hand gerutscht. Auf der anderen Seite des Arzttisches lag eine Frau mit ihrem Baby auf dem Bauch. Das Schiff dröhnte, es war heiß, das Zimmer liegt direkt über dem Maschinenraum. Am Boden betrug die Temperatur 34 Grad. Doch alle schliefen selig. Wenn man dieses Kind so liegen sah, dann erschien einem alles andere plötzlich nichtig.« Als Reisch zurück zur Brücke ging, merkte er, dass er Tränen in den Augen hatte. »Dafür machst du das doch, alles richtig gemacht, dachte ich.«[151]

Tatsächlich führen Geschichten von Rettern aus der eigenen Mitte, in einer für sie aufmerksamen Gesellschaft, eher dazu, dass diese ihre Grenzen öffnet und Schutzbedürftige aufnimmt. Weil dann, wie Rorty schrieb, »zu uns« auch »die Familie in der Nachbarhöhle zählt, dann der Stamm am anderen Flussufer, dann der Stammesverband jenseits der Berge, danach die Ungläubigen jenseits des Meers«.[152]

Der General und das volle Boot

Im April 1962 begann die bis heute größte Massenflucht über das zentrale Mittelmeer seit dem Zweiten Weltkrieg. In wenigen Monaten flohen eine Million Menschen aus Algerien nach Frankreich. Dabei stellte sich heraus, dass Frankreich eine Million Menschen binnen kurzer Zeit aufnehmen konnte, obwohl viele verarmt und ohne Eigentum ins Land kamen. Doch ebenso bemerkenswert ist, wer damals nicht nach Frankreich kommen durfte. Als Beispiel für fehlende Empathie, inhumane Politik, die Machtlosigkeit des Rechtsstaats in einer Flüchtlingskrise und dafür, wie wichtig es ist, wie verschiedene Gruppen von Schutzbedürftigen gesehen werden, bietet das Ende der französischen Herrschaft in Algerien eine tragische Lehrstunde.

Der mehr als sieben Jahre andauernde Krieg in Algerien, der 1954 begann, brachte Frankreich mehrmals an den Rand des politischen Zusammenbruchs. Der Krieg forderte hohe Opfer: Seriöse Schätzungen gehen von bis zu einer halben Million Toten aus, darunter 400 000 algerische Muslime und 30 000 französische Soldaten.[153] Der Konflikt erschütterte die französische Demokratie. Die Politikergeneration der Nachkriegszeit, deren Kreativität das europäische Friedensprojekt und die Aussöhnung mit Deutschland lanciert und den Wiederaufbau des Landes vorangetrieben hatte, verantwortete in Algerien massenhafte Folter, die außergerichtliche Hinrichtung von Gefangenen und die Vertreibung Hunderttausender. Dann brach die Nachkriegsrepublik (Frankreichs vierte) 1958 in sich zusammen, und ein ehemaliger General, Charles de Gaulle, kehrte unter Druck des Militärs an die Spitze des Staates zurück. Es folgten Putsch- und Attentatsversuche gegen de Gaulle, Morde in Frankreich und Algerien durch eine französische Terrororganisation (OAS, die Organisation der Geheimen Armee), Gewalt und Folter durch die Pariser Polizei in der französischen Hauptstadt.

Erst im März 1962 beendeten Verhandlungen zwischen der Regierung in Paris und den algerischen Aufständischen diesen Krieg. Eine Volksabstimmung im Juli führte mit 91 Prozent Zustimmung wie erwartet zur Unabhängigkeit Algeriens. So endete nach 130 Jahren die französische Herrschaft über ein Territorium, das bis dahin als integraler Teil des Mutterlandes gesehen worden war. Das Mittelmeer wurde zur neuen Grenze. Doch was bedeutete das für die zehn Millionen französischen Bürger im nun unabhängigen neuen Staat?

Eine Million von ihnen waren sogenannte *Pieds-noirs* (»Schwarzfüße«). Ihre Vorfahren waren aus Frankreich, Italien, Malta und Spanien in das damals noch französische Algerien gekommen. Die meisten von ihnen waren Christen, einige Juden. Die anderen neun Millionen waren Muslime, die mit überwältigender Mehrheit für die Unabhängigkeit gestimmt hatten. Sie wurden nun Bürger Algeriens. Doch unter den Muslimen gab es eine Minderheit, die im Konflikt auf der Seite Frankreichs gestanden hatte, darunter 62 000 algerische Hilfssoldaten und ihre Familien.[154] Man nannte sie *Harkis,* vom arabischen Wort für Bewegung. Oft waren es Bauern, die bis 1962 französische Polizisten und Soldaten auf lokaler Ebene unterstützt hatten. Als sich im März die französische Armee zurückzog, entwaffnete sie die Harkis. Viele ahnten die kommende Gefahr für sich und ihre Familien.[155]

Im Frühjahr 1962 begann die Flucht der Pieds-noirs. Im April waren es 46 000, die das Mittelmeer überquerten. Die Regierung stellte ein Linienschiff zur Verfügung, um »Europäer« nach Frankreich zu bringen.[156] Im Mai waren es 20 Schiffe pro Tag, dazu Flüge, Ende Juni waren bereits 700 000 Pieds-noirs geflohen, bald eine Million. Obwohl man in Paris eine solche Fluchtwelle nicht erwartet hatte, stellte sich ihr niemand entgegen. Man sah die Pieds-noirs als französische Mitbürger und bezeichnete sie als »Rückkehrer« *(remigrés)* ins Mutterland, auch wenn ihre Vorfahren 100 Jahre zuvor aus Spanien oder Malta ins französische Algerien gezogen waren.

Doch während eine Million Pieds-noirs in Frankreich Sicherheit fanden, schafften dies nur wenige Harkis. Dabei war die rechtliche Lage klar: In der damals wie heute gültigen französischen Verfassung gibt es keine religiösen oder ethnischen Kategorien der Staatsbürgerschaft. Im März 1962 besaßen die muslimischen Harkis, ebenso wie die christlichen Pieds-noirs, die französische Staatsbürgerschaft, war doch Algerien aus Pariser Sicht keine Kolonie, sondern Teil Frankreichs. Auch das Gesetz vom Dezember 1961 über den Status der Repatriierten machte keinen Unterschied zwischen Christen und Muslimen. Im Februar 1962 versicherte der französische Armeeminister allen Offizieren, dass »den Hilfssoldaten ihre legitimen Interessen als Soldaten und Staatsbürger garantiert werden«.[157] Im März 1962 sandte der Premierminister ein Telegramm an alle Armeehauptquartiere in Algerien, wonach muslimische Staatsbürger »dieselben Möglichkeiten haben wie jene französischer Herkunft, sich mit ihrer französischen Staatsbürgerschaft auf dem Festland in Frankreich niederzulassen«.[158] Radio France versicherte, dass dies für jeden »Einwohner Algeriens« gelte, »französische Muslime oder Europäer«. Auch der Vertrag, der die Unabhängigkeit regelte, garantierte es.

Doch tatsächlich halfen den Harkis 1962 weder die Verfassung noch internationale Verträge. Die Regierung in Paris setzte sich über all diese hinweg. Wer französischer Bürger war und wer

Flüchtling (ohne Möglichkeit zur Flucht), wurde ohne rechtliche Grundlage bestimmt. Im Mai 1962 unterschied die für Rückkehrer zuständige Behörde in Paris in einem Bericht erstmals zwischen »Rückkehrern europäischer Abstammung« und »Rückkehrern muslimischer Herkunft«.[159] Am 12. Mai verschickte ein Staatsminister ein Telegramm, eingestuft als »streng geheim – höchste Priorität«, in dem er forderte: »Alle Hilfstruppen, die außerhalb des offiziellen Rückholprogramms auf dem Festland ankommen, werden zurückgeschickt.«[160] Vier Tage später verbot derselbe Staatsminister den Transfer der Harkis nach Frankreich.[161] Ebenfalls im Mai erklärte eine geheime Mitteilung aus dem Büro des Präsidenten Charles de Gaulle, französische Offiziere müssten jede »Initiative im Zusammenhang mit der Rückführung der Harkis beenden«.[162]

So verhinderte die Regierung die Flucht gefährdeter Muslime aus Algerien. Frankreichs Präsident de Gaulle betrachtete die Harkis nicht als Franzosen, Verfassung und geltendes Recht hin oder her. Am 25. Juli erklärte er, die Bezeichnung »Rückkehrer« treffe offensichtlich nicht auf Muslime zu. Für de Gaulle waren die Harkis vor allem Muslime. Bereits im März 1959 erklärte er im Gespräch mit einem politischen Mitstreiter: »Haben Sie sich die Araber denn angesehen? Mit ihren Turbanen und mit ihren Dschellabas? Sie haben sicher gesehen, dass sie keine Franzosen sind … Versuchen Sie doch einmal, Öl und Essig miteinander zu mischen. Schütteln Sie die Flasche. Binnen kurzer Zeit werden sie sich wieder trennen. Araber sind Araber, Franzosen sind Franzosen.«[163] Doch auch für viele französische Kritiker des Algerienkrieges waren die Harkis Kollaborateure. Daher gab es auch unter Kriegsgegnern wenig Sympathie für sie. Die neuen Machthaber in Algerien hielten sie für Verräter. Viele wurden verfolgt, gefoltert und ermordet. Zwischen März und November 1962 fielen Zehntausende von ihnen Racheakten zum Opfer; offizielle Dokumente sprechen von 10 000 Toten, der anerkannte französische Historiker Benjamin Stora, der selbst als Kind 1962 aus Algerien floh, spricht von bis zu 30 000.[164] Präziser kann es niemand sagen, weil niemand ein Interesse daran hatte, genauer hinzusehen. So hatten Vorurteile und Rassismus fatale Folgen. Wer sich auf die Verfassung, internationale Verträge und nationale Gesetze verließ, war verlassen. Erst im September 1962 wies der französische Premierminister an, es ehemaligen Hilfssoldaten zu ermöglichen, nach Frankreich zu kommen, wenn diese »von Repressalien« bedroht waren.[165] Da war es für viele bereits zu spät.

Die Retter im Südchinesischen Meer

Thomas H. Nguyen, ein ehemaliger Hubschrauberpilot der südvietnamesischen Armee, wurde 1975 am Ende des Krieges in seiner Heimat im Alter von 27 Jahren verhaftet. Wie Millionen andere Vietnamesen kam er für drei Jahre in ein Umerziehungslager des kommunistischen Regimes. Hunderttausende verloren in jenen Jahren durch politische Gewalt ihr Leben, Regimegegner wurden hingerichtet, ihre Familien bestraft. Nach seiner Entlassung versuchte Thomas wie viele seiner Landsleute, aus Vietnam zu fliehen. Zweimal scheiterte er und kam ins Gefängnis. Dann machte er einen dritten Versuch. Es waren insgesamt 46 Menschen, die im März 1980 in einem zehn Meter langen und zwei Meter breiten Fischerboot gegen Mitternacht auf das Südchinesische Meer hinausfuhren. Am Nachmittag darauf wurden sie von einem Boot der vietnamesischen Küstenwache verfolgt. Zwar gelang es ihnen, ihre Verfolger abzuschütteln, doch damit begann erst ihr Leidensweg.[166]

Damals war das Südchinesische Meer die grausamste Wasserstraße der Welt. In den zwei Jahrzehnten nach 1975 erreichten 840 000 Menschen aus Vietnam in Booten Flüchtlingslager in der Region. Wie viele auf dem Meer starben, weiß niemand, Schätzungen sprechen von 10 bis 30 Prozent aller, die die Flucht versucht hätten: Das wären zwischen 90 000 und 360 000 Toten, eine unfassbar große Zahl. Wind und Wetter waren nicht die einzigen Gefahren. 1981 veröffentlichte der UNHCR eine Statistik, nach der fast 80 Prozent aller Schiffe, die Thailand erreichten, auf dem Weg von Piraten überfallen worden waren und die Flüchtlinge Mord, Vergewaltigung und Entführungen erlebt hatten.[167]

Auch Thomas' Boot wurde von einem größeren Schiff mit 30 thailändischen Piraten angegriffen. Die Männer brachten es in ihre Gewalt, raubten die Flüchtlinge aus, vergewaltigten die Frauen auf dem Boot. Die ganze Nacht über wurden Frauen misshandelt. Als die Piraten Thomas und seine Gefährten am nächsten Morgen zurück auf ihr Fischerboot ließen, war der Motor beschädigt, und im Boot stand das Wasser knietief. Ein Sturm setzte ein, und danach ließ sich der Motor nicht einmal mehr starten. Das Boot trieb bewegungsunfähig auf dem Meer wie ein schwimmender Sarg, als erneut drei Piratenboote am Horizont auftauchten. Thomas schloss die Augen.

Dann erschien, wie in einem Märchen, ein weißer Hubschrauber am Himmel. Er kreiste über den Piratenbooten, verschwand, kam zurück. Die Piraten zögerten und drehten ab. Zwei Stunden später tauchte ein Schiff am Horizont auf. Die 46 Flüchtlinge weinten vor Glück, als sie bemerkten, dass es ein deutsches Schiff war und sie in Sicherheit waren. Die Rettung durch die *Cap Anamur* bedeutete, dass alle in Deutschland aufgenommen werden würden. Sie kamen zunächst in ein Flüchtlingslager in Singapur, und drei Monate nach seiner Rettung, im Juni 1980, erreichte Thomas Hamburg.[168]

Was hatte die unwahrscheinliche Rettung mit glücklichem Ende möglich gemacht? Wie kam es, dass ein deutsches Schiff im Südchinesischen Meer mit einem Hubschrauber nach Menschen in Not suchte? Wieso nahm Singapur die Geretteten für einige Monate auf? Und woher kam die Bereitschaft Deutschlands, Thomas und Zehntausenden anderen eine neue Heimat zu bieten? Die

Geschichte dieser unwahrscheinlichen Rettung hatte ein Jahr zuvor begonnen, im Februar 1979 in einem Pariser Café. Dort sprach der in Danzig geborene deutsche Journalist Rupert Neudeck mit einem befreundeten französischen Philosophen. Dieser erzählte von Bootsflüchtlingen und den schrecklichen Zuständen auf der winzigen Insel Pulau Bidong in Malaysia, wo Zehntausende nach ihrer Ankunft auf engstem Raum zusammengepfercht lebten. Er sprach über die Brutalität des malaysischen Militärs, das Boote abfing und aufs hohe Meer hinausbrachte. Französische Intellektuelle planten, ein Schiff zu chartern, um vor Ort mit Ärzten zu helfen.

Neudeck fing Feuer. Er beschloss, eine deutsche Initiative zu starten, organisierte eine Pressekonferenz mit dem Schriftsteller Heinrich Böll, warb für die Idee eines Schiffs für Vietnam in den Medien, sammelte Spenden. Neudeck besuchte auch Pulau Bidong mit seinen 40 000 Bootsflüchtlingen, darunter 18 000 Kindern, und sah die unerträglichen Bedingungen dort. Mit der Besessenheit eines Mannes, der als Student die strengsten Buß-, Fasten- und Askeseübungen der Jesuiten freiwillig über sich hatte ergehen lassen, schaffte er das Unmögliche. Im August 1979 verließ die *Cap Anamur* den japanischen Hafen Kobe und nahm Kurs auf das Südchinesische Meer. Ein halbes Jahr später war das deutsche Schiff zur Stelle, um Thomas zu retten.

Für Neudeck war die Lage einfach: Die Menschen, die in Booten auf dem Meer trieben, flohen vor einer brutalen Diktatur. Sie befanden sich in Lebensgefahr. Neudeck äußerte sich noch Jahrzehnte später empört über internationale Beamte, die seine Mannschaft dazu anhielten, die Motive der zu Rettenden zu prüfen. Menschen seien in Gefahr, man müsse sie retten, viel mehr gebe es nicht zu sagen, so Neudeck, außer man wolle sie »den Haien zum Fraß« vorwerfen.[169] Es war eine Frage der Menschlichkeit.

Was motivierte ihn? Neudeck wollte in jungen Jahren Jesuit werden, schrieb dann eine Arbeit zu Camus und Sartre, den fran-

Der Seenotretter: Der Journalist Rupert Neudeck, 1939 in Danzig geboren, rettete ab 1979 mit dem Schiff Cap Anamur *mehr als 11 000 vietnamesische Bootsflüchtlinge. Er erinnerte die Deutschen daran, dass auch viele ostpreußische Landsleute nach dem Krieg zu Bootsflüchtlingen wurden. Die Idee, mit einem privaten Boot aufzubrechen, um Aufmerksamkeit für das Leid auf dem Meer zu schaffen und Menschen zu retten, fand vor allem in Deutschland bis heute viele Nachahmer.* [3]

zösischen Philosophen. Fragte man ihn nach den Gründen für sein Engagement im Südchinesischen Meer, erzählte er jedoch meist zunächst eine Geschichte aus seiner Kindheit und über seine Flucht aus Ostpreußen: »Gewiss hat es damit zu tun, dass auch wir Deutschen aus Danzig, Pillau, Elbing, Nemmersdorf oder Gumbinnen so etwas wie Bootsflüchtlinge waren. Viele meiner ostpreußischen Landsleute ertranken damals in der eisigen Ostsee.«[170] Es war eine Geschichte, die seine Landsleute verstanden, und eine, die auf große Resonanz stieß.

Dass ein deutscher Journalist beschloss, mit einem eigenen Schiff Flüchtlinge zu retten, erklärt jedoch noch nicht, warum

Staaten aus der Region wie Singapur, die Philippinen oder Malaysia bereit waren, diese kurzfristig aufzunehmen, hatten sie sich doch bis zum Juli 1979 genau dagegen gewehrt. Dabei zeigt die internationale Reaktion auf die vietnamesischen Bootsflüchtlinge, wie aus Empathie durch kluge Politik Solidarität entstehen kann.

Als die USA 1975 aus Südvietnam abzogen, nahmen sie zunächst 130 000 verbündete Vietnamesen mit. Sie baten auch andere Länder darum, Menschen aufzunehmen. Frankreich bot an, einige Tausend Geflüchtete nach Frankreich zu holen, doch die meisten, die Schutz vor Verfolgung durch die neuen Machthaber brauchten, blieben zurück. Zwei Jahre später begann deren Exodus mit Booten direkt aus Vietnam. 1977 erreichten 15 600 von ihnen die Nachbarländer über das Meer, vor allem Malaysia, aber auch Thailand, Indonesien, Hongkong und die Philippinen. Ende 1978 saßen bereits 62 000 Bootsflüchtlinge in Lagern in der Region. In Malaysia konzentrierte die Regierung sie auf der kleinen, bis dahin unbewohnten Insel Pulau Bidong. Viele der Geflüchteten gehörten der chinesischen Minderheit an, denn diese wurde vom Regime in Hanoi verfolgt und zur Flucht gedrängt. Das Regime kooperierte dabei auch mit Schmugglersyndikaten, die leere Schiffe organisierten, nach Vietnam kamen und gegen Bezahlung Menschen in die Nachbarländer brachten.

Eines dieser Schiffe, die *Hai Hong,* wurde zum Symbol der humanitären Katastrophe. Mit 2500 meist jungen Menschen irrte es im November 1978 auf der Suche nach einem Hafen umher, wurde von Indonesien nach Malaysia weitergeschickt und dann dort am Anlegen gehindert. Hier blieb es wegen eines Maschinenschadens liegen, mit ausgehungerten und dehydrierten Menschen an Bord, in glühender Hitze. Bilder ihres Leidens, von Nachrichtenagenturen verbreitet, brachten das Schicksal der Passagiere der *Hai Hong* der Weltöffentlichkeit nahe und lösten eine erste Hilfswelle aus. Als Malaysia drohte, das Schiff wieder aufs offene Meer zu zwingen, bot Kanada an, Flüchtlinge direkt von Bord zu holen.[171] Andere Länder folgten, auch Deutschland.

In der Region spitzte sich die Krise 1979 immer weiter zu. Während Neudeck in Paris den Entschluss fasste, etwas zu tun, kamen in der ersten Jahreshälfte 177 000 Bootsflüchtlinge an. Gleichzeitig wuchs die Entschlossenheit der Nachbarstaaten, sie abzuweisen. Politiker und Medien in Malaysia sahen in den Ankommenden eine »Flut aus Vietnam«, einen »Marsch der Mongolen« zur Destabilisierung der Nachbarn.[172] Malaysia richtete eine militärische Taskforce ein, deren Ziel es war, die Boote auf das Meer zurückzudrängen. In der ersten Hälfte des Jahres 1979 wurden von der malaysischen Marine 51 500 Flüchtlinge auf das offene Meer hinausgezogen. Auch die thailändische Marine hinderte Flüchtlingsboote daran anzulegen und zwang sie zurück aufs Meer.[173] Malaysia war bereit gewesen, 120 000 Muslimen von den südlichen Philippinen Zuflucht zu bieten, aber es war nicht bereit, Vietnamesen aufzunehmen. Die Anrainerstaaten Malaysia, Thailand und Indonesien erklärten im Mai 1979, dass sie ihre Grenzen schließen würden. Im Juni gab der Innenminister Malaysias bekannt, es gebe einen Schießbefehl gegen Flüchtlingsboote.

In dieser Situation lud der UN-Generalsekretär im Juli 1979 zu einer internationalen Konferenz nach Genf. 65 Regierungen nahmen teil. Die Anrainerstaaten in Asien verhielten sich wie die Schweiz von Heinrich Rothmund und erklärten, nur Transitmigration zuzulassen, doch die westliche Welt reagierte diesmal vollkommen anders. Der amerikanische Vizepräsident erinnerte in seiner Rede an das Scheitern in Évian 1938. Hatten die USA damals erklärt, sich nicht weiter engagieren zu wollen, so eröffneten sie das Genfer Treffen mit der Zusage, sie würden die Zahl der umzusiedelnden Flüchtlinge auf 168 000 im Jahr verdoppeln. Das erhöhte den Druck auf andere, sich zu beteiligen. So kamen Versprechen zur Umsiedlung von 260 000 Menschen im ersten Jahr zusammen. Auch Deutschland erhöhte seine Zusage auf 10 000.[174]

Die Genfer Konferenz 1979 wurde zum Wendepunkt. Die Anrainerstaaten bekamen die Zusicherung, dass sowohl die Geflüchteten, die schon da waren, als auch jene, die noch kommen würden, von anderen Ländern aufgenommen werden würden. Thailand, Malaysia, die Philippinen und andere Staaten waren wieder bereit, ihre Häfen zu öffnen. Nur deshalb konnte die *Cap Anamur* Thomas nach Singapur bringen. In der Region wurden Aufnahmezentren für Bootsflüchtlinge eingerichtet. Der UN-HCR sollte die Umsiedlung aus diesen Zentren koordinieren. Es war eine Politik der »offenen Küste für eine offene Tür« (»an open shore for an open door«). Dabei gab es zunächst keine Asylverfahren: Für die Aufnahmeländer galt 1979 jeder Vietnamese als Flüchtling.

Bei der Konferenz in Genf erzielte man auch einen Durchbruch bezüglich der vielen Schiffbrüchigen im Südchinesischen Meer. Anfangs gab es dort kaum Seenotrettung. Auch Handelsschiffe verweigerten zusehends ihre Pflicht, Menschen in Seenot zu helfen, da sie nicht wussten, wohin sie die Geretteten bringen konnten. Von den 177 000 Bootsflüchtlingen, die in den ersten sieben Monaten des Jahres 1979 das Land erreichten, waren nur 4600 gerettet worden.[175] Jetzt versprachen europäische Länder, jeden aufzunehmen, der von Handelsschiffen, die unter ihrer Flagge fuhren, gerettet wurde. Zusätzlich wurde ein Programm geschaffen – Disembarkation Resettlement Offers oder DISERO –, um Schiffbrüchige jener Handelsschiffe zu übernehmen, deren Flaggenstaaten nicht dazu bereit waren.

Schon im Mai 1979 war eine Absichtserklärung über die »ordnungsgemäße Ausreise von Personen« aus Vietnam (Orderly Departure Programme) zwischen der Regierung in Hanoi und dem UNHCR unterzeichnet worden. Vietnam erklärte sich bereit, irreguläre Ausreisen zu unterbinden und dafür geordnete Ausreisen bei Familiennachzug und aus humanitären Gründen zu unterstützen.[177] Dieses Programm ermöglichte es nach Anfangsschwierigkeiten, insgesamt 624 000 Menschen aus Vietnam direkt in andere Länder zu bringen, ohne dass sie ihr Leben auf dem Meer riskieren mussten.

Umsiedlungen aus Indochina 1975–1997 [176]

	Vietnamesen	Laoten	Kambodschaner	Gesamt
Vereinigte Staaten	883 317	251 334	152 748	1 287 399
China	263 000	–	–	263 000
Kanada	163 415	17 274	21 489	202 178
Australien	157 863	10 239	17 605	185 700
Frankreich	46 348	34 236	38 598	119 182
Deutschland	28 916	1 706	998	31 620
Großbritannien	24 267	346	381	24 994
Andere	9 942	4 688	8 331	22 961
Neuseeland	6 099	1 350	5 895	13 344
Niederlande	11 546	33	523	12 102
Japan	8 231	1 273	1 223	10 727
Norwegen	10 066	2	178	10 246
Schweiz	7 304	593	1 717	9 614
Schweden	9 099	26	214	9 339
Dänemark	7 007	12	51	7 070
Belgien	5 158	989	896	7 043
Finnland	2 601	6	37	2 644
Gesamt	1 644 179	324 107	250 884	2 219 163

Die Zahl der Menschen, die Vietnam in Booten verließ, fiel schnell, von 57 000 im Juni 1979 auf weniger als 3000 monatlich ab September. Dass Vietnam diesen Rückgang auch durch schärfere Kontrollen erreichte, war eine der Forderungen der Anrainerstaaten gewesen. Gleichzeitig wurden in den ersten zwei Jahren nach der Genfer Konferenz über 450 000 Flüchtlinge aus den südostasiatischen Lagern umgesiedelt.[178] Hätten die Staaten bei der Konferenz in Évian 1938 so entschieden wie 1979 in Genf, dann hätten sie alle Juden Österreichs und Deutschlands, Frankreichs und der Niederlande gerettet.

Die politische Reaktion auf die Flüchtlingskrise im Südchinesischen Meer ist eine Geschichte von politischer Führung und aktiver Diplomatie, bei der westliche Demokratien und der UN-HCR auch umstrittenen Entscheidungen, wie direkten Verhandlungen mit Vietnam, nicht aus dem Weg gingen. Dabei war entscheidend, dass die vietnamesischen Bootsflüchtlinge in den meisten westlichen Demokratien als Opfer eines kommunistischen Regimes wahrgenommen wurden, deren Not einen nicht kaltlassen durfte. Ein Beispiel dafür ist auch Deutschland, das trotz der anfänglichen Skepsis der damaligen Bundesregierung unter Helmut Schmidt Zehntausende Flüchtlinge aus Asien aufnahm. Vereine wie Cap Anamur, engagierte Medien, aber auch einzelne Politiker spielten hier eine Schlüsselrolle. Der damalige niedersächsische Ministerpräsident, Ernst Albrecht von der CDU, sah im November 1978 die Bilder der verzweifelten Menschen auf der *Hai Hong* und beschloss zu handeln. Er erklärte, Niedersachsen sei bereit, auch im Alleingang 1000 Vietnamesen aufzunehmen. Er schickte seinen Innenminister nach Malaysia, um sie abzuholen. So kamen die ersten Bootsflüchtlinge Ende 1978 direkt nach Hannover, viele weitere folgten. Albrechts Initiative brachte andere Politiker in Deutschland, besonders in seiner Partei, dazu, sich für das Schicksal der Geflüchteten zu interessieren. Die Junge Union schlug vor, 50 000 vietnamesische Flüchtlinge aufzunehmen.

Albrecht sprach von christlicher Nächstenliebe. Deutsche Vertriebenenverbände blickten auf die Katastrophe in Südostasien durch den Filter ihrer eigenen Fluchterfahrung und sprachen sich ebenfalls für die Aufnahme aus. Gleichzeitig sahen viele Westdeutsche in den Vietnamesen Menschen, die, wie die Bürger der DDR, vor einem kommunistischen Regime flohen. Manche

Der Ministerpräsident: Niedersachsens Ministerpräsident Ernst Albrecht (links) be-
grüßt 1979 am Flughafen in Hannover ankommende vietnamesische Flüchtlinge. Der
CDU-Politiker setzte sich im Namen christlicher Nächstenliebe dafür ein, dass Nieder-
sachsen als erstes Bundesland vietnamesische Flüchtlinge aufnahm. Damit beeinflusste
er die Debatte in seiner Partei und die Politik des Landes und trug zur bis dahin größ-
ten außereuropäischen Neuansiedlung von Flüchtlingen in Deutschland bei. [4]

fühlten sich überdies an die jüngere Geschichte erinnert, nachdem im Januar 1979 die erschütternde Fernsehserie »Holocaust«
im deutschen Fernsehen ausgestrahlt worden war. Diese erzählte
die Geschichte des Völkermords an den Juden Europas anhand
der Zerstörung einer Berliner Familie. Rechtsextreme sprengten
sogar zwei Sendemasten der ARD, als ob sie ahnten, welch tief
greifende Wirkung diese Serie, die von der Hälfte der erwachse-
nen Bevölkerung in der BRD gesehen wurde, ausüben würde. Sie
veränderte nicht nur das Bild von der Vergangenheit, sondern

auch die Debatte über Flucht. Medien sprachen nun von den Bootsflüchtlingen als den »Juden des Ostens«. Der Journalist Josef Joffe schrieb in der *Zeit* im Sommer 1979, es gebe keinen Zweifel daran, dass das Hanoi-Regime in Vietnam versuche, »Vietnam Chinesen-rein zu machen«.[179] Joffe hatte im Juli 1979 die Insel Pulau Bidong besucht und geschrieben: »Hier sind Zehntausende von ihnen zusammengepfercht wie in einem Konzentrationslager.«[180] Wie Neudeck wurde auch Joffe durch das Erlebte vom Journalisten zum Aktivisten. Die Redaktion der *Zeit* startete eine Initiative unter dem Titel »Helft den Flüchtlingen«, sammelte Spenden und brachte schließlich sogar selbst 274 Flüchtlinge direkt nach Hamburg.

Mit ihren bewegenden Berichten und dem persönlichen Engagement Einzelner stellten Parteien und Medien, Vertriebenenverbände und Kirchen Verbindungen zwischen Deutschen und den »Habenichtsen und Schmuddelkindern« (Neudeck) im Südchinesischen Meer her. Auch Neudeck kämpfte unermüdlich um Aufmerksamkeit und Empathie. Er lud Journalisten auf seine Schiffe, verhandelte mit Politikern, warb in deutschen Medien. Als Journalist wusste er, wie wichtig Geschichten sind und wie man sie erzählt. So entstand aus vielen Initiativen die Bereitschaft zur bis dahin größten außereuropäischen Flüchtlingsaufnahme in Deutschlands Geschichte.

Neudeck wusste, dass in einer Demokratie das Überzeugen der Öffentlichkeit unabdingbar ist, denn letztlich wurde auch die Arbeit der *Cap Anamur* nur durch die Unterstützung gewählter Politiker möglich. Neudeck gelang es 1980, regelmäßig Garantiebriefe des Auswärtigen Amtes für die Übernahme der Geretteten zu bekommen, denn die deutsche Regierung hatte bei der UN-Konferenz in Genf zugesagt, jedem Vietnamflüchtling, »der von dem Bohrschiff oder von Versorgungsschiffen, die unter deutscher Flagge fahren, gerettet und aufgenommen wird«, in Deutschland Schutz zu gewähren.[181] Das war die Bestandsgarantie der *Cap Anamur*. Ohne diese Garantien, die Menschen innerhalb von 90 Tagen wieder abzuholen, hätte die *Cap Anamur* etwa in Singapur gar nicht anlegen können.

Dass Empathie wachsen kann, heißt jedoch nicht, dass sie zu einem unbegrenzten Aufnahmewillen führt. Rupert Neudecks Schiff rettete bis 1983 9500 Vietnamesen, die alle nach Deutschland kamen. Doch 1983 beschlossen die Bundesregierung und die Ministerpräsidenten der Länder, keine weiteren Garantiebriefe auszustellen.[182] Die *Cap Anamur* kehrte nach Hamburg zurück, und erst einige Jahre später schickte der Verein zwei andere Schiffe für kürzere Missionen ins Südchinesische Meer. Nichtsdestotrotz war der Erfolg der *Cap Anamur* enorm. Insgesamt rettete Neudecks Verein 11 300 vietnamesische Flüchtlinge, mehr als ein Drittel der 29 000 Vietnamesen, die in jenen Jahren aus Südostasien nach Deutschland kamen.

Warum aber waren auch die meisten privaten Retter – Sea-Watch, Sea-Eye, Lifeline und andere –, die sich im Sommer 2018 im Mittelmeer ein Duell mit dem italienischen Innenminister Salvini lieferten, Deutsche? Welche Geschichten motivierten gerade in Deutschland so viele dazu, Geld für Seenotrettung zu spenden und private Rettungsboote zu organisieren? Was Neudeck 1980 in Paris nicht ahnen konnte: Die *Cap Anamur* wurde zur Ahnherrin einer ganzen Dynastie deutscher Rettungsboote, zum Vorbild und zur Inspiration bis heute.

Die Bereitschaft zur Empathie unterliegt einem ständigen Wandel. Als 5000 österreichische Juden im März 1938 in die Schweiz flohen, drängte Heinrich Rothmund auf die Einführung strenger Grenzkontrollen. Welchen Reim hätte er sich wohl auf die Szenen gemacht, die Regionalzeitungen im Winter 1979 in Schweizer Dörfern beschrieben? Da berichtete das *Aargauer Tagblatt* über die Ankunft einer vietnamesischen Familie mit sieben Kindern, die mit einem Fischerboot aus Vietnam nach Malaysia geflohen war und nun in die Schweiz »gerettet wurde«. Es beschrieb die Unsicherheit bei ersten Begegnungen im Dorf, das Überreichen von Geschenken, Schokolade und Blumen und die

Anteilnahme der Einheimischen, die die vietnamesische Mutter zu Tränen rührte. Zeitungen berichteten, wie im Aargauer Gebenstorf Plakate engagierte Bürger darum baten, aus organisatorischen Gründen doch bitte keine vietnamesischen Flüchtlinge mit nach Hause zu nehmen. Bei der Informationsveranstaltung für ankommende Flüchtlinge kam es zu »überwältigender spontaner Hilfe«, zu Lieferwagen voller Spielsachen und Kleider. Zwischen 1978 und 1983 nahm die Schweiz mehr als 8000 Flüchtlinge aus den Lagern Südostasiens auf, pro Kopf mehr als jedes andere Land in Europa außer Frankreich. Das war Paul Grüningers Schweiz, nicht mehr die von Heinrich Rothmund.

In Hamburg gibt es heute am Hafen einen Gedenkstein, der an das Schicksal der vielen durch die *Cap Anamur* und anderer geretteter Flüchtlinge erinnert, die von jenem fernen Meer nach Deutschland kamen. Noch fehlt der Gedenkstein für die deutschen Seenotretter der letzten Jahre.

Die guten Australier

Die Geschichte des 20-jährigen Lam Binh, der im April 1976 als erster Bootsflüchtling mit einer aus einem Schulatlas herausgerissenen Seite als Navigationshilfe bis nach Australien kam, ist heute an australischen Schulen Unterrichtsstoff.[183] Zusammen mit seinem jüngeren Bruder und drei Freunden hatte sich Lam auf die mehr als 3500 Kilometer lange Reise von Vietnam nach Australien gemacht. Nach dreimonatiger Fahrt lief das Boot in den Hafen von Darwin ein. Als die Beamten der Einwanderungsbehörde an Bord kamen, sagte Lam: »Willkommen auf meinem Boot. Mein Name ist Lam Binh, und dies sind meine Freunde aus Südvietnam. Wir bitten um Erlaubnis, in Australien bleiben zu dürfen.«[184] Er durfte bleiben.

Im November 1977 erreichte Hieu van Le die Nordküste Australiens in der Nähe von Darwin. Auch er hatte Vietnam mit seiner Frau in einem kleinen Schiff verlassen. »Ich bin in einem vom Krieg zerrissenen Land weit weg von hier geboren und aufgewachsen. Der Krieg war Teil meines Lebens: abgefeuerte Raketen, lärmende Hubschrauber, die über uns schwebten, während wir in Deckung gingen … und die eindringlichen Geräusche von leidenden Menschen«, erzählte er später. »Die Flucht aus Vietnam war gefährlich, es gab Piraten, tobende Stürme, sogar einen Vulkanausbruch und unentwegt Hunger und Durst.«[185]

Nach der Ankunft wurde das junge Paar in den Süden des Landes gebracht. Mithilfe einer einheimischen Familie fanden beide Arbeit auf einer Aprikosenfarm. Van Le studierte Wirtschaft an der Universität von Adelaide und arbeitete als Buchhalter. Er wurde Vorsitzender der staatlichen Kommission für multikulturelle und ethnische Angelegenheiten und 2014 Gouverneur von Südaustralien, einem der sechs Bundesstaaten.

Van Le sprach oft öffentlich über die Bedeutung von Migration für Australien und die Großzügigkeit und Offenheit, die er erlebte: »In Australien haben wir eine lange Tradition, die Einwanderung als Vorteil, als Aufbau unseres Humankapitals zu sehen, und als positive Ergänzung für unsere Wirtschaft und unsere Gesellschaft. Das hat uns zu dem gemacht, was wir sind.«[186] Trotz der herzlichen Aufnahme vermisste er manches aus der alten Heimat. Er erinnerte sich daran, wie seine Frau ihn einmal losschickte, um für ein traditionelles vietnamesisches Essen Zitronengras zu kaufen. Er fertigte eine Zeichnung von Zitronengras an, um sie den Verkäufern zu zeigen, doch als ein Ladeninhaber zu ihm sagte: »Kumpel, in Australien essen wir doch kein Gras«, gab er auf – vorerst. Denn »in 30 Jahren hat unsere Gesellschaft einen dramatischen Wandel durchgemacht. Die Reihen mit asiatischen Lebensmitteln in unseren Supermärkten sind nur ein Beispiel für diesen Wandel, den wir heute als selbstverständlich ansehen.« Und dieser Wandel ist nicht auf Australien beschränkt. Van Le berichtet von seinem Freund, der 1977 mit ihm auf dem Boot als Flüchtling in Darwin ankam und heute in Virginia in den USA lebt. Dort betreibt er über 30 riesige Gewächshäuser, in denen er Zitronengras anbaut.[187]

1945 hatte Australien 7 Millionen Einwohner. 1977 waren es 14 Millionen. Heute sind es 25 Millionen.[188] Zahlreiche australische Regierungen hatten es sich zum Ziel gesetzt, die Bevölkerungszahl des Landes durch Immigration anzuheben. Allerdings bestimmte auch ein Jahrzehnt vor Van Les Ankunft immer noch die sogenannte White Australia Policy, wer als Migrant willkommen war. Australien hatte als Einwanderungsland jahrzehntelang nur Interesse an weißen Einwanderern und Flüchtlingen aus Europa. Die »Verbindung im Kopf«, die Assoziation, von der Richard Rorty als Basis von Solidarität sprach, wurde an der Hautfarbe festgemacht. Die Politik eines »weißen Australien« änderte sich nicht vor Anfang der 1970er-Jahre. Van Le hatte Glück, dass er erst 1977 ins Land kam.

Van Le hatte auch Glück, dass er vor 1989 Australien erreichte. In diesem Jahr wurden zum ersten Mal die Flüchtlinge eines Bootes aus Kambodscha festgenommen und jahrelang in Haft gehalten. 1992 führte die damalige Laborregierung die zwingende Inhaftierung aller irregulär Ankommenden ein. Ab 1995 war sogar eine zeitlich unbegrenzte Haft erlaubt. Hätte Van Le 2001 mit seinem Boot Darwin erreicht, hätte ihn die damalige Regierung nach Nauru gebracht. Wäre er 2013 gekommen, säße er vielleicht noch heute auf der Insel Manus fest. 1977 aber wurde er in unverkennbar australischem Stil begrüßt: »Als unser lädiertes Boot in den Hafen einfuhr, hörten wir plötzlich das summende Geräusch eines Bootes, das sich uns näherte. Es stellte sich als ein Blechboot heraus, in dem zwei Typen standen. Sie winkten uns zu, und einer von ihnen hielt ein Bier, hob die Hand und rief: ›Hallo, Kumpel, willkommen in Australien!‹ Das war ein bemerkenswerter Moment.«

1977 war die beste, wenn nicht einzig gute Zeit, um als Bootsflüchtling in Australien anzukommen. Niemand, der es wie Van Le bis hierhergeschafft hatte, wurde verhaftet. Überdies wurden sehr viele Vietnamesen direkt aus Lagern in Südostasien nach Australien umgesiedelt. Bis 1983 waren es insgesamt 70 000, bis 1997 aus ganz Südostasien 185 700. In diesem Zeitraum nahmen weltweit nur die Vereinigten Staaten mehr Menschen pro Kopf auf.[189] Malcom Fraser, der verantwortliche Premierminister, erfuhr dafür viel Lob von Menschenrechtsgruppen. In dem Dokumentarfilm der australischen Regisseurin Eva Orner *Chasing Asylum* (etwa: Auf der Suche nach Asyl) von 2017 erklärte er seine Politik: »Wir hatten keine Wahl. Die Tatsache, dass wir in Vietnam gekämpft hatten, verstärkte das Gefühl der Verpflichtung, welches ich empfand. Wir überzeugten Malaysia, ein Aufnahmezentrum [zur Umsiedlung] zu errichten. Dort wurden Anträge, oft ziemlich schnell, innerhalb von ein bis zwei Monaten bearbeitet, und wer nach Australien durfte, wurde hierhergeflogen. Es bestand also keine Gefahr, dass Menschen auf See ertranken, nachdem sie zum Aufnahmezentrum in Malaysia gegangen waren.«[190] Fraser war stolz auf die »starke, sehr loyale australisch-vietnamesische Gemeinschaft«, die so entstand.

Tatsächlich gelang es australischen Regierungen in den letzten 50 Jahren drei Mal, die Zahl der Menschen, die in Booten nach Australien kamen, drastisch zu senken: 2001 und 2013 mit den Lagern in Nauru und Manus sowie ab 1980 durch die Politik Malcolm Frasers. Von 1976 bis 1979 erreichten 2029 vietnamesische Bootsflüchtlinge Australien, doch danach kam jahrelang kaum noch ein Boot an.

Meinungsumfragen von 1979 zeigten Fraser, dass die Mehrheit der Australier die Umsiedlung einer »beschränkten Zahl« von Flüchtlingen in einem geregelten Verfahren unterstützte.[191] Gleichzeitig wusste seine Regierung, wie wichtig es war, die Kontrolle über irreguläre Migration zu gewährleisten. Denn auch damals versetzten selbst geringe Zahlen irregulär Ankommender die Bevölkerung in Alarmbereitschaft. Notfallpläne der Regierung sahen Maßnahmen vor, die in späteren Jahren alle ergriffen wurden:

Der Premierminister: Malcolm Fraser, der konservative Premierminister Australiens von 1975 bis 1983, »stoppte« Flüchtlingsboote durch Kooperation und großzügige Neuansiedlungen Zehntausender Flüchtlinge aus südostasiatischen Nachbarländern. Bis zu seinem Tod 2015 war Fraser ein scharfer Kritiker der Nauru-Politik seiner Nachfolger. [5]

die zeitlich unbegrenzte Festsetzung von Bootsflüchtlingen in abgelegenen Gegenden bei minimaler Versorgung oder das Verweigern von Anlegeerlaubnissen. Doch 1979 kam es nicht dazu.

Fraser beschloss, mit den Transitländern zu kooperieren. Er bot den Regierungen Malaysias und Indonesiens an, Flüchtlinge nach Australien umzusiedeln, wenn sie im Gegenzug verhinderten, dass Boote in Richtung Australien ablegten. Frasers damaliger Einwanderungsminister erklärte, es sei »naiv« anzunehmen, dass Erstaufnahmeländer wie Malaysia »dem australischen Ziel, Flüchtlinge vielleicht auf unbestimmte Zeit festzuhalten, positiv gegenüberstehen würden, bevor nicht eine internationale Umsiedlung organisiert werden kann«.[193]

Australien unter Fraser: »Holding the boats«[192]

	Irreguläre Bootsankünfte
1976	111
1977	868
1978	746
1979	304
1980	0
1981	30
1982	0
1983	0
1984	0
1985	0
1986	0
1987	0
1988	0
1989	26

Es gibt ein faszinierendes Buch der australischen Historikerin Claire Higgins über diese Zeit und die internen Diskussionen in Frasers Regierung. Darin beschreibt sie, dass auch damals Formen der Abschreckung erwogen, dann aber verworfen wurden. Der Migrationsminister erklärte allerdings in fast jeder Pressemitteilung, Australiens Regierung »habe die volle Kontrolle«.[194] Im Januar 1978 betonte er, Australien würde eine striktere Politik gegenüber den Bootsflüchtlingen einnehmen, sollten sie zu einem größeren Phänomen werden.[195] Higgins zeigt auch, dass die USA und Australien potenzielle Flüchtlingsboote in den Häfen der Transitländer heimlich beschädigten, um eine Weiterfahrt unmöglich zu machen.[196]

Die Politik der großzügigen Aufnahme von Flüchtlingen wurde somit auch dadurch möglich, dass man irreguläre Boote stoppte. Zwischen 1981 und 1989 erreichte kein Boot mehr irregulär Australien. Wie Australiens damalige Regierung und die Bevölkerung reagiert hätten, wenn in einem Jahr Tausende gekommen wären, wie später in den Jahren 2000 oder 2010, ist ungewiss, denn dazu kam es nicht.

Doch warum gelang es 1979 durch Kooperation mit Nachbarstaaten, die Zahl der Ankommenden fast auf null zu senken, ohne Menschen durch inhumane Behandlung abzuschrecken, aber später nicht mehr? Tatsächlich gab es 2011 einen weiteren solchen Versuch. Die australische Labor Party hatte die Nauru-Politik in der Opposition 2007 als unmoralisch und zynisch bezeichnet und nach ihrem Wahlsieg 2008 unter Premierminister Kevin Rudd 2008 die beiden Lager geschlossen. Daraufhin war die Zahl ankommender Bootsflüchtlinge schnell wieder gestiegen. Kurz vor Weihnachten 2010 ereignete sich dann ein schreckliches Schiffsunglück vor den Weihnachtsinseln. Mindestens 27 Menschen kamen ums Leben, als ihr Schmugglerboot direkt an der Küste in einen Sturm geriet. Während meterhohe Wellen das leckgeschlagene Boot gegen die Küstenfelsen schlugen, versuchten Inselbewohner, den Flüchtlingen zu helfen. Einer berichtete später: »Babys, Kinder, vielleicht drei oder vier Jahre alt, hingen an Holzstücken, sie schrien ›Hilfe, Hilfe, Hilfe‹. Wir warfen ihnen Schwimmwesten zu, aber viele von ihnen konnten nicht die paar Meter schwimmen, um sie zu erreichen. Wenn wir ins Wasser gesprungen wären, wären wir selbst gestorben.«[197] Solche Szenen, die von der Küste aus gefilmt wurden, erschütterten die Gesellschaft. Der Druck, eine bessere Politik zu finden, wuchs, doch die Regierung wollte Nauru und Manus nicht wieder eröffnen und entwickelte schließlich 2011 eine Alternative: eine Einigung mit Malaysia. Malaysia würde Bootsflüchtlinge von Australien zurücknehmen und ihnen dort vom UNHCR durchgeführte Asylverfahren ermöglichen. Im Gegenzug würde Australien eine größere Anzahl Schutzbedürftiger direkt aus Malaysia aufnehmen.[198] So sollten gleichzeitig Boote gestoppt und legale Neuansiedlungen gefördert werden, ohne Asylsuchende durch schlechte Behandlung abzuschrecken.

Am 25. Juli 2011 präsentierte die Regierung die neue »Vereinbarung zwischen der Regierung Australiens und der Regierung Malaysias über die Überstellung und Umsiedlung von Flüchtlingen«. Sie war kurz:

»*Die Regierung Australiens wird bestimmte Personen, die internationalen Schutz zur Feststellung des Flüchtlingsstatus beantragen, nach Malaysia überstellen, im Austausch dafür, dass die Regierung Australiens bestimmte Personen aufnimmt, die vom Hohen Kommissar der Vereinten Nationen für Flüchtlinge (UNHCR) in Malaysia als Flüchtlinge eingestuft wurden.*

Dieses Abkommen setzt voraus, dass der UNHCR und die Internationale Organisation für Migration (IOM) die ... vorgesehenen Aufgaben und Funktionen erfüllen können.

Gemäß dem Abkommen wird Malaysia die Überstellung von bis zu 800 Asylbewerbern aus Australien akzeptieren. Im Gegenzug wird Australien 4000 anerkannte Flüchtlinge aus Malaysia über einen Zeitraum von vier Jahren umsiedeln.«[199]

Die Laborregierung erklärte dazu: »Unterschätzen Sie nicht die Entschlossenheit dieser Regierung ... Wir wollen nicht, dass Menschen mit menschlichem Elend Geschäfte machen. Wir wollen den Anreiz für Menschen, in Boote zu steigen, beseitigen.«[200] Der UNHCR begrüßte noch am selben Tag die Vereinbarung:

»*Der UNHCR hofft, dass die Vereinbarung mit der Zeit zu mehr Schutz in beiden Ländern und der gesamten Region führen wird. Er begrüßt auch, dass weitere 4000 Flüchtlinge aus Malaysia durch Umsiedlung nach Australien eine dauerhafte Lösung erhalten. Das*

Potenzial, auf sichere und humane Optionen jenseits gefährlicher Bootsfahrten hinzuarbeiten, ist ebenfalls ein positiver Aspekt dieses Übereinkommens.

Das Übereinkommen und seine Umsetzungsrichtlinien enthalten wichtige Schutzgarantien, einschließlich der Achtung des Grundsatzes der Nichtzurückweisung, des Asylrechts, des Grundsatzes der Familienzusammenführung und des Kindeswohls, menschenwürdiger Aufnahmebedingungen einschließlich des Schutzes vor willkürlicher Inhaftierung, des rechtmäßigen Status, in Malaysia zu bleiben, bis eine dauerhafte Lösung gefunden ist, sowie der Möglichkeit, Bildung, Zugang zur Gesundheitsversorgung und ein Recht auf Beschäftigung zu erhalten.«[201]

Der UNHCR hatte bereits jahrzehntelange Erfahrung mit dieser Art von Kooperation in Südostasien. Die Einigung sah vor, dass die australische Regierung alle Kosten für das Asylverfahren in Malaysia, die medizinische Versorgung und den Schulbesuch übernehmen würde. John Menadue, der damalige Leiter der australischen Einwanderungsbehörde, nannte die Vereinbarung eine »seltene Chance, die grausame Behandlung [von Flüchtlingen] zu beenden«. Man müsse das Potenzial der Vereinbarung zur Stärkung des Flüchtlingsschutzes in der Region anerkennen. Wie schon bei Malcolm Fraser war es das Ziel der Regierung, »die Boote zu stoppen«. Und auch diese Politik beruhte auf der Kooperation mit Nachbarländern, in denen Asylverfahren in Kooperation mit dem UNHCR stattfinden sollten. Hinzu kam der Vorschlag, durch Rückführungen ab einem Stichtag den Anreiz für irreguläre Bootsfahrten zu beseitigen.

Doch Labor hatte ein Problem: 2011 hatte die Partei im Parlament keine eigene Mehrheit. Die Liberale Partei von Tony Abbott, damals in der Opposition, kritisierte das Abkommen. Warum sollte Australien aus Malaysia *mehr* Schutzbedürftige aufnehmen (4000), als es zurückschickte (800), wo es doch die Nauru-Option als Alternative gab, die in der Vergangenheit funktioniert hatte? Der liberale Abgeordnete Scott Morrison, heute Premierminister, sah in jeder Form von Aufnahmezentren in Nachbarländern einen Pull-Effekt. Stattdessen boten die Liberalen der Regierung an, das Migrationsgesetz zu ändern: »Die Benennung eines Landes als Standort exterritorialer Aufnahmezentren« sollte erfolgen »ohne Bezugnahme auf Völker- oder nationales Recht«.[202] Dies ermöglichte, jeden Ankommenden in jedes Land der Welt zu schicken.

Gleichzeitig griffen auch die australischen Grünen, auf die Labor für die Mehrheit im Parlament angewiesen war, die Malaysia-Vereinbarung an:[203] Der Abgeordnete Adam Bandt brachte einen Antrag gegen die Vereinbarung ins Parlament. Mit den Stimmen der oppositionellen Liberalen Partei von Tony Abbott und von zwei unabhängigen Abgeordneten erzielte Bandt hierfür eine Mehrheit. Eine Sprecherin der Grünen warnte: »Es ist unmöglich, dass die 800 Menschen, die Australien ausweist, besser behandelt werden als die 94 000 anderen Asylbewerber in Malaysia ... Die Grünen halten die Malaysia-Vereinbarung für unmenschlich.«[204] Diese Kritik wurde von Menschenrechtsorganisationen geteilt. In einem offenen Brief griff Human Rights Watch das Malaysia-Abkommen scharf an: »Es ist inakzeptabel, eine Ausnahme für 800 auszutauschende Personen zu schaffen, wenn etwa 90 000 andere Flüchtlinge und Asylbewerber, die in Malaysia leben – mit ähnlichen Ansprüchen und Schutzbedürftigkeit –, nach malaysischem Recht als ›illegale Migranten‹ zurückbleiben, die verhaftet, festgehalten und abgeschoben werden können.«[205]

Ein Menschenrechtsanwalt brachte die Vereinbarung vor Australiens High Court. Dieser urteilte im August 2011, das Abkommen stehe im Widerspruch zum damals gültigen australischen Migrationsgesetz. Denn demnach sei ein anderes Land rechtlich dazu verpflichtet, Zugang zu eigenen Asylverfahren sicherzustellen. Malaysia hatte die Genfer Flüchtlingskonvention nicht ratifiziert und war daher nicht verpflichtet, Zugang zu Asylverfahren zu gewähren.[206] Die australischen Grünen und Human Rights Watch freuten sich über das Urteil. Der britische *Guardian* schrieb, das »Scheitern der australischen ›Malaysia-Lösung‹« sei »ein positiver Schritt für Flüchtlinge«.[207]

Nun geschah das Vorhersehbare. Zwischen Sommer 2011 und Ende 2013 erreichten 582 Boote mit 38 890 Menschen Australien. 600 Menschen ertranken in dieser Zeit. Ohne eine alternative Politik und angesichts weiter steigender Ankunftszahlen beschloss Labor eine Kehrtwende und öffnete die Insellager wieder. Es war Kevin Rudd, der die Lager 2008 geschlossen hatte, der nun im Juli 2013 verkündete: »Ab heute werden Asylsuchende, die ohne Visum in Booten hierherkommen, niemals in Australien heimisch werden.« Und Rudd ergänzte: »Unser Land hat es satt, dass Menschenschmuggler Asylbewerber ausbeuten und auf hoher See ertrinken lassen.«[208]

Das Migrationsgesetz, auf das sich das Gericht in seinem Urteil bezogen hatte, wurde dafür von Labor und der Liberalen Partei geändert. Rudd verlor zwar die Wahl im Herbst 2013, doch seitdem steht fast das gesamte Parlament hinter dieser Politik. Die Liberale Partei von Abbott kehrte an die Macht zurück und setzte auf die bis dahin strikteste Abschreckungspolitik, mit brutaler Entschlossenheit und um den Preis von Menschenrechtsverletzungen.

Konnte man von Malaysia 2011 erwarten, 800 oder mehr Flüchtlinge angemessen zu versorgen? Malaysia war damals auf dem sozioökonomischen Entwicklungsstand von Australien, Schweden und Deutschland 1968.[209] John Menadue von der australischen Einwanderungsbehörde wies darauf hin, dass Malaysia viele Jahre lang eine Schlüsselrolle bei der Umsiedlung der vietnamesischen Bootsflüchtlinge gespielt hatte: »Viele haben die entscheidende Rolle Malaysias bei der Suche nach Lösungen für Hunderttausende von indochinesischen Flüchtlingen in den 1970er- und 1980er-Jahren als Erstasylland vergessen …

Ohne regionale Zusammenarbeit wäre dies nicht möglich gewesen.«[210]

Vielleicht hätte die Laborregierung der Opposition mehr anbieten müssen, als nur 4000 Flüchtlinge zu übernehmen. Vielleicht hätte die Grüne Partei mehr Garantien fordern und Menschenrechtsorganisationen mehr Vorschläge machen müssen, wie man in Malaysia hätte überwachen können, was mit jenen passierte, die zurückgeschickt würden. Niemand kann sagen, ob das Abkommen mit Malaysia die Zahl der Ankommenden 2011 tatsächlich reduziert hätte. So wie auch im März 2016 niemand vorhersagen konnte, ob die EU-Türkei-Erklärung einen Rückgang von Bootsflüchtlingen in der Ägäis erreichen würde. Fest steht: Es gab 2011 eine mögliche Mehrheit und einen regionalen Partner für eine Alternative zur Rückkehr zur Nauru-Politik. Malaysia war bereit, doch der Widerstand gegen jede Kooperation dieser Art war zu stark. 2016 distanzierten sich sowohl Tony Abbott als auch Scott Morrison von der kompromisslosen Kampagne ihrer Partei gegen die Malaysia-Lösung. Doch da war es zu spät. Nach 2013 blieb den Gegnern der Nauru-Politik, die auch das Abkommen mit Malaysia abgelehnt hatten, nur noch, gegen ihre Regierung zu demonstrieren, ohne Hoffnung auf politische Unterstützung durch die beiden großen Parteien. Die Kritik an der Inselpolitik riss nicht ab. Dies machte es möglich, dass für Projekte wie den Film *Chasing Asylum* private Gelder zusammenkamen. Doch auch dessen engagierte Regisseurin Eva Orner stellte 2016 fest, dass sie angesichts der Situation auf den Inseln niemandem raten würde, »mit dem Boot nach Australien zu kommen«.[211] Sie antwortete in einem späteren Interview auf die Frage, wie sich die Politik in Australien konkret ändern könnte, mit einem Achselzucken.[212]

Malcolm Fraser war es durch Kooperation mit Nachbarstaaten gelungen, staatliche Kontrolle und Empathie für Geflüchtete zu verbinden. Er überzeugte eine skeptische australische Bevölkerung davon, sehr viele Flüchtlinge in einem geregelten Prozess aufzunehmen. Diese Politik wurde über das Ende seiner Regierung hinaus viele Jahre fortgeführt. Sie war human und mehrheitsfähig. Dies war 1979 möglich, wäre 2011 mit einer verbesserten Malaysia-Lösung möglich gewesen und bleibt auch in Zukunft möglich, sollte sich die Debatte in Australien wieder ernsthaft der Frage zuwenden, wie humane Grenzen ohne Menschenrechtsverletzungen zu erreichen wären.

Die Paten aus dem Norden

Im Internierungslager in Papua-Neuguinea nannten sie ihn »den Lehrer«. Dank seiner Redekunst und Sprachkenntnisse wurde Amir Taghinia in Manus zu einem der inoffiziellen Sprecher der festgehaltenen Männer. Er war im Iran als Jugendlicher zum Christentum übergetreten und dann geflohen: »Ich verließ den Iran mit 15 Jahren und ging nach Malaysia. Dort lebte ich fünf Jahre und suchte verzweifelt nach einer dauerhaften Lösung, da ich nicht in den Iran zurückkehren konnte. Schließlich musste ich Malaysia verlassen.« Amir Taghinia ging zum UNHCR, bei dem bereits viele andere Flüchtlinge Hilfe suchten. Doch dort, erzählte er, riet man ihm im Grunde: Wenn Sie Alternativen haben, versuchen Sie es, denn ein Asylantrag beim UNHCR würde Jahre dauern. Und so machte sich der 20-Jährige in einem Boot auf den Weg zu den australischen Weihnachtsinseln, von wo aus er nach Manus gebracht wurde. Dort saß er viereinhalb Jahre fest.[213]

Es wäre noch länger geworden, hätte Amir auf Manus nicht die kanadisch-australische Doppelstaatsangehörige Chelsea Taylor kennengelernt, die für einen Gesundheitsdienstleister im Lager arbeitete. Nachdem sie wieder nach Hause zurückgekehrt war, erfuhr Amir von Kanadas System privater Patenschaft für Flüchtlinge. Er kontaktierte Chelsea Taylor. Diese erinnerte sich: »Damals fragte Amir, ob ich von einer Organisation wüsste, die daran interessiert sein könnte, ihn zu sponsern. Also ging ich zu meinem Vater und sagte: ›Wir müssen etwas tun.‹ Wir haben schnell erfahren, dass wir ihn als Bürger privat sponsern können.« Die Taylors mobilisierten eine Gruppe von zwölf kanadischen Bürgern, die einen Antrag auf Patenschaft für den inzwischen als Flüchtling anerkannten Amir bei der kanadischen Einwanderungsbehörde stellten. Sie sammelten 12 400 Euro. Im November 2017 kam ein dankbarer Amir am Flughafen in Vancouver an: »Sie betrachteten mich von der ersten Minute an als Kanadier. Ich werde mein Bestes tun, um zu zeigen, wie dankbar ich dafür bin, was sie für mich getan haben.«[214]

Dass Amir dieser außergewöhnliche Weg offenstand, führt uns vier Jahrzehnte zurück: zur Krise der Bootsflüchtlinge in Südostasien und zur *Hai Hong,* dem Schiff, das mit 2500 Menschen an Bord, einem Motorschaden und ohne Vorräte am 9. November 1978 vor Malaysia (Port Klang) vor Anker ging. Und dem Malaysia damals drohte, es wieder aufs Meer hinauszubringen und dort seinem Schicksal zu überlassen. Kanadische Medien berichteten über das Schiff, und die Regierung sah sich veranlasst zu handeln. Am 15. November kündigte der Einwanderungsminister der Provinz Quebec an, 200 Flüchtlinge von der *Hai Hong* aufzunehmen. Das kanadische Bundesparlament zog nach und versprach, 600 Passagiere des Schiffes nach Kanada zu holen und das jährliche Kontingent entsprechend aufzustocken. Das Einwanderungsministerium sandte ein Team nach Malaysia, das dort innerhalb von drei Tagen 604 Flüchtlinge auswählte, von einem auf der *Hai Hong* geborenen Baby bis zu einem 82-jährigen Mann. Drei Wochen später waren die Flüchtlinge in Kanada.[215] Die Vereinigten Staaten, Deutschland und die Schweiz folgten dem Beispiel Kanadas.

Unter dem Eindruck des Leidens der Bootsflüchtlinge wurde zudem das kanadische Einwanderungsgesetz um eine Bestimmung ergänzt, die Umsiedlungen von Flüchtlingen nicht nur durch die Regierung, sondern auch durch Privatbürger ermöglichte. Private Paten konnten sich verpflichten, die Versorgung von Flüchtlingen zu übernehmen und sie bei der Integration zu unterstützen. Ende 1978 erhöhte Kanada seine jährliche Aufnahmequote für Bootsflüchtlinge auf 5000. Bei der UN-Konferenz in Genf im Juli 1979 stockte es sie auf 8000 auf.

Doch dann geschah etwas Außergewöhnliches, die Initiative einer empathischen Person, die eine Lawine der Solidarität auslöste. An einem regnerischen Wochenende im Sommer 1979, während sie mit ihrem Ehemann Karten spielte, sah die gerade erst gewählte Bürgermeisterin der kanadischen Hauptstadt Ottawa, Marion Dewar, im Fernsehen Bilder der vietnamesischen Flüchtlingskrise. Sie sah Menschen, die mit kleinen, unsicheren Booten aus Vietnam flohen, nur um dann zurück aufs offene Meer geschoben zu werden. Dewar war schockiert. Sie beschloss zu handeln.

Sie rief Gemeindevertreter und religiöse Führer zusammen. Ein Vertreter der kanadischen Regierung erklärte, Kanada habe sein Kontingent für südostasiatische Flüchtlinge bereits auf 8000 erhöht. Dewar erwiderte: »Gut. Dann nimmt Ottawa 4000.« Es war die Geburt von »Projekt 4000«. Jenen, die später meinten, sie habe vorschnell gehandelt, antwortete sie: »Ja. Wir hätten alles besser verstanden, wenn wir die Situation zweieinhalb Jahre lang untersucht hätten. Aber in der Zwischenzeit wären viele Menschen am Grund des Ozeans.«[216] Dewar konsultierte ihre Mitarbeiter und politische Verbündete. »Ich sagte zu einigen Leuten in meinem Büro: ›Wir sollten etwas tun … Die Quote der Regierung beträgt 8000. Die Hälfte davon können wir schaffen. Eine Stadt von 300 000 Einwohnern kann 4000 Menschen aufnehmen.‹ Meine Mitarbeiter sagten: ›Vielen Leuten wird das nicht gefallen.‹ Ich sagte: ›Wir werden eine Versammlung im Bürgerzentrum einberufen und die Leute fragen.‹«[217]

Der Stadtrat sagte dem Projekt am 4. Juli 1979 seine Unterstützung zu. Bei einer öffentlichen Kundgebung kamen 3000 Men-

Die Bürgermeisterin: Marion Dewar war 1979 Bürgermeisterin der kanadischen Hauptstadt Ottawa. Ihr »Projekt 4000« zur Aufnahme von vietnamesischen Bootsflüchtlingen fand enormen Widerhall in ihrer Stadt, inspirierte die kanadische Gesellschaft und beeinflusste die Politik ihres Landes bis heute. 2020 ist Kanada mit seinem System privater Patenschaften für Flüchtlinge und staatlicher Neuansiedlungen Schutzsuchender weltweit führend. [6]

schen zusammen. Eine Gruppe junger Vietnamesen sang »O Canada«. Der katholische Erzbischof, der anglikanische Bischof und Rabbi Don Gerber von der jüdischen Reformgemeinde sprachen. Gerber erinnerte das Publikum daran, dass einst die Türen für jüdische Flüchtlinge aus Deutschland geschlossen waren. Das dürfe nicht noch einmal passieren. Überall in Kanada schlossen sich jüdische Kanadier der Initiative an. Auch die Presse der Hauptstadt lobte die Bürgermeisterin. Das *Ottawa Journal* nannte das Projekt »die humanitärste Geste, die diese Gemeinschaft seit vielen Jahren gezeigt hat«.[218] Projekt 4000 mobilisierte die ganze Zivilgesellschaft: »Bankangestellte, Krankenschwestern, Bowlingclubs, Kirchengruppen, die unterschiedlichsten Menschen trafen sich, um Familien zu unterstützen. Über deren Ankunft [in Ottawa] wurde regelmäßig in den Medien berichtet. Damals gab es überhaupt keinen Zynismus. Es war der Höhepunkt des Mitgefühls.«[219]

Nicht alle Kanadier waren begeistert. Landesweite Umfragen zeigten Skepsis, und das Büro der Bürgermeisterin legte einen Ordner an, für »Korrespondenz, negativ«. Marion Dewars Sohn Paul erinnerte sich an hasserfüllte Anrufe bei seiner Mutter zu Hause.[220] Doch Dewars Initiative veränderte das Land. Im Juli 1979 erhöhte die kanadische Regierung die Obergrenze für Neuansiedlungen von Flüchtlingen auf 50 000 bis Ende 1980. Neben der bestehenden Quote von 8000 erklärte die Regierung, für jede von privaten Paten unterstützte Familie eine weitere umsiedeln zu wollen. Schon im Oktober 1979 gab es 21 000 Patenschaften. Die Regierung konnte kaum Schritt halten. Bis Ende 1980 wurde die Obergrenze überschritten, und 60 000 Flüchtlinge wurden umgesiedelt: 26 000 durch den Staat und 34 000 durch Patenschaften. Das Engagement der Bürger half auch bei der Integration enorm. Eine Untersuchung zeigte, dass nach 18 Monaten bereits 90 Prozent aller Flüchtlinge im arbeitsfähigen Alter eine Beschäftigung gefunden hatten.[221]

Als Marion Dewar im September 2008 starb, erinnerten sich viele an ihre Rolle bei dieser Revolution der kanadischen Flüchtlingspolitik. Phuong Lethebinh, der als 17-Jähriger damals nach Ottawa gekommen war, erklärte, es sei, als hätte die vietnamesische Gemeinde ein Familienmitglied verloren.[222] 2018 übernahm er mit anderen Vietnamesen Patenschaften für syrische Flüchtlinge. Er erklärte: »Wir verstehen, was es heißt, Flüchtling zu sein.«[223]

Bis heute gibt es in Kanada zwei Programme zur Umsiedlung von Flüchtlingen: eines für staatlich und eines für privat finanzierte.[225] Staatlich finanzierte Flüchtlinge werden in der Regel von Partnern der kanadischen Regierung, vor allem dem UN-

Kanada: Private Patenschaften für Flüchtlinge[224]

	Flüchtlinge
1980–1990	106 380
1991–2000	58 370
2001–2010	32 955
2011–2016	35 635
Gesamt	**233 340**

HCR, ausgewählt. Die Regierung setzt hierfür jedes Jahr ein Limit. 2015 erklärte die neu gewählte Regierung unter Justin Trudeau ihre Absicht, 25 000 syrische Flüchtlinge umzusiedeln.[226] Bis Mai 2019 wurden es 58 650.[227] Überdies legt die Regierung jedes Jahr die Zahl für Patenschaften fest, die bearbeitet werden können. Sie ist in den letzten Jahren wieder gestiegen. Die Ziele für 2018 (18 000), 2019 (19 000) und 2020 (20 000) erinnern an die ehrgeizige Anfangszeit Ende der 1970er-Jahre.[228]

Bewerbungen werden in der Reihenfolge ihres Eingangs bearbeitet. Mitarbeiter des Einwanderungsministeriums machen Interviews mit Flüchtlingen vor Ort, um zu sehen, ob sie den Kriterien des Programms entsprechen und Schutz benötigen. Es folgen medizinische Untersuchungen und Sicherheitsüberprüfungen.[229] Bei der Einreise erhalten die Flüchtlinge alle notwendigen Papiere, einschließlich der gesetzlichen Krankenversicherung.

Die Bedeutung Kanadas als Aufnahmeland für Schutzsuchende ist in den letzten Jahren stetig gewachsen. 2016 war Kanada bereits das Land, das weltweit pro Kopf die meisten Flüchtlinge durch vom UNHCR organisierte Neuansiedlungen aufnahm.

Bis heute führt der UNHCR Asylverfahren in vielen Ländern der Welt durch. Die vom UNHCR anerkannten Flüchtlinge sollten nach einer Anerkennung in einem Drittland neu angesiedelt

Globale Neuansiedlungen durch UNHCR 2016[230]

	Flüchtlinge	pro Million Einwohner
Kanada	21 865	606
Norwegen	3 149	602
Australien	7 502	310
USA	78 761	244
Schweden	1 868	188
Großbritannien	5 074	77
Frankreich	1 328	20
Deutschland	1 229	15

werden (Resettlement). Dazu müssen andere Länder allerdings Angebote machen. Im September 2016 verabschiedete die Generalversammlung der Vereinten Nationen die »New Yorker Erklärung für Flüchtlinge und Migranten«. Mitgliedsstaaten setzten sich das Ziel, künftig *mehr* Flüchtlinge aus Krisengebieten direkt umzusiedeln. Es ging darum, »die Zahl und das Spektrum legaler Wege, auf denen Flüchtlinge in Drittländern aufgenommen oder neu angesiedelt werden können, zu erweitern«.

Im Dezember 2018 verabschiedete die UN-Generalversammlung einen Globalen Pakt für Flüchtlinge mit dem Ziel, mehr Staaten bei Neuansiedlungen einzubinden. Doch trotz der Absichtserklärung, »Neuansiedlungsprogramme einzurichten oder auszuweiten, zu vergrößern und zu verbessern«, nahm die Bereitschaft dazu in den letzten Jahren rapide ab. Die Zahl aller Neuansiedlungen durch den UNHCR hat sich seit 2016 mehr als halbiert. Waren es 2016 noch 126 291 Neuansiedlungen, so verringerte sich die Zahl 2018 auf 55 680.

Im Januar 2017 unterzeichnete der neu gewählte US-Präsident Donald Trump eine Verordnung, die die Neuansiedlung syrischer Flüchtlinge auf unbestimmte Zeit aussetzte. Das gesamte US-Programm der Aufnahme von Flüchtlingen wurde eingefroren. Die Verordnung wurde später zwar aufgehoben und durch eine andere ersetzt, doch die Trendwende war eingeleitet. Die USA zogen sich aus dem internationalen Flüchtlingsschutz zurück. Seit Januar 2017 hat sich die von den USA zugesagte Zahl an neu anzusiedelnden Flüchtlingen von 45 000 (2018) auf 30 000 (2019)[231] und zuletzt auf 18 000 (2020) reduziert.[232] Auch von diesen Zusagen wurden immer weniger tatsächlich erfüllt. Dass eine große Mehrheit der US-Bundesstaaten erklärte, auch weiterhin Flüchtlinge ansiedeln zu wollen, konnte daran nichts ändern.[233]

Noch 2018 waren die Vereinigten Staaten das weltweit führende Neuansiedlungsland gewesen. Von 55 000 durch den UN-HCR umgesiedelten Flüchtlingen fiel ein Drittel auf die USA.[234] 2019 wurden die USA erstmals von Kanada überholt, das insgesamt 30 000 Flüchtlinge durch Resettlement aufnahm.

Bei der Flüchtlingskrise in Südostasien wurden zwischen 1975 und 1997 insgesamt 2,2 Millionen Menschen aus der Region umgesiedelt. In den ersten zwei Jahren nach der Genfer Konferenz 1979 wurden aus Lagern in der Region mehr als 400 000 Vietnamesen umgesiedelt. Dabei gingen die USA, aber auch Kanada, Australien und, in Europa, Frankreich und die Schweiz voran, weil sie es *für richtig hielten*. Überdies führte der UNHCR Gespräche mit Vietnam, um ein Geordnete-Ausreise-Programm zu etablieren, das es mehr als 620 000 Vietnamesen, darunter 140 000 politischen Gefangenen, ermöglichte, das Land zu verlassen, ohne sich in Lebensgefahr zu begeben. Allerdings war diese großzügige Umsiedlung, wie auch die humane Politik Malcolm Frasers in Australien, nur möglich, weil es gleichzeitig gelang, die Zahl derer, die irregulär ankamen, zu reduzieren. Ein ähnlicher Erfolg einer internationalen Kooperation bei Neuansiedlungen wurde nie wieder erreicht.

Kann man an diese Erfahrungen anknüpfen? Mit dem Pilotprogramm »Neustart im Team« (NesT) orientiert sich Deutschland schon seit 2019 an Kanada. Es sieht die Aufnahme von bis zu 500 vom UNHCR ausgewählten besonders schutzbedürftigen Flüchtlingen aus Ägypten, Jordanien, dem Libanon und Äthiopien vor. Wie Kanada baut NesT auf Mentoren, die den Flüchtlingen das Ankommen erleichtern sollen. Mindestens fünf Personen müssen sich dazu verpflichten, einen Flüchtling oder eine Familie ideell und finanziell zu unterstützen. Im November 2019 kamen die ersten NesT-Flüchtlinge nach Deutschland: zwei junge syrische Frauen. Eine Mentorengruppe von fünf Personen aus Nordrhein-Westfalen erklärte sich mit Unterstützung des Erzbistums Köln bereit, sich um sie zu kümmern. Annette Widmann-Mauz, die Staatsministerin für Integration, die dieses Projekt vorantrieb, erklärte damals: »Mit dem Pilotprogramm erhalten Menschen, die dringend Schutz bedürfen, eine legale Möglichkeit, nach Deutschland zu kommen. Staat und Mentoren aus der Zivilgesellschaft unterstützen sie gemeinsam beim Ankommen.«[235] Schutzsuchende ersparen sich so nicht nur eine lebensgefährliche Reise, sondern erhalten auch wertvolle Hilfe für eine gelungene Integration.

Dennoch bleibt in Deutschland die reguläre Aufnahme Schutzbedürftiger durch Neuansiedlungen die große Ausnahme. Könnte sich Deutschland bei der Weiterentwicklung von Patenschaften für Flüchtlinge an Kanada orientieren, und gleichzeitig irreguläre Migration reduzieren? Und so, mit Kanada gemeinsam, eine Ottawa-Berlin Initiative zur Wiederbelebung dieses Instruments weltweit lancieren? (Mehr: Seite 263)

Der Sinn von Asyl

*»Lieber sollen neun Menschen zu Unrecht Asyl bekommen,
als dass einer zurückgeschickt wird in Folter oder Tod.«*
Günther Beckstein, ehemaliger bayrischer Ministerpräsident[236]

Wenn Staaten bereit sind, *jeden* aufzunehmen, der ihre Grenzen überschreitet, sind keine Asylverfahren nötig. Die 180 000 Flüchtlinge, die nach der Niederschlagung des ungarischen Volksaufstandes durch sowjetische Truppen 1956 nach Österreich flohen, wurden ohne Asylverfahren als Flüchtlinge anerkannt und von Ländern in aller Welt aufgenommen.[237] Auch im Fall der vietnamesischen Bootsflüchtlinge gab es von 1975 bis 1989 keine Asylverfahren. Ebenso bei den Syrern, die nach dem Ausbruch des Krieges 2011 in die Türkei kamen und automatisch ein Aufenthaltsrecht und einen Schutzstatus erhielten. Ist die Gefährdungslage klar und die Bereitschaft zur Aufnahme da, ist ein pauschales Vorgehen sinnvoll.

Der Sinn von Asylverfahren ist es, verbindliche Kriterien auf Einzelpersonen anzuwenden, um festzustellen, wen man auf *keinen Fall* zurückschicken darf, weil sonst Verfolgung oder »ernsthafter Schaden im Herkunftsland« (für subsidiären Schutz) drohen. Es ist eine Selbstverpflichtung von Gesellschaften, nicht zur vermeidbaren Verletzung der Menschenwürde Fremder beizutragen. Es verlangt eine Begrenzung der Souveränität im Namen eines Ideals der Menschlichkeit. Es soll Schutzbedürftige vor einem tragischen Schicksal bewahren, das durch eine blinde Ausweisung verursacht werden könnte. Es gibt kaum eine andere Institution in einem modernen Staat, die in Friedenszeiten derart häufig ähnlich schwerwiegende Entscheidungen über das Wohl und Wehe von Menschen treffen soll, wie eine Asylbehörde. Ein Asylsystem ist ein Sicherheitsnetz.

Indem Asylverfahren feststellen, wer Schutz braucht, legen Asylbehörden auch fest, wen ein Staat abschieben darf. Wer sich für eine Welt vollkommen offener Grenzen einsetzt, sieht Asylverfahren nur so lange als positiv, solange ausschließlich positive Entscheidungen getroffen werden.[238] Wer Grenzen als moralischen Skandal betrachtet, als Ursache von mehr Diskriminierung »als alle anderen Faktoren in der Geschichte der Menschheit«, wie der niederländische Historiker Rutger Bregman in seinem Buch *Utopien für Realisten*, der lehnt auch die beste Asylbehörde der Welt ab. Dann liegt der Sinn von Verfahren nur darin, jede mögliche Abschiebung so lange wie möglich zu verzögern. Jede negative Asylentscheidung wird als Niederlage gesehen und schnellere Verfahren als gefährlich, selbst wenn sie fair sind.

Warum brauchen Staaten faire Asylverfahren? Weil in einer Welt, in der Mehrheiten darauf bestehen, Zuwanderung zu kontrollieren, das Sicherheitsnetz eines Asylsystems eine zivilisatorische Errungenschaft ist.

Das zeigte sich auch 1989 im Südchinesischen Meer. Ende der 1980er-Jahre nahm die Bereitschaft unter Aufnahmeländern ab, weiterhin jeden Vietnamesen, der Malaysia, Indonesien, Thailand oder Hongkong mit dem Boot erreichte, aufzunehmen. Dies aber war den Nachbarn Vietnams 1979 versprochen worden. Mitarbeiter des UNHCR stellten in internen Dokumenten fest, dass viele, die aus Vietnam die nach wie vor gefährliche Reise unternahmen, kaum als Flüchtlinge im Sinne der Konvention anerkannt würden. Überall in der Region drohte nun erneut die Gefahr der Aufweichung des Verbots, Menschen ohne Prüfung auf das offene Meer oder in die Gefahr zurückzustoßen. In Hongkong setzte die Kolonialverwaltung der Kronkolonie zunehmend auf Abschreckung durch entwürdigende Behandlung und drohte mit Abschiebungen ohne Verfahren. Gleichzeitig gab es weiterhin Menschen in Vietnam, die Schutz bekommen sollten, ehemalige politische Gefangene, die aber nicht in Boote stiegen.

So kam es 1989 zu einer zweiten Konferenz in Genf, ein Jahrzehnt nach der ersten. Wieder gelang es – diesmal 70 Staaten –, zu einer Einigung zu kommen. Das Ziel des »Umfassenden Aktionsplans für indochinesische Flüchtlinge« war es, irreguläre Migration zu reduzieren und legale Ausreisen aus Vietnam zu fördern, ohne das Verbot von Zurückweisungen aufzugeben. Dazu sollten in allen Drittstaaten Südostasiens vom UNHCR betreute Asylverfahren für Bootsflüchtlinge organisiert werden. Es ging darum, jene zu identifizieren, die Schutz brauchten und die nicht zurückgeschickt werden konnten. Andere sollten erstmals auch nach Vietnam abgeschoben werden. Zwischen 1989 und 1996 wurden so gut 80 000 Vietnamesen aus Lagern in Südostasien nach Vietnam zurückgeführt.[239] Dort prüfte der UNHCR vor Ort die Menschenrechtslage der Zurückgeführten.[240] Der UNHCR stellte zu diesem Zweck sieben Vietnamesisch sprechende Vollzeitmitarbeiter ab, die bis 1996 ein Viertel aller 80 000 Rückgeführten aufsuchten. Laut UNHCR war dies das aufwendigste Monitoring dieser Art weltweit (etwas Ähnliches wäre auch in den letzten Jahren – etwa im Rahmen der EU-Türkei-Erklärung – notwendig gewesen. Es fehlt bis heute).[241]

Doch Abschiebungen konnte es nicht ohne faire Asylverfahren geben. Der amerikanische Flüchtlingsexperte Arthur Helton bezeichnete den Aktionsplan von 1989 als »Versuchslabor für die Entwicklung von Verfahrensstandards und Garantien bei der Statusbestimmung von Flüchtlingen. Dazu gehörten die Rechtsberatung von Asylsuchenden und die Entwicklung von Selbsthilfematerialien für diese Personen sowie eine Datenbank mit Informationen über Herkunftsländer zur Nutzung durch Entscheider.«[242] Helton kritisierte gleichzeitig, dass Asylverfahren in der

Praxis immer noch oft fehlerhaft seien.[243] Der UNHCR bemühte sich zwar, in Erstaufnahmeländern einheitliche Verfahrensstandards zu etablieren. Das gelang allerdings nur teilweise. So lag die Anerkennungsrate für vietnamesische Flüchtlinge in Hongkong bei 19 Prozent, während sie auf den Philippinen bei 54 Prozent lag.[244] Manchmal schritt der UNHCR ein und vergab eigenständig Schutz.[245] Für den Asylrechtsexperten Courtland Robinson war der Aktionsplan allerdings trotz seiner Mängel ein Modell dafür, wie »miteinander verflochtene Verpflichtungen – Asyl, Neuansiedlung und Rückführung – regionale Zusammenarbeit angesichts langwieriger Flüchtlingskrisen befördern können«.[246]

Gleichzeitig förderte er Neuansiedlungen von drei Gruppen: alle, die vor einem Stichtag im März 1989 in Lagern in der Region angekommen waren; alle, die als schutzbedürftig eingestuft wurden; und eine noch größere Zahl von Schutzbedürftigen, die direkt aus Vietnam ausreisen durfte, darunter auch Häftlinge aus Umerziehungslagern. Insgesamt verließen im Rahmen des Aktionsplans mehr als 400 000 Menschen Vietnam sicher und legal.[247] 1991 gab es 86 451 solche Ausreisen, von 1991 bis 1995 waren es mehr als 66 000 pro Jahr.

Bei der Schließung des letzten Aufnahmelagers für Bootsflüchtlinge in Malaysia im Juni 1996 erklärte der damalige UNHCR-Direktor für Asien, der Brasilianer Sérgio Vieira de Mello, der Aktionsplan von 1989 habe seine Ziele erreicht: »Die anhaltende Tragödie auf hoher See zu beenden, das Recht auf Asyl zu erhalten und gleichzeitig die Anreize für weitere Massenabwanderungen zu verringern. Er war ein Erfolg.« De Mello bemerkte auch: »Es gibt nur wenige glückliche Momente in der Laufbahn eines Flüchtlingsbeamten, und dies ist einer davon. Der *Umfassende Aktionsplan* ist ein Modell für multilaterale Zusammenarbeit.«[248] Modelle ähnlich ehrgeiziger internationaler Kooperation wären heute dringender notwendig denn je.

Die europäische Flüchtlingskonvention

2021 wird die Genfer Flüchtlingskonvention (GFK) 70 Jahre alt werden. Es wird keine glückliche Geburtstagsfeier werden. Als sie im Juli 1951 auf einer UN-Sonderkonferenz in Genf verabschiedet wurde, war sie noch auf die Vergangenheit ausgerichtet. In ihrem Sinn waren Flüchtlinge Personen, »die infolge von Ereignissen, die vor dem 1. Januar 1951 eingetreten sind«, fliehen mussten und die eine »begründete Furcht vor Verfolgung« hatten.[249] Staaten, die sie ratifizierten, konnten wählen, ob es sich für sie nur um Ereignisse »in Europa« oder »in Europa und anderswo« handeln sollte. Überdies durfte der 1950 gegründete UNHCR aufgrund seiner eigenen Statuten auch anderswo, selbst in Staaten, die die GFK nicht ratifiziert hatten, auf Einladung Verfahren zur Feststellung der Flüchtlingseigenschaft durchführen. Erst 1967 wurde der Wirkungsbereich der GFK durch das »Protokoll über die Rechtsstellung der Flüchtlinge« zeitlich und geografisch auf die Zukunft und die ganze Welt erweitert.

Bis heute sind der Konvention und dem Protokoll 149 Staaten beigetreten (die Vereinten Nationen haben 193 Mitglieder). Doch der Schein eines globalen Konsenses trügt. Tatsächlich wird die GFK bis heute nur von einer kleinen Zahl von Staaten getragen. Die meisten von ihnen sind in Europa. Unter den Staaten, die die Konvention oder das Protokoll ratifiziert haben, fehlen große asiatische Staaten wie Indien, Indonesien, Malaysia und Thailand ebenso wie die meisten Staaten des Mittleren Ostens, ob Saudi-Arabien, Pakistan, Jordanien oder der Libanon. Geht es um die Neuansiedlung der vom UNHCR ausgewählten Schutzbedürftigen in aller Welt, sind ganze Kontinente weiße Flecken, wie die Jahresberichte des UNHCR zeigen. Japan hat die Flüchtlingskonvention 1981 ratifiziert, in den letzten sieben Jahren (2013 – 2019) aber nur 657 Asylanträge positiv entschieden. China hat die Flüchtlingskonvention 1982 ratifiziert und bis heute weder ein

Asylrecht noch eine Asylbehörde.[250] Von den fünf Ländern, in denen in den letzten sieben Jahren die meisten Asylanträge gestellt wurden, lagen vier in Europa: Deutschland an der Spitze (gefolgt

UNHCR: Asylanträge weltweit – Top-25-Länder[251]

	2013–2019
Deutschland	1 944 549
USA	1 475 194
Türkei	608 550
Frankreich	601 897
Italien	504 035
Peru	491 994
Russland	487 701
Schweden	364 549
Griechenland	274 263
Südafrika	272 097
Großbritannien	252 773
Spanien	246 189
Kanada	234 502
Brasilien	233 400
Uganda	227 657
Österreich	216 549
Malaysia	196 439
Australien	171 307
Niederlande	162 589
Schweiz	160 415
Ägypten	144 167
Kenia	122 504
Belgien	121 309
Mexiko	121 244
Jordanien	102 072
Gesamt (Welt)	**12 242 901**

von den USA), dann die Türkei, Frankreich und Italien. Zu den wichtigsten zehn Staaten zählen auch zwei kleine europäische: Griechenland und Schweden.

UNHCR: Wo Flüchtlingsschutz vergeben wurde – Top-25-Länder[252]

	2013–2019
Deutschland	1 065 227
Russland	445 929
Schweden	223 361
Frankreich	204 715
Uganda	204 011
USA	184 142
Italien	180 184
Österreich	119 156
Malaysia	110 978
Türkei	95 728
Kanada	90 973
Großbritannien	90 598
Schweiz	86 811
Niederlande	73 082
Griechenland	62 348
Belgien	61 957
Ägypten	58 672
Spanien	55 995
Burundi	47 422
Kenia	45 343
Sambia	39 403
Australien	37 630
Norwegen	37 242
Jordanien	36 187
Dänemark	31 751
Gesamt (Welt)	**4 244 521**

Noch bemerkenswerter ist, in welchen Staaten Asyl vergeben wurde. Deutschland steht an der Spitze. Russland liegt an zweiter Stelle, was durch die ersten beiden Jahre des Ukrainekrieges (2014–2015) begründet ist, als 400 000 Flüchtlingen aus der Ostukraine in Russland subsidiärer Schutz gewährt wurde. Davor und danach nahm Russland kaum Flüchtlinge auf. Schweden liegt an dritter Stelle weltweit.

Schweden hat in den letzten sieben Jahren mehr Menschen (223 000) Schutz gewährt als China, Indien, Ägypten, Südafrika, Mexiko, Indonesien, Pakistan, Thailand, Südkorea und Japan zusammen (168 000). In diesen zehn Ländern leben 3,8 Milliarden Menschen.[253] In Schweden leben 10 Millionen. Auch die Schweiz (etwa 9 Millionen Einwohner), Norwegen oder Dänemark (jeweils 5 Millionen) vergaben jeder für sich mehr Schutz als Südafrika, Mexiko, Indien oder Indonesien.

UNHCR: Schweden und der Rest der Welt – wo Schutz vergeben wurde[254]

	2013–2019
Schweden	**223 361**
Ägypten	58 672
Südafrika	25 427
Mexiko	25 424
Indien	24 150
Indonesien	14 663
Pakistan	8 256
Thailand	8 117
Südkorea	2 521
Japan	657
China	0
Gesamt (Welt)	**4 244 521**

Flüchtlingsstatusbestimmung durch den UNHCR 2019 [255]

	Entscheidungen	Flüchtlingsstatus
Ägypten	26 689	16 606
Libyen	18 694	1 054
Malaysia	18 042	16 016
Algerien	9 458	132
Syrien	7 993	53
Indien	7 826	3 084
Libanon	7 282	115
Sudan	5 123	0
Marokko	3 793	337
Irak	2 036	10
Kamerun	1 748	1 522
Trinidad und Tobago	1 678	1 573
Niger	1 000	942
Jordanien	983	650
Mauretanien	917	728
Vereinigte Arabische Emirate	762	112
Äthiopien	661	0
Thailand	656	218
Sri Lanka	625	549
Somalia	550	238
Jemen	547	32
Indonesien	509	119
Pakistan	149	21
Saudi-Arabien	140	101
Tunesien	128	128
Gesamt	**117 989**	**44 340**

Wie steht es um die Anerkennung des Flüchtlingsstatus durch den UNHCR? 2019 entschieden Mitarbeiter des UNHCR weltweit 44 000 Anträge positiv. Die meisten Verfahren führte der UNHCR in Ägypten, Libyen und Malaysia durch. Die meisten positiven Entscheidungen gab es in Ägypten und Malaysia. Wäre der UNHCR ein Staat, dann läge er 2019 weltweit an dritter Stelle bei der Zahl der positiven Entscheidungen, hinter Deutschland aber noch vor den USA. Aber der UNHCR ist kein Staat, und so muss er für jene, die von ihm als Flüchtlinge anerkannt werden, Staaten finden, die bereit sind, diese aufzunehmen.

Doch welche Staaten bieten Aufnahmeplätze für diese anerkannten Schutzsuchenden an, damit der UNHCR sein weltweites Mandat ausführen kann? In den letzten sieben Jahren fanden eine halbe Million Neuansiedlungen (»Resettlement«) weltweit statt. Auch hier zeigt sich, wie abhängig der UNHCR von den Ländern des Westens ist: von Europa, den USA, Kanada und Australien. Im Nahen Osten gibt es keine Neuansiedlungen. Die Gesamtzahl aller UNHCR-Neuansiedlungen in den letzten sieben Jahren in Asien (408) und in Lateinamerika, von Mexiko bis Argentinien (363), war etwa so hoch wie jene in Luxemburg (346).[256]

Vergleicht man Neuansiedlungen 2013 mit denen im Jahr 2019, sieht man weitere Trends. Die USA ziehen sich zurück. Das Gleiche gilt für Australien. Kanada engagiert sich stärker, zu den UNHCR-Neuansiedlungen kommen noch 20 000 weitere vom Land selbst organisierte. Die Zahl der Neuansiedlungen in europäische Staaten steigt ebenfalls. Erneut liegt Schweden unter den Top 5 weltweit. Aber auch in Deutschland, Frankreich und der Schweiz ist die Zahl von einem niedrigen Niveau in den letzten sieben Jahren gewachsen. 2019 wurden weltweit insgesamt 64 000 Menschen umgesiedelt, davon 26 000 (40 Prozent) in EU-Staaten. Dazu kommen in der EU weitere bilaterale Programme wie etwa die Neuansiedlungen aus der Türkei in den letzten Jahren nach Deutschland. So sind europäische Staaten für mehr als die

UNHCR-Neuansiedlungen (Resettlement)

	2013	2019	2013–2019
USA	47750	21159	290835
Kanada	5113	9031	70094
Australien	11117	3464	41224
Großbritannien	750	5774	25894
Schweden	1832	4993	20530
Deutschland	1092	4622	18729
Norwegen	938	2351	14969
Frankreich	100	4544	14664
Niederlande	362	1857	7531
Finnland	665	873	6146
Neuseeland	682	915	5855
Schweiz	78	990	4222
Belgien	100	239	3291
Italien	–	471	2480
Dänemark	471	–	1611
Spanien	–	821	2377
Österreich	4	–	1376
Irland	62	783	2091
Albanien	197	–	958
Luxemburg	–	35	346
Portugal	6	373	644
Südkorea	**31**	**37**	**259**
Island	–	74	246
Brasilien	**56**	**24**	**163**
Japan	**18**	**20**	**149**
Kroatien	–	122	250
Litauen	–	–	102
Uruguay	**14**	**10**	**100**

UNHCR-Neuansiedlungen (Resettlement)

	2013	2019	2013–2019
Rumänien	–	73	162
Chile	3	–	69
Estland	–	7	66
Lettland	–	–	46
Slowenien	–	–	34
Argentinien	7	–	31
Monaco	–	–	29
Tschechien	1	–	27
Liechtenstein	–	–	22
Bulgarien	–	64	85
Malta	–	–	17
Weißrussland	–	–	14
Ungarn	–	–	10
Slowakei	–	–	4
Mexiko	–	–	1
Gesamt (Welt)	**71 449**	**63 726**	**537 753**

Hälfte aller neu angesiedelten Schutzbedürftigen in der Welt verantwortlich.

Das Gesamtbild ist beunruhigend. Es gibt nur wenige Neuansiedlungen. Die meisten Menschen, die in der Welt heute Schutz brauchen, leben *nicht* in Europa. Länder, in denen auf der Grundlage der Flüchtlingskonvention Asylverfahren stattfinden, sind vor allem in Europa zu finden. Daher muss man, um ein solches zu erhalten, nach Europa kommen. Da fast alle Menschen, die einen Asylantrag stellen könnten, nur sehr schwer ein Visum erhalten, führt dies zu irregulärer Migration. Das bedeutet, dass viele, die in anderen Ländern der Welt aufgenommen werden, dort nicht in den Genuss der Rechte der Flüchtlingskonvention kommen und oftmals für alle Zeiten als »Flüchtlinge« gezählt werden.

Immer noch werden 85 Prozent des weltweiten Schutzes in einigen Ländern des Westens vergeben. Gleichzeitig verschiebt sich der demografische und ökonomische Schwerpunkt der Welt. Deutschland, Schweden und Österreich stellen heute 1,3 Prozent der Weltbevölkerung und 2050 voraussichtlich nur noch 1 Prozent. In den letzten sieben Jahren vergaben diese drei Länder gemeinsam ein Drittel des weltweiten Schutzes. Wenn sich das nicht ändert, hat die Genfer Flüchtlingskonvention als globale Leitlinie keine Zukunft. Doch wie ließe sich das ändern?

Asyl als Farce

Es ist hilfreich, dass Staaten die Flüchtlingskonvention und das Protokoll ratifizieren, aber das reicht nicht aus. Es genügt auch nicht, dass mehr Staaten in aller Welt Asylsysteme etablieren. Die Frage ist, ob ein Asylsystem tatsächlich zu fairen Entscheidungen führt.

Was bedeutet »Qualität« bei Asylverfahren? Die Herausforderung für Beamte ist enorm: durch Gespräche, fast immer in einer fremden Sprache, festzustellen, ob der Verbleib im Heimatland für einen Antragsteller unzumutbar ist oder bei einer Rückkehr unzumutbar wäre. In der Genfer Flüchtlingskonvention steht allerdings nichts über die Verfahren zur Feststellung der Flüchtlingseigenschaft. 1977 erschienen dazu erstmals Empfehlungen des Exekutivausschusses des UNHCR. Sie waren allgemeiner Natur: Es sollte in einem Land eine zuständige Behörde geben, »Entscheidungen in erster Instanz zu treffen«; Antragsteller sollten über das Verfahren aufgeklärt werden; Staaten sollten Dolmetscherdienste bereitstellen; im Falle der Ablehnung sollte es möglich sein, die erste Entscheidung »durch eine höhere Verwaltungsbehörde oder ein Gericht« zu prüfen.

1979 veröffentlichte der UNHCR erstmals ein Handbuch zur Feststellung der Flüchtlingseigenschaft, das seitdem immer wieder neu herausgegeben wurde. Der Prüfer muss ein »Klima des Vertrauens« schaffen und gleichzeitig die Glaubwürdigkeit des Antragstellers prüfen. Formelle Beweise für Behauptungen sind »eher die Ausnahme als die Regel«. Das Handbuch erklärt den schwierigen Begriff der »begründeten Furcht« vor Verfolgung. Furcht ist, einerseits, ein subjektives Empfinden, der »Ausdruck einer seelischen Verfassung«. Gleichzeitig muss der Prüfer erkennen, ob die Furcht durch objektive Tatsachen »begründet« ist. Dabei geht es um die Hintergrundsituation im Herkunftsland. Während manche Verfahren einfach sind, ähneln andere einer komplizierten Operation am offenen Herzen, »von größter Bedeutung für das Leben des Antragstellers«.

Solche Verfahren erfordern qualifizierte Beamte. Verfahren sollten so organisiert sein, dass ähnliche Fälle ähnlich entschieden werden und nicht von der Laune, Stimmung oder dem Charakter des Prüfers abhängen. Die Liste an Herausforderungen ist lang, selbst in Ländern, in denen die Konvention seit Jahrzehnten in Kraft ist. 2010 verglich ein UNHCR-Bericht die Asylsysteme in zwölf Mitgliedsstaaten der Europäischen Union mit den Standards der gültigen EU-Richtline. Der UNHCR fand schwere Mängel. In Spanien untersuchte er 113 negative Asylbescheide und fand heraus: Keine der geprüften negativen Entscheidungen berücksichtigte Sachverhalte. »Die Entscheidungen bezogen sich nicht auf Herkunftslandinformationen oder Informationen aus Drittländern, die bei der Entscheidung hätten berücksichtigt werden können.«[257] Vorformulierte Begründungen dominierten. Es fehlte an Rechtsberatung. Die spanische Asylbehörde in Madrid, welche alle Befragungsprotokolle prüfte, verfügte nur über 70 Mitarbeiter. Der durchschnittliche Zeitraum bis zu einem Asylbescheid betrug hier zwei Jahre.

Auch in Griechenland ließ die Prüfung »ernsthafte Zweifel daran aufkommen, ob ... eine individuelle, objektive und unparteiische Prüfung der Anträge durchgeführt wird«.[258] Einerseits, weil »von den 52 Fällen, die UNHCR in Griechenland beobachtet hat ... in zehn Fällen die Befragung unterlassen« wurde«.[259] Andererseits, weil persönliche Befragungen »häufig voreilig beendet wurden und ... schriftliche Berichte darüber oft auf vorformulierte Zusammenfassungen zurückgriffen«. Zudem fanden sich gravierende Mängel in der Übersetzung. Es gab keine Mindestqualifikation für Dolmetscher.[260] Hinzu kam deren geringe Anzahl: Die griechische Behörde in Athen beschäftigte 16 Dolmetscher, die 11 Sprachen abdeckten.[261] Eine Qualitätssicherung der Interviews und Entscheidungen durch Stichproben fand weder in Spanien noch in Griechenland statt.[262]

Ähnliche Probleme gibt es in anderen Demokratien. Israel unterzeichnete die Genfer Flüchtlingskonvention 1954.[263] Nach 2006 kam eine wachsende Anzahl von Flüchtlingen aus Afrika über Ägypten nach Israel. Um diesen Zuzug zu stoppen, errichtete Israel einen 394 Kilometer langen Zaun an der Grenze zu Ägypten, dessen Bau Ende 2013 abgeschlossen wurde. Mit Baukosten von umgerechnet etwa 334 Millionen Euro war es eines der teuersten Bauvorhaben der jüngeren Geschichte des Landes. Nach seiner Fertigstellung fiel die Zahl der Ankommenden dramatisch.[264] Dennoch lebten im August 2019 immer noch etwa 23 000 Eritreer und 6500 Sudanesen in Israel. 2018 erhielten in der EU 83 Prozent aller Eritreer und 55 Prozent aller Sudanesen erstinstanzlichen Schutz.[265] Eritrea gilt als eine der brutalsten Diktaturen der Welt, und im Sudan herrschte ein Bürgerkrieg. Denoch erhielten in einem Jahrzehnt in Israel nur wenige Hundert von ihnen Asyl.

Noch 1965 beschränkte der US-Kongress die Möglichkeit des Justizministers, Ausländer auf der Flucht nach seinem Ermessen vorübergehend ins Land zu lassen, auf Flüchtlinge aus kommunistischen Ländern der östlichen Hemisphäre und bestimmten Ländern des Nahen Ostens. 1968 traten die USA dann dem UN-Protokoll über die Rechtstellung der Flüchtlinge bei. Mit dem

Flüchtlingsstatus und komplementärer Schutz in Israel[266]

	2010	2011	2012	2013	2014	2015	2016	2017	2018	2019	Gesamt
Eritrea	0	0	19	0	141	0	0	0	5	5	151
Äthiopien	0	0	0	0	0	0	0	0	11	0	11
Sudan	0	0	0	0	0	0	0	0	485	119	604
Gesamt	0	0	19	0	141	0	0	0	501	124	**766**

Protokoll war auch in den USA die »unterschiedliche Behandlung aus Gründen der Rasse, der Religion oder des Herkunftslandes« für Schutzsuchende verboten. Zumindest auf dem Papier. Denn dass es nicht genügt, Konventionen zu ratifizieren, um Schutz zu garantieren, mussten in den USA in den letzten Jahrzehnten sehr viele Asylsuchende aus Haiti erfahren.

Die Bürger des bitterarmen Inselstaates im Westen der Karibikinsel Hispaniola litten Jahrzehnte unter brutalen Herrschern. Nach der Machtübernahme des Arztes François Duvalier (»Papa Doc«) wurde Haiti zur Diktatur, und dessen Sohn Jean-Claude Duvalier (»Baby Doc«) setzte die brutale Repression bis zu seinem Sturz 1986 fort. Unter den Duvaliers kamen geschätzt 50 000 Menschen ums Leben, in einem Land mit 1970 nur fünf Millionen Einwohnern. Jeder, der in irgendeiner Form die Regierung kritisierte, lief Gefahr, eingesperrt und gefoltert zu werden.[267] So flohen seit den 1960er-Jahren Haitianer in die benachbarte Dominikanische Republik im Osten der Insel oder zu den nahe gelegenen Bahamas.[268]

Zwischen 1972 und 1979 kamen auch 7837 Haitianer illegal in die USA.[269] Manche kamen auf Booten knapp 1000 Kilometer über das Meer nach Florida, viele von ihnen ertranken. Die US-Einwanderungs- und Einbürgerungsbehörde (Immigration and Naturalisation Service, INS) betrachtete Haitianer als Wirtschaftsflüchtlinge.[270] Für irreguläre Einwanderer, die auf dem Weg in die USA oder in einem US-Hafen aufgegriffen wurden, gab es ein Zurückweisungsverfahren. Immer wieder versuchten Haitianer, die Ablehnung ihres Asylantrags vor Gericht anzufechten, doch die Justiz bestätigte meist die Entscheidungen der Einwanderungsbehörde.[271] Asylstatistiken von 1975 und 1976 zeigten: 95 Prozent aller anerkannten Flüchtlinge in den USA kamen aus kommunistischen Ländern.[272]

1978 stieg die Zahl der Asylanträge von Haitianern.[273] Noch im selben Jahr erarbeitete das Justizministerium gemeinsam mit dem INS das »Haitianische Programm«. Asylanträge wurden vorentschieden, Anhörungen, wenn überhaupt, im Schnellverfahren durchgeführt und auf 30 Minuten verkürzt. Der UNHCR berichtete 1980, nur 45 Prozent aller Asylantragsteller aus Haiti würden überhaupt angehört.[274] Übersetzungen vor Gericht würden manipuliert. »Detaillierte und umfassende Beweise für eine Verfolgung in Haiti als Motivation« zur Flucht würden übersetzt mit: »Ich bin gekommen, um Arbeit zu finden.«[275] Am Ende des Verfahrens werde dem Betroffenen die bereits vorgefertigte, vom Bezirksdirektor des INS unterschriebene Ablehnung des Asylantrags ausgehändigt. Diese Praxis wurde im Juli 1979 von einem Richter verurteilt.[276] Laut Urteilsbegründung wurden »in den letzten 17 Jahren Asylanträge von Haitianern systematisch abgelehnt, während andere Asyl erhielten«.[277] Das Gericht warf den INS-Beamten rassistische Vorurteile gegen Haitianer vor.[278]

Mit dem »Refugee Act« im März 1980 versuchte der Kongress, die Bevorzugung von Flüchtlingen aus kommunistischen Staaten zu beenden. Ohne Erfolg: 1981 und 1982 stammten immer noch 90 Prozent aller Asylberechtigten aus Indochina, der Sowjetunion und Osteuropa. Die größte Zahl der Asylantragsteller in dieser Zeit kam aus Haiti und El Salvador, doch nur wenige erhielten Asyl.[279] Im Januar 1981 wurde Ronald Reagan Präsident. Im September schloss er mit Jean-Claude Duvalier das »US-Haiti Interdiction Agreement«. »Das Übereinkommen berechtigte die USA, alle auf hoher See aufgegriffenen haitianischen Bootsflüchtlinge nach einer ersten Überprüfung auf mögliche Asylgründe kurzerhand zurückzuschicken.«[280] Im September 1981 erließ Reagan eine Exekutivverordnung, wonach die Küstenwache Passagiere nach Haiti zurückzuschicken habe. Über Asylanträge wurde an Bord des Schiffes von zuständigen Beamten entschieden. Laut dem ehemaligen Chefjustiziar der US-Einwanderungsbehörde, Stephen Legomsky, wurden zwischen 1981 und 1990 »über 21000 Haitianer zurück in ihre Heimat geschickt. Nur 6 Passagiere bekamen Asyl.«[281]

Im November 1991 erließ ein US-Gericht eine einstweilige Verfügung, die die Zwangsrepatriierung von auf hoher See abgefangenen Haitianern stoppte.[282] Nun wurden Bootsflüchtlinge »zur Überprüfung zum Marinestützpunkt Guantanamo Bay auf Kuba gebracht«.[283] Im Mai 1992 warteten bereits 13000 Haitianer auf Guantanamo Bay auf ihre Überprüfung. Im gleichen Monat erklärte Präsident George Bush, das Non-Refoulement-Gebot des UN-Protokolls von 1967 gelte nicht außerhalb des US-Gebietes. Von nun an wurden alle aufgegriffenen Haitianer direkt nach Haiti zurückgebracht. Es gab keine Befragung und Überprüfung mehr auf den Booten. Das *Wall Street Journal* merkte 1992 an, dass die USA zur gleichen Zeit »darauf drängten, vietnamesische Bootsflüchtlinge aufzunehmen, die dem Kommunismus entkommen wollten«.[284] 1993 rechtfertigte der Oberste Gerichtshof der Vereinigten Staaten im Fall »Sale vs. Haitian Centers Council« mit 8 zu 1 Stimmen diese Praxis auf hoher See.[285] Der UNHCR bezeichnete dieses Urteil als ein unglückliches Beispiel.[286] Und war doch machtlos, diese Politik zu beenden.

US-Präsident Bill Clinton führte diese Praxis noch bis 1994 fort. Im Mai 1994 verkündete er die Wiederaufnahme der Offshoreverfahren auf hoher See und in Drittstaaten wie Jamaika und den zu Großbritannien gehörenden Inseln. Im September desselben Jahres landeten 40000 Soldaten unter US-Führung in Haiti und verhalfen dem zuvor gestürzten Präsidenten wieder zur Macht. Daraufhin wurden alle Haitianer von Guantanamo Bay zwangsrepatriiert. Im Februar 2004 kam es erneut zu Gewalt in Haiti. Nach einem Anstieg von Bootsflüchtlingen aus Haiti verkündete Präsident George W. Bush im Februar 2005: »Wir werden jeden Flüchtling, der versucht, unsere Küste zu erreichen, zurückschicken.« Kurz darauf wurden 905 Haitianer von der US-Küstenwache aufgehalten. Keiner von ihnen konnte, so die Behörden, Furcht vor einer Rückkehr glaubhaft machen. Beobachter sprachen vom sogenannten Schreitest *(shout test)*: Wer auf dem Schiff laut genug schrie, wurde zu einer Voranhörung vorgeladen. Drei Haitianer wurden befragt, um dann doch mit allen anderen in Haiti abgesetzt zu werden.[287]

Es genügt nicht, dass Staaten die Flüchtlingskonvention ratifizieren. Es genügt nicht, dass sie Asylverfahren anbieten. Es genügt nicht, dass Anwälte gegen Verstöße vor die höchsten Gerichte ziehen. Es genügt auch nicht, dass der UNHCR und Menschenrechtsorganisationen gegen Abschiebungen ohne faire Verfahren und offene Diskriminierung protestieren. Faire Verfahren brauchen Ressourcen, qualifizierte Beamte, Qualitätskontrollen. Damit das Versprechen von 1951 umgesetzt werden kann, braucht es politische Entscheidungsträger, die die Genfer Flüchtlingskonvention ernst nehmen, und eine Gesellschaft, die dies einfordert.

Schnelle Verfahren und sichere Herkunftsstaaten[288]

»Als sicheren Herkunftsstaat definiert das Gesetz Länder, von denen aufgrund des demokratischen Systems und der allgemeinen politischen Lage davon ausgegangen werden kann, dass dort generell keine staatliche Verfolgung zu befürchten ist … Es gilt dann die sogenannte Regelvermutung, dass keine Verfolgungsgefahr vorliegt … die Schutzgewährung ist keinesfalls ausgeschlossen.«[289] Im Jahr 2015 stellten mehr als 4000 Montenegriner in der EU einen Asylantrag. Sie kamen aus einem Land mit nur 622 000 Einwohnern. Im Juni 2015 landete Montenegro unter den Top Ten der Länder, deren Bürger in Deutschland um Asyl ansuchten. Dies war Teil eines größeren Trends auf dem Balkan. Die Zahl der Asylanträge aus den fünf Westbalkanländern, die seit 2009/2010 visafrei in die EU reisen konnten, stieg von unter 10 000 im Jahr 2009 auf 125 000 im Jahr 2015. Ein stetig wachsender Teil dieser Menschen ging nach Deutschland: 14 Prozent im Jahr 2009, aber 85 Prozent 2015.

Weniger als 4 Prozent aller Antragsteller vom Westbalkan erhielten 2014 in der EU internationalen Schutz. Die Bevölkerung Montenegros besteht aus Minderheiten: Montenegrinern, Serben, Bosniaken, Albanern, Roma und Kroaten. Keine Gruppe hat eine absolute Mehrheit. Bosniaken aus dem Norden, woher 2015 die meisten Asylbewerber kamen, machen rund ein Zehntel der Bevölkerung aus. Sie waren politisch gut vertreten. Einer der Vizepremierminister war ein Bosniake aus dem Norden. Montenegro verhandelte seit Juni 2012 über den EU-Beitritt. Im Dezember 2015 wurde das Land eingeladen, der NATO beizutreten, was 2017 geschah.

Allerdings fiel es meinem Kollegen Kristof Bender in der ersten Jahreshälfte 2015 nicht schwer, Menschen zu finden, die erklären konnten, warum so viele den Norden Montenegros verlassen wollten. Die an das Kosovo und Serbien angrenzende Bergregion kämpfte seit Jahrzehnten erfolglos gegen den wirtschaftlichen Niedergang. Die Grundstücke der Bauern waren klein. Die Landwirtschaft – ohne Bewässerungssysteme und moderne Maschinen – diente der Selbstversorgung. Die Menschen bauten Kartoffeln an und hielten ein paar Kühe, Ziegen und Hühner. Die Fabriken aus kommunistischer Zeit waren seit Jahren geschlossen.

Im Mai 2015 verließen Halima, 43 Jahre alt und alleinerziehend, ihre Schwester Emina, ihr Bruder und zwei ihrer Kinder Montenegro. In der Provinzstadt Rozaje bestiegen sie einen Bus.

Halima und ihre beiden Geschwister hatten in der sozialistischen Teppich- und Möbelherstellung gearbeitet, bis ihre Firmen in den Bankrott schlitterten. Sogar der Busverkehr, der ihr Dorf mit dem lokalen Zentrum Rozaje verbunden hatte, wurde eingestellt. Nur fünf Einwohner aus Halimas Dorf besaßen 2015 noch eine Arbeit – drei als Lehrer und zwei bei der Gemeindeverwaltung. Keiner von Halimas engen Verwandten hatte einen Job. Für Halimas Generation war die Gegenwart trostlos und die Zukunft noch trostloser.

Jede Woche gab es Busse von hier direkt nach Hannover, ein bevorzugtes Reiseziel. Fahrkarten für die 30-Stunden-Fahrt kosteten etwa 120 Euro pro Person. Die Gruppe überquerte die EU-Grenze mit ihren biometrischen Pässen. In Hannover stiegen sie um und gelangten in die Universitätsstadt Braunschweig. All das völlig legal – ohne Menschenschmuggler und ohne Betrug. Sie reisten allerdings nicht als Touristen oder um Arbeit zu suchen, sondern um in Deutschland einen Antrag auf politisches Asyl zu stellen. Die Tatsache, dass 99,8 Prozent der montenegrinischen Anträge damals in Deutschland abgelehnt wurden, hielt sie nicht ab.

Im Jahr 2015 wurden viele Montenegriner direkt bei der Erstaufnahmeeinrichtung in Braunschweig vorstellig. Halima und ihre Verwandten füllten ein Formular aus, machten ihre personenbezogenen Angaben und ließen sich Fingerabdrücke abnehmen. Sie mussten noch keinen Asylgrund vorbringen. Das geschah erst in einem Interview einige Wochen später, in dem sie auf ihre hoffnungslose wirtschaftliche Situation verwiesen. Sie verbrachten zunächst drei Tage im Erstaufnahmezentrum. Dann wurden sie in ein einfaches Hotel gebracht. Zwei Wochen später wurde ihnen ein Haus in einem Dorf in der Nähe von Bremen zugewiesen. Regelmäßig besuchte sie ein Sozialarbeiter, um nach ihnen zu sehen. Ende August wurde ihnen dann ein Haus mit zwei Stockwerken in einer kleinen Stadt zugeteilt, welches sich näher an einem Kindergarten für Halimas Tochter befand. »Es ist mit modernen Haushaltsgeräten ausgestattet und hat sogar einen Garten«, berichteten sie ihren Verwandten in ihrem Heimatdorf. Zusätzlich zu kostenfreier Unterkunft und Gesundheitsversorgung erhielten die fünf damals insgesamt 1290 Euro an Unterstützung pro Monat. Das war fünfmal so viel wie das Monatsgehalt im Privatsektor ihrer Heimatgemeinde.

Sobald die Asylbewerber vom Balkan Deutschland erreichte, behaupteten Politiker, dies sei die Schuld der Regierungen der Balkanstaaten. Einige machten Menschenhändler dafür verantwortlich. Die Europäische Kommission schlug vor, dass die Regierungen des Westbalkans gegen »Vermittler wie Reisebüros und Transportfirmen« ermitteln sollten. Dabei gingen diese Firmen ihrem legalen Geschäft nach: Menschen mit gültigen Papieren in die EU zu befördern. Eine andere beliebte Erklärung für den Anstieg der Antragszahlen war »mangelndes Bewusstsein« der Antragsteller über die niedrigen Chancen, in Deutschland Asyl zu erhalten. Deshalb wurden die Regierungen des Westbalkans angehalten, öffentliche Informationskampagnen über »die Rechte und Pflichten von visafreiem Reisen« zu starten. Aber das Problem waren nicht fehlende Informationen. Im Gegenteil: Je mehr Menschen von Erfahrungen wie derjenigen, die Halima machte, erfuhren, desto mehr waren versucht, es selbst zu probieren.

2010 begannen meine Kollegen von ESI und ich, uns die Statistiken der Visaanträge aus dem Balkan in der EU genauer anzusehen. Wir sprachen in allen Balkanstaaten mit Menschen, die sich auf den Weg machten. Dabei stellten wir Folgendes fest: Die Bürger der Westbalkanländer bevorzugten eindeutig einige wenige europäische Länder. Die meisten Anträge wurden in Deutschland, Schweden und Belgien gestellt, obwohl auch Österreich, Dänemark und die Niederlande eine große Diaspora aus der Region hatte. Wir fanden schnell die Erklärung: In Deutschland, Schweden und Belgien dauerten Asylverfahren bis zu einer endgültigen Ablehnung sehr viel länger, und währenddessen konnte man in Deutschland leben, erhielt Geld und hatte Zugang zum Gesundheitssystem. Es schien offensichtlich, wo das Hauptproblem lag: Ein langsames Verfahren in Ländern mit großzügiger Unterstützung für Asylbewerber wirkt wie ein Magnet, auch für jene, die eine geringe Chance sehen, am Ende tatsächlich Schutz zu bekommen. Daraus ergab sich eine klare Empfehlung: Asylverfahren in Deutschland für Antragsteller vom Westbalkan müssten schneller werden, dann würde auch die Zahl der aussichtslosen Anträge zügig zurückgehen. Im Oktober 2011 schrieben meine Kollegin Alexandra Stiglmayer und ich einen Artikel mit einem Aufruf, die Asylverfahren zu beschleunigen.[290]

Auch die Schweiz hat eine große Diaspora vom Balkan und ist Schengenmitglied mit offenen Grenzen zur EU. So war es nicht überraschend, dass auch in der Schweiz nach 2010 die Anzahl von Asylanträgen vom Westbalkan wuchs. In der Schweiz dauerte das Asylverfahren für Antragsteller vom Balkan in erster Instanz zunächst ungefähr vier Monate. Doch Bern reagierte schnell. Im August 2012 führte das Schweizer Bundesamt (jetzt Staatssekretariat) für Migration »Besondere Maßnahmen bei Asylgesuchen aus verfolgungssicheren europäischen Staaten« ein. Asylwerber aus diesen Ländern wurden in ein Aufnahmezentrum in Basel geschickt. Dort führte ein speziell dafür zusammengestelltes Team während der ersten zwei Tage ein vorläufiges Interview durch. Innerhalb der anschließenden 48 Stunden folgten ein volles Interview und eine Entscheidung in erster Instanz. Ein abgewiesener Asylbewerber hatte fünf Tage Zeit, um die Schweiz zu verlassen. Im Fall einer Berufung kam das Bundesverwaltungsgericht in zwei bis vier Wochen zu einer Entscheidung. Sobald diese Maßnahmen angekündigt und umgesetzt waren, fiel die Zahl der Anträge dramatisch: von 780 im August auf 105 im Oktober 2012. Die Zahlen sind seitdem niedrig geblieben. Im Jahr 2015 suchten weniger als 1500 Bürger der Westbalkanstaaten in der Schweiz um Asyl an. Das waren weniger als vor der Visaliberalisierung für diese Staaten 2009.

Das Problem war also lösbar. Wir waren überzeugt, dass dies überall schnell erkannt werden würde. Doch in Deutschland wurde daraus eine ideologische Frage: War es grundsätzlich legitim, Asylverfahren für bestimmte Gruppen zu beschleunigen? Und wie wichtig war es, Länder zu sicheren Herkunftsstaaten zu erklären? Einflussreiche Vereine wie Pro Asyl wiesen jeden Vorschlag, die fünf Balkanländer als sichere Herkunftsstaaten anzuerkennen und dadurch Asylverfahren zu beschleunigen, mit moralischer Entrüstung zurück. Sie lehnten das Konzept eines sicheren Herkunftsstaates, das aufgrund von Änderungen des deutschen Grundgesetzes 1993 entstanden war, grundsätzlich ab.[291] Flüchtlingsorganisationen argumentierten, dass jeder Bürger der Balkanstaaten ein Recht darauf habe, einen Asylantrag zu stellen. So veröffentlichte Pro Asyl 2014 folgende Erklärung: »PRO ASYL kritisiert die Bagatellisierung der Menschenrechtslage in den Westbalkanstaaten. Ländern, in denen Minderheiten massiv diskriminiert, Journalisten bedroht oder Schwule und Lesben straffrei angegriffen werden, kann kein Persilschein ausgestellt werden ... (daher) lässt sich eine Einstufung als sichere Herkunftsstaaten auch bei Montenegro und Albanien mit dem europäischen Flüchtlingsrecht und den verfassungsrechtlichen Vorgaben nicht vereinbaren.«[292] Allerdings gab es auch im Fall eines sicheren Herkunftsstaates ein Asylverfahren und eine Einzelfallprüfung durch das Bundesamt für Migration und Flüchtlinge. Der wichtigste Unterschied waren etwas kürzere Fristen. Wir hatten unsere erste größere Meinungsdifferenz mit Organisationen wie Pro Asyl, deren Ziel – ein humaner Umgang mit Asylsuchenden – wir teilten. Wir waren überzeugt, dass Pro Asyl in diesem Fall ein großes Risiko einging. Denn selbst im asylfreundlichen Schweden wurde 2014 laut darüber nachgedacht, die Visafreiheit für die Länder des Westbalkans wieder aufzuheben. Damit würde ein eben erst geöffneter legaler Zugang wieder geschlossen und das Prinzip der Visaliberalisierung diskreditiert. Wie konnte das im Interesse einer Menschenrechtsorganisation sein?

Nichts rechtfertigte dieses Risiko. Denn bei Betrachtung der Asylstatistiken machten wir eine erstaunliche Entdeckung: Die Länge der Verfahren spielte *keine Rolle* bei der Frage, wie viele Menschen am Ende tatsächlich Schutz erhielten. So stellten Bürger Serbiens in den ersten drei Jahren nach der Aufhebung der Visapflicht in Deutschland und Schweden genau 19 105 Asylanträge. Die Verfahren dauerten damals mehrere Monate, in Deutschland ein Jahr.[293] In dieser Zeit erhielten 15 (!) der serbischen Antragsteller einen Flüchtlingsstatus oder subsidiären Schutz, eine Anerkennungsrate von 0,1 Prozent. In Österreich und Frankreich stellten in der gleichen Zeit nur 2945 Bürger Serbiens einen Asylantrag, die Verfahren dauerten nicht mehr als zwei bis drei Wochen, doch von diesen erhielten 215 (!) Schutz zugesprochen. Die Erwartung, dass langsamere Verfahren automatisch die Chance erhöhten, Schutz zu bekommen, war also falsch.

Als die deutschen Behörden es Ende 2012 für kurze Zeit geschafft hatten, durch das Vorziehen von Anträgen aus dem Balkan die durchschnittliche Länge der Antragsbearbeitung auf nur neun Tage zu reduzieren, fielen die Zahlen der Erstanträge binnen weniger Wochen auf ein Sechstel. Die Lösung war offensichtlich: Behörden mussten einen Weg finden, die Anträge aus dem Balkan innerhalb von Tagen anstatt von Monaten zu entscheiden. Ausschlaggebend war die Beschleunigung der Verfahren, *nicht* der formale Status als sichere Herkunftsstaaten. 2014 dauerte die Bearbeitung offensichtlich unbegründeter Anträge aus dem Westbalkan fünf Monate. Durch eine Berufung konnte die Länge des Verfahrens auf durchschnittlich elf Monate ausgedehnt werden. Doch auch als Serbien, Bosnien und Herzegowina und Nordmazedonien im Dezember 2014 zu sicheren Herkunftsstaaten erklärt wurden, beschleunigten sich die Verfahren zunächst noch nicht. Das Ergebnis: In der ersten Hälfte 2015 gab es eine Rekordzahl von Asylanträgen aus den Balkanstaaten in Deutschland.

Anfang 2015 veröffentlichten wir einen Bericht, in dem wir uns mit dem Phänomen wachsender Asylanträge aus dem Norden Montenegros auseinandersetzten, mit dem Titel »Die deutschen Balkanstipendien«. Aus der Perspektive der armen Dorfbewohner und arbeitslosen Städter im Norden Montenegros war das deutsche Asylsystem wie ein bezahltes Stipendienprogramm: Es ermöglichte einer Familie, völlig legal für eine Weile nach Deutschland zu ziehen und dort Geldleistungen in vielfacher Höhe des Familieneinkommens zu Hause plus Wohnung, Gesundheitsversorgung, Deutschkursen und Schulbildung für die Kinder zu erhalten. Am Ende des Stipendiums kehrte man mit Ersparnissen zurück. In Deutschland hatten auch abgelehnte Asylwerber Recht auf diese Leistungen, selbst nach Ablauf der Ausreisefrist – bis zur Abschiebung. Für viele war das ein unwiderstehliches Angebot.

Es war jahrelang offensichtlich, was die deutschen Behörden tun mussten, um den Balkan-Exodus zu stoppen. Doch erst im Oktober 2015, auf dem Höhepunkt der Flüchtlingskrise in der Ägäis, kam es zu einer Einigung der Parteien im Bundesrat. Montenegro, das bereits mit der Europäischen Union Beitrittsverhandlungen führte, bat selbst darum, als sicheres Herkunftsland eingestuft zu werden. Und so geschah es. Jetzt beschleunigten sich die Verfahren. Außerdem mussten Antragsteller vom Westbalkan nun während ihres Verfahrens in eigenen Aufnahmeeinrichtungen bleiben. Gegen einen abgelehnten Antragsteller aus einem sicheren Herkunftsland konnte ein Einreiseverbot verhängt werden, was eine sofortige Wiederholung der Antragstellung unterbindet.

Im Gegenzug öffnete Deutschland seinen Arbeitsmarkt für Menschen vom Westbalkan: Die sogenannte Westbalkan-Regelung erlaubte es Staatsangehörigen Albaniens, Bosniens und Herzegowinas, des Kosovo, Nordmazedoniens, Montenegros und Serbiens, ab Januar 2016 »in Deutschland für jede Beschäftigung eine Aufenthaltserlaubnis [zu] erhalten«.[294] Voraussetzung für ein Arbeitsvisum war der Nachweis eines Arbeitsplatzes in einem deutschen Betrieb und dass der Antragsteller in den

zwei Jahren vor Antragstellung keine Leistungen nach dem Asyl-
bewerberleistungsgesetz erhalten hatte. So gelang es Deutschland, ungewünschte und aussichtslose irreguläre Einwanderung
in das Asylsystem durch eine geregelte Einwanderung mit guten
Perspektiven zu ersetzen.

Diese Maßnahmen waren erfolgreich. Bis September 2017
gingen etwa 128 000 Anträge vom Westbalkan bei der deutschen
Bundesagentur für Arbeit ein, von denen über 100 000 bewilligt
wurden.[295] 2018 bewilligte die Arbeitsagentur weitere 46 000.[296]
Währenddessen sank die Zahl der Asylanträge aus Montenegro
rasant: Gab es 2015 noch 3235 Erstanträge, waren es 2016 nur
noch 1380. 2017 fiel die Zahl auf 340 und 2018 schließlich auf
150 – in etwa die Größe des Dorfes von Halima.[297] Kein teurer
Zaun war vonnöten. Deutsche Unternehmen bekamen Arbeits-
kräfte, die sie händeringend suchten. Gleichzeitig wurde die allgemeine Visafreiheit für Montenegriner bewahrt. Montenegro
hat einen nachhaltigen Anreiz, in der Rückführung seiner Bürger, sollte dies notwendig sein, zu kooperieren.

Nürnberg und Asyl in der Welt

In Nürnberg fanden die spektakulärsten Aufmärsche der NSDAP
statt, mit bis zu einer Million Besucher; hier wurden beim Reichs-
parteitag 1935 die Rassengesetze verkündet; hier wurden die
schlimmsten Kriegsverbrecher vor Gericht gestellt. Dennoch gelang es der Stadt, sich nach dem Krieg neu zu erfinden: als Stadt
der Menschenrechte. Fast die Hälfte der Bevölkerung hat heute
Migrationshintergrund. Nürnberg hat auch in den letzten Jahren
überdurchschnittlich viele Asylsuchende aufgenommen. Es gibt
seit 1995 einen Internationalen Nürnberger Menschenrechts-
preis. 2001 eröffnete das Dokumentationszentrum Reichspartei-
tagsgelände. Es sind nur wenige Schritte von dem zu Stein ge-
wordenen Größenwahn der Bauten Speers zur größten in der

NS-Zeit gebauten SS-Kaserne, die einst als KZ-Außenlager diente. Heute aber befindet sich hier der Hauptsitz einer bemerkenswerten Institution: des Bundesamts für Migration und Flüchtlinge (BAMF). Jeden Tag gehen die Mitarbeiter der größten Asylbehörde der Welt an Tafeln vorbei, die an das Schicksal von Zwangsarbeitern und Häftlingen erinnern. In den letzten Jahren schrieb das BAMF selbst Geschichte.

Wer sich Gedanken darüber macht, wie es mit Asylverfahren in Europa und in der Welt in Zukunft weitergehen kann, sollte das niederländische Asylzentrum Ter Apel besuchen, das Schweizer Staatssekretariat für Migration in Bern oder das Office Français de Protection des Réfugiés et Apatrides (OFPRA) in Paris. Am besten aber kommt man in die Zentrale des BAMF in Nürnberg, heute die Asyl-Welthauptstadt. 2015 und 2016 wurden 37 Prozent aller positiven Asylentscheidungen über Flüchtlingsstatus und subsidiären Schutz weltweit in Deutschland getroffen. In den letzten sieben Jahren waren es 25 Prozent. 2017 traf das BAMF über 700 000 Entscheidungen. Dies waren mehr, als im ganzen Rest der Europäischen Union, in Amerika, Kanada und Australien zusammengenommen in jenem Jahr getroffen wurden. Die Art und Weise, in der das BAMF diese Herausforderung bewältigte, ist eine der erstaunlichsten Episoden in der Geschichte des Asylrechts. Denn um dies zu schaffen, verfünffachte sich die Zahl der Mitarbeiter des BAMF von 2014 bis 2020 auf 8100, wuchs sein Haushalt von 159 auf 882 Millionen Euro.[298] Die Zahl der Befrager in Asylverfahren stieg von 250 auf über 800. Die Erfahrungen, die dabei gemacht wurden, könnten heute von europäischer und globaler Bedeutung sein. Denn von hier aus könnte, wäre dies ein Ziel deutscher Außenpolitik, eine Erneuerung des internationalen Asylsystems ausgehen.

Wenn eine Behörde so schnell wächst, dann wächst auch die Herausforderung, die Qualität von Entscheidungen zu erhalten. Heute wird jeder Bescheid im BAMF von zwei Personen geprüft, werden zusätzlich regelmäßig zufällig ausgewählte Bescheide an andere Außenstellen verschickt, um sie noch einmal zu prüfen. Das BAMF investierte in die Aus- und Fortbildung von Befragern, in Qualitätssicherung und Kontrolle. 2016 führte es Video-Verdolmetschung ein, um auch Mangelsprachen flächendeckend verfügbar zu machen. Größere Teams aus Länderanalysten und Sachbearbeiter mit juristischer Ausbildung erstellen regelmäßig Länderberichte und (interne) Leitsätze für Entscheider. Diese Leitsätze sollen Orientierung bieten, damit Entscheider bei der gleichen Sachlage die gleiche Entscheidung treffen. Gute Leitsätze sind zentral für ein gutes Asylsystem: Sie sollen erreichen, dass Asylentscheidungen nicht davon abhängen, wer dem Antragsteller zufällig gegenübersitzt.

Anfang 2020 gab es im BAMF für 39 Länder solche Leitsätze mit Vorschlägen im Hinblick auf die Schutzgewährung bei bestimmten Fallkonstellationen. Etwa:

»Zu beachten:

In LAND X findet keine schutzrelevante Verfolgung von bestimmten Personen oder Personengruppen allein wegen ihrer politischen Überzeugung statt.

Schutz: *Flüchtlingsschutz ist nicht zuzuerkennen.*«

Oder:

»Zu beachten:

- LAND X unterhält keine Schutzeinrichtungen für Opfer häuslicher Gewalt. Unterstützung leisten NGOs, die eigene wenige Schutzeinrichtungen betreiben sowie rechtliche und psychologische Beratung und kostenlose Anwälte zur Verfügung stellen. Im ganzen Land gibt es lediglich in der Hauptstadt ein Frauenhaus.
- Eine ausnahmsweise Schutzgewährung setzt voraus, dass es Gründe gibt, die gegen die Inanspruchnahme staatlichen Schutzes sprechen.

Schutz: *Subsidiärer Schutz ist im Ausnahmefall zuzuerkennen.*«

Grundlage sind detaillierte Analysen der sich verändernden Situation in Dutzenden Ländern der Welt. Am Ende stehen Bescheide, die bei Ablehnung häufig vor Verwaltungsgerichte kommen. So ist das BAMF eingebettet in eine Infrastruktur aus Institutionen, von Gerichten, Vereinen und Flüchtlingsanwälten.

Manchmal schien es in den letzten Jahren, als wäre die Herausforderung, in Kürze Hunderttausende Anträge zu bearbeiten, nicht zu bewältigen. Das BAMF erlebte Rückschläge und Kritik. 2017 wurde ein rechtsextremistischer Bundeswehroffizier, Franco A., wegen Terrorverdachts festgenommen, der sich als syrischer Bürgerkriegsflüchtling ausgegeben und mit einer erfundenen Geschichte »subsidiären Schutz« erhalten hatte. Im April 2018 wurden Vorwürfe gegen die ehemalige Leiterin der BAMF-Außenstelle in Bremen bekannt und daraufhin alle 18 000 positiven Asylbescheide, die ab dem Jahr 2000 von der Bremer Außenstelle erteilt worden waren, geprüft (nachdem anfangs von 1200 unregelmäßigen Asylfällen die Rede gewesen war, reduzierte sich dies später auf etwa 150).

Ein Asylrecht zu haben genügt nicht; ohne Ressourcen, Investitionen und Qualitätskontrollen, die es erlauben, aus Erfahrungen und Rückschlägen zu lernen, lassen sich Standards nicht dauerhaft halten und Entscheidungen auch nicht in einer akzeptablen Frist fällen. Letztlich muss es dafür in einer Gesellschaft die Bereitschaft und dann die dafür notwendige kompetente Verwaltung geben, um Paragrafen des Asylrechts mit Leben zu füllen. In Deutschland gab es diese Bereitschaft.

Doch wie sieht die Zukunft aus? Jetzt, wo es darum ginge, auch anderswo in der EU, in anderen Ländern der Welt gut funktionierende Asylsysteme zu fördern? Und darum die Qualität von Asylsystemen weltweit zu erhöhen, Erfahrungen zu vermitteln, wie (auch in Krisen) das Recht auf faire Verfahren durch qualifizierte Befrager und Dolmetscher, Qualitätsbewertungen und gut begründete Entscheidungen bewahrt werden kann?

Der im Dezember 2018 von der UN-Generalversammlung angenommene »Globale Pakt für Flüchtlinge« forderte »eine Ausweitung der Unterstützerbasis über diejenigen Länder hinaus, die in der Vergangenheit Flüchtlinge aufgenommen haben«. Dabei geht es auch um den Ausbau von Asylsystemen, um den »Austausch bewährter Verfahren zwischen den Staaten ... einschließlich der Modalitäten der Fallbearbeitung (z. B. vereinfachte oder beschleunigte Verfahren in offensichtlich begründeten oder unbegründeten Fällen), der Registrierungs- und Fallmanagementverfahren, Befragungstechniken und des umfassenderen institutionellen Kapazitätsaufbaus«.

Derzeit gelingt dies allerdings noch nicht einmal in Europa. Will man auf den Erfahrungen der letzten Jahre aufbauen, dann sollten Deutschland und das BAMF, zusammen mit Partnerinstitutionen in Nachbarstaaten, eine führende Rolle als Kompetenzzentrum übernehmen und durch Kooperation mit anderen Behörden qualitätsvolle Asylverfahren überall im Mittelmeerraum unterstützten; in den Mittelmeerländern der EU, bei Europas Nachbarn, von den Westbalkanstaaten bis nach Nordafrika, und in naher Zukunft, in Koalition mit Kanada und vielleicht den USA unter einem anderen Präsidenten, weltweit. Um so, sieben Jahrzehnte nach der Genfer Konferenz 1951, auf Malta, Lampedusa oder Lesbos zu beweisen, dass das Versprechen der Nichtzurückweisung und des effektiven Schutzes für Schutzbedürftige im reichsten Kontinent der Welt nicht aufgegeben wird.

Zwischen 2013 und 2019 gaben Deutschland und seine Nachbarländer 1,6 Millionen Flüchtlingen internationalen Schutz. Das waren in sieben Jahren fast 40 Prozent der weltweiten Schutzgewährungen. Sieht man von Polen und Tschechien ab, die so gut wie keinen Beitrag leisteten, dann stellten diese Länder dabei nur 2,6 Prozent der Weltbevölkerung. Es ist im Interesse

Deutschlands, dieses Ungleichgewicht zu verändern. Dazu braucht es Erfahrung und Glaubwürdigkeit. Das BAMF hat sie. So könnte von Nürnberg noch vor dem Geburtstag der Flüchtlingskonvention 2021 eine Erneuerung des Asylgedankens und des globalen Flüchtlingsschutzes ausgehen·

Flüchtlingsschutz in Deutschland und seinen Nachbarländern[299]

	2013	2014	2015	2016	2017	2018	2019	Gesamt
Deutschland	20 128	40 563	143 548	443 210	256 284	72 435	89 059	1 065 227
Frankreich	11 383	21 093	26 828	36 624	34 999	38 235	35 553	204 715
Österreich	5 952	11 351	16 891	26 006	28 848	18 887	11 221	119 156
Schweiz	7 173	14 123	13 486	12 835	14 199	14 926	10 069	86 811
Niederlande	10 618	13 250	16 000	19 597	6 121	3 213	4 283	73 082
Belgien	6 676	8 479	11 062	15 514	12 575	4 590	3 061	61 957
Dänemark	3 291	5 670	10 203	7 359	2 706	1 621	1 622	32 472
Luxemburg	174	197	281	803	1 095	625	500	3 675
Polen	772	450	515	277	521	406	135	3 076
Tschechien	352	376	470	450	147	165	15	1 975
Gesamt	66 519	115 552	239 284	562 675	357 495	155 103	155 518	1 652 146

Schutzgewährungen (nach der Genfer Flüchtlingskonvention und komplementär)

Unser Plan für die Ägäis

»... so ist das ewige Warnen ohne ein Rezept zur Verbesserung der Lage für die Regierenden eine kurzfristige mediale Versuchung, aber nicht mehr ... Mit Warnungen wird unsere Welt nicht besser, sondern mit umsetzbaren Vorschlägen, wie sie besser werden kann und wie man Krisen vorbeugt und vermeidet.«
Thomas de Maizière, ehemaliger deutscher Bundesinnenminister[300]

Im Herbst 2015 geschah etwas Außergewöhnliches. Noch nie kamen so viele Menschen irregulär in kleinen Booten in die Europäische Union. Der Hintergrund war die größte Flüchtlingskatastrophe der Welt seit den 1970er-Jahren, verursacht durch den 2011 in Syrien ausgebrochenen Krieg. Zunächst flohen Syrer in die Nachbarländer. Die Türkei wurde so zum Land mit den meisten Flüchtlingen der Welt.

2013 gab es 50 000 Asylanträge von Syrern in der Europäischen Union, im Jahr darauf waren es 122 000. Doch erst 2015 geriet die Situation im östlichen Mittelmeerraum außer Kontrolle. In den ersten acht Monaten des Jahres kamen 238 000 Flüchtlinge über das Meer nach Griechenland. Im Oktober überquerten 212 000 die Ägäis. Alle, die Lesbos, Chios und andere Inseln erreichten, wurden mit Fähren nach Athen gebracht und zogen dann weiter, durch Nordmazedonien und Serbien nach Ungarn und Kroatien und schließlich nach Österreich, Deutschland und Schweden.

Registrierte syrische Flüchtlinge außerhalb Syriens [301]

	Flüchtlinge
2012	346 388
2013	2 336 190
2014	3 705 228
2015	4 566 999
2016	4 820 620
2017	5 479 277
2018	5 666 824
2019	5 555 942

Am 29. September 2015 stellte die Bayerische Staatsregierung fest, dass in einem Monat 169 400 Flüchtlinge eingetroffen waren. In diesem Tempo würden in einem Jahr 1,8 Millionen Deutschland erreichen. Ein UNHCR-Regionalkoordinator erklärte im September: »Ich sehe nicht, dass es aufhört ... vielleicht ist das die Spitze des Eisbergs.«[302] 2015 kamen mehr Menschen irregulär nach Griechenland, als seit dem Zweiten Weltkrieg insgesamt irregulär aus Afrika nach Europa gekommen waren. Der einzige vergleichbare Exodus über das Mittelmeer seit dem Zweiten Weltkrieg war die Flucht der Pieds-noirs aus Algerien.

Und dann war es mit einem Schlag vorbei. An einem Sonntagabend, dem 6. März 2016, machte der türkische Premierminister Ahmet Davutoğlu dem niederländischen Premierminister und der deutschen Bundeskanzlerin in der türkischen Botschaft in Brüssel einen Vorschlag zur Kooperation. Dieser führte am 18. März zu einer gemeinsamen Erklärung. Rechtlich war diese EU-Türkei-Einigung nicht mehr als eine Pressemitteilung, doch ihre Wirkung war enorm. In den zwölf Monaten davor erreichte eine Million Menschen die griechischen Inseln. In den zwölf Monaten danach waren es 26 000.

Griechenland: Irreguläre Ankünfte über das Meer[303]

	2014	2015	2016	2017	2018	2019
Januar	955	1694	**67415**	1393	1633	1851
Februar	1001	2873	**57066**	1089	1256	1486
März	1501	7874	**26971**	1526	2441	1904
April	1257	**13556**	3650	1156	3032	1856
Mai	1703	**17889**	1721	2110	2916	2651
Juni	3198	**31318**	1554	2012	2439	3122
Juli	3927	**54899**	1920	2249	2545	5008
August	6742	**107843**	3447	3584	3197	7712
September	7454	**147123**	3080	4886	3960	10551
Oktober	7432	**211663**	2970	4134	4073	8996
November	3812	**151249**	1991	3215	2075	8426
Dezember	2056	**108742**	1665	2364	2927	6163
Gesamt	**41038**	**856723**	**173450**	**29718**	**32494**	**59726**

Auch die Zahl der Menschen, die in der Ägäis ertranken, fiel sofort, von 1152 im Jahr vor der Erklärung auf 81 im Jahr danach.

Vieles an der Erklärung war außergewöhnlich. Die EU mobilisierte die größte humanitäre Hilfe in ihrer Geschichte für Flüchtlinge in einem Drittstaat, sechs Milliarden Euro für syrische Flüchtlinge in der Türkei. Der türkische Ministerpräsident, Ahmet Davutoğlu erwartete, nach Zusagen auch der deutschen Kanzlerin, eine Neuansiedlung von Hunderttausenden syrischen Flüchtlingen aus der Türkei. Nach vielen Jahrzehnten sollten türkische Staatsbürger, sollte die Türkei weitere Bedingungen erfüllen, erstmals seit dem Militärputsch 1980 wieder ohne ein Visum in die EU reisen dürfen:

»Sobald die irregulären Grenzüberquerungen zwischen der Türkei und der EU enden oder zumindest ihre Zahl erheblich und nach-

haltig zurückgegangen ist, wird eine Regelung für die freiwillige Aufnahme [syrischer Flüchtlinge] aus humanitären Gründen aktiviert.

Die EU wird ... die Auszahlung der im Rahmen der Fazilität für Flüchtlinge in der Türkei ursprünglich zugewiesenen 3 Milliarden Euro weiter beschleunigen ... Sobald diese Mittel nahezu vollständig ausgeschöpft sind, wird die EU – sofern die vorgenannten Verpflichtungen erfüllt worden sind – zusätzliche Mittel in Höhe von weiteren 3 Milliarden Euro bis Ende 2018 mobilisieren.

Der Fahrplan für die Visaliberalisierung wird hinsichtlich aller beteiligten Mitgliedstaaten beschleunigt vollzogen, damit die Visumpflicht für türkische Staatsangehörige spätestens Ende Juni 2016 aufgehoben werden kann, sofern alle Benchmarks erfüllt wurden.«

Die Türkei versprach im Gegenzug, Maßnahmen zu ergreifen, »um zu verhindern, dass neue See- oder Landrouten für die illegale Migration von der Türkei in die EU entstehen«. Vor allem aber versprach sie, ab dem 20. März 2016 jeden, der die griechischen Inseln erreichte, von dort zurückzunehmen. Die griechischen Behörden würden, im Einklang mit bestehendem EU-Asylrecht, entscheiden, wer zurückgeschickt werden könne. Die Erklärung bekräftigte dabei bestehendes europäisches Recht:

»Alle neuen irregulären Migranten, die ab dem 20. März 2016 von der Türkei auf die griechischen Inseln gelangen, werden in die Türkei rückgeführt. Hierbei wird das EU-Recht und das Völkerrecht uneingeschränkt gewahrt, sodass jegliche Art von Kollektivausweisung ausgeschlossen ist. Alle Migranten werden nach den einschlägigen internationalen Standards und in Bezug auf den Grundsatz der Nicht-Zurückweisung geschützt ... Migranten, die auf den griechischen Inseln ankommen, werden ordnungsgemäß registriert, und alle Asylanträge werden von den griechischen Behörden gemäß der Asylverfahrensrichtlinie auf Einzelfallbasis bearbeitet, in Zusammenarbeit mit dem UNHCR.«

Todesfälle im östlichen Mittelmeer[304]

	2014	2015	2016	2017	2018	2019
Januar	12	0	**275**	1	0	2
Februar	0	9	**46**	1	1	1
März	9	8	**45**	11	19	11
April	0	**14**	10	24	0	5
Mai	0	**0**	0	0	16	18
Juni	0	**6**	0	0	10	19
Juli	25	**24**	7	8	50	1
August	0	**29**	3	0	10	0
September	0	**190**	27	1	12	9
Oktober	0	**220**	2	0	38	5
November	4	**98**	14	15	11	0
Dezember	9	**205**	5	1	7	0
Gesamt	**59**	**803**	**434**	**62**	**174**	**71**

Am Tag der Einigung, dem 18. März, erklärte Angela Merkel in Brüssel, die Vereinbarung helfe »vor allem den betroffenen Menschen, den Flüchtlingen«. Durch die Hilfe in der Türkei würden »Fluchtursachen bekämpft«. Merkel bekräftigte, dass sie Rückschläge erwarte, denn »da sind große logistische Herausforderungen … wir sind einen Schritt vorangekommen, einen ganz wichtigen Schritt auf dem Weg, dass wir eine nachhaltige und nicht nur eine Scheinlösung für das Thema finden …«.[305] Das war die Hoffnung im März 2016.

Wie aber war es zu dieser Erklärung gekommen? Was passierte in den vier darauffolgenden Jahren in Griechenland und in der Türkei? Warum scheiterte die Vereinbarung Ende Februar 2020? Und: Was bedeutet diese Erfahrung für die Zukunft von Europas Grenzen?

»Merkel ist schuld« und andere Illusionen

»Weil, so schließt er messerscharf, nicht sein kann, was nicht sein darf.« Christian Morgenstern

Es gibt in der Diskussion über Grenzkontrollen zwei Mythen, die einander scheinbar widersprechen. Der erste lautet, Grenzen seien angesichts großen »Migrationsdrucks« nicht zu kontrollieren. Um das zu glauben, muss man jeden Gedanken an Heinrich Rothmund, Erich Honecker, die australische Marine oder die israelische Armee verdrängen. Der zweite ist, dass das Schließen von Grenzen vor allem eine Frage des Willens sei und dass im Herbst 2015 in der EU und insbesondere in Deutschland vor allem Kommunikationsfehler gemacht worden seien, die leicht zu korrigieren gewesen wären. Spätestens Mitte September hätte man Flüchtlinge an der deutschen Grenze stoppen und nach Griechenland, Ungarn oder Österreich zurückschicken sollen. Hätte Deutschland 2015 klargemacht, dass Flüchtlinge nicht willkommen seien, wären sie auch nicht gekommen. So erklärte der Ökonom Paul Collier von der Universität Oxford in einem Interview im Januar 2016:

»Die Welt: Sie meinen, Angela Merkel ist schuld an der Flüchtlingskrise in Europa?

Collier: Wer sonst? Bis zum vergangenen Jahr waren Flüchtlinge für Europa kein großes Thema. Ich verstehe bis heute nicht, warum Frau Merkel so gehandelt hat. Sie hat Deutschland und Europa damit definitiv ein gewaltiges Problem aufgebürdet, das sich nun auch nicht mehr so einfach lösen lässt. Deutschland gefällt sich offensichtlich in der Retterrolle. Aber es grenzt an keines der Krisen- oder Kriegsländer. All diese Menschen, die zu Ihnen kommen, haben sich aus sicheren Drittstaaten auf den Weg gemacht. Deutschland hat keinen einzigen Syrer vor dem Tod gerettet. Im Gegenteil: Deutschland hat trotz bester Absichten eher Tote auf dem Gewissen.«[306]

2017 spitzte Paul Collier diese Vorwürfe in einem Buch, das er mit einem anderen Wissenschaftler schrieb, weiter zu. Deutsches Versagen, so Collier, habe die Europäische Union »nachhaltig geschwächt … Ihre Mechanismen und Bestimmungen wurden wiederholt von der Regierungschefin eines mächtigen Mitglieds-staats ignoriert.«[307] Die Alternative war für Collier offensicht-lich: »Wenn Deutschland die Flüchtlinge nach Österreich und Ungarn zurückgeschickt hätte, dann hätte der Andrang nachge-lassen: Keines der beiden Länder war so verlockend wie Deutsch-land.«[308] Dann hätte es einen Dominoeffekt gegeben, und die Menschen, die ja nur nach Deutschland wollten, wären nicht ge-kommen. Mit dieser »Merkel ist an der Krise schuld«-Theorie war Collier nicht allein. Auch Viktor Orbán behauptet seit dem Herbst 2015, die deutsche Kanzlerin habe damals das Dublin-System der EU »zum Einsturz gebracht«. Schauen wir also ge-nauer hin.

Der Vertrag von Dublin wurde 1990 unterzeichnet und in den folgenden Jahren als Verordnung (heute Dublin III) ins EU-Recht übernommen. Diese Verordnung sollte verhindern, dass Schutzsuchende durch Europa irren, ohne dass sich irgendein

Dublin: Überstellungen NACH Griechenland aus dem Rest der EU[309]

	Anfragen	Transfers
2013	13	0
2014	49	2
2015	135	16
2016	5 797	6
2017	2 134	1
2018	9 218	18
2019	13 438	33
Gesamt	**30 784**	**76**

Land für sie zuständig fühlt. Sie regelt auch, dass Schutzsuchende nur in einem Staat Anspruch auf Asyl haben, und zwar meist in dem, wo sie zuerst ankommen (es gibt Ausnahmen, etwa bei Familienzusammenführungen). Das waren im Herbst 2015 entweder Griechenland oder Ungarn, später auch Kroatien.

Wie funktionierte das System? Beginnen wir mit Griechenland und einer Zahl: 76. Das war die *Gesamtzahl* von Asylbewerbern, die aus allen anderen EU-Staaten im Rahmen der Dublin-Verordnung in *sieben* Jahren nach Griechenland überstellt wurden.

Der Grund dafür waren Entscheidungen der beiden europäischen Gerichte in Straßburg (EGMR) und Luxemburg (EuGH), die 2011 Dublin-Überstellungen nach Griechenland wegen unzumutbarer Asylverfahren und Bedingungen untersagten.[310] Es war daher im Herbst 2015 rechtlich ausgeschlossen, dass Deutschland Flüchtlinge im Rahmen der Dublin-Verordnung nach Griechenland zurückschicken konnte. Daran hat sich in den letzten Jahren wenig geändert. 2017 wurde 1 Person, 2018 18 Personen und 2019 33 Personen aus der gesamten restlichen EU nach Griechenland überstellt.

Aber warum nicht nach Ungarn, wie Paul Collier forderte? Weil es aus der gesamten EU auch nach Ungarn 2015 und 2016 keine Dublin-Überstellungen gab. Im Januar 2015 verbot sie das Verwaltungsgericht Berlin, da eine »ernstliche Befürchtung der systematisch willkürlichen und unverhältnismäßigen Inhaftierung von alleinstehenden und volljährigen Dublin-Rückkehrern« bestehe.[311] Das Verwaltungsgericht Lüneburg erklärte in einer Entscheidung im Juni 2015, es bestünden »erhebliche Zweifel daran, dass die Abschiebung der Kläger nach Ungarn … durchgeführt werden kann«. Die Erklärung des Gerichts war klar: »Nach Pressemeldungen vom 23. Juni 2015 hat die ungarische Regierung mit Wirkung vom Dienstag, 23. Juni 2015, die Rücknahme von Flüchtlingen nach dem Dublin-Verfahren suspendiert. Das Boot sei nach Aussage des ungarischen Regierungssprechers voll.«[312]

Allein aus praktischen Gründen wäre es im Herbst 2015 absurd gewesen, hätte das BAMF versucht, Hunderttausende Dublin-Überstellungen einzuleiten. In jedem Fall hätten deutsche Institutionen erst prüfen müssen, welches andere Land für den Asylantrag zuständig wäre. Deutsche Behörden hätten aufgrund der Rechtslage auch keine Überstellungen nach Ungarn oder Griechenland durchführen dürfen. Und wäre es nicht innerhalb von sechs Monaten zu einer Überstellung gekommen, wäre Deutschland nach der Dublin-Verordnung wieder für das Verfahren zuständig gewesen.

Die deutschen Behörden beschlossen daher im Sommer 2015, auf diese sinnlosen Verfahren zu verzichten. Ein Tweet vom 24. August 2015, mit dem das Bundesamt für Migration und Flüchtlinge erklärte, »Dublin-Verfahren syrischer Staatsangehöriger werden zum gegenwärtigen Zeitpunkt von uns weitestgehend faktisch nicht weiterverfolgt«, wurde allerdings von vielen, darunter auch Paul Collier, als revolutionäre Neuerung missverstanden. Dabei änderte sich nichts an der Rechtslage oder Praxis. Am 31. August 2015 erklärte Angela Merkel, es sei »nicht so, dass wir jetzt von Dublin III abweichen können; denn wir haben keine andere Rechtsgrundlage«.[313] Der Europäische Gerichtshof bestätigte später, dass Dublin auch in der Krise 2015 in Kraft war.[314] Daran hielt sich Deutschland. Denn die Rechtslage war eindeutig: Artikel 17 der Dublin-Verordnung gibt Mitgliedsländern das Recht, Asylverfahren durchzuführen, für die möglicherweise ein anderes Land zuständig ist. Dieses sogenannte Selbsteintrittsrecht kam im Fall von verhinderten Überstellungen nach Griechenland in ganz Europa schon viele Jahre zur Anwendung.[315] Es erklärt, warum Schweden trotz seiner geografischen Lage seit Jahren so viel mehr Asylanträge bearbeitete als Griechenland. Es gab im Herbst 2015 daher auch keinen Rechtsbruch und keine Selbstermächtigung der deutschen Kanzlerin.

Tatsächlich handelte die Regierung solidarisch, denn im Gegensatz zu anderen EU-Ländern versuchten deutsche Behörden nicht, Asylsuchende so zu behandeln, dass sie schnell in ein anderes EU-Land weiterzogen. So war die deutsche Politik kein Beitrag zum Untergang des Dublin-Systems, sondern »ein Beitrag zu seiner Rettung«.[316] Der Mythos, die deutsche Regierung habe die Flüchtlingskrise ausgelöst, in dem sie ihre Grenze »ohne Rücksprache mit europäischen Partnern« geöffnet habe und dann nicht wieder habe schließen wollen, hält sich dennoch hartnäckig. So wurde in Colliers Analyse Deutschland, das in jenen Jahren mehr als der Hälfte aller Flüchtlinge in der Europäischen Union Schutz bot, zum unsolidarischen Totengräber des europäischen Asylsystems erklärt, während sich Ungarn, das europäische Standards verletzte und Dublin-Überstellungen unmöglich machte, als Verteidiger der Rechtsstaatlichkeit präsentierte.

Aber hätte Deutschland Asylbewerber im Herbst 2015 nicht zumindest an seiner Grenze zu Österreich als irreguläre Migranten abweisen können? Diese Debatte wurde auch in Berlin schon im Herbst 2015 geführt. Am 15. Oktober 2015 schrieben Beamte des Innenministeriums ein internes Papier über die »Möglichkeit einer Zurückweisung von Schutzsuchenden an deutschen Grenzen«. Darin warnten sie vor folgenden Auswirkungen:

- »Politischer Widerstand seitens Österreich, anderer Mitgliedsstaaten (wenn Vorgehen nicht abgestimmt) und auch der Europäischen Kommission ist zu erwarten,
- Schwierige Versorgung- und Unterbringungssituation im Grenzgebiet,
- Öffentlichkeitswirksame Handlungen, z. B. Sitzblockaden auf Verkehrswegen, Hungerstreiks, Überrennen von Polizeikräften,
- Erhebliche Auswirkungen auf den grenzüberschreitenden Verkehr,
- Umgehung über die grüne Grenze (Zurückweisung wäre nur unmittelbar an der Grenzlinie möglich, was in vollem Umfang kräftemäßig kaum leistbar ist).«[317]

Wie also hätte Deutschland im Herbst 2015 »Umgehungen über die grüne Grenze« verhindern können? Israel baute einen Zaun an seiner Grenze zu Ägypten. Spanien stattete seine Zäune in der Enklave Melilla mit Stacheldraht aus. Ähnliches wäre mitten im Schengenraum an der deutsch-österreichischen Grenze undenkbar gewesen, von der Reaktion der deutschen Bevölkerung ganz abgesehen.

Auch hier gelang dem genialen Kommunikator Viktor Orbán ein Zaubertrick, was die Wahrnehmung jener Wochen betraf. Am 3. September erklärte Orbán bei einer Pressekonferenz in Brüssel vorwurfsvoll, »andere europäische Politiker« seien nicht in der Lage, »die Situation« unter Kontrolle zu bringen, während er »die Schengengrenzen schützte«. So lenkte Orbán alle Welt davon ab, dass *er* der Premierminister des Landes war, über dessen Grenze zwischen Juni und Oktober Hunderttausende irregulär den Schengenraum betraten. Die Flüchtlinge, die Anfang September 2015 auf dem überfüllten Budapester Bahnhof Keleti feststeckten, hatten die ungarische Schengen-Außengrenze bereits überwunden. Dabei gab sich Orbán sogar Mühe, irreguläre Migration zu stoppen. Bereits im Juni 2015 hatte die ungarische Regierung den Bau eines Grenzzauns an der Grenze zu Serbien beschlossen.[318] Am 15. September war der Bau des 4 Meter hohen und 175 Kilometer langen Zauns abgeschlossen. Dennoch kamen Flüchtlinge weiterhin nach Ungarn, nun über Kroatien. Erst als Mitte Oktober auch an der kroatisch-ungarischen Grenze ein Grenzzaun die 348 Kilometer lange Grenze sperrte, brach die Zahl der Grenzübertritte nach Ungarn ein.[319]

Der ungarische Premierminister Viktor Orbán erklärte im November 2015, es wäre kinderleicht, die deutsche Grenze jederzeit zu schließen. In einem Interview mit der *Weltwoche* behauptete er: »Wenn die Deutschen morgen früh sagen würden: ›Wir sind voll, es ist vorbei‹, dann würde die Flut sofort abebben. So einfach ist es, *ein einziger Satz von Angela Merkel*.«[320] Doch die Vorstellung, es wäre im Herbst 2015 ohne Zaun und ohne die Bereitschaft zu gesetzwidriger Brutalität möglich gewesen, täglich Tausende an der »Umgehung über die grüne Grenze« zu Bayern zu hindern, widerspricht den Erfahrungen, die Orbán selbst an seiner Grenze in den Monaten davor gemacht hatte. Tatsächlich stoppte auch Orbáns Zaun im Herbst 2015 nicht einen Asylsuchenden auf dem Weg in den Norden. Ab Oktober lenkte er diese lediglich nach Slowenien um.

Nun gab es im Herbst 2015 an der deutsch-österreichischen Grenze weder einen Zaun noch die Bereitschaft, einen zu bauen. Es gab auch keine Versuche, Asylsuchende nach Polen oder Frankreich abzudrängen. Am 19. September 2015 erklärte Innenminister Thomas de Maizière in einem Interview, auf die Möglichkeit von Zurückweisungen an der deutschen Grenze angesprochen: »Hätten wir anders gehandelt, wären genauso viele Flüchtlinge gekommen – nur später.«[321] So entschied er sich gegen Zurückweisungen an der Grenze: »Kein Flüchtling hätte eine einfache Zurückweisung akzeptiert und sich wieder auf den Rückweg nach Syrien oder Afghanistan gemacht. Sie hätten versucht, an der Grenze durchzubrechen und/oder auf die grüne Grenze auszuweichen.«[322]

Was es tatsächlich gebraucht hätte, um im Herbst 2015 Migration an der deutschen Grenze zu stoppen, deutet sich in einer anderen Schlüsselszene von Robin Alexanders Buch *Die Getriebenen* an. Am 13. September 2015 kam es im Lagezentrum des Innenministeriums zu einer Diskussion, bei der darüber beraten wurde, *wie* man Asylwerber an der Grenze hätte stoppen können: »De Maizière wendet sich konkret an [den Präsidenten der Bundespolizei] Romann: Was geschieht, wenn 500 Flüchtlinge mit Kindern auf dem Arm auf die Bundespolizisten zulaufen? Der oberste Bundespolizist wirkt überrumpelt. Das, erwidert er schließlich, entscheiden die Polizeiführer vor Ort.«[323]

Sollte Polizisten im Herbst 2015 vor Ort die Entscheidung überlassen werden, ob sie mit Tränengas in Passau und Freilassing gegen syrische Flüchtlinge vorgehen? Nikola Gruevski, der damalige Premierminister Nordmazedoniens, versuchte genau das im August 2015 an der Grenze zu Griechenland. Seine Regierung verhängte den Ausnahmezustand und ließ Grenzsperren aus Stacheldraht errichten. Die Polizei setzte Blendgranaten, Schlagstöcke, Gummigeschosse und Tränengas ein und hielt Tausende ohne Versorgung im Niemandsland an der griechischen Grenze fest. Die Folge: Überall in Europa verurteilten Regierungen und die Öffentlichkeit solche Gewalt gegen Flüchtlinge. Zwei Tage später überschritten diese wieder die Grenze Nordmazedoniens.

Ein ähnlich brutales Vorgehen war für die deutsche Regierung weder rechtlich noch politisch eine Option. In der Generaldebatte im Deutschen Bundestag am 9. September 2015 begrüßten Sprecher aller vier Fraktionen die Tatsache, dass Deutschland Flüchtlinge aufgenommen hatte. Thomas Oppermann (SPD) erklärte: »20 000 Flüchtlinge an einem Wochenende! Ich finde, München hat diese Situation hervorragend gemeistert … Diese Hilfsbereitschaft gehört zu den wertvollsten Tugenden, zu den wertvollsten Ressourcen unserer Gesellschaft … Wir können es schaffen.«[324] Am 10. September gab Stefan Weil, Ministerpräsident von Niedersachsen, eine Regierungserklärung mit der gleichen Botschaft ab: »Es geht darum, ob wir uns abschotten, ob wir Hass und Ablehnung gegen Minderheiten dulden oder ob wir unsere freie, demokratische, weltoffene Gesellschaft verteidigen … Niedersachsen präsentiert sich in diesen Tagen mitfühlend, mitmenschlich und weltoffen!« So sprachen im Herbst 2015 fast alle Ministerpräsidenten im Land. Weder die deutsche Regierung noch die Bevölkerung waren dazu bereit, deutsches Recht zu brechen und Flüchtlinge durch schlechte Behandlung dazu zu bringen weiterzuziehen. Die meisten stimmten dem Satz der Kanzlerin zu: »Jeder, der Europa betritt, hat das Recht, wie ein Mensch behandelt zu werden.«

Um die deutsche Debatte über Grenzschließungen einzuordnen, ist es auch hilfreich, zur französisch-italienischen Grenze zu blicken. Denn dort wurden ab Ende 2015 ebenfalls Grenzkontrollen durchgeführt. Der Anlass waren die Terroranschläge in Paris am Abend des 13. November 2015, bei denen 130 Menschen getötet wurden. Noch am selben Tag wurden wieder Grenzkontrollen an Frankreichs Außengrenzen eingeführt. EU-Recht erlaubt diese im Fall einer ernsthaften Bedrohung für die öffentliche Ordnung. Frankreich hat sie seitdem immer wieder verlängert, mit unerwarteten Resultaten.

Die Landesgrenze Frankreichs zu Italien erstreckt sich über 515 Kilometer. Seit 1997 hatte es hier keine systematischen Grenzkontrollen mehr gegeben. Dafür gab es einen Vertrag mit Italien (von Chambéry) über die Rücknahme aufgegriffener irregulärer Migranten. Dieser Vertrag ermöglicht die formlose Rücknahme aufgegriffener Migranten. Wird ein Ausländer von der französischen Polizei bei der illegalen Einreise entdeckt, wird er zur nächsten Polizeistation gebracht. Die Polizei nimmt seine Fingerabdrücke, und falls der Migrant kein Asyl beantragt, kann er mit Zustimmung Italiens sofort abgeschoben werden. Doch was passierte tatsächlich seit 2015? Die Zahl Asylsuchender in Frankreich stieg seit der Einführung der Grenzkontrollen jedes Jahr und erreichte 2019 einen Rekord, mit fast doppelt so vielen Asylanträgen wie im Jahr 2015.

Nach der Wiedereinführung der Grenzkontrollen wurden zunächst regelmäßig irreguläre Migranten aufgegriffen. Der Polizeichef des Grenzbezirks Alpes-Maritimes sprach 2017 stolz davon, dass etwa 50 000 Menschen nach Italien zurückgeschickt worden seien.[325] Bald folgten Vorwürfe, später auch Urteile des Verwaltungsgerichts in Nizza, dass diesen Migranten nicht immer die rechtlich vorgeschriebene Möglichkeit gegeben wurde, einen Asylantrag zu stellen. Denn wer einen Asylantrag stellte, konnte auch gemäß dem Vertrag von Chambéry nicht einfach nach Italien zurückgeschickt werden. Der Vizegouverneur des Departements Alpes-Maritimes bezeichnete die Kontrollen von

Anfang an als »symbolische Maßnahmen«.[326] Im April 2018 erklärten Grenzbeamte zwei französischen Politikern, dass diejenigen, die sie zurückschickten, »ein paar Tage später zurückkommen ... das nimmt kein Ende, es ist aussichtslos«.[327] Wer an der Grenze abgewiesen wurde, versuchte es erneut. Niemand kehrte nach Nigeria oder Mali zurück.

Während in Frankreich schnell klar wurde, wie begrenzt die Wirkung von Grenzkontrollen war, und viele Polizisten leise wieder abgezogen wurden, entbrannte in Deutschland nach 2015 die Diskussion darüber, ob Deutschland Asylsuchende an seiner Grenze hätte abweisen sollen, immer wieder aufs Neue. In seinem Buch *Die Getriebenen* von 2017 beschreibt Robin Alexander eine Debatte im deutschen Innenministerium vom 13. September 2015. An jenem Sonntag sei alles für die Zurückweisung Asylsuchender an der deutsch-österreichischen Grenze vorbereitet gewesen, doch nach längerer Diskussion seien fünf Worte in einem bereits vorbereiteten Einsatzbefehl gestrichen worden, die Zurückweisungen an der Grenze »auch im Falle eines Asylgesuches« erlaubt hätten. In diesem Moment, so Alexander, habe sich schlichtweg niemand gefunden, »der die Verantwortung für die Schließung übernehmen will«.[329]

Im Juni 2018 erlebte Berlin eine politische Krise, bei der es erneut um den Sinn von Zurückweisungen an der deutsch-österreichischen Grenze ging. Der Streit zwischen Kanzlerin Merkel

Verdoppelung der Asylanträge trotz Grenzkontrollen in Frankreich[328]

	Anträge
2015	76 165
2016	84 270
2017	99 330
2018	137 665
2019	151 070

und Innenminister Seehofer entfachte sich an einem Satz in einem neuen Masterplan Migration des Innenministeriums: »Künftig ist auch die Zurückweisung von Schutzsuchenden beabsichtigt, wenn diese in einem anderen EU-Mitgliedsland bereits einen Asylantrag gestellt haben oder dort als Asylsuchende registriert sind.« Das klang für viele auf den ersten Blick einleuchtend. Die Kanzlerin bestand dennoch darauf, erst zu klären, *wie* dies tatsächlich umgesetzt werden könne. Nach zwei Wochen politischen Sommerdramas einigten sich Kanzlerin Merkel und Innenminister Seehofer schließlich am 2. Juli 2018 auf drei Punkte: Man wolle an der deutsch-österreichischen Grenze ein Grenzregime, »das sicherstellt, dass wir Asylbewerber, für deren Asylverfahren andere EU-Länder zuständig sind, *an der Einreise hindern*«. Man werde dazu zweitens Transitzentren einrichten, damit »Asylbewerber direkt in die zuständigen Länder zurückgewiesen werden. Dafür wollen wir nicht unabgestimmt handeln, sondern mit den betroffenen Ländern Verwaltungsabkommen abschließen.« Der dritte Punkt war der wichtigste: »In den Fällen, in denen sich Länder Verwaltungsabkommen über die direkte Zurückweisung verweigern, findet die Zurückweisung an der deutsch-österreichischen Grenze auf *Grundlage einer Vereinbarung* mit der Republik Österreich statt.«[330] In anderen Worten: Die deutsche Regierung wollte 2018 mit Österreich das machen, was Frankreich seit 2015 mit Italien versuchte und was Paul Collier und andere Kritiker schon 2015 als mögliche Lösung empfohlen hatten.

Doch was passierte nun? Solange sich in Berlin die Kanzlerin und ihr Innenminister uneinig waren, unterstützten Österreichs Regierung, Bundeskanzler Sebastian Kurz und sein Innenminister Herbert Kickl von der rechtspopulistischen FPÖ, die Idee von Zurückweisungen an der deutschen Grenze. Am 22. Juni erklärte Sebastian Kurz in einem *Bild*-Interview: »Ein kurzfristiges Intensivieren der Kontrollen an den EU-Grenzen kann einen Domino-Effekt auslösen, der illegale Migration abschreckt.«[331] Doch tatsächlich war das ein Bluff, denn die österreichische Regierung war nie bereit, *jeden* Asylantragsteller, unabhängig von Dublin-Regeln, aus Deutschland aufzunehmen. Am 27. Juni erklärte Kanzler Kurz, die Dublin-Regeln seien klar: Migranten müssten zurück in das Land, in dem sie mit Fingerabdruck registriert worden seien, »im Regelfall Griechenland und Italien«.[332] Am 3. Juli erklärte er kategorisch: »Einen Vertrag zulasten Österreichs wird es nicht geben.«[333] Und nach einem Besuch des deutschen Innenministers Seehofer am 5. Juli in Wien war die Möglichkeit, Flüchtlinge an der deutschen Grenze zu Österreich kollektiv zurückzuweisen, endgültig vom Tisch.

Allerdings war den meisten deutschen Politikern auch im Herbst 2015 bald klar: Es genügt nicht zu wissen, was man *nicht* tun will. So versprach auch Angela Merkel immer wieder, die Kontrolle über irreguläre Migration wiederherstellen zu wollen. Beim CDU-Parteitag in Karlsruhe im Dezember 2015 erklärte sie: »Deshalb wollen und *werden wir die Zahl der Flüchtlinge spürbar reduzieren,* weil das im Übrigen im Interesse aller ist.«[334] Doch auf die Frage, wie sie dies zustande bringen könne, blieb die deutsche Regierung bis März 2016 eine überzeugende Antwort schuldig.

Sinnloser Tod, ratloses Europa

Es war ein Mittwochmorgen, der 2. September 2015, als eine türkische Fotografin den toten Jungen am Strand von Bodrum liegen sah. Schnell kannte die Welt seine Geschichte. Der dreijährige Alan Kurdi, sein fünfjähriger Bruder und ihre Eltern waren aufgebrochen, um in einem überladenen Boot die griechische Insel Kos zu erreichen. Kurz nach der Abfahrt kenterte es. Alans Vater schilderte nach seiner Rettung, wie seine Söhne vor seinen Augen ertranken: »Ich versuchte mehr als eine Stunde lang, mich am gekenterten Boot festzuhalten. Meine Söhne lebten da noch.

Mein erster Sohn starb in den Wellen, ich musste ihn loslassen, um den anderen zu retten.«[335] Doch auch Alan starb, ebenso seine Mutter.

Die Geschichte der Familie Kurdi erinnerte die Welt an die syrische Katastrophe. Alans Familie war zunächst in die Türkei geflohen. Seine Tante in Kanada bemühte sich vergeblich, ihre Verwandten nachzuholen. Kanada hatte in den drei Jahren zuvor nur 2500 Syrern Schutz gewährt.[336] Nach Alans Tod versprach die Regierung in Ottawa mitten in einem Wahlkampf, 10000 Syrer nach Kanada zu holen. Oppositionsführer Justin Trudeau forderte, die Zahl auf 25000 zu erhöhen, und gewann die Wahl. In London erklärte sich die Regierung nach Alans Tod ebenfalls bereit, 20000 Syrer aufzunehmen. Im australischen Canberra versprach Premier Tony Abbott 12000 zusätzliche Neuansiedlungen. Auch US-Präsident Obama verkündete, 10000 Syrer aufnehmen zu wollen. Selten hat ein Foto das Leben so vieler so schnell verändert. Allerdings führten die Versprechen Kanadas, Australiens, Großbritanniens und der USA, mehr als 60000 Syrer aufzunehmen, nicht dazu, dass sich weniger Menschen auf den Weg in die EU machten.

Alans Vater appellierte nach der Tragödie an die Welt: »Bitte helft den Menschen, die das Meer überqueren. *Lasst nicht mehr zu, dass sie diese Reise unternehmen. Lasst sie nicht sterben.*« Allein im September 2015 ertranken 190 Menschen in der Ägäis. Auch nach Alan Kurdis Tod versuchten Hunderttausende, von der Türkei aus die mit bloßem Auge sichtbaren Inseln Griechenlands zu erreichen. 99,9 Prozent von ihnen überlebten, doch 0,1 Prozent ertranken. Wer dies verhindern wollte, musste dafür sorgen, dass weniger Menschen die Reise aus der Türkei nach Griechenland unternahmen. Doch wie war das zu erreichen?

Mitte September 2015 veröffentlichte die Brüsseler Denkfabrik CEPS einen Bericht, der vorschlug, das Sterben im Mittelmeer durch die Aufhebung des Visazwangs für Asylsuchende zu beenden.[337] In diesem Fall wäre Alan Kurdis Familie mit dem

Flugzeug sicher in die EU gekommen. Allerdings machte der CEPS-Bericht keine Vorschläge, *wie* EU-Innenminister auf dem Höhepunkt einer historischen Flüchtlingskrise davon überzeugt werden könnten, die Visapflicht für Dutzende Millionen Menschen aufzuheben. Als die Visapflicht 2010 für Albanien aufgehoben wurde, dauerte allein der Prozess, um die diesbezügliche EU-Verordnung zu verändern, sechseinhalb Monate. Dem waren jahrelange Verhandlungen vorausgegangen, um Bedenken in allen EU-Staaten auszuräumen. Gespräche der EU mit der Türkei über eine Visaliberalisierung laufen seit vielen Jahren ohne Durchbruch. Es gibt heute kein Land in Afrika und – außer Israel und den Vereinigten Arabischen Emiraten – kein Land im Nahen Osten, dessen Bürger ohne Visum in die EU einreisen können. Die Vorstellung, man hätte die notwendige Mehrheit der EU-Innenminister für die Aufhebung der Visapflicht für Asylsuchende aus Syrien, dem Irak oder Afghanistan im Herbst 2015 finden können, war vollkommen unrealistisch.

Ebenso unrealistisch war im Herbst 2015 eine australische Option, die darin bestanden hätte, jegliche Asylperspektive in der EU zu verweigern und durch inhumane Aufnahmebedingungen jeden, der trotzdem zu kommen versuchte, abzuschrecken. Am 4. September erklärte Premier Tony Abbott, dass der »sehr traurige« Tod Alan Kurdis gezeigt habe, dass die EU endlich eine strikte Politik brauche, um Asylsuchende davon abzuhalten, in unsichere Boote zu steigen.[338] Allerdings war Griechenland, wie jedes andere EU-Land auch, rechtlich dazu verpflichtet, Fliehende, die seine Gewässer erreichten, aufzunehmen. Asylsuchende jahrelang einzusperren, wie in Nauru und Manus, stand im Widerspruch zu europäischem Recht. Außerdem kamen im September 2015 *jeden Tag* mehr Menschen auf den griechischen Inseln an, als *insgesamt* je in Nauru und Manus von Australien festgehalten wurden. Eine australische Lösung hätte daher bedeutet, ganz Griechenland zu einem großen Nauru zu machen, in dem es Ankommenden überall so schlecht ginge, dass sie lieber in der Türkei geblieben wären. Einem solchen Plan hätte keine griechische Regierung jemals zugestimmt.

Allerdings gab es andere in der EU, die sich das durchaus vorstellen konnten. Einer von ihnen war Viktor Orbán. Am 5. September erklärte Orbán bei einem Treffen seiner Partei am ungarischen Plattensee, wer schuld an Alans Tod war: dessen Eltern. Denn, so Orbáns Argument, Alans Familie sei in der Türkei in Sicherheit gewesen. Das Ziel europäischer Politik müsse es sein, mit allen Mitteln dafür zu sorgen, dass niemand die Türkei verlasse. Dies sei nicht nur möglich, suggerierte er, es sei auch einfach. Allerdings müsse Europa sich dafür grundlegend verändern. Denn, so erklärte Orbán: »Europäer ... haben eine Vorstellung davon, was es bedeutet, ein guter Mensch zu sein ... Bewegungsfreiheit, universelle Menschenrechte und so weiter. Jetzt zeigen sich die katastrophalen Konsequenzen.«

Der europäischen Ratlosigkeit setzte Orbán radikale Entschlossenheit entgegen. Zwar war sein Grenzzaun für die Bewältigung der Flüchtlingskrise in der EU ohne Bedeutung, aber als politisches Symbol war er jeden Forint wert. Mit dem im Bau befindlichen Zaun im Rücken forderte Orbán am 3. September Österreich und Deutschland auf, endlich ihre Grenzen zu schließen. Die Botschaft: Er habe einen Plan, sie nicht. Am 4. September erklärte Orbán ungarischen Journalisten nach einem Treffen in Brüssel:

»Wir waren uns einig, dass die Außengrenzen Europas – ein Teil davon besteht aus der Grenze zwischen Ungarn und Serbien – unter allen Umständen geschützt werden müssen, und alle Länder – auch Ungarn – müssen die ihnen durch EU-Vorschriften auferlegten Verpflichtungen einhalten. Dann fragte ich alle meine Partner, ob sie mir einen besseren Vorschlag machen könnten, als einen physischen Grenzzaun zu bauen ... Sie sagten, sie mögen den Zaun nicht, haben aber selbst keine besseren Ideen. Ich dankte ihnen.«

Der eigentliche Vorwurf Orbáns an die deutsche Regierung Anfang 2016 lautete, dass sich diese einer australischen Strategie der Abschreckung von Flüchtlingen auf dem Balkan verweigerte. Diese Maßnahmen schlug Orbán bereits Anfang Januar 2016 vor. Seine Idee war, »die nächste Verteidigungslinie an der Nordgrenze Griechenlands zu bauen«.[339] Er traf sich mit Sloweniens Premierminister Miro Cerar, der daraufhin einen Brief an die europäischen Institutionen schrieb mit dem Vorschlag, Migranten schon am Überschreiten der griechisch-mazedonischen Grenze, weit entfernt von der slowenischen Außengrenze, zu hindern.[340]

Berlin hielt nichts davon, das Problem auf Kosten Griechenlands durch einen Zaun und Gewalt an der Grenze zu Nordmazedonien zu »lösen«. Doch Orbán fand andere Verbündete. Vor allem Österreich spielte bei der Umsetzung dieses Plans, die Balkanroute zu »schließen«, eine Schlüsselrolle. Anfang Februar reiste Sebastian Kurz, damals österreichischer Außenminister, nach Skopje. Dort erklärte er, Nordmazedonien »muss fähig sein, die Einreise von Migranten an seiner Grenze komplett zu stoppen … Österreich hat heute beschlossen, dass es helfen wird, nicht nur personell durch Polizei und Militär, sondern auch durch die nötige Ausrüstung.«[341] Österreich werde, wie auch Kroatien, Serbien, die Slowakei, Ungarn und andere, Polizisten an die mazedonisch-griechische Grenze senden. Am 24. Februar trafen sich die Innenminister von Österreich, Slowenien und Kroatien mit denen der sechs Westbalkanstaaten in Wien.[342] Im Februar 2016 kamen noch täglich bis zu 3000 Flüchtlinge entlang der Eisenbahnlinie von Idomeni in Griechenland nach Nordmazedonien. Ab dem 21. Februar ließen die Mazedonier nur mehr Syrer und Iraker über die Grenze. Anfang März bereiste EU-Ratspräsident Donald Tusk alle Länder entlang der Balkanroute und warb für stärkere Grenzkontrollen. Am Abend des 7. März kündigte Sloweniens Premierminister an, dass »Slowenien den Schengenkodex streng umsetzen und nur die Menschen einreisen lassen wird, die gültige Dokumente vorweisen können«.[343]

Dass der Schengenkodex die Einreise von Menschen ohne gültige Dokumente erlaubt, die Asyl beantragen, erwähnte Cerar nicht. Die serbische Regierung kündigte an, dass sie »sich an den Entscheidungen der Europäischen Union orientieren würde«.[344] Nordmazedonien folgte am nächsten Morgen. Ein Polizeibeamter sagte gegenüber der Nachrichtenagentur Reuters: »Wir haben die Grenze komplett geschlossen.«[345]

Und tatsächlich: Die Zahl der Menschen, die durch den Balkan Richtung Mitteleuropa zogen, sank. Allerdings kamen sie weiterhin nach Griechenland, eine Rekordzahl in den frühen Winterwochen des Jahres 2016. Diese Menschen saßen nun in Griechenland fest, Tausende am Grenzübergang Idomeni. Kroatiens Innenminister fasste die Strategie zusammen: Von nun an befinde sich »die Grenze Europas an der griechisch-mazedonischen Grenze«. Für die tatsächliche EU-Außengrenze zwischen Griechenland und der Türkei sollten andere eine Lösung finden.

Die Einigung mit der Türkei

Doch es gab schon im Herbst 2015 eine Alternative, die weder auf Kosten eines EU-Mitgliedslandes noch auf Kosten eines Nachbarn ging, bei der das Flüchtlingsrecht nicht ausgesetzt wurde und die statt auf Abschreckung durch schlechte Behandlung in Europa auf großzügige Finanzhilfen zur Verbesserung der Lage von Millionen Flüchtlingen in Nachbarstaaten setzte: eine diplomatisch schwierige und in der Umsetzung komplizierte Kooperation mit der Türkei.

Um eine Alternative zur *Nauru-in-Griechenland*-Strategie Viktor Orbans zu präsentieren, verschickte ich am 17. September 2015 einen achtseitigen ESI-Bericht »Warum niemand in der Ägäis ertrinken muss« per E-Mail an 35 000 Empfänger. Darin schlug ich eine Einigung zwischen der Türkei und Deutschland vor. Diese sollte die Zahl der Überfahrten in der Ägäis dadurch reduzieren, dass all jene, die in der Türkei sicher waren, nach einem schnellen Verfahren zurückgebracht würden. Gleichzeitig sollten die Bedingungen für Flüchtlinge und Asylsuchende in der Türkei so verbessert werden, dass Rückführungen im Einklang mit dem europäischen Asylrecht und der Menschenrechtskonvention rechtmäßig möglich würden. Deutschland sollte sich dazu verpflichten, in den kommenden zwölf Monaten 500 000 syrische Flüchtlinge direkt aus der Türkei aufzunehmen, um die gefährliche irreguläre Migration über die Ägäis zu stoppen.

Die Situation im Herbst 2015 schien uns absurd: Jeder syrische Flüchtling, der Deutschland erreichte, erhielt einen Schutzstatus, musste aber zuerst eine lebensgefährliche Reise über das Meer unternehmen. Daher schrieben wir am 17. September:

»Dieser Vorschlag würde die Bereitschaft Deutschlands, Hunderttausende von Flüchtlingen aufzunehmen, in einen geordneten Prozess überführen, in dem Flüchtlinge nicht mehr ihr Leben riskieren müssen, um Asyl zu beantragen … Wenn dieses Abkommen schnell umgesetzt werden könnte, bevor die See noch rauer wird und der Winter auf dem Balkan einbricht, könnten unzählige Menschenleben gerettet werden.«[346]

Warum 500 000? Wir schätzten im September, dass mindestens so viele Menschen ohne eine Einigung allein in den nächsten sechs Monaten nach Deutschland kommen würden (es waren tatsächlich in etwa so viele). Dazu erklärte Vizekanzler Sigmar Gabriel am 8. September: »Ich glaube, dass wir mit einer Größenordnung von einer halben Million für einige Jahre sicherlich klarkämen … vielleicht auch mehr.«[347] Gleichzeitig war es notwendig, Kontrolle wiederherzustellen, sonst war vorherzusehen, dass auch in Deutschland die Stimmung kippen könnte, so wie es in Schweden im Dezember 2015 und in Österreich im Januar 2016 geschah:

»Als Gegenleistung ist es ebenso unerlässlich, dass sich die Türkei bereit erklärt, alle Flüchtlinge, die Griechenland ab dem Zeitpunkt der Unterzeichnung eines solchen Abkommens erreichen, zurückzunehmen … Wenn syrische Flüchtlinge eine sichere und realistische Möglichkeit haben, in der Türkei Asyl in der EU zu beantragen, und wenn ihnen bei einer illegalen Überfahrt die Rückführung gewiss ist, wird der Anreiz verschwinden, ihr Leben in der Ägäis zu riskieren.«[348]

Damit »legale Wege« zu weniger Toten führten, mussten Neuansiedlungen mit anderen Maßnahmen kombiniert werden. Es war notwendig, *gleichzeitig* drei Dinge sicherzustellen: die Aufnahme von Flüchtlingen aus der Türkei; die Fähigkeit, in Griechenland schnelle Asylverfahren durchzuführen, um feststellen zu können, wer zurückgeschickt werden konnte; und die Bereitschaft der Türkei, jenen, die zurückgeschickt werden sollten und Schutz brauchten, diesen auch zu bieten.

Am 18. September 2015 berichtete die *Frankfurter Allgemeine Zeitung* über unseren Vorschlag.[349] Es folgten andere Medien: *Die Zeit*[350], die *Neue Zürcher Zeitung*[351], das niederländische *NRC Handelsblad*[352] (»Merkel muss der Türkei jetzt helfen«). Zwei Wochen später legten wir mit einem zweiten Bericht nach: *Der Merkel-Plan*. Am 5. Oktober schrieb der Korrespondent der *Süddeutschen Zeitung* in Brüssel: »Die Kernpunkte des europäischen Angebots stützen sich auf Ideen von Experten der Europäischen Stabilitätsinitiative.«[353] Am gleichen Tag schrieb mir der schwedische Botschafter aus Ankara: »Gratuliere, es scheint, als hätten die Deutschen euren Vorschlag im Grundsatz übernommen.« Und am 7. Oktober erklärte die deutsche Bundeskanzlerin bei »Anne Will«, sie »habe einen Plan«. Deutschland müsse sich mit der Türkei einigen: »Das bedeutet mehr Geld für die Türkei, die wegen der Flüchtlinge viele Ausgaben hat. Das bedeutet, dass wir eine bestimmte Anzahl von Flüchtlingen aufnehmen werden.«[354]

Das klang ermutigend. Dennoch dauerte es noch Monate bis zu einem Durchbruch.

In Ankara traute man der EU nicht. In Brüssel traute man der Türkei nicht. Man sprach über Geld, doch es war nicht klar, aus welchem Topf es kommen sollte. Man sprach über Visaliberalisierung, doch gleichzeitig erfuhren türkische Diplomaten, dass viele in der EU es keineswegs ernst meinten. Man sprach abstrakt über Neuansiedlungen, doch ging man in Brüssel davon aus, insgesamt höchstens einige Tausend Flüchtlinge zu übernehmen, so viele, wie im Herbst 2015 täglich nach Griechenland kamen. Die Türkei sollte sich dazu verpflichten, Ankommende, »die keinen Anspruch auf Schutz hatten«, zurückzunehmen, hieß es in Brüssel, doch von einem Stichtag war keine Rede. Warum sollte sich die Türkei, die sich seit Jahren mit der EU nicht über ein Rücknahmeabkommen einigen konnte, bereit erklären, Tausende Flüchtlinge zurückzunehmen, wo sie doch mehr Syrer aufgenommen hatte als die ganze EU? Die Türkei hatte seit 2001 ein Rücküberübernahmeabkommen mit Griechenland und nahm 2015 von dort genau 8 (!) Personen zurück.

Am 2. November präsentierte ich unseren Vorschlag auf Einladung des deutschen Botschafters in Ankara, am 5. November vor Diplomaten im Auswärtigen Amt in Berlin. Kurz darauf erschien ein Artikel im *Spiegel* von Außenminister Frank-Walter Steinmeier und Vizekanzler Sigmar Gabriel: Wäre die Türkei bereit, schrieben sie, Flüchtlinge, die nach Griechenland kämen, wieder aufzunehmen, »dann sollte – im Gegenzug – im Rahmen einer europäischen Anstrengung Deutschland in Zukunft Kontingente syrischer Flüchtlinge aufnehmen«.[355]

Ich traf mich nun auch regelmäßig mit den türkischen Botschaftern in Berlin und Brüssel, um für eine Annäherung zu werben. Um die türkische Regierung für unseren Plan zu gewinnen, entwickelten wir nun fast wöchentlich detaillierte Vorschläge: wann mit der Aufhebung der Visapflicht für Türken im Fall einer Einigung gerechnet werden könne und wie eine schnelle Neuansiedlung von Flüchtlingen aussehen müsste. Im November 2015 schlugen wir einen Merkel-Plan 2.0 vor:

1. *Deutschland und eine Koalition der Willigen – Österreich, Schweden, die Niederlande, Frankreich und andere – akzeptieren große Kontingente syrischer Flüchtlinge aus der Türkei. Der Prozess zur Identifizierung von Flüchtlingsfamilien beginnt am 1. Januar 2016. Dies erfolgt rasch und in enger Zusammenarbeit mit den türkischen Behörden. Der reguläre UNHCR-Prozess würde viel zu lange dauern, um eine Wirkung zu erzielen.*
2. *Die Türkei erklärt sich bereit, alle Flüchtlinge, einschließlich Asylbewerber, die ab diesem Datum die griechischen Inseln erreichen, zurückzunehmen. Die Türkei und Griechenland beginnen mit Unterstützung anderer mit Vorbereitungen dafür.*
3. *Die türkische Asylbehörde weist nach, dass Asylsuchende unabhängig von ihrer Nationalität in der Türkei internationalen Schutz erhalten können. Die Türkei verabschiedet in einem Eilverfahren alle Gesetze, um anerkannten Flüchtlingen und Asylbewerbern den Zugang zu allen Rechten zu ermöglichen, die im türkischen Gesetz über Ausländer und internationalen Schutz von 2013 vorgesehen sind.*
4. *Im Gegenzug beginnt die Europäische Kommission sofort damit, die Visumspflicht für die Türkei aufzuheben. Das wird einige Monate dauern. Die Kommission sollte den türkischen Bürgern ein konkretes Versprechen machen: »Wenn die Türkei das bestehende Rücküberübernahmeabkommen mit Griechenland vollständig umsetzt, sich bereit erklärt, alle Neuankömmlinge ab dem 1. Januar 2016 zurückzunehmen, und eine Reihe anderer vorrangiger Bedingungen vom Visaliberalisierungsfahrplan bis März 2016 umsetzt, dann können türkische Bürger ab dem 1. April 2016 ohne Visum in die EU reisen.«*
5. *Die EU und die Türkei führen unverzüglich eine gemeinsame Bedarfsanalyse der Bedürfnisse syrischer Flüchtlinge in der Türkei durch, wobei der Schwerpunkt auf der Gewährleistung der*

Bildung für alle Kinder im schulpflichtigen Alter liegt (derzeit gehen 500 000 von 700 000 syrischen Kindern im schulpflichtigen Alter nicht zur Schule). Sie identifizieren die Anzahl der benötigten Lehrer, wo sie zu finden sind, welche Gebäude für den Unterricht verwendet werden sollen, welche Ausrüstung und Lehrbücher erforderlich sind und wie viel dies alles kosten wird. Die EU-Hilfe wird für die türkische Öffentlichkeit sichtbar. Parallel dazu schlägt die Türkei eine schrittweise Öffnung des Arbeitsmarktes für Syrer vor, die in der Türkei Schutz gefunden haben.[356]

Dann kamen uns zwei Zufälle zur Hilfe. Im Merkel-Plan von Anfang Oktober warnten wir vor zukünftigen Spannungen zwischen der Türkei und Russland als Argument für eine Einigung mit Deutschland. Am 24. November 2015 schoss das türkische Militär einen russischen Kampfjet ab, der in den türkischen Luftraum eingedrungen war. Die Beziehungen verschlechterten sich dramatisch. Es folgten Sanktionen und ein Importverbot für türkische Waren. Die Regierung in Ankara empfahl, auf alle Reisen nach Russland zu verzichten. Russische Politiker drohten der Türkei. Nie wirkte unsere Warnung vor einer Isolation Ankaras glaubwürdiger. Türkischen Diplomaten, die auf Verbesserungen der Beziehungen mit der EU hofften, gelang es nun auch, Premierminister Ahmet Davutoğlu von unseren Vorschlägen zu überzeugen.

Ein zweiter Zufall wurde zum Wendepunkt: Anfang Dezember bekam unser Vorhaben auch die Unterstützung von Diederik Samsom, dem Chef der niederländischen Arbeiterpartei. Der langjährige Greenpeace-Aktivist hatte seine Partei 2012 fast zu einem Wahlsieg geführt und danach eine Koalitionsregierung mit Premierminister Mark Ruttes Liberaler Partei gebildet. Nun reiste Samsom in die Türkei, um die niederländische EU-Präsidentschaft vorzubereiten und über mögliche Lösungen zu sprechen. Das niederländische *NRC Handelsblad* schrieb über seine

Reise: »Samsom erkannte bei einem Besuch in Izmir im Dezember, dass der türkische Grenzschutz das Katz-und-Maus-Spiel mit den Flüchtlingen nie gewinnen würde. Im Flugzeug zurück in die Niederlande, las Samsom den Plan von Gerald Knaus.« In Den Haag schlug Samsom seinem Koalitionspartner Mark Rutte vor, unseren Plan zur Grundlage der Strategie der im Januar 2016 beginnenden niederländischen EU-Präsidentschaft zu machen. Rutte stimmte zu.[357]

Im Januar ging Samsom an die Öffentlichkeit. Er erklärte, er erwarte, dass eine »Gruppe von EU-Ländern in diesem Frühjahr ein Abkommen mit der Türkei über einen legalen Migrationsweg für ein paar Hunderttausend Flüchtlinge pro Jahr beschließen wird, im Austausch für die direkte Rückübernahme aller über Griechenland einreisenden Personen«. Samsom sprach über 250 000 Neuansiedlungen von Flüchtlingen im Jahr. Auch unser Vorschlag eines Stichtages für Rückführungen in die Türkei wurde nun überall akzeptiert. Samsom sprach mit Sozialdemokraten in den Regierungen anderer Länder und mit dem Vizepräsidenten der Europäischen Kommission, seinem Landsmann Frans Timmermans. Er erzählte mir am Telefon, dass ihm Sigmar Gabriel zugesagt habe, Deutschland sei bereit, im Notfall auch allein 300 000 Menschen aus der Türkei aufzunehmen, würde dies zur Wiederherstellung von Kontrolle führen. Wir trafen uns Anfang Februar in seinem Büro im niederländischen Parlament und diskutierten Wege zur Neuansiedlung der ersten 100 000 syrischen Flüchtlinge. Bei Treffen in Den Haag sah ich, dass man in den Ministerien bereits an Details zur Umsetzung solcher Pläne arbeitete. Auch in Ankara bemerkte man, dass die EU es nun ernst meinte. Das veränderte die Stimmung.

Am 26. Februar reiste ich nach Ankara und hielt in der Residenz des schwedischen Botschafters einen Vortrag über unseren Plan, traf den deutschen EU-Botschafter und präsentierte unseren Plan im türkischen Außenministerium und vor türkischen Beamten. Meine Botschaft: Die Türkei müsse die Initiative er-

Der Autor mit Diederik Samsom im Parlament in Den Haag (Februar 2016). [7]

greifen. Die Reaktionen waren ermutigend. Am 28. Februar schrieb mir Diederik Samsom, dass die niederländische Regierung den Druck, mit den Neuansiedlungen aus der Türkei zu beginnen, im Vorfeld des nächsten EU-Gipfels erhöhen wolle. Die türkischen Verhandler hatten vorgeschlagen, die Umsiedlung von Flüchtlingen aus der Türkei müsse *gleichzeitig* mit der Rücknahme von Flüchtlingen aus Griechenland erfolgen: »Alle Räder mussten sich gleichzeitig drehen.«[358] Dann, am Sonntagabend, dem 6. März, präsentierte der türkische Premierminister Ahmet Davutoğlu im Büro des türkischen Botschafters in Brüssel der deutschen Kanzlerin und dem niederländischen Premierminister den Merkel-Plan als seinen Vorschlag. Die Türkei war bereit, jeden, der nach einem Stichtag die griechischen Inseln erreichte, wieder zurückzunehmen. Davutoğlu versprach, diese Menschen in der Türkei im Einklang mit dem neuen, von UNHCR und der EU gelobten, türkischen Asylrecht von 2013 zu behandeln. Wer von den Inseln zurückgeschickt würde, sollten die griechischen Asylbehörden im Einklang mit griechischem, europäischem und internationalem Recht entscheiden. Dafür sollte die EU die Visa-liberalisierung für türkische Touristen bis zum Sommer 2016 zusagen und sechs Milliarden Euro Unterstützung für Flüchtlinge in der Türkei in den nächsten vier Jahren mobilisieren. Überdies forderte Davutoğlu ein humanitäres Neuansiedlungsprogramm von über hunderttausend Flüchtlingen aus der Türkei in die EU. Diese Zahl wurde allerdings nicht schriftlich festgehalten.

Als Rutte und Merkel am nächsten Tag die Staats- und Regierungschefs der EU trafen, sprachen manche von einem »Ausverkauf«. Andere warnten vor Millionen visafrei einreisenden Türken. Rutte und Merkel fragten: »Was ist die Alternative?« Niemand hatte eine. So einigte sich die gesamte EU am 18. März darauf, Davutoğlus Angebot anzunehmen. Aus unserem achtseitigen Papier von Mitte September 2015 war eine vierseitige Erklärung der EU und der Türkei geworden.[359]

Das europäische Nauru

Was passierte nun? Die Zahl der Menschen, die die Überfahrt aus der Türkei unternahmen, fiel sofort: Im Mai, Juni und Juli 2016 kamen durchschnittlich weniger als 1800 Menschen im Monat auf den Inseln an. Somit wären damals 150 griechische und europäische Asylbeamte ausreichend gewesen, um alle Erstinstanz-Entscheidungen über die Asylanträge der Ankommenden innerhalb eines Monats zu treffen. Die Auszahlung der europäischen Hilfe für Flüchtlinge in der Türkei, die bis dahin gestockt hatte, wurde nun ernsthaft angegangen. Der erste Transfer fand am 18. März 2016 statt. Der bereitgestellte Gesamtbetrag der Flüchtlingshilfe belief sich Mitte Oktober 2016 bereits auf über 2,2 Milliarden Euro.[360]

Dennoch waren meine Kollegen und ich wenig optimistisch. Wir wussten, wie viele der für die Umsetzung notwendigen Strukturen erst zu schaffen waren und wie wenig konkrete Vorbereitungen es in der Europäischen Kommission, in Athen, aber auch in Berlin gab, dies zu tun. Am 21. März 2016 schrieb ich in meinem Blog: »Kein Abkommen wäre das schlechteste Ergebnis für alle gewesen ... Aber ein guter Plan, der schlecht umgesetzt wird, ist wenig besser ... Wir können erst dann zuversichtlich sein, wenn die ersten 50 000 syrischen Flüchtlinge die Türkei im Flugzeug nach Europa verlassen haben; und wenn wir eine glaubwürdige Verwaltung in Griechenland sehen, die sich mit Asylanträgen und Rückübernahme im Einklang mit den in der vergangenen Woche vereinbarten Grundsätzen befasst ... Besorgniserregend ist, dass eine schlechte Planung der Umsetzung des Abkommens dafür sorgt, dass das Chaos weitaus länger andauert als nötig.«[361] Doch das Chaos besteht bis heute.

Die griechischen Behörden und die Europäische Kommission entwickelten weder einen Plan, welche Ressourcen für die Umsetzung der Einigung auf den Inseln notwendig wären, noch eine Strategie für eine effiziente Organisation von Asylverfahren. Dabei war es für niemanden eine Überraschung, dass es mit Asylverfahren in Griechenland schwierig werden würde. 2011 war eine neue Asylbehörde entstanden, doch diese befand sich 2015 trotz einer charismatischen Chefin, Maria Stavropoulou, die vom UNHCR nach Athen zurückkam, in einer permanenten Krise. Obwohl 2015 nur 13 000 Personen in Griechenland einen Asylantrag stellten, war die Asylbehörde bereits überfordert. Antragsteller auf dem Festland konnten sich nicht persönlich, sondern nur über Skype anmelden. Vom Gesetz vorgesehene Berufungskommissionen arbeiteten gar nicht mehr. Ich traf Maria Stavropoulou erstmals im Februar 2016 in Athen, wo ich unseren

Plan mit griechischen Beamten, Medien und Politikern disku-
tierte. Sie gab mir einen Aufsatz, den sie gerade über die Zukunft
des europäischen Asylsystems veröffentlicht hatte. Darin schrieb
sie, dass es unmöglich sei, Migration an Meeresgrenzen zu reduzieren, ohne Menschenrechte zu verletzen. Ihr Hauptargument
dafür war die Überforderung nationaler Asylbehörden. Asylverfahren im Einklang mit EU-Recht und -Standards durchzuführen sei aufwendig, schrieb sie: »Es ist vernünftigerweise zu erwarten, dass Asylbeamte nicht mehr als ein paar Dutzend Entscheidungen pro Monat treffen ... die griechische Asylbehörde
kann derzeit höchstens 1500 Anträge pro Monat bearbeiten.«
Würden mehr Menschen einen Antrag stellen, würde die Behörde zusammenbrechen.[362]

Stavropoulous Skepsis war verständlich, denn zu diesem Zeitpunkt kamen noch immer jeden Tag 2000 Menschen auf den Inseln an. Allerdings schrieb auch sie, dass die EU am besten eine
größere Zahl von Flüchtlingen direkt aus der Türkei ausfliegen
solle, um dann mit der Türkei ein Rücknahmeabkommen durchzusetzen; denn diese sei »im Prinzip sicher für Millionen Flüchtlinge«. Ich versuchte, Stavropoulou von unserem Vorschlag zu
überzeugen: Alles hing davon ab, ob es gelingen könnte, die Zahl
der Neuankommenden nach einem Stichtag von Zehntausenden
im Monat auf wenige Tausend zu reduzieren. Überdies müssten andere europäische Asylbehörden ihre Behörde auf den griechischen Inseln mit Personal unterstützen, am besten im Rahmen einer europäischen Asylmission als Pilotprojekt und erstem
Schritt hin zu einem späteren europäischen Asylsystem, ein Nu-
kleus enger Kooperation etwa zwischen der deutschen, der niederländischen und der griechischen Asylbehörde.

War die Vorstellung, es könne in Griechenland schnelle Asylverfahren geben, eine Illusion? Tatsächlich gab es zwei Monate nach
dem 20. März für über 2000 Asylsuchende auf der Insel Chios
lediglich drei Mitarbeiter der griechischen Asylbehörde, und im

Herbst 2016 trafen die für Berufungsverfahren zuständigen griechischen Kommissionen weniger als 40 Entscheidungen im Monat. Ohne schnelle und faire Berufungsverfahren waren auch Rückführungen unmöglich.

Bereits im Mai 2016 gab es auf den Inseln mehr Asylsuchende als Unterkünfte: In Chios waren es 2276 Personen für 1100 Plätze. Somit war absehbar, wie sich die Umsetzung der Einigung ohne Engagement vonseiten der Europäischen Union und der griechischen Regierung entwickeln würde: Anstelle schneller Verfahren würden Asylsuchende monatelang auf den Inseln festsitzen und auf Entscheidungen ihrer Anträge warten. Dennoch täuschte der Eindruck, das Problem auf den Inseln sei vor allem ein Problem der Ressourcen gewesen.

Ende Mai 2018 befanden sich 16 800 Asylsuchende auf den fünf ägäischen Inseln Lesbos, Chios, Samos, Leros und Kos. Für diese Menschen gab es nur 7800 Aufnahmeplätze. 9000 Menschen lebten daher ohne adäquate Unterbringung unter katastrophalen Zuständen, was in klarem Widerspruch zu griechischem wie europäischem Recht stand. Dieser Zustand verschärfte sich monatlich, obwohl die Zahl der Ankommenden seit März 2016 dramatisch gefallen war, im Durchschnitt auf monatlich nur 2500 Menschen. Denn gleichzeitig wurden auf den Inseln monatlich nur 2000 Asylanträge entschieden.

Als die Unternehmensberatung McKinsey im April 2017 den griechischen und europäischen Behörden einen – als *streng intern* gekennzeichneten – Abschlussbericht überreicht hatte, war dieses Problem bereits erkannt, blieb aber ohne Lösung. Jeden Monat wuchs so die Zahl der Menschen, die auf den Inseln waren, um 500. Die katastrophalen Bedingungen waren das Ergebnis dieser nie korrigierten Diskrepanz zwischen der Zahl der Ankommenden und der getroffenen Entscheidungen. Im April 2017, so der McKinsey-Bericht, trafen 200 Asylbeamte im Monat 2000 Entscheidungen auf den Inseln. Warum aber mobilisierte die Europäische Kommission nicht Mitgliedsstaaten oder die Öffentlichkeit, um die Zahl der Entscheidungen zu erhöhen? Denn das Unvermögen, mehr als 2000 Entscheidungen im Monat zu treffen, war erstaunlich. An Geld mangelte es nicht. Bis Mai 2018 waren in Griechenland bereits 1,1 Milliarden Euro EU-Hilfen ausbezahlt worden. Bis Mitte 2020 wurden insgesamt sogar 2,9 Milliarden Euro für Griechenland mobilisiert. Auch an Personal fehlte es nun nicht mehr. Auf den Inseln befanden sich auch im Mai 2018 insgesamt 83 Asylbefrager und 92 Dolmetscher, organisiert und bezahlt von EASO, dem Europäischen Unterstützungsbüro für Asylfragen, einer Behörde mit Sitz auf Malta. Hinzu kamen 100 Mitarbeiter der griechischen Asylbehörde. Was taten diese mehr als 180 Asylbeamten?

Das Versagen bei den Verfahren auf den Inseln ist umso bemerkenswerter, je genauer man hinsieht. Nehmen wir ein vierseitiges internes Dokument des für die Umsetzung der EU-Türkei-Erklärung in Griechenland verantwortlichen Generaldirektors der Europäischen Kommission, Martin Verwey, vom 29. Mai 2018. Das »Informationsblatt Migrationskrise« erschien 26 Monate nach der EU-Türkei-Erklärung als Sammlung von »Fakten, relevant für Rückführungen aus Griechenland in die Türkei«, und zeigt, *welche* Asylentscheidungen auf den Inseln getroffen wurden.

Unter den monatlich 2000 Entscheidungen waren 200 darüber, wer aufgrund von Familienzusammenführung anderswo in der EU das Recht hatte, ohne Asylverfahren dorthin überstellt zu werden. Weitere 1100 Entscheidungen betrafen besonders schutzbedürftige Antragsteller, die ebenfalls ohne inhaltliche Prüfung ihres Asylantrags auf das griechische Festland gebracht wurden. *Inhaltliche* Asylentscheidungen, die Begründungen erfordern, wurden auf den Inseln monatlich also nur 700 getroffen. Das ist eine unerklärlich niedrige Zahl: Mehr als 180 EASO- und griechische Asylbeamte trafen durchschnittlich nur 700 inhaltliche Entscheidungen im Monat?

Ebenso erstaunlich war die Ineffizienz der 13 griechischen Be-

Data relevant to returns from Greece to Turkey (as of 28/05)	
Number of migrants present at the islands	
Total number of migrants present at the islands	**16,800** (↓229)
Total number of arrivals for the week 21 May.- 27 May 2018	**420**
Arrivals to the Greek islands	
Average daily number of arrivals to Greece (21/3/2016 – 28/05/2018)	**82**
Average daily number of arrivals to Greece: May 2018 (as of 28/05/2018)	**97**
Apprehensions at GR-TR Land Border (as of 28/05)	
Total number of persons apprehended for illegal entry (since 14 June 2017)	**11,286** (↑303)
Persons apprehended for illegal entry - May 2018 (as of 28/05)	**1,280**
Returns to Turkey from the Greek Islands under the EU-TR statement	
Total number of migrants returned to Turkey from the Greek islands under the EU-TR statement (since 21/03/2016), of which:	**1,627** (-)
(a): Number of Syrians returned from the islands (including 8 stateless from Syria)	**292** (-)
(b): Number of migrants returned from the islands having received a negative second instance admissibility decision	**26** (-)
(c): Number of migrants returned from the islands having received a negative second instance eligibility decision	**574** (-)
(d): Number of migrants returned from the islands having received a negative first instance eligibility decision	**32** (-)
Other returns	
Total number of migrants returned to Turkey under the Greece-Turkey bilateral readmission protocol (since 21/3/2016)	**601** (-)
Total number of assisted voluntary returns from the islands (as of 22/05/2018)	**2,609** (↑11)
Asylum processes at the islands (20/3/2016 - 27/05/2018)	
Number of recorded expressions of intention to apply for asylum (as of 27/05/2018)	**63,965**
Asylum Applications	**49,634** (↑774)

[8]

rufungsausschüsse. Von 300 Asylantragstellern, die die griechischen Behörden nach Entscheidungen in erster Instanz monatlich in die Türkei hätten abschieben können, nahmen 250 ihr Recht in Anspruch, Berufung einzulegen. Die dafür zuständigen Berufungsausschüsse trafen aber 2018 nur 120 Entscheidungen im Monat. Diese Zahl lag zurzeit des McKinsey-Berichts 2017 noch bei 200. Von den 120 Entscheidungen fielen durchschnittlich 100 so aus, dass eine Abschiebung in die Türkei möglich war. Schlussendlich wurden in den ersten 26 Monaten nach der Einigung durchschnittlich 60 Personen im Monat in die Türkei zurückgeschickt. 60 von 2500, die pro Monat ankamen, waren 2,5 Prozent. Es fanden in absoluten Zahlen nun viel weniger Rückführungen statt als in den Monaten vor der EU-Türkei-Erklärung. Und dies, obwohl bis Mai 2018 die meisten Asylantragsteller auf den Inseln Syrer waren, die in der Türkei Schutzstatus bekommen hätten und von denen Millionen bereits seit Jahren in der Türkei lebten.

Das erklärt das Elend in den Lagern auf den Inseln. Wären Entscheidungen schneller erfolgt, hätten mehr Menschen schneller auf das Festland gebracht werden können. Warum geschah das nicht? Ich war damals regelmäßig in Griechenland und habe diese Frage vielen Politikern in Athen und auf den Inseln gestellt. Einmal lud ich Manolis Vournous, den parteilosen Bürgermeister von Chios, nach Hamburg ein, um das dortige Erstaufnahmezentrum zu besuchen und einen Plan für Chios zu diskutieren. Vournous spürte, dass sich in Athen und Brüssel niemand für die wachsende humanitäre Krise interessierte. Langsam wurde offensichtlich: Das, was auf den Inseln passierte, war gewollt. Die Syriza-Regierung in Athen hatte erkannt, dass Rückführungen in die Türkei und schnelle Asylentscheidungen unpopulär waren und von NGOs und ihren eigenen Parlamentariern kritisiert wurden; doch dafür, dass aufgrund langsamer Verfahren immer mehr Menschen in viel zu kleinen Lagern festsaßen, fühlte sich niemand verantwortlich. Gleichzeitig betrachtete sie wie alle EU-Regierungen die EU-Türkei-Erklärung als alternativlos. So schien Abschreckung durch unmenschliche Bedingungen das kleinere Übel. Trotz der größten Mission des UNHCR in einem EU-Mitgliedsland in der Geschichte der EU, trotz großzügiger europäischer Hilfe, trotz geringer Zahlen Ankommender verwandelten sich Lesbos und Chios auf diese Weise jeden Monat mehr zu einem europäischen Nauru und Manus. Darüber hinaus schwand bei der griechischen Regierung in Athen bald das Interesse an dem Thema. Solange nicht zu viele Asylsuchende kamen, schien es am leichtesten, Menschen einige Monate festzuhalten und dann letztlich fast jeden auf das griechische Festland zu bringen.

Kritik hatte keine Wirkung. Medienberichte über die Zustände in den Lagern ebenso wenig. Weder änderte sich in den vier Jahren nach dem März 2016 die Geschwindigkeit der letztinstanzlichen Entscheidungen auf den Inseln, noch verbesserten sich die Aufnahmebedingungen. Bis Mai 2020 wurden in vier Jahren insgesamt 2140 Personen von den Inseln in die Türkei zurückgebracht.[363] Die Wahrscheinlichkeit einer Rückführung lag nun sogar unter 1,5 Prozent.

Bei den stark fallenden Ankunftszahlen wäre es 2017 noch ein Leichtes gewesen, auf den griechischen Inseln menschenwürdige Aufnahmebedingungen zu schaffen. In der gesamten ersten Jahreshälfte 2017 kamen in einem halben Jahr nur 9000 Menschen über das Meer nach Griechenland, so viele wie im Oktober 2015 an einem Tag. Doch es fehlte an Organisation, einem Plan und letztlich an Interesse. Die EU-Türkei-Erklärung wurde zum Waisendeal: Auch wenn alle großen griechischen Parteien, in Regierung und Opposition, und alle europäischen Regierungen daran festhielten, fühlte sich niemand verantwortlich. Menschenrechtsorganisationen griffen die Einigung an, bemerkten aber nicht, dass die schlechten Zustände auf den Inseln nicht das Ergebnis der Erklärung waren, sondern tatsächlich die Alternative zu ihrer Umsetzung. Sie setzten darauf, dass sich ohne Einigung mit der Türkei die Bedingungen für Geflüchtete in Griechenland verbessern würden. Ich fürchtete das Gegenteil. Der Verein Pro Asyl forderte, wie viele andere, die Erklärung auszusetzen. Ich fragte bei öffentlichen Diskussionen oder bei Besuchen in der Pro-Asyl-Geschäftsstelle in Frankfurt, was damit konkret bewirkt

Rückführungen von den griechischen Inseln in die Türkei [364]

	2016	2017	2018	2019	2020	Gesamt
Januar	–	64	47	19	53	183
Februar	–	34	23	13	63	133
März	–	45	29	5	23	102
April	386	150	18	10	0	564
Mai	55	87	29	14	0	185
Juni	27	48	20	18	0	113
Juli	0	60	23	7	–	90
August	16	18	17	15	–	66
September	94	29	48	7	–	178
Oktober	139	57	17	36	–	249
November	31	75	40	25	–	171
Dezember	53	16	11	26	–	106
Gesamt	**801**	**683**	**322**	**195**	**139**	**2140**

Wahrscheinlichkeit einer Rückführung (bis Ende 2019) [365]

Nationalität	Ankunft	Rückkehr	Prozent
Syrien	46010	367	**0,8**
Afghanistan	44707	126	**0,3**
Irak	18910	112	**0,6**
Pakistan	14659	732	**5**

werden sollte. Denn ohne Abkommen würde die griechische Regierung die Lager auf den Inseln erst recht nicht auflösen, dienten diese doch als Abschreckung. Und ohne großzügige europäische Hilfe für die Türkei würde sich die Lage von Millionen Syrern dort verschlechtern. Für wen wäre das Ende der Erklärung aus menschenrechtlicher Sicht eine Verbesserung? Noch etwas überraschte mich: Jahrelang hatten sich NGOs für »legale Wege« für Flüchtlinge in die EU ausgesprochen, doch kaum jemand setzte sich jetzt dafür ein, die in der EU-Türkei-Erklärung zugesagten humanitären Neuansiedlungen aus der Türkei voranzutreiben.

Oft hörte ich das Argument, es sei hoffnungslos naiv zu erwarten, es könne in Griechenland faire und schnelle Asylverfahren geben. Wäre das so, dann hätte die Flüchtlingskonvention weltweit keine Zukunft. Würden die griechische Asylbehörde, das BAMF sowie Asylbehörden in den Niederlanden (IND) oder Frankreich (OFPRA) von Athen eingeladen werden und von ihren Regierungen den Auftrag erhalten, einen Plan für gemeinsames Arbeiten an der griechisch-türkischen Außengrenze zu erstellen und gemeinsame Leitsätze und Verfahren zu entwickeln, wäre es natürlich möglich, einige Tausend Asylanträge im Monat binnen weniger Wochen seriös zu entscheiden. Dass die Organisation schneller Asylentscheidungen nicht mit Nachdruck zu einer europäischen Priorität gemacht wurde – und es war, wie ich in unzähligen ernüchternden Treffen erkennen musste, für niemanden eine Priorität –, war das größte Versagen der letzten Jahre. Sollte die Flüchtlingskonvention 2020 in der Ägäis ein tragisches Ende finden, dann liegt es auch an diesen Versäumnissen.

Andere Kritiker erklärten, es sei absurd zu erwarten, dass Flüchtlinge und Asylsuchende in der Türkei sicher seien. Dabei leben in der Türkei nun bereits seit vielen Jahren Millionen Flüchtlinge, gehen Hunderttausende syrische Kinder in türkische Schulen. Die Türkei hat zudem eine lange Tradition, Asylsuchenden – darunter auch Afghanen – Aufenthalt zu gewähren, während der UNHCR Asylverfahren durchführte und Neuansiedlungen organisierte. Es sollte darum gehen, das türkische System durch Anreize und Unterstützung zu verbessern, zum Wohl von Schutzbedürftigen.

Afrikanische Lösungen

»Die Welt lässt sich ohne Zahlen nicht verstehen. Sie lässt sich aber auch nicht mit Zahlen allein verstehen.«
Hans Rosling, Arzt und Autor, 2018[366]

Als junger Arzt behandelte der Schwede Hans Rosling Kinder in Kliniken in Mosambik. Später untersuchte er Epidemien wie Ebola in entlegenen Dörfern im Kongo. Wenn Rosling über extreme Armut schrieb, dann wusste er, wovon er sprach. Dennoch wurde sein Buch *Factfulness,* das kurz nach seinem Tod 2018 erschien, zu einem Plädoyer dafür, die Welt nicht als hoffnungsloser zu sehen, als sie tatsächlich ist.[367] Das ist nicht leicht, denn Menschen neigen zu einer überdramatisierten Weltsicht. Rosling spricht von Instinkten, die sich nur durch sorgfältiges Prüfen von Fakten einhegen ließen: dem Instinkt der Kluft (»Die Welt ist zweigeteilt, es gibt nur arm und reich«), dem Instinkt des Schicksals (»Manche Länder sind zur Armut verurteilt«) oder dem Instinkt der Schuldzuweisung (»Wenn etwas schlecht läuft, liegt es an schlechten Menschen mit schlimmen Absichten«).

Roslings Appell für eine faktengestützte Weltsicht ist auch für die Frage der Migration aus Afrika relevant, in der uns Trugschlüsse regelmäßig in die Irre führen. So sehen wir nicht das Potenzial für Veränderungen. Das Schweden, in dem Roslings Großmutter am Ende des 19. Jahrhunderts auf die Welt kam, war, was den Wohlstand und die Gesundheit seiner Bevölkerung betraf, vergleichbar mit dem afrikanischen Lesotho und anderen der heute ärmsten Länder der Welt. 1960 erreichten in Malaysia

93 von 1000 lebend geborenen Kindern nicht das fünfte Lebensjahr; seitdem ist die Zahl auf unter 8 gefallen. Malaysia ist heute so entwickelt wie Schweden 1975. In Nordafrika haben Marokko, Algerien und Tunesien den Lebensstandard Schwedens von 1970 erreicht. Würden sich die Länder Westafrikas so entwickeln wie ihre nordafrikanischen Nachbarn in den letzten Jahrzehnten, dann würde sich auch dort die Gesundheit ihrer Bürger dramatisch verbessern, die Armut zurückgehen und die Kindersterblichkeit und die Geburtenrate sinken. Heute leben drei von vier Menschen weltweit in Ländern mit mittlerem Einkommen. Das Bevölkerungswachstum verlangsamt sich auf der ganzen Welt. Die meisten Gesellschaften nähern sich einem neuen Gleichgewicht an, in dem typische Eltern zwei Kinder haben, die nicht mehr in jungen Jahren sterben. Dies gilt auch für die Türkei, Marokko, den Iran, Mexiko, Indonesien, Indien und Bangladesch.[368]

Rosling schrieb eindringlich über die Milliarde Menschen, die in extremer Armut leben und mit weniger als zwei Dollar am Tag auskommen müssen. Er war kein Doktor Pangloss, die Witzfigur in Voltaires Parodie *Candide oder der Optimismus*, der von der gegenwärtigen als der besten aller möglichen Welten fabulierte. Doch die Welt so zu sehen, wie sie ist, öffnet auch die Augen für das, was an Verbesserungen möglich wäre. So werden Zahlen und Fakten über den Zustand der Welt bei Rosling nicht nur zur Therapie für ungerechtfertigten Pessimismus, sondern auch zur Grundlage dafür, Herausforderungen strategisch zu begegnen.

Ein kühler Kopf und ein Interesse für Fakten sind auch unabdingbar für eine Diskussion über eine vernünftige, humane Migrationspolitik zwischen Afrika und Europa. Denn auch hier fürchten sich viele vor Gespenstern, sehen aber nicht das Leid, das eine irrationale Politik heute schon verursacht. Manche Europäer fürchten eine irreguläre Massenimmigration, die es nicht gibt, und sehen nicht, dass reguläre Mobilität aus Afrika nicht nur sehr gering ist, sondern seit einem Jahrzehnt zurückgeht.

Es sei etwas »völlig Natürliches«, die Dimension von Dingen falsch einzuschätzen, schreibt Rosling in seinem Buch. Deshalb gelte: »Wenn ich eine einzelne Zahl in einem Medienbericht sehe, schrillen bei mir die Alarmglocken. Womit könnte man diese einzelne Zahl vergleichen?«[369] Tun wir das, wird schnell klar, dass fast alles, was wir über Migration und Flucht aus Afrika zu wissen glauben, falsch ist.

Apokalyptische Migrationsmythen

Sind es 60, 400 oder 800 Millionen irreguläre Migranten, die wir in naher Zukunft an Europas Küsten zu erwarten haben? Ein gutes Beispiel dafür, wie eine Diskussion ohne ein Verständnis von Zahlen in die Irre führt, ist die Wahrnehmung, in Afrika säßen Millionen junger Menschen auf gepackten Koffern, jeden Moment bereit, nach Europa zu kommen. Dieser Eindruck wird politisch instrumentalisiert, um Angst zu verbreiten.

Im Februar 2018 sprach Viktor Orbán von 60 Millionen Menschen, die sich in zwei Jahren aus Afrika auf den Weg machen würden: »Laut NATO-Berichten – und es scheint, die Soldaten lassen sich noch nicht zensieren – werden sich bis 2020 60 Millionen Menschen nach Europa auf den Weg gemacht haben … Bis in das Jahr 2050 wird sich die Zahl der dort [in Afrika] Lebenden verdoppeln, 2,5 Milliarden Menschen werden es bevölkern.«[370] Wenige Wochen später erklärte Orbán in einer anderen Rede: »Wegen der Einwanderung sammeln sich dunkle Wolken über Europa.« Dabei, so Orbán, gehe es um Fakten und Zahlen: »Wenn wir es zulassen, werden sich in den folgenden ein bis zwei Jahrzehnten zehn Millionen und weitere zehn Millionen Menschen von Afrika und dem Nahen Osten nach Europa auf den Weg machen.«

Ist Ihnen etwas aufgefallen? Orbáns Prognosen bewegten sich innerhalb weniger Wochen zwischen »60 Millionen in zwei Jahren« und »zehn Millionen und weitere zehn Millionen in ein bis zwei Jahrzehnten«. Im ersten Fall handelte es sich um 30, im zweiten um 1 Million Menschen im Jahr. Offensichtlich spielte dies für ihn keine Rolle, ging es doch um eine einfache Botschaft: In Afrika würden *viele* Kinder geboren, und als Folge wolle eine *Furcht einflößende* Anzahl von Fremden nach Europa kommen.

Es gibt eine Quelle für Orbáns »60 Millionen«. Die Zahl findet sich in einem Bericht einer Expertengruppe im Vorfeld der UN-Klimawandel-Konferenz 2009. Dort heißt es: »Derzeit bestehen etwa 40 Prozent der Erdoberfläche aus trockenen und halbtrockenen Gebieten mit mehr als 2 Milliarden Menschen … Allein in Afrika südlich der Sahara werden bis 2020 schätzungsweise 60 Millionen Menschen aus versandeten Gebieten nach Nordafrika und Europa ziehen.«[371] Der Bericht erklärt nicht, wie diese Menschen – regulär?, irregulär? – nach Europa ziehen würden. Dennoch gab das britische Verteidigungsministerium fünf Jahre später die Passage fast wortgleich wieder.[372] Andere Experten bezogen sich nun auf den Bericht des britischen Verteidigungsministeriums.[373] Die gleiche Zahl taucht auch bei Monique Barbut auf, der geschäftsführenden Sekretärin des UN-Übereinkommens zur Bekämpfung der Wüstenbildung. Am 26. Mai 2016 sagte sie vor dem UN-Sicherheitsrat: »Angesichts der zunehmenden Verzweiflung dürften bis 2035 schätzungsweise 60 Millionen Menschen nach Nordafrika und Europa wandern, da Afrika südlich der Sahara versandet.«[374] Im Oktober 2017 schrieb ein ungarischer Journalist: »Nach Berichten der NATO und der UNO könnten bis 2020 60 Millionen afrikanische Migranten nach Europa aufbrechen.«[375] Aus 60 Millionen, die sich innerhalb von elf Jahren auf den Weg nach Nordafrika und Europa machen *könnten,* wurden 60 Millionen, die innerhalb von zwei Jahren nach Europa kommen *werden.*

Orbán ist nicht der Einzige, der gern mit großen Zahlen operiert. Bei einer Wahlkampfveranstaltung im September 2018 sagte der thüringische AfD-Politiker Björn Höcke, einer »umfassenden amerikanischen Studie« zufolge seien zwei Drittel der Einwohner Subsahara-Afrikas »auswanderungswillig«. »Ihr Ziel heißt Europa, ihr Ziel heißt USA, und stellt euch mal vor nur 10 Prozent dieser 1,1 Milliarden Menschen würde den Weg nach Europa finden. Das wären 110 Millionen.«[376]

Nun fällt es vielen von uns schwer, uns spontan eine Vorstellung von der Gewichtigkeit folgender Zahlen zu machen:

0,06 Millionen – 0,6 Millionen – 6 Millionen – 60 Millionen

Tatsächlich kamen 2019 aus Afrika weniger als 0,06 Millionen Menschen irregulär über das Mittelmeer. 0,6 Millionen (648 000) war die Gesamtzahl aller Migranten aus Afrika, die in den fünf Rekordjahren von 2014 bis 2018 Italien irregulär erreichten. 6 Millionen irreguläre Migranten gab es im gesamten Mittelmeer im letzten Jahrhundert nicht. 60 Millionen irreguläre Migranten sind reine Fantasie.

Ein Beispiel für eine solche fantastische Vision lieferte der Journalist Stephen Smith. In seinem Buch *Nach Europa! Das junge Afrika auf dem Weg zum alten Kontinent*, erschienen 2017 in Frankreich und 2018 in Deutschland, das angeblich sogar vom französischen Präsidenten seinen Mitarbeitern zur Lektüre empfohlen wurde, warnt Smith mit dramatischen Worten vor einem Ansturm: »Die einzige Gewissheit für den Moment ist die, dass sich eine *gigantische* ›Migrationsbewegung‹ zwischen Afrika und Europa anbahnt.«[377] Auch er verwendet Bilder aus der Hydraulik, schreibt über ein »demografisches Überflussventil«, das afrikanische »Migrationsreservoir«, eine »Migrationswelle«: »Die Migration aus Afrika ähnelt einem Springbrunnen mit mehreren überlaufenden Becken. Die Landflucht hat hunderte Millionen von Menschen aus den Dörfern in die Städte gespült.«[378]

Aufgrund dieser dramatischen Entwicklung, so Smith, könnten in 30 Jahren, »ein Viertel bis ein Drittel der Bevölkerung in Europa afrikanischer Abstammung«[379] sein. Zu dieser Schätzung

komme er über eine Analogie: »Afrika ist das Mexiko Europas.«
In den 1970er-Jahren seien die meisten Mexikaner zu arm gewesen, um ihr Land zu verlassen. Dann habe eine wirtschaftliche
Entwicklung eingesetzt, und zehn Millionen Mexikaner seien
»legal oder illegal« in die USA gegangen. Heute zählten sie dort
mit ihren Nachkommen 30 Millionen: »Folgen Afrikaner diesem Beispiel in einem Zeitraum von jetzt bis 2050 ... dann würden zur europäischen Bevölkerung dank dieser *anhaltenden Migrationswelle* aus Afrika schließlich zwischen *150 und 200 Millionen Afro-Europäer* gehören, wenn man die Migranten und ihre
Kinder zählt – verglichen mit 9 Millionen heute.«[380]

Diese Zahl taucht auf wie das Kaninchen aus dem Hut des Ma-
giers. Denn *wie* Smith von 9 Millionen heute auf 200 Millionen
im Jahr 2050 kommt, macht er nirgendwo klar. Dass fast alle dieser 9 Millionen Afrikaner legal in die EU einreisten, erwähnt er
nicht. Dass sie vor allem aus Ländern kommen, die bis vor zwei
Generationen europäische Kolonien, Protektorate oder sogar
Teil der Europäischen Wirtschaftsgemeinschaft waren (wie das
französische Algerien bis 1962), ignoriert er. Gleichzeitig plä-
diert er dafür, alles zu tun, um diese Massenmigration zu verhindern. »Die massive Migration von Afrikanern nach Europa ist
weder im Interesse des jungen Afrikas noch in dem des alten
Kontinents.«[381] Allerdings wäre eine positive wirtschaftliche
Entwicklung Afrikas eine Hauptursache für zukünftige Migration. Immer wieder betont Smith: »Die Ärmsten der Armen haben nicht die Mittel, um auszuwandern. Sie denken nicht einmal
daran.«[382] Das klingt nur so lange plausibel, bis man mit jenen
spricht, die sich in den letzten Jahren etwa aus dem armen Gambia auf den Weg nach Europa gemacht haben. Aus dieser zweifel-
haften Theorie zieht Smith weitreichende Schlüsse: Die Entwicklungshilfe der reichen Länder für Afrika sei ein »Eigentor« Europas.[383] Entwicklungshilfe, die Armut bekämpfe, schade dem
Norden. Reiche Länder überwiesen damit »den ärmeren Ländern eine Art Migrationsprämie«.[384] Daraus folgt für Smith:

»Für die nächsten zwei Generationen werden die guten Nachrichten aus Afrika schlechte Nachrichten für Europa sein.«[385] Denn solange Afrika unterentwickelt bleibe, kämen weniger Migranten.

Smith erklärt, er wolle die Diskussion »entmoralisieren«. Die Frage der Motivation der Menschen, die aus Afrika nach Europa kommen, hält er für nebensächlich: »Schließlich werde ich auch – über die simple Feststellung hinaus – weder unterscheiden zwischen legalen und illegalen Migranten noch zwischen Wirtschaftsmigranten und Asylsuchenden.«[386] Doch diese Unterscheidung ist fundamental. Legale Migration ist das Ergebnis staatlicher Politik in Aufnahmeländern, die sie zulassen. Illegale Migration findet gegen den Willen der Aufnahmeländer statt. Erwartet Smith, dass sich in den kommenden Jahren jedes Jahr eine Million Menschen aus Subsahara-Afrika auf den Weg nach Europa machen und mit Holz- oder Gummibooten die EU ansteuert? Erstaunlicherweise erfahren wir darüber nichts.

Dafür zitiert Smith einen Klassiker des Rechtspopulismus: den Roman von Jean Raspail, *Das Heerlager der Heiligen*, in dem eine Armee der »Ärmsten der Armen« aus Indien, auf Schiffen ankommend, »Frankreich überschwemmen und letztlich die ganze westliche Zivilisation davontragen« wird. Smith schreibt: »In meinen Augen hat der Roman *nicht deshalb* etwas Prophetisches, weil eine Million Migranten 2015 das Mittelmeer überquert haben. Aber [er] erweckt das Schreckensbild einer ›Barbareninvasion‹ wieder zum Leben.«[387]

»Barbaren«, »Invasoren«, »Schreckensbild«: Es ist eine Welt der Albträume, die Raspail 1973 in seinem Buch beschrieb. Migration wird als Bestie beschrieben, die Welt ist »einem neuen apokalyptischen Tier unterworfen, einem anonymen, allgegenwärtigen Ungeheuer, das sich irgendwann, vor langer Zeit, geschworen hat, das Abendland zu zerstören«. Nur die Bereitschaft zu extremer Gewalt könne die Zerstörung des Abendlandes verhindern. So sagt der französische Präsident in Raspails Roman am Vorabend der »Invasion«: »Ich habe der Armee den Befehl erteilt, an der Küste Stellung zu beziehen, sodass wir gegebenenfalls die Invasion verhindern und die Eindringlinge zurückwerfen können. Das kann natürlich nur gelingen, wenn wir bereit sind, eine Million Unglückliche zu töten, ob mit oder ohne Gewissensbisse.«[388]

Wie also könnte Europa die kommende afrikanische Invasion stoppen? Von apokalyptischer Gewalt, wie bei Raspail, ist bei Smith nicht die Rede, es genügt erstaunlicherweise bereits eine Einigung mit einigen libyschen Milizen, um Afrikas »gigantische Migrationsbewegung« zu stoppen. Smith empfiehlt Europas Entscheidungsträgern das Szenario einer »Festung Europa«.[389] Er verweist auf die politische Kehrtwende in Italien 2017 als Beweis dafür, dass Europa nicht zahnlos sei: auf den Dialog der Regierung in Rom mit Warlords in Libyen und »Aktionen der diversen Geheimdienste«, denen es gelang, irreguläre Migration schnell und drastisch zu reduzieren.[390] Doch was bleibt dann von der Kernaussage des Buches: der gigantischen Migrationswelle, die Europa dramatisch verändern wird? Diese Vision entpuppt sich auch bei Smith als aufmerksamkeitsheischende Fantasie. In Wahrheit gibt es die von Smith beschworene Massenmigration aus Afrika nicht. François Héran, der Migrationsexperte am renommierten Collège de France in Paris, widerlegte Smiths Prognosen sofort nach der Veröffentlichung des Buches, indem er die tatsächlichen Migrationszahlen der letzten Jahrzehnte genauer betrachtete.[391]

Dabei ist der entscheidende Fehler in Smiths Analyse offensichtlich: Er stellt nicht klar, dass die wichtigste Form von Migration aus Afrika, legale Einwanderung, von politischen Entscheidungen in Aufnahmestaaten abhängt, während irreguläre Migration mit wenigen Ausnahmejahren im Vergleich dazu in den vergangenen Jahrzehnten kaum eine Rolle spielte.

Migrationswunsch und Migrationsdruck

Die Gallup World Poll ist eine Meinungsumfrage, die seit 2005 weltweit zu verschiedenen Themen durchgeführt wird. In jedem Land befragt Gallup etwa 1000 Personen. Seit 2010 werden auch Fragen zu Migration gestellt, wobei der Wunsch, ins Ausland zu ziehen, folgendermaßen erfasst wird:

Migrationswunsch: »Idealerweise, wenn Sie die Möglichkeit hätten, *möchten Sie* dauerhaft in ein anderes Land ziehen, oder möchten Sie weiterhin in diesem Land leben?«
Migrationsplan: »*Planen Sie*, in den nächsten 12 Monaten dauerhaft in ein anderes Land zu ziehen?«
Migrationsvorbereitung: »Haben Sie sich auf diesen Schritt *vorbereitet?*«[392]

2018 sah sich eine Forschergruppe die Gallup-Daten genauer an: »Im Zeitraum 2010–2015 erklärten 24 bis 30 Prozent aller Afrikaner ab 15 Jahren den allgemeinen *Wunsch*, für einen längeren Zeitraum oder dauerhaft in ein anderes Land zu ziehen. Im gleichen Zeitraum *planten* etwa 4 bis 7 Prozent der afrikanischen Bevölkerung (ab 15 Jahren), sich innerhalb von 12 Monaten auf die Reise zu machen. 1 Prozent hat tatsächlich *konkrete Schritte* unternommen, um sich auf diesen Schritt vorzubereiten. Im Durchschnitt wanderten in diesem Zeitraum nur 0,12 Prozent (rund 1,3 Millionen Menschen) der afrikanischen Gesamtbevölkerung *tatsächlich* pro Jahr aus.«[393] Nun wissen wir, dass von diesen rund 1,3 Millionen Menschen wiederum nur eine sehr kleine Zahl irregulär nach Europa kam: in den meisten Jahren wenige Zehntausende. Dennoch schrieb etwa der Sozialwissenschaftler Gunnar Heinsohn im Magazin *Tichys Einblick* im Juni 2018: »Überträgt man die 2009 von Gallup für Subsahara-Afrikaner ermittelten Auswanderungswünsche von 38 Prozent auf heute, dann wollen von den jetzt knapp 1,1 Milliarden Einwohnern rund 400 Millionen ihre Heimat verlassen. 2050 stünden von dann 2,12 Milliarden Bürgern rund 800 Millionen für die Übersiedlung nach Europa bereit.«[394]

Doch solche Prognosen entbehren jeder Grundlage. Ein Wunsch ist keine Absicht, und eine Absicht ist kein Aufbruch. Die Diskrepanz zwischen Wunsch und Wirklichkeit ist enorm. Erneut rächt es sich, nicht zwischen regulärer und irregulärer Migration zu unterscheiden.

2017 lebten grob geschätzt nur 17 Millionen Afrikaner außerhalb Afrikas. Von diesen lebten 9 Millionen in Europa, davon 3 Millionen in Frankreich. Unter diesen kamen fast 2 Millionen aus drei Ländern Nordafrikas: den ehemaligen französischen Kolonien Algerien, Marokko und Tunesien.[395] Ohnehin kommen die meisten der Afrikaner, die in Europa leben, aus einigen wenigen Ländern Nordafrikas. Die überwiegende Mehrheit der Staaten Afrikas ist für Migration nach Europa unbedeutend. Eine der wichtigsten Herausforderungen für eine humane Politik an Europas Grenzen ist daher, die richtige Politik gegenüber Marokko und Tunesien zu finden.

Seit den 1960er-Jahren ist die Bevölkerung Afrikas um mehr als das Vierfache gewachsen, von 285 Millionen auf 1,26 Milliarden.[396] Von einem »Migrationsdruck« war in Europa in dieser Zeit nichts zu spüren. Das zeigt auch das Jahr, in dem die meisten irregulären Ankünfte aus Afrika der letzten Jahrzehnte stattfanden. 2016 kamen mehr als 100 000 Menschen aus sechs Ländern Westafrikas in Booten nach Italien: Nigeria, Guinea, Elfenbeinküste, Gambia, Senegal und Mali. Bemerkenswert ist, wer 2016 *nicht* in den Booten saß: kaum Libyer; kaum Staatsbürger aus Ägypten oder Tschad, aus denen die meisten Gastarbeiter in Libyen kommen; kaum Bürger aus Niger, obwohl es der ärmste Nachbar Libyens ist.

Italien: Ankünfte über das Mittelmeer im Rekordjahr 2016[397]

Nigeria (Westafrika)	37 551
Eritrea	20 718
Guinea (Westafrika)	13 342
Elfenbeinküste (Westafrika)	12 396
Gambia (Westafrika)	11 929
Senegal (Westafrika)	10 327
Mali (Westafrika)	10 010
Sudan	9 327
Bangladesch	8 131
Somalia	7 281
Andere	40 424
Gesamt	**181 436**

Jeder Versuch einer seriösen Erklärung von Migrationsbewegungen müsste beschreiben, warum sich aus *bestimmten* Dörfern Senegals und aus *bestimmten* Vororten Dakars junge Menschen auf den Weg machten; mit welchen Finanzierungsmodellen es für *bestimmte* Zeiten möglich war, von Somaliland nach Libyen zu kommen; welche Rolle *bestimmte* kriminelle Strukturen in Teilen Nigerias bei der Migration nach Italien spielten. Von dieser Art Forschung, die Erfahrungen von bestimmten (kleinen) Gruppen zu bestimmten Zeiten anschaulich beschreibt, kann es nicht genug geben. Sie hilft, die irreguläre Migration, die stattfindet, zu verstehen. Eines aber wird solche Forschung nicht hervorbringen können: Theorien, auf deren Grundlagen sich Prognosen für die nächsten Jahre erstellen lassen. Dass westliche Nachrichtendienste und internationale Organisationen manchmal solche »Vorhersagen« liefern, macht diese nicht seriöser.

Selbst in den Rekordjahren irregulärer Migration zwischen 2014 und 2017 machte sich aus einigen wenigen Ländern Afrikas nur eine verschwindend geringe Anzahl Menschen auf den Weg nach Europa. Das erklärt auch, warum das Geld, das *irreguläre* Migranten aus Europa nach Hause schicken, für die meisten dieser Länder kein volkswirtschaftlich bedeutender Faktor ist. Dabei gibt es Ausnahmen wie das ostafrikanische Eritrea und das westafrikanische Gambia, beides kleine Länder. Anders verhält es sich mit Nigeria, dem wichtigsten Herkunftsland für irreguläre Migranten aus Afrika in den letzten Jahren. Nigeria hat mit mehr als 186 Millionen Einwohnern mehr Bürger als Deutschland, Frankreich und die Beneluxländer zusammen. 2016, als 181 000 Menschen Italien erreichten, kamen fast 38 000 davon aus Nigeria. Das war die höchste Zahl irregulärer Migranten, die je in einem Jahr aus irgendeinem afrikanischen Land über das Meer in die EU gekommen waren. Vier Jahre zuvor, 2012, waren es 826 Personen. 2019 trafen nur 433 Nigerianer in Italien ein, etwas mehr als 1 Person täglich.

Das Konzept des »Migrationsdrucks« trägt zur Erklärung der irregulären Migration aus Afrika in den letzten Jahrzehnten nichts bei. Das sollte uns nicht verwundern. *Druck* ist ein Kon-

EU: Irreguläre Ankünfte von Nigerianern [398]

2009	1 824
2010	559
2011	6 893
2012	826
2013	3 386
2014	8 706
2015	23 605
2016	37 811
2018	1 611
2019	871
Gesamt	**86 092**

zept aus der Physik, das Sinn ergibt, weil es Phänomene messbar macht: Es ist die Kraft, die auf eine Fläche wirkt. Es wird in Pascal gemessen: Ein Pascal entspricht dem Gewicht von 100 Gramm Sand, der gleichmäßig auf einem Quadratmeter verteilt wurde. Je mehr Sand, desto mehr Druck. Luft- und Wasserdruck wird in Bar gemessen: Hier stellt man sich ein Kilogramm Sand auf einem Quadratzentimeter vor.

Doch welchen Sinn ergibt das Konzept, wenn es um Menschen in einem Land geht, dessen Bevölkerung sich in 120 Jahren mehr als verzehnfacht hat? Sind die Bewohner der Sand und die Grenzen des Landes die Fläche, auf die es ankommt? Nehmen wir Brasilien: Das Land hatte 1900 etwa 18 Millionen Einwohner, 2019 waren es 212 Millionen. Entsteht dadurch »Migrationsdruck«? Südamerika hatte 1900 etwa 41 Millionen Einwohner, 2019 waren es 430 Millionen. Hier spricht niemand von einem kontinentalen »Migrationsdruck«.

Ausnahmejahre im Mittelmeer

In den Jahren 2014 bis 2018 kamen mehr Menschen über das Mittelmeer nach Europa als je zuvor, insgesamt 1,9 Millionen. Von diesen kam mehr als die Hälfte innerhalb eines Jahres in einem Land an: 1 Million, die Griechenland zwischen April 2015 und März 2016 erreichten. Darunter waren kaum Afrikaner.

Migranten aus Afrika gingen vor allem nach Spanien und Italien. In der Straße von Gibraltar trennen Afrika von Europa nur 14 Kilometer, dazu kommen die beiden spanischen Städte Ceuta und Melilla, die an der südlichen Mittelmeerküste in Marokko liegen. Auch zu den spanischen Kanarischen Inseln im Atlantik sind in den letzten Jahrzehnten immer wieder junge Menschen mit Booten aus Westafrika aufgebrochen.

Die dramatischen Bilder junger Männer, die zu Hunderten meterhohe Zäune rund um Melilla stürmen, erzeugen seit Jahren den Eindruck einer Belagerung. Doch der Eindruck täuscht. Die Zahlen zeigen, dass es jahrzehntelang keine große irreguläre Migration aus Afrika nach Spanien gab. In 20 Jahren kamen durchschnittlich nur 15 000 Menschen im Jahr irregulär über das Meer. 2019 waren es etwa 25 000 Personen. Im Vergleich dazu kamen

Spanien: Jährliche irreguläre Migration über das Meer[399]

1999	4859	→	2009	7285
2000	15025		2010	3632
2001	18517		2011	5443
2002	16670		2012	3804
2003	19176		2013	3237
2004	15675		2014	4552
2005	11781		2015	5312
2006	**39180**		2016	8162
2007	18057		2017	**21971**
2008 →	13424		2018	**57498**
Gesamt	**172364**		**Gesamt**	**120896**

Italien: Jährliche irreguläre Migration über das Meer[400]

1999	49999	→	2009	9573
2000	26817		2010	4406
2001	20143		2011	62692
2002	23719		2012	13267
2003	14331		2013	42925
2004	13635		2014	**170100**
2005	22939		2015	**153842**
2006	22016		2016	**181436**
2007	20455		2017	**119369**
2008 →	36951		2018	23370
Gesamt	**251005**		**Gesamt**	**780980**

vor 2008 in wenigen Jahren mehr als 5 *Millionen* Migranten *legal* nach Spanien, um dort zu arbeiten.

An der zweiten Route für irreguläre Migranten aus Afrika, zwischen Tunesien, Libyen und Italien, zeigt sich ein ähnliches Bild. Zwischen 1999 und 2008 lag die Zahl jener, die über das Meer irregulär nach Italien kamen, bei durchschnittlich 25 000 im Jahr. 2019 waren es nur 11 500.

Die Zahl der gesamten irregulären Migration zwischen Afrika und Europa lag 2019 unter 50 000 und damit nahe am langjährigen Durchschnitt. 2017 erhielten *monatlich* mehr Ukrainer in Polen eine Arbeitsgenehmigung.[401] Nehmen wir die Gesamtbevölkerung der EU und Großbritanniens – 513 Millionen Menschen –, dann sehen wir, dass die Zahl aller irregulär aus Afrika Ankommenden 2019 unter 0,01 Prozent der europäischen Bevölkerung lag. Im Rekordjahr 2016 waren es 0,03 Prozent.

Es gab und gibt keine Masseneinwanderung aus Afrika. In der ersten Jahreshälfte 2020 kamen sogar weniger als 20 000 Menschen über das gesamte Mittelmeer in die EU: nach Spanien, Malta, Italien und Griechenland. Und es ist außerordentlich unwahrscheinlich, dass es sie in den nächsten Jahrzehnten geben wird.

Die tödliche Wüste

Gambia ist mit 2,1 Millionen Einwohnern nicht nur das kleinste Land Westafrikas, sondern auch eines der ärmsten Länder der Welt. Es erstreckt sich 450 Kilometer entlang des Gambia-Flusses und wird, mit Ausnahme seiner 60 Kilometer langen Atlantikküste, von Senegal umschlossen. 2015 lebte fast die Hälfte seiner Bevölkerung in absoluter Armut, mit einem Einkommen von weniger als zwei Dollar pro Tag. Reis, das wichtigste Grundnahrungsmittel, wird zum Großteil importiert.[402] Viele Haushalte sind von Rücküberweisungen aus der Diaspora abhängig.

Dass Gambia heute viel ärmer ist als der benachbarte Senegal, liegt an seiner Isolation und den 22 Jahren Alleinherrschaft des gewalttätigen Diktators Yahya Jammeh.[403] Jammeh war bei einem Militärputsch 1994 an die Macht gekommen. Politische Gegner und Journalisten wurden verhaftet, der Herausgeber einer wichtigen Oppositionszeitung 2004 auf dem Weg von der Arbeit erschossen. Jede Entwicklungshilfe wurde eingefroren, Investitionen gab es kaum, die Wirtschaft stand still. Die junge Bevölkerung – Durchschnittsalter 17 – sah keine Perspektive. Dazu kam die brutale Repression. Folter war weitverbreitet. 2015 schilderte der für Folter zuständige UN-Berichterstatter die Methoden, die routinemäßig eingesetzt wurden: Verbrennungen durch heiße Flüssigkeiten, Elektroschocks, Schläge mit Kabeln, mit Plastiktüten über dem Kopf den Erstickungstod simulieren.[404] Amnesty International warnte 2016 vor einer Spirale der Gewalt. Im April 2016 wurde der Oppositionspolitiker Solo Sandeng nach einer friedlichen Demonstration verhaftet und in der Haft zu Tode geprügelt. Präsident Jammehs zynische Reaktion war vorhersehbar: »Menschen sterben in Gewahrsam oder während eines Verhörs, das ist wirklich nichts Außergewöhnliches.«[405]

Yahya Sonko wuchs in den Jahren von Jammehs Alleinherrschaft in einem Dorf im ländlichen Gambia auf, als eines von zwölf Kindern. Seine Eltern waren Bauern, weder der Vater noch die Mutter hatten je eine Schule besucht. Yahya wurde Geschichtslehrer in einer Stadt im Westen des Landes. 2014 wurde er aufgrund seiner Kritik an der Regierung denunziert, im Dezember 2014 verhaftet, gefoltert und nach zwei Wochen gegen eine hohe Kaution freigelassen. Er beschloss, mit seiner Frau und seiner wenige Monate alten Tochter das Land zu verlassen.

Die junge Familie reiste zunächst mit dem Bus nach Senegal, Mali und Burkina Faso, wo Yahya für einige Monate Sprachunterricht gab und versuchte, sich eine Existenz aufzubauen. Doch dann überredeten ihn gambische Schmuggler, nach Libyen

Yayha Sonko, der junge Lehrer aus Gambia, in Sizilien 2015. [9]

zu kommen, um dort zu arbeiten. Sie logen, erklärten, in Tripolis sei die Lage ruhig. Wie viele Gambier damals ahnte Yahya nicht, was ihn in Libyen erwartete. So machte er sich mit dem Bus auf den Weg nach Niger, zur alten Handelsstadt Agadez. Von dort begann die Reise mit Schmugglern in einem offenen Wagen mit 50 Menschen durch die Sahara nach Libyen. Die Wüste war der Eintritt in die Hölle.

Kurz nach der Abfahrt erschossen die beiden schwer bewaffneten Fahrer vor Yahyas Augen einen gambischen Migranten, »um uns einzuschüchtern«. Die Schlepper nahmen Drogen, während sie den Wagen, ohne viel anzuhalten, durch die Wüste fuhren. Sie hielten auch nicht an, als Leute aus dem überfüllten Wagen fielen. Überall in der Wüste sah Yahya die Leichen von

Menschen, die zurückgelassen worden waren, aus den Autos gefallen, verdurstet, erschossen oder bei Autounfällen verletzt. Von
den 50 Migranten, die Agadez verließen, starben fünf in diesen
drei Wochen vor Yahyas Augen, vier weitere kamen wohl später
ums Leben, denn sie fielen aus dem Auto. Lediglich 41 der 50
Flüchtenden erreichten ihr Ziel in Libyen. Später erfuhr Yahya
von anderen Gambiern, dass diese hohe Zahl an Toten nicht un-
gewöhnlich war. »Ich sah so viele Tote, und ich dachte an deren
Eltern, die nicht wussten, dass ihr Kind hier in der Wüste lag,
ohne Begräbnis«, erzählte er mir später. »Man wird verrückt,
traumatisiert. Es starben sicher so viele Menschen in der Wüste
wie auf dem Meer.«

Dennoch versuchten in den vier Jahren zwischen 2014 bis
2017, der wirtschaftlich und politisch angespanntesten Zeit unter
Diktator Jammeh, Zehntausende Gambier, irregulär über Libyen
und das Meer nach Italien zu kommen. Dieser Massenexodus
hatte traumatische Folgen für unzählige Familien. Manche der
Jungen zogen ohne Ankündigung los, oft in der Absicht, auf dem
Weg das für die Überfahrt notwendige Geld zu verdienen. Ein
Minister in Gambia erzählte mir später, dass sein Sohn auf diese
Art eines Tages verschwand und sich erst wieder aus Libyen mel-
dete, wo er gefangen genommen worden war. Manchmal sammelten Gruppen von Verwandten Geld, um eine Reise zu ermöglichen. Bald kannte jeder jemanden, der sich auf den Weg gemacht hatte.

Auf der Strecke bis Agadez waren die Probleme vertraut: Poli-
zeikontrollen, Bestechung, Diebstähle, Probleme, die man glaub-
te einschätzen zu können. Doch in Libyen wurden viele Gambier
gefangen genommen, gefoltert, ihre Familien erpresst, Geld zu
überweisen. Familien waren dann gezwungen, ihr Land, ihre
Ziegen oder Kühe zu verkaufen. Trotzdem schafften es viele
nicht. In diesen Jahren starben im zentralen Mittelmeer 2,2 Prozent derjenigen, die es zu überqueren versuchten. Das entspräche
mehr als 900 Toten nur aus Gambia, eine für ein kleines Land

dramatische Zahl. Proportional zur Größe des Landes wären das 37 350 tote Deutsche in fünf Jahren. Dazu kommen eine vielleicht ähnlich hohe Anzahl von Toten in der Sahara und in Libyen sowie Zehntausende, die überlebten, aber Folter und Misshandlungen erdulden mussten.

Auch Yahya Sonko und seine Familie erlitten dieses Schicksal in der libyschen Hauptstadt Tripolis. Zunächst wurde er vom Inhaber eines Supermarktes angestellt. Nachdem er vier Monate immer wieder vertröstet wurde, wenn er nach seiner Bezahlung fragte, stellte er den Inhaber zur Rede. Dieser bedrohte ihn und nannte ihn einen »Sklaven«, der zu gehorchen habe. Yahya weigerte sich weiterzuarbeiten. Wenige Tage später kam ein Auto ohne Kennzeichen mit Mitgliedern einer Miliz. Sie schlugen Yahya und entführten ihn. Dann wurde er gefoltert und gezwungen, einen Bekannten in Gambia anzurufen, mehr Geld zu überweisen. Ein wohlhabender Libyer, dessen Haus er gestrichen hatte, erfuhr von seiner Notlage und stellte Kontakte zu Menschenschmugglern her, um die Familie nach Italien zu bringen. Am Tag der Abreise wurden die Migranten von einer bewaffneten Gruppe überfallen und Yahya von seiner Frau und seinem Kind getrennt. Yahya war überzeugt, dass die beiden tot seien; diese wiederum, die weitere drei Monate in Libyen festgehalten wurden, waren überzeugt, er sei gestorben. Sie würden sich erst viele Monate später in Italien zu ihrer großen Freude wiedersehen.

Um zehn Uhr abends am 21. Dezember 2015 legte Yahyas Gummiboot von Tripolis ab. Es war für 80 Menschen ausgelegt, doch an Bord waren mehr als 115. Ein Migrant fungierte als Steuermann, andere lasen den Kompass ab. Es war eng, kalt und dunkel. Doch sie hatten Glück: Schon am nächsten Morgen wurden sie vom Schiff einer Seenotrettungsorganisation an Bord genommen. Die Seenotretter übergaben die Geretteten einem italienischen Marineschiff, das bereits Migranten von fünf anderen Schiffen aufgenommen hatte. Am 23. Dezember legte es in Sizilien an, wo Yahya in ein Erstaufnahmelager kam, dann in eine Kleinstadt nördlich von Mailand. Dort erfuhr er viele Monate später, dass seine Familie in Lampedusa gelandet war. In Mailand erhielt Yahya eine Aufenthaltserlaubnis für sechs Monate, doch gab es keine gemeinsame Unterkunft für ihn, seine Frau und ihr Kind. So entschieden sie sich dazu, Anfang August 2016 nach Deutschland zu reisen. Am 18. August saß die junge Familie im Zug nach Karlsruhe.

Als ehemaliger Lehrer wollte Yahya im Erstaufnahmelager in Heidelberg nicht untätig bleiben. Er nahm Kontakt zur Caritas auf und organisierte mit Heidelberger Studenten Sprachkurse. Im Dezember 2016 kam seine Familie in ein Flüchtlingswohnheim im Schwarzwald und im April 2017 in eine Flüchtlingsunterkunft in Hemmingen, außerhalb von Stuttgart. Er sprach nun auch Deutsch. Im Sommer fragte ihn die Leiterin des Familienzentrums, ob er nicht eine Ausbildung als Kinderpädagoge in ihrem Kindergarten machen wolle. Zu diesem Zeitpunkt hatte er Praktika gemacht und erhielt Ausbildungsangebote als Altenpfleger und für ambulante Dienste. Er sagte zu.[406] Yahya besitzt mittlerweile eine Ausbildungsduldung. Er ist Pressesprecher der Gambia Refugees Association für Deutschland, Österreich, die Schweiz und die Niederlande.[407] Nebenbei betreibt er von Deutschland aus eine Radiostation in Gambia und klärt darüber auf, wie gefährlich der »Back Way«, die Reise über Libyen nach Europa, ist. Seine Botschaft an seine Landsleute: Es sei besser, in der Heimat zu sterben, als sich auf die schreckliche Reise durch Libyen zu begeben und in der Wüste umzukommen.

Die Massenflucht von 2014 bis 2017, bei der es einer von 50 Staatsbürgern Gambias in vier Jahren nach Europa schaffte, erschütterte die gambische Gesellschaft. Die Oppositionspolitikerin Isatou Touray forderte 2016, alles zu tun, damit junge Leute nicht mehr das Land verlassen müssten. Der Kandidat der vereinten Opposition bei der Präsidentschaftswahl im Dezember

2016, Adama Barrow, wurde stark von der Diaspora unterstützt. Dabei zeigte seine Lebensgeschichte das komplizierte Verhältnis Gambias zu Europa. Auch der junge Barrow hatte versucht, nach Europa zu gelangen. Er erzählte später: »Ich kam nach Frankreich, fuhr mit dem Zug nach Lille und Straßburg und kam dann über die Grenze nach Deutschland, nach Baden-Baden. Schließlich beantragte ich in Karlsruhe Asyl. Mein Asylantrag wurde abgelehnt und ich wurde abgeschoben. Das war 1988.«[408] Barrow arbeitete für ein gambisches Energieunternehmen und zog Anfang der 2000er-Jahre nach London. Nach seiner Rückkehr nach Gambia 2006 gründete er eine Immobilienfirma, wurde Schatzmeister der größten Oppositionspartei und im September 2016 deren Vorsitzender. Auf sozialen Medien riefen 2016 Auslandsgambier ihre Familien und Freunde auf, gegen Jammehs Politik einzutreten. Zu den populärsten Twitter-Hashtags gehörten im Dezember 2016 *#JammehMustGo* und *#VoteFor Coalition*. Manche Auslandsgambier warnten, dass sie Überweisungen zurückhalten würden, falls ihre Familien nicht für die Opposition stimmten.[409] Die Diaspora finanzierte 2016 einen wesentlichen Teil der Oppositionskampagne.[410] Im Dezember 2016 gewann Barrow überraschend die Wahlen. Als Jammeh das Ergebnis nicht anerkennen wollte, floh Barrow in den benachbarten Senegal und wurde im Januar 2017 in der gambischen Botschaft vereidigt. Gleichzeitig marschierten senegalesische Truppen mit Unterstützung der Westafrikanischen Wirtschaftsgemeinschaft ECOWAS in Gambia ein. Jammeh floh ins Exil, und Barrow zog in den Präsidentenpalast im Zentrum der Hauptstadt Banjul, wo er weiterhin von ECOWAS-Truppen beschützt wurde.

Viele, die sich unter persönlichem Risiko für mehr Demokratie eingesetzt hatten, gingen nun daran, das Erbe der Diktatur aufzuarbeiten. Bürgerrechte wurden gestärkt, eine Kommission setzte sich mit den Menschenrechtsverletzungen des Jammeh-Regimes auseinander. Die Anhörungen wurden im Fernsehen

übertragen. Auf einmal herrschte Presse- und Versammlungs-
freiheit. Präsident Barrow versprach in seiner Antrittsrede, alles
zu tun, um jungen Menschen eine Perspektive im Land zu bieten.
2017 fiel die Zahl der Ausreisen deutlich. Ab Sommer jenes Jahres kehrten Tausende, unterstützt von IOM, aus Libyen in ihr
Land zurück. In der Zivilgesellschaft begannen sich Gruppen
von Rückkehrern aus Libyen dafür zu engagieren, dass ihre
Landsleute sich nicht mehr auf den Weg zum Mittelmeer machten. 2018 erreichten nur noch 276 Gambier Italien.

Doch die Folgen der außergewöhnlichen Migration der Jahre
zuvor und das Schicksal jener, die wie Yahya Deutschland erreicht hatten, bleibt ein dominierendes Thema in der Gesellschaft.

Der Gambia-Plan

Im Januar 2019 wurde ich von Winfried Kretschmann, dem Ministerpräsidenten Baden-Württembergs, zu einem Treffen mit
Mitgliedern seiner Regierung, darunter auch Innenminister
Thomas Strobl, eingeladen, um Ideen zur Migrationspolitik Europas zu diskutieren. Zur Vorbereitung schickte mir die Staats-
kanzlei einen Text: »Leuchtturmprojekte – Flüchtlingspolitik Baden-Württemberg«, eine beeindruckende Darstellung davon,
wie das Land die Flüchtlingskrise bewältigte. Im Herbst 2014
hatte die Landesregierung beschlossen, 1000 schutzbedürftigen
Frauen und Kindern aus dem Nordirak, die auf der Flucht vor
dem Terror des »Islamischen Staates« waren, Zuflucht zu bieten.
Unter ihnen war Nadia Murad, die später mit dem Friedens-
nobelpreis ausgezeichnet wurde. Doch gab es auch offene Fragen.
Unter der Überschrift »Projekt Gambia« ging es in dem Text
um die größte ungelöste Herausforderung bei der Flüchtlingsaufnahme in Baden-Württemberg: die Zukunft Tausender Gambier.

Ende 2018 befanden sich 2600 Gambier in Baden-Württemberg, die das Land eigentlich verlassen mussten. Weitere 5900 waren im Asylverfahren und würden mit ziemlicher Sicherheit, so das Papier, keinen Schutzstatus erhalten. Die neue demokratische Regierung Gambias wollte mit Deutschland kooperieren. Im April 2018 kamen zwei gambische Verbindungsbeamte nach Karlsruhe und identifizierten über 250 Gambier. Das sollte, so der Text der Landesregierung, einen »Niederschlag bei den Rückführungen finden. Vorgesehen sind aktuell ein Charter pro Monat mit 15 Plätzen. Das Land bemüht sich darum, bei der gambischen Seite auf eine Aufhebung der Begrenzung hinzuwirken oder zumindest einen zweiten monatlichen Charter zuzulassen.«

Ich begann zu rechnen. Wenn demnächst mehr als 7000 Gambier in Baden-Württemberg ausreisepflichtig wären und tatsächlich 15 von ihnen im Monat in ihre Heimat zurückgebracht würden, würde es 40 Jahre dauern, bis alle zurück wären.

Auf der anderen Seite wären 180 Abschiebungen im Jahr nach Gambia im Vergleich zu allen anderen Ländern Afrikas eine sehr hohe Zahl; nur in das 100-mal größere Nigeria gab es 2018 aus Deutschland mehr Abschiebungen. Tatsächlich wurden 2018 aus Deutschland 144 Gambier abgeschoben. In keinem der letzten Jahre kehrten mehr als ein paar Hundert Gambier aus der ganzen EU, freiwillig und unfreiwillig, in ihre Heimat zurück. Das »Projekt Gambia« schien zum Scheitern verurteilt.

Nach dem Treffen mit Kretschmann und Strobl ging mir das Thema nicht mehr aus dem Kopf. Das Land hatte ein Interesse daran, dass Gambier, die auf absehbare Zeit in Deutschland bleiben würden, eine Ausbildung machten, Deutsch lernten und eine Arbeit fanden. Ich traf mich nun mit Gambiern, die einen Arbeitsplatz gefunden hatten und deren Arbeitgeber mir erzählten, wie glücklich sie darüber waren. Ich traf Mitglieder eines beeindruckend großen Helfernetzwerks, Bürger, die sich privat schon seit Jahren um Migranten aus Gambia kümmerten. Jede einzelne Erfolgsgeschichte veränderte dabei das Bild von Gambiern, sie wurden Nachbarn und Kollegen in Bäckereien, Restaurants und Krankenhäusern. Jeder dieser Kontakte trug mehr zum Abbau von Vorurteilen bei als die teuerste PR-Kampagne.

Doch es gab auch Gambier, denen es nicht gelang, Fuß zu fassen. In Lörrach in Baden traf ich Ende 2019 einen jungen Gambier, der nach den Dublin-Bestimmungen dreimal von Österreich nach Italien abgeschoben worden war. Er versuchte daraufhin, in Italien über die Runden zu kommen, indem er in Rom im Freien schlief. Dann gab er auf und ging nach Deutschland. Nun lebte er in einer Unterkunft für Migranten, eine ehemalige Sporthalle, die etwa 100 Personen beherbergt, hauptsächlich afrikanische Männer; mehr als 40 aus Gambia. Es war eine deprimierende Situation. Viele standen unter Druck. Sie hatten eine traumatische Reise hinter sich, waren von ihren Familien isoliert, die hohe Erwartungen an sie hatten. In der Unterkunft lernten sie wenig Deutsch und erwarben keine Fertigkeiten. Die Migranten fürchteten sich beim Einschlafen vor Abschiebungen nach Italien, da die Polizei manchmal nachts oder sehr früh am Morgen eintraf. Sozialarbeiter erzählten, dass die meisten, die in den vergangenen Jahren nach Italien abgeschoben worden waren, nach einigen Wochen wieder zurückgekommen waren. Migranten erzählten mir, dass sie die italienische Polizei dazu aufgefordert hatte, doch nach Deutschland zurückzukehren.

Gleichzeitig hatte Deutschland ein Interesse daran, ausreisepflichtige verurteilte Straftäter schneller abzuschieben. Schlagzeilen der vergangenen Jahre setzten die Politik unter Druck: »19 Gambier festgenommen: Asylbewerber als Drogendealer« (Mai 2015)[411], »Gambische Flüchtlinge kontrollieren die Drogenszene« (Mai 2018)[412], »Razzia: Polizei sucht Drogen und Gambier« (März 2019)[413], »Görlitzer Park in Berlin-Kreuzberg: Anzahl und Herkunft der Dealer im Görli« (September 2019)[414]. In Berlin gelangte der Görlitzer Park durch die Drogenszene zu bundesweiter Bekanntheit. Laut Polizei war der Park unter vier westafrikanischen Gruppen aufgeteilt – aus Mali, Guinea, Senegal, Gambia –, zwischen denen es immer wieder zu Revierkämpfen kam. In den ersten fünf Monaten 2019 kam es zu 27 Fällen von schwerer Körperverletzung.[415] Im Herbst 2019 zog die Berliner Polizei für das laufende Jahr Bilanz: 207 Tatverdächtige in Zusammenhang mit Drogenhandel, davon 13 aus Gambia. Gegen 215 Personen wurde wegen Erwerbs und Besitzes von Betäubungsmitteln Anzeige erstattet, darunter gegen 23 Gambier. Immer wieder waren auch gambische Asylbewerber, entweder mit deutschen oder italienischen Papieren, unter den Tatverdächtigen. So wies die baden-württembergische Kriminalitätsstatistik für 2017 im Bereich der Rauschgiftkriminalität 2700 tatverdächtige Asylbewerber oder Flüchtlinge aus. 800 davon waren Gambier, darunter Mehrfachtäter. »Gambier machen in diesem Deliktsfeld mehr als ein Drittel aller tatverdächtigen Flüchtlinge aus und handeln vor allem mit Cannabis«, erklärte der Landeskriminaldirektor.[416] Überdies besaß das Land Baden-Württemberg 2018 eine Liste von Straftätern, die es prioritär abschieben wollte, auf der 25 Gambier standen.

Deutsche Politiker hatten also drei innenpolitische Interessen: die schnelle Abschiebung von Straftätern, die erfolgreiche Integration jener, die ohnehin bleiben würden, und ein Ende des zynischen Wettbewerbs unter EU-Staaten, Migranten möglichst schlecht zu behandeln, um sie so zur Weiterreise nach Deutschland zu motivieren. Je schlechter es Westafrikanern in Italien oder Spanien ging, je weniger Unterstützung sie dort erhielten, desto mehr Gründe gab es für sie weiterzuziehen. Baden-Württemberg und Deutschland brauchten einen Plan. Die Brisanz des Themas Abschiebung zeigte sich wenige Wochen nach meinem Treffen mit Ministerpräsident Kretschmann, als Deutschland im Februar 2019 20 Gambier, begleitet von 60 Polizisten, in einem Charterflugzeug gegen den Willen der dortigen Regierung nach Banjul zurückbrachte. Diese bis dahin größte Abschiebung aus

Deutschland führte zu Gewalt am Flughafen, zu Protesten und Demonstrationen und zu einer breiten Kampagne in den sozialen Medien in ganz Gambia. Ein Sprecher der Proteste warnte die Regierung: »Die letzte Gruppe von 20 Deportierten, die im Februar auf dem internationalen Flughafen von Banjul ankam, wurde in Handschellen und mit gefesselten Beinen von Deutschland nach Gambia gebracht … Wir fordern die europäische Polizei auf, solche herzlosen, bösen und rassistischen Taten jetzt zu stoppen. Das ist beschämend. Wir befinden uns nicht mehr in der Zeit der Sklaverei. Wir werden dies nicht länger tolerieren.«[417] Daraufhin erklärte die Regierung in Banjul ein Moratorium. Damit waren alle Abschiebungen aus der gesamten EU gestoppt. In den ersten Wochen des Jahres 2019, bis zum Moratorium im Februar, gab es 37 Abschiebungen aus Deutschland. Damit war es jetzt vorbei. Nun brauchten Deutschland und Baden-Württemberg umso dringender eine neue Strategie.

Die Vorstellung von Massenabschiebungen machte Hunderttausende Gambier, die Verwandte in der EU hatten, nervös. Sie sahen in jeder einzelnen Abschiebung eine persönliche Bedrohung. Die Europäische Kommission versuchte dennoch, Gambia unter Druck zu setzen, und legte der Regierung im Mai 2019 ein Papier vor. Darin forderte sie, die Abschiebung von 100 Personen im Monat in Chartern zuzulassen.[418] Dies hätte Gambia zum wichtigsten Rückkehrziel in ganz Westafrika gemacht. Im Gegenzug bot die Kommission die Entsendung eines Beraters an, der der gambischen Regierung helfen sollte, »effektiv mit ihren Bürgern zu kommunizieren« und »die Entwicklungen in den (sozialen) Medien zu beobachten«. Sogar über Sanktionen und Visaeinschränkungen wurde nun gesprochen, für ein Land, in dem keine einzige EU-Botschaft Schengenvisa ausstellt. Die Stimmung unter manchen europäischen Beamten war verzweifelte Entschlossenheit: Wenn es nicht einmal mit dem kleinen isolierten Gambia gelang, Abschiebungen durchzusetzen, dann war die gesamte diesbezügliche europäische Afrika-Strategie zum Scheitern verurteilt. Dabei bot sich eine Lösung an, bei der alle gewinnen würden: Abschiebungen nur von verurteilten Straftätern und von Ausreisepflichtigen nach einem Stichtag gegen einen legalen Status für alle anderen und legale Möglichkeiten für Migration in der Zukunft. Ein erfolgreiches Pilotprojekt zwischen Baden-Württemberg und Gambia als Ausgangspunkt für eine neue europäische Migrationsdiplomatie gegenüber Afrika.

Um diese Ideen zu testen, fuhr ich wenige Wochen später mit der Konrad-Adenauer-Stiftung und CDU-Mitgliedern des Innenausschusses des Landtages von Baden-Württemberg nach Banjul. Bei Treffen mit Ministern, Abgeordneten und NGOs zeigte sich einmal mehr, was es bedeutet, nach 22 Jahren Autokratie eine junge Demokratie zu stabilisieren. Spätestens als wir erfuhren, dass der Sohn eines Ministers selbst über Libyen nach Italien gereist war und dass der Bruder eines Abgeordneten, den wir trafen, in Baden-Württemberg als Asylsuchender lebte, war offensichtlich, warum Rückführungen ein hochsensibles Thema für diese Gesellschaft waren. Und es wurde klar: Eine Massenabschiebung nach Gambia würde nie zustande kommen. Ein Präsident, der mit der Unterstützung der Diaspora an die Macht gekommen war, würde keine Politik mittragen, die von dieser nicht akzeptiert würde.

Gleichzeitig bot eine erfolgreiche Diaspora in Deutschland eine Chance, die Beziehungen zwischen Deutschland und Gambia dauerhaft auf eine neue Grundlage zu stellen und dem Land aus seiner Isolation zu helfen. Heute gibt es in Banjul ein Konfuzius-Institut Chinas, aber kein Goethe-Institut; eine türkische Botschaft, aber keine deutsche; Stipendien aus China und Saudi-Arabien, aber kaum für die EU. Doch wie kann sich ein Land in Isolation entwickeln? Entwicklung ist das kreative Finden von Lösungen für konkrete Probleme, durch Kontakt mit anderen Menschen, Erfahrungen, Kulturen. Mehr Mobilität, mehr Kontakte würden dieser jungen Demokratie helfen, aus ihrer internationalen Isolation auszubrechen.

Als Teil einer Einigung mit Gambia könnte Deutschland die Zahl der jährlich verfügbaren deutschen (DAAD) Stipendien erhöhen und jenen Gambiern, die entschlossen genug sind, sich nach dem neuen Fachkräfteeinwanderungsgesetz für Arbeit zu qualifizieren, die Möglichkeiten dazu bieten. Dafür könnten Bundesländer und das Entwicklungsministerium in die Ausbildung von Menschen in Gambia investieren, in Krankenschwestern, Pfleger, Mechaniker. So würden Demokraten in Westafrika nicht mehr alleingelassen. Der Trend, dass die Zahl der Menschen aus Subsahara-Afrika, die legal nach Europa reisen, seit Jahrzehnten rückläufig ist, würde gedreht. Und Deutschland und Gambia hätten ein gemeinsames Interesse daran, diese Zusammenarbeit zum Erfolg zu führen und für andere afrikanische Nationen attraktiv zu machen, um dann auch mit Senegal und Nigeria ähnliche Abkommen abzuschließen. Würde dann auch Spanien ein solches Abkommen anbieten, gäbe es keinen Grund mehr für junge Gambier, lebensgefährliche Überfahrten zu den Kanarischen Inseln oder über das westliche Mittelmeer zu wagen. Im Gegenzug würde sich auch Spanien um die Integration der im Land befindlichen Gambier bemühen. Wenn Spanien und Italien solche Einigungen erzielten, würden Anreize für weitere irreguläre und tödliche Migration über Marokko, den Atlantik und Libyen verschwinden. Auch andere westafrikanische Länder sollten in Zukunft Anreize haben, bei der Rücknahme ihrer Bürger zu kooperieren, die keinen internationalen Schutz benötigten. Dies würde eine Wiederholung der tödlichen Massenmigration über die Sahara, Libyen und das Mittelmeer verhindern, ohne dauerhaft von libyschen Milizen abhängig zu sein. So könnten aus Stuttgart und Banjul Impulse zu einer Erneuerung der Afrikapolitik kommen.

Im Juli reiste ich erneut nach Banjul und warb für unseren Plan. Europa müsse eine Geopolitik der Hoffnung für Westafrika entwickeln, erklärte ein prominenter Oppositionsabgeordneter, der sich gegen Jammeh gestellt hatte. Und dass in diesem englischsprachigen Land gerade junge Liberale unter dem Eindruck litten, dass sich vor allem die Autokratien der Welt für ihr Land interessierten.

Doch auch Politiker und Bürger in Baden-Württemberg mussten von einer Einigung profitieren. Dazu musste es gelingen, die Verbindung zwischen manchen gambischen Migranten und Kriminalität und Drogenhandel zu kappen. Gambia und Deutschland sollten sich verständigen, dass ab einem Stichtag jeder verurteilte Straftäter und jeder, der *danach* aus anderen Ländern der EU nach Deutschland kam und ausreisepflichtig wurde, direkt nach Gambia abgeschoben werden konnte.

Nun ging es darum, in Deutschland in Ministerien und mit Abgeordneten in Berlin und in Baden-Württemberg über mögliche Lösungen zu sprechen. Es war erstaunlich und bewegend zu sehen, wie viele Menschen in Baden-Württemberg sich humane Lösungen für Migrationsfragen wünschten, gerade auch weil sich so viele Bürger persönlich jahrelang für Asylsuchende engagiert hatten. Das galt für Politiker fast aller Parteien, für Bürgermeisterinnen der CDU wie für grüne Lokalpolitiker, für SPD- und FDP-Bundestagsabgeordnete. Das Interesse für pragmatische Lösungen war bei jedem Gespräch und jeder öffentlichen Veranstaltung greifbar, in Freiburg und Stuttgart, in Lörrach und Ehingen, in Waiblingen und Göppingen, wo ich in jenen Monaten über das Thema sprach.

Schließlich bat mich Ende Dezember der gambische Außenminister, noch einmal nach Banjul zu kommen, um im Parlament für unseren Plan zu werben. Dort sprach ich auf Einladung des charismatischen Cheikh Siddia Jatta, Vorsitzender des außenpolitischen Ausschusses im Parlament in Banjul. Jatta hatte als junger Mann jahrelang in London gearbeitet, als Linguist UN-

Abkommen in die Landessprachen Gambias übersetzt. Nach der Diskussion versicherte er mir, das Parlament werde die Dinge in die Hand nehmen: Der Gambia-Plan sei eine »exzellente Idee, die umgesetzt werden« müsse. Daraufhin kamen im Februar 2020 fünf Abgeordnete aus Banjul nach Berlin und Stuttgart, um über eine Einigung zu sprechen (mehr dazu: Seite 265).

Abschieberealismus

2019 gab es laut UNHCR in Afrika mehr als 6,3 Millionen Flüchtlinge und 18,5 Millionen Binnenvertriebene. Die meisten Flüchtlinge kamen aus dem Südsudan und dem Sudan, aus Somalia, dem Kongo und der Zentralafrikanischen Republik. Mehr als eine halbe Million Binnenvertriebene gab es in Burkina Faso, in Kamerun, in der Zentralafrikanischen Republik, im Kongo, in Äthiopien, Nigeria, Somalia, dem Sudan und dem Südsudan. In allen diesen Ländern gibt es Fluchtursachen: Verfolgung, Kriege und Konflikte. Doch wer Flüchtlingen und Binnenvertriebenen in Afrika wirklich helfen will, der muss Lösungen in Afrika suchen, denn aus diesen Ländern kamen in den letzten Jahren nur sehr wenige Menschen nach Europa, die als Flüchtlinge anerkannt wurden. Betrachtet man die Situation von Flüchtlingen aus Afrika, dann bemerkt man schnell, dass in den letzten Jahrzehnten 99,9 Prozent von ihnen den Kontinent gar nicht verlassen konnten. Es gibt viele gute Gründe für Europäer, sich in Afrika zu engagieren, doch Fluchtursachenbekämpfung, deren Hauptziel es wäre, Migration von Flüchtlingen nach Europa zu stoppen, gehört kaum dazu. Und um irreguläre Migration von Nichtschutzbedürftigen zu reduzieren, braucht es vor allem Abschiebungsrealismus und eine neue Migrationsdiplomatie gegenüber Herkunft- und Transitländern.

Eine Skizze der derzeitigen dysfunktionalen europäischen Afrika-Politik sieht so aus: Es gibt kaum Neuansiedlungen von afrikanischen Flüchtlingen nach Europa. Die Zahl regulärer Zuwanderung ist niedrig, ebenso die Zahl von Visa für Besuche. Wir haben auch bereits gesehen, dass in den letzten Jahrzehnten nur eine sehr kleine Anzahl von Bürgern afrikanischer Staaten irregulär die EU erreichte, von diesen aber eine viel zu hohe Zahl auf dem Weg dorthin ihr Leben verlor. Unter den Afrikanern, die das Mittelmeer überquerten und in der EU einen Asylantrag stellten, erhielten wiederum nur wenige – vor allem Eritreer und Somalier – internationalen Schutz. Dennoch wurden die wenigsten ausreisepflichtigen Afrikaner abgeschoben.

Betrachten wir Spanien genauer, dann sehen wir, was nicht funktioniert. Nach Spanien kamen 2018 und 2019 vor allem Marokkaner, Algerier und Westafrikaner irregulär aus Afrika. 2018 waren es 65 000.[419] 2019 kamen 32 000, halb so viele. In den ersten sechs Monaten 2020 waren es weniger als 10 000.

Auch 2018 und 2017 stand Marokko auf Platz eins der irregulär in Spanien Ankommenden, während sich Guinea und Algerien unter den ersten drei bzw. vier Herkunftsländern befanden.

Spanien: Wichtigste Herkunftsländer irregulärer Migranten 2019[420]

Marokko	8 271
Guinea	5 124
Algerien	5 025
Mali	3 298
Elfenbeinküste	2 867
Senegal	2 378
Tunesien	1 238
Syrien	1 031
Palästina	380
Weitere Länder	2 901
Gesamt	**32 151**

Was machen diese irregulären Migranten, nachdem sie Spanien erreicht haben? Kaum jemand stellt einen Asylantrag. Dies tun in Spanien seit Jahren vor allem Bürger Südamerikas, die visafrei und legal einreisen können.

Von diesen zehn Staaten benötigen nur die Bürger Marokkos und Syriens ein Visum für die Einreise in den Schengenraum.

Spanien: Wichtigste Herkunftsländer irregulärer Migranten [421]

2017	
Marokko	5 289
Algerien	4 649
Guinea	4 165
Elfenbeinküste	4 150
Gambia	3 031
Syrien	2 328
Mali	527
Senegal	258
Andere Staaten	3 952
Gesamt	**28 349**
2018	
Marokko	13 076
Guinea	13 503
Mali	10 340
Algerien	5 801
Elfenbeinküste	5 273
Gambia	4 080
Senegal	2 133
Syrien	1 573
Andere Staaten	9 594
Gesamt	**65 373**

Spanien 2019: Wer stellte die meisten Asylanträge? [422]

Venezuela	40 835
Kolumbien	29 285
Honduras	6 780
Nicaragua	5 905
El Salvador	4 770
Peru	3 980
Marokko	2 535
Syrien	2 360
Ukraine	2 375
Georgien	1 810
Andere Staaten	17 160
Gesamt	**117 795**

Das heißt: Es kommen seit Jahren nur wenige Afrikaner irregulär nach Spanien, die meisten von ihnen sind Marokkaner, die bis Anfang der 1990er-Jahre sogar ohne Visum nach Spanien einreisen konnten. Von den wenigen Afrikanern, die einen Asylantrag stellen, bekommt kaum jemand den Schutzstatus. Dennoch bleiben mit Ausnahme von einigen Marokkanern und Algeriern fast alle Afrikaner in Spanien.

Nimmt man Algerien aus dieser Auflistung heraus, stehen 13 875 Ausreiseaufforderungen an Bürger afrikanischer Länder nur 150 Ausreisen aus Spanien gegenüber. Wer es aus Subsahara-Afrika über Marokko mit einem kleinen Boot nach Andalusien schafft oder wem es gelingt, über die lebensgefährlichen Klingen der Zäune von Melilla zu klettern, der kann damit rechnen, in Spanien zu bleiben. Das Kriterium der Schutzbedürftigkeit spielt dabei kaum eine Rolle. Dies ermutigt eine kleine Gruppe, es weiterhin zu versuchen. Auf europäischer Seite führt diese Entwick-

Spanien 2019: Ausreisen (freiwillig und erzwungen)[423]

	Irreguläre Einreisen	Ausreise- aufforderungen	Ausreisen
Guinea	5 124	4 460	10
Algerien	5 025	4 545	1 680
Mali	3 298	3 450	40
Elfenbeinküste	2 867	2 895	5
Senegal	2 378	2 470	90
Tunesien	1 238	600	5
Gesamt	**19 930**	**18 420**	**1 830**

lung zu einer Aufrüstung an den Außengrenzen. Transitländer wie Marokko werden von europäischen Staaten seit Jahren dazu ermutigt, Migranten auch mit Gewalt zurückzuhalten.

Das Scheitern von Abschiebungen Ausreisepflichtiger in afrikanische Länder ist kein spanisches Phänomen. Während Asylanträge in Frankreich in den letzten Jahren auf eine Rekordzahl gestiegen sind – von 76 000 im Jahr 2015 auf 151 000 im Jahr 2019 – und die Zahl der Ausreisepflichtigen jedes Jahr wächst, ist die Zahl von Abschiebungen seit 2015 gleich niedrig geblieben.[424] Die französische Erfahrung gleicht der spanischen: Es gibt wenige Abschiebungen nach Algerien und kaum welche in andere afrikanische Länder.

In Italien ist das Bild ähnlich. Im Jahr 2017, dem letzten Jahr hoher Ankunftszahlen aus Nordafrika, stellten 130 180 Menschen einen Asylantrag. 47 000 Asylanträge wurden in erster Instanz abgelehnt, weniger als 13 000 Antragsteller erhielten in jenem Jahr internationalen Schutz. Insgesamt gab es dennoch nur 5700 Abschiebungen oder freiwillige Rückkehrer. Darunter war fast niemand aus den Hauptherkunftsländern Subsahara-Afrikas.

Auch in Italien wurden die meisten Asylanträge von Westafrika-nern abgelehnt. Und auch hier kehrte von den 100 000 Menschen aus Nigeria, Senegal, Gambia, Elfenbeinküste, Mali und Guinea, die allein 2016 ankamen, kaum jemand in sein Herkunftsland zurück.

Ist es angesichts dieser Erfahrungen in Spanien, Frankreich und Italien erstaunlich, dass es auch aus Deutschland kaum Ab-schiebungen nach Afrika gibt? Und dass es wenig Sinn ergibt, nach spezifisch deutschen Ursachen dafür zu forschen? Abschie-bungen nach Subsahara-Afrika sind aus Deutschland so selten wie aus den anderen europäischen Staaten.

Im Sommer 2018 versprach die bayerische Regierung, alle, die nach abgelehnten Asylverfahren kein Bleiberecht hatten, ab-zuschieben. Doch die größte Gruppe, die 2017 in Bayern aus-reisepflichtig war, waren 2549 Nigerianer. Dem standen 110 Ni-

Frankreich: Freiwillige Rückkehr und Abschiebungen[425]

	2014	2015	2016	2017	2018	2019
Algerien	1705	1735	1375	1465	1735	2090
Marokko	1035	965	815	835	940	1100
Tunesien	1530	1225	795	790	815	1130
Albanien	2125	2280	2335	3235	3715	3375
Georgien	280	265	220	330	580	1515
Senegal	250	195	190	175	175	220
Elfenbein-küste	105	115	100	135	135	185
Mali	145	105	95	75	115	160
Guinea	75	50	75	85	125	130
Nigeria	90	90	80	75	75	75
Kongo	45	65	40	40	50	75
Alle Dritt-staaten	**13030**	**12195**	**10930**	**12720**	**15445**	**15615**

Italien: Freiwillige Rückkehr und Abschiebungen [426]

	2014	2015	2016	2017	2018	2019
Albanien	1070	1160	1115	1230	1380	1530
Marokko	680	675	895	1005	1000	1000
Tunesien	1205	910	1225	2070	745	840
Nigeria	185	210	165	350	225	390
Ägypten	1050	570	685	400	290	350
Ukraine	65	65	115	170	200	250
Georgien	85	75	60	125	120	175
China	60	45	85	90	95	155
Molda-wien	130	125	130	150	140	145
Pakistan	25	135	175	70	45	75
Afghanis-tan	25	5	115	5	0	5
Alle Dritt-staaten	**5310**	**4670**	**5715**	**7045**	**5615**	**6470**

Italien – Westafrika: Freiwillige Rückkehr und Abschiebungen [427]

Land	2014	2015	2016	2017	2018	2019
Nigeria	185	210	165	350	225	390
Senegal	60	65	70	130	115	140
Gambia	5	15	15	20	35	35
Elfenbein-küste	10	5	10	5	10	25
Mali	5	0	0	5	10	5
Guinea	0	0	0	5	5	0
Gesamt	**265**	**295**	**260**	**515**	**400**	**595**

gerianer gegenüber, die im selben Jahr aus ganz Deutschland nach Nigeria abgeschoben wurden, und 420 Nigerianer, die im Rahmen des Dublin-Systems vor allem nach Italien gebracht wurden, aber oft bald danach wieder nach Deutschland zurückkehrten.

Diese Zahlen zeigen, dass das derzeitige System von Migrationskontrolle und Asylverfahren in Bezug auf Bürger afrikanischer Länder in *allen* europäischen Ländern versagt. Irreguläre Migration wird an den Außengrenzen durch Gewalt und Abschreckung in Transitländern gestoppt: durch »Diktatoren als Türsteher Europas«.[428] Doch wer es in den letzten Jahren trotzdem schaffte, den tödlichen Hindernislauf nach Europa zu überleben, durfte bleiben.

Warum aber gelingen Abschiebungen in bestimmte Länder und in andere nicht? Eine Analyse aller Abschiebungen aus Deutschland im Jahr 2018 legt eine Antwort nahe, die auch für andere Länder der EU zutrifft:

80 Prozent aller Abschiebungen aus Deutschland gingen in andere europäische Länder: in die EU, auf den Balkan und nach Osteuropa. 8 Prozent gingen nach Nordafrika, mit ähnlichen Zahlen wie in Italien oder Frankreich. 1 von 10 Abschiebungen (12 Prozent) erfolgte in den Rest der Welt.

Es gibt einen offensichtlichen Zusammenhang zwischen fehlenden legalen Reisemöglichkeiten und dem Scheitern von Abschiebungen. Erfolgreiche Abschiebungen gehen in jene Länder, deren Bürger visafrei in die EU einreisen können. Hier haben Regierungen ein Interesse daran, mit der EU zu kooperieren. Das gilt für die Länder des Westbalkans, aber auch für Georgien, Moldau und die Ukraine.

Für Afrikaner gibt es derzeit wenige Möglichkeiten, legal nach Europa zu reisen. Es ist sehr schwer für Menschen aus Subsahara-Afrika, ein immer teureres Schengenvisum zu bekommen. Im Jahr 2018 nahm allein das finnische Konsulat im russischen

Deutschland: Abschiebungen auf dem Luftweg 2018 [429]

Zielstaat	Abgeschobene Personen	Anteil
EU-/Schengen-Staaten	7 947	38 %
Westbalkan-Länder	6 296	30 %
Georgien, Moldawien, Ukraine, Russland, Armenien, Türkei	2 719	12 %
Nordafrikanische Länder	1 696	8 %
• *Marokko*	*722*	
• *Algerien*	*567*	
• *Tunesien*	*344*	
• *Ägypten*	*63*	
Übrige Welt	2 401	11 %
• *Pakistan*	*367*	
• *Afghanistan*	*283*	
• *Indien*	*212*	
• **Ghana**	**210**	
• **Nigeria**	**195**	
• **Gambia**	**144**	
• *Bangladesch*	*123*	
• *China*	*48*	
• *Weißrussland*	*37*	
• *Irak*	*35*	
• *Iran*	*22*	
• **Senegal**	**16**	
• **Guinea**	**16**	
• **Elfenbeinküste**	**5**	
• *Togo*	*5*	
• *D. R. Kongo*	*4*	
• *Weitere Länder*	*466*	
Gesamt	**21 059**	**100 %**

St. Petersburg mehr als 500 000 Visaanträge von russischen Staatsbürgern entgegen. Die allermeisten wurden genehmigt. In Nigeria wurden im gleichen Jahr in allen Konsulaten der EU-Länder nur 89 000 Visaanträge gestellt und 50 Prozent davon abgelehnt.[430]

Abschieberealismus bedeutet anzuerkennen, dass es ohne Kooperation mit und Interessen von Herkunfts- und Transitstaaten keine erfolgreiche Abschiebepolitik geben kann. Die Tatsache, dass Bürger fast aller Länder Zentral- und Südamerikas visafrei in die EU kommen können, aber kein einziges Land aus Afrika Visafreiheit für Reisen in die EU genießt, ist ein Symbol des tiefen Grabens zwischen den Kontinenten.

Stacheldraht und Asylverfahren

Bei Ceuta und Melilla, den beiden spanischen Enklaven an der Nordküste Marokkos, verläuft die einzige Landgrenze der EU auf dem afrikanischen Kontinent. Ceuta liegt an der Meerenge von Gibraltar, Melilla 250 Kilometer weiter östlich. Beide haben jeweils etwa 85 000 Einwohner. Als Spanien dem Schengener Abkommen beitrat, blieben die Grenzkontrollen bei der Einreise zwischen dem spanischen Festland und dem Rest der EU einerseits und den beiden Städten andererseits bestehen. Dennoch galt bislang: Wenn es einem irregulären Migranten gelingt, eine der beiden Städte zu erreichen, wird er oder sie nach einigen Monaten fast immer weiter nach Europa gebracht. So sind Ceuta und Melilla zum Sehnsuchtsziel für Tausende Menschen geworden, die jedes Jahr versuchen, hier die EU zu erreichen.

Seit Ende der 1990er-Jahre wurden als Reaktion darauf die Zäune gebaut und immer wieder verstärkt, sodass die beiden Städte heute Festungen gleichen. Auf der marokkanischen Seite gibt es in Melilla seit 2015 einen drei Meter hohen Zaun mit Stacheldraht. Auf diesen folgt ein mehrere Meter tiefer Graben. Danach kommt man zum ersten spanischen Zaun, der sechs Meter hoch und nach vorne geneigt ist, um Personen daran zu hindern, ihn zu erklimmen. Danach gibt es eine Stahldrahtvorrichtung und einen zweiten, drei Meter hohen geneigten Zaun. Der letzte spanische Zaun ist wieder sechs Meter hoch.[431]

Dennoch versuchen seit Jahren Migranten aus Senegal, Kamerun, Mali und anderen Ländern Westafrikas, diese Vorrichtungen zu überwinden. Einige Hundert im Jahr erreichen die Enklaven auf dem Seeweg: 2019 waren es 606 in Ceuta und 906 in Melilla. Andere versuchten in großen Gruppen, um marokkanische und spanische Grenzwächter zu überfordern, über die Zäune zu klettern. Zwar hat die Zahl der Versuche seit 2014 abgenommen, doch wem immer es gelang, die Zäune zu überwinden, der inspirierte wiederum andere, es weiter zu versuchen.

2016 drehte der Migrant Abou Bakar Sidibé aus Mali, in Kooperation mit dänischen Filmemachern, einen Film über sein Leben in den Hügeln Marokkos. Er beschrieb die jungen Männer, die wie er dort in Zelten lebten. Sie blickten auf Melilla und träumten von Arbeit und einer Freundin in Europa. Und sie versuchten immer wieder, die Zäune der Stadt zu überwinden. Der Film *Les Sauteurs – Die Springer* fing die Hoffnung jener ein, die

Überwinden der Zäune von Ceuta und Melilla[432]

	Versuche	erfolgreich
2014	21 204	2 269
2015	6 454	502
2016	7 515	1 109
2017	12 857	1 099
2018	5 800	1 265
2019	1 457	419
Gesamt	**55 287**	**6 663**

vom Berg Gurugú die Kirchtürme und Minarette von Melilla sahen und trotz vieler gescheiterter Versuche, Verletzungen und Todesfälle nicht von ihrem Traum lassen wollten. Sidibé filmte den Alltag, das zermürbende Warten auf den nächsten »Sprung«, das Leben in der Gruppe: »Auf dem Berg Gurugú hast du immer Angst. Angst davor, dass die Polizei ins Zeltlager kommt und alles verbrennt. Angst davor, von der Polizei geschlagen zu werden, wenn du über den Zaun springst.«[433] Einmal musste Sidibé den Eltern eines Freundes mitteilen, dass dieser beim Versuch, die Zäune zu überwinden, sein Leben verloren hatte. Doch für ihn hatte die Geschichte ein glückliches Ende, auch ihm gelang der »Sprung« nach Melilla und Europa.

Bereits im Sommer 2005 versuchten Gruppen von Hunderten Migranten, die Zäune zu überwinden. Berichte über die Brutalität der Sicherheitskräfte auf beiden Seiten des Zaunes führten zu einer kurzfristigen Empörung der Öffentlichkeit. Seitdem berichten spanische Menschenrechtsorganisationen regelmäßig über Zwischenfälle. So beschrieb eine von ihnen einen von vielen Todesfällen im Oktober 2015: »Ein 17-jähriger Junge aus Kamerun starb in Melilla an einer gerissenen Leber, nachdem er versucht hatte, den Zaun zu überwinden. Zeugen sagen, dies sei auf die Aktionen und Schläge der Guardia Civil zurückzuführen.«[434] Immer wieder verhaftete die marokkanische Polizei Migranten in der Umgebung von Ceuta und Melilla und brachte sie in andere Städte oder an die Landesgrenze.[435]

Am 6. Februar 2014 versuchte eine Gruppe von 200 Migranten, um die Grenzanlage im Meer herum nach Ceuta zu schwimmen. 90 von ihnen gelang es, an der marokkanischen Gendarmerie vorbei in die Grenzzone des Strandes vorzudringen, wo die spanische Polizei mit Gummigeschossen und Tränengas auf sie schoss. Von den 90 schafften es 23, Ceuta zu erreichen, während 13 ertranken.[436] Die spanische Polizei übergab die 23 Migranten den marokkanischen Behörden, ohne dass sie einen Asylantrag stellen konnten. Der Fall wurde dreimal vor spanische

Gerichte gebracht, doch die Verfahren wurden jedes Mal eingestellt.[437]

Am Neujahrstag 2017 versuchten 1100 Migranten, den Grenzzaun zu Ceuta zu überwinden. Nur zweien gelang es. Sie wurden verletzt ins örtliche Krankenhaus gebracht. 55 Grenzpolizisten wurden bei den Auseinandersetzungen verletzt.[438] Im Februar 2017 stürmten erneut 700 Migranten den Zaun um Ceuta, von denen es fast 500 gelang, ihn zu überwinden. Mehr als 30 Migranten wurden nach Angaben des Roten Kreuzes wegen Knochenbrüchen und Schnittwunden an Händen und Beinen medizinisch behandelt. Lokale Fernsehaufnahmen zeigten Dutzende blutender Menschen. Bei diesen Zusammenstößen wurden elf spanische Polizisten und zehn Angehörige der marokkanischen Streitkräfte verletzt. Die erfolgreichen »Springer« feierten ihren Erfolg, in spanische und EU-Flaggen gehüllt, in den Straßen der Stadt.[439]

Im Juli 2018 kam es zu einem weiteren Ansturm von über 800 Migranten auf Ceuta, von denen es rund 600 gelang, den Zaun zu überwinden. Dabei attackierten sie die spanischen Grenzpolizisten mit Fäkalien und selbst gebastelten Flammenwerfern. Das Rote Kreuz berichtete, dass sich 132 Migranten am Stacheldrahtzaun verletzt hatten; 15 Polizeibeamte und 16 Migranten wurden in ein Krankenhaus eingeliefert.[440] Und auch Ende August 2018 gelang es erneut 116 Migranten, den Grenzzaun nach Ceuta zu überwinden, dabei bewarfen sie spanische Grenzer mit Batteriesäure und Exkrementen.[441] Diesmal schob Spaniens sozialistische Regierung schon am nächsten Tag alle Migranten ab, die es nach Spanien geschafft hatten. Die Vizepremierministerin erklärte, die Regierung habe ein Zeichen setzen müssen.[442]

Eines scheint sicher: Weder spanische noch europäische Gerichte werden die Praxis der illegalen Push-Backs an dieser Grenze verhindern, wie der Fall von zwei Springern und ein Gerichtsurteil vom Februar 2020 zeigt. Am 13. August 2014 wurden zwei Männer aus Mali und der Elfenbeinküste beim Versuch, in einer Gruppe von etwa 70 Personen über die Grenzabsperrungen bei Melilla zu klettern, von der spanischen Polizei verhaftet und sofort in Handschellen den marokkanischen Behörden übergeben. Im Jahr darauf schafften sie es jedoch nach Melilla und wurden, wie üblich, auf das spanische Festland gebracht. Dort zogen sie gegen die Zurückstoßung durch die spanische Polizei im August 2014 vor Gericht. Der Fall ging bis zum Europäischen Gerichtshof für Menschenrechte (»N. D. and N. T. v. Spain«). Zunächst verurteilte das Gericht Spanien 2017 und ordnete an, die beiden Kläger mit jeweils 5000 Euro zu entschädigen, da mehrere Artikel der Europäischen Menschenrechtskonvention verletzt worden seien. Die spanische Regierung legte Berufung ein.[443] Dann kam die Wende: Im Februar 2020 nahm die große Kammer des Menschenrechtsgerichtshofes das erstinstanzliche Urteil zurück. Die beiden Kläger hätten eine legale Möglichkeit gehabt, so die europäischen Richter, in Spanien Asyl zu beantragen, entweder bei einer spanischen Auslandsvertretung oder am Grenzübergang zwischen Marokko und Melilla. Ihre Abschiebung sei daher rechtens gewesen.[444] Dass es im August 2014 für Menschen aus Subsahara-Afrika in Wirklichkeit keinerlei Möglichkeit gab, das Büro der spanischen Asylbehörde bei Melilla zu erreichen, da sie vorher von marokkanischen Sicherheitskräften abgefangen werden, spielte für das Urteil keine Rolle. Der Gerichtshof hatte sich einer politischen Logik gebeugt, wie schon zuvor Oberste Gerichte in Australien, den USA und verschiedene Gerichte in Spanien.

Doch ist eine alternative Strategie für Ceuta und Melilla denkbar, ohne Gewalt und Leid? Stellen wir uns vor, es gäbe in beiden Städten tatsächlich eine Möglichkeit, regulär und in Würde einen Asylantrag zu stellen. Nehmen wir weiter an, dass diese Asylanträge innerhalb weniger Wochen entschieden würden. Stellen wir uns vor, es gäbe eine Einigung zwischen Spanien und Marokko, all jene, die in Ceuta und Melilla nach einem Asylverfahren *keinen* Schutz bekommen, zurückzunehmen, sollten sie nicht mithilfe der Internationalen Organisation für Migration freiwillig in ihre Heimatländer zurückkehren. Ankommende Migranten würden dann nicht mehr automatisch auf das spanische Festland gebracht, sondern in Ceuta und Melilla menschenwürdig untergebracht und innerhalb von zwölf Wochen abgeschoben, sollten sie keinen Schutz erhalten.

In diesem Fall würde es sich für die meisten nicht mehr lohnen, Leben und Gesundheit zu riskieren. Denn die Chance, Asyl zu bekommen, wäre für die Bürger westafrikanischer Staaten gering. Spanien könnte den lebensgefährlichen Stacheldraht entfernen. Weniger Menschen würden versuchen, über Zäune zu klettern, weil sie nicht mehr damit rechnen könnten, automatisch auf das spanische Festland zu gelangen. Die Zahl der »Springer« würde sinken. Illegale Push-Backs fänden ein Ende.

Gleichzeitig könnten Spanien und eine Gruppe von EU-Staaten mit dem UNHCR vereinbaren, jedes Jahr einige Tausend anerkannte Flüchtlinge aus Westafrika direkt durch Neuansiedlungen aufzunehmen. Diese könnten vom UNHCR ausgewählt werden und in der Region beim UNHCR vorsprechen, so wie dies seit Jahrzehnten in vielen Ländern der Welt geschieht. Es wäre eine Möglichkeit für Flüchtlinge, einen Asylantrag zu stellen, ohne erst ihr Leben zu riskieren.

Was wäre notwendig, um solche Verfahren in Ceuta und Melilla durchzuführen? Deutschland, Spanien und andere könnten sich für ein Ceuta-und-Melilla-Pilotprojekt für schnelle und faire Verfahren zusammentun und dafür Asylbeamte und Dolmetscher bereitstellen. Vorgaben des niederländischen Asylsystems, die meisten Asylanträge innerhalb von acht Wochen zu entscheiden, könnten Orientierung bieten. Angelehnt an das niederländische System, wo Asylsuchende von Anfang an Rechtshilfe bekommen, könnte man so verfahren:

3 Tage Registrierung: Flüchtlinge werden identifiziert, registriert und Sicherheits- und medizinischen Kontrollen unterzogen. Sie bekunden ihre Absicht, Asyl zu beantragen, und führen ein erstes Gespräch mit der Asylbehörde. 6 Tage Vorbereitung: Asylsuchende bereiten sich auf das Verfahren vor. Jeder Antragsteller kann dabei von einer unabhängigen nichtstaatlichen Organisation unterstützt werden. 5 bis 8 Tage Asylverfahren: Der Antragsteller wird zweimal befragt. Beide Male schreibt der Entscheider ein Protokoll, das ein staatlich bezahlter Anwalt nachträglich korrigieren kann. Während der Anhörungen steht der Entscheider in Kontakt mit dem Recherchedienst der Asylbehörden, der die vom Antragsteller bereitgestellten Informationen überprüfen kann. 3 bis 5 Wochen für eine Berufung: Ein abgelehnter Asylbewerber hat 1 Woche Zeit, um gegen eine ablehnende Entscheidung Berufung einzulegen. Ein Gericht entscheidet innerhalb von 4 Wochen.

Ein solches Pilotprojekt in Melilla, bei dem die deutsche, niederländische, Schweizer und französische Asylbehörde mit der spanischen zusammenarbeitet, wäre ein Modell für zukünftige Asylkooperationen in Südspanien, auf Lesbos und Lampedusa, Korsika, Sizilien oder Malta. Es wäre eine Chance für die EU und für nationale Asylbehörden, eine der größten offenen Fragen der europäischen Debatte über Asyl zu beantworten: Wie erreicht man, dass sich die Standards bei Asylverfahren in Europa angleichen? Wie können unterschiedliche Verwaltungen voneinander lernen? Und wie lässt sich Qualität mit Geschwindigkeit verbinden? Letzteres ist eine der wichtigsten Fragen, wenn es darum geht, die Idee von Asylverfahren in das nächste Jahrzehnt zu retten. Anstatt in Brüssel hohe Standards für europäische Asylverfahren zu beschließen, die in vielen EU-Ländern nicht umgesetzt werden, könnten Länder hier beweisen, dass das Recht auf faire Verfahren ernst genommen wird. Fairness bedeutet auch Schnelligkeit, denn endloses Warten auf einen Asylbescheid ist zermürbend.

Marokko als Partner

Marokko ist das wichtigste Herkunftsland für irreguläre Migration nach Spanien. Es ist auch ein bedeutendes Transitland. Würde Marokko seine ausreisepflichtigen Staatsbürger schnell zurücknehmen, ein glaubwürdiges Asylsystem aufbauen und bei der Rücknahme von irregulären Migranten aus Drittstaaten kooperieren, wären das Sterben im westlichen Mittelmeer und die Dramen an den Zäunen von Ceuta und Melilla bald Geschichte.

Um das zu erreichen, sollte die EU Marokko das gleiche Angebot machen, das sie 2008 der Ukraine machte: Im Gegenzug für die *sofortige* Rücknahme seiner Bürger und aller irregulären Migranten, die ab einem Stichtag von Marokko aus das Meer oder den Zaun bei Ceuta und Melilla überqueren und *nicht* schutzbedürftig sind, sollte die EU und eine Gruppe von Mitgliedsstaaten Stipendien und Visaerleichterungen sowie eine Reduzierung der Kosten für Visa in Aussicht stellen und einen Visaliberalisierungsprozess beginnen. Das würde irreguläre Grenzübertritte sofort reduzieren.

Reisefreiheit nach Europa war für viele Ukrainer jahrzehntelang ein Traum.[445] Am Vorabend des 11. Juni 2017 feierten Tausende von ihnen die bevorstehende Reisefreiheit auf dem Europa-Platz in Kiew und zählten die Minuten bis Mitternacht herunter.[446] Seitdem können ukrainische Bürger für Besuche ohne ein Visum in alle Schengenstaaten einreisen.

Um dies zu erreichen, hatte die Ukraine seit 2008 viele Reformen durchgeführt. Eine Vorbedingung war der Abschluss eines Rückübernahmeabkommens mit der EU, das im Januar 2008 in Kraft trat. Im Gegenzug erhielt die Ukraine Visaerleichterungen – das Antragsverfahren wurde vereinfacht und billiger. Im gleichen Jahr eröffnete die Europäische Kommission einen Dialog über eine Visaliberalisierung. Ernst wurde es, als die Kom-

mission der ukrainischen Regierung einen Aktionsplan über-
reichte, der 60 präzise formulierte Bedingungen auflistete.[447] Daraufhin modernisierte die Ukraine ihre Grenzkontrollen und
ihren Grenzschutz, setzte das Rückführungsabkommen mit der
EU um, verbesserte ihr Asylsystem, führte biometrische Pässe
ein, intensivierte den Kampf gegen Korruption und verbesserte
die Menschenrechtslage, indem sie jede Form der Diskriminierung gesetzlich verbot. Die Europäische Kommission entsandte
regelmäßig Expertenmissionen in das Land und gab sechs detaillierte Fortschrittsberichte heraus.[448]

Es funktionierte: Die Ukraine erfüllte die Bedingungen. Die
Visapflicht entfiel. Heute reisen immer mehr Ukrainer legal in
die EU. Im Dezember 2017 überquerten 36 000 Ukrainer visafrei
die Grenze zu einem EU-Land. Im Dezember 2018 waren es
152 000.[449] Obwohl 1,5 Millionen Menschen in der Ukraine unter schwierigen Bedingungen leben, als Vertriebene von der
Krim und aus der Ostukraine, fallen die Asylantragszahlen von
Ukrainern in der EU.[450]

Ukraine: Asylanträge in der EU[451]

	Asylanträge
2014	14 060
2015	22 040
2016	12 490
2017	10 170
2018	10 225
2019	9 745

Die Behörden in Kiew setzen das Rückübernahmeabkommen
mit der EU weiterhin um.[452] 2018 wurden 33 045 Ukrainer aufgefordert, die EU zu verlassen.[453] Im gleichen Jahr kehrten 29 175
ausreisepflichtige Ukrainer in ihr Heimatland zurück, davon

20 440 aus Polen.[454] Fast alle taten dies freiwillig; nur 510 Personen mussten abgeschoben werden.[455]

Was in der Ukraine gelang, könnte auch in Marokko gelingen. Ukrainer sind ärmer als Marokkaner: 2017 lag das Bruttoinlandsprodukt der Ukraine pro Kopf etwa bei 2300 Euro, in Marokko bei 2700 Euro.[456] Die Ukraine hat mehr Einwohner als Marokko: 42 Millionen verglichen mit 35 Millionen.[457] Viele Bürger beider Länder leben bereits in der EU: schätzungsweise 3 Millionen Ukrainer und 3,5 Millionen Marokkaner.[458] 2018 stellten 10 195 Ukrainer in der EU einen Asylantrag, verglichen mit 8410 Marokkanern.[459] 9 Prozent der Ukrainer und 8 Prozent der Marokkaner erhielten internationalen Schutz.[460]

Marokko hat derzeit bilaterale Rückübernahmeabkommen mit Spanien, Frankreich, Italien und Belgien.[461] 2018 erhielten 33 000 Marokkaner in der EU Ausweisungsbescheide, doch nur 12 000 ausreisepflichtige Marokkaner verließen die EU.[462]

EU 2017: Ausreiseaufforderungen an Marokkaner[463]

	Aufforderungen	Ausreisen
Spanien	6365	5955
Frankreich	7445	1490
Italien	9665	1005
Belgien	4900	460
Deutschland	2625	775
EU gesamt	**34330**	**11410**

Die Ukraine hatte im Rahmen ihrer Reformen auch damit begonnen, ein eigenes Asylsystem aufzubauen. 2019 lebten im Land 2620 anerkannte Flüchtlinge, darunter 1013 Afghanen und 457 Syrer.[464] Die EU sollte in einem Visaliberalisierungsfahrplan darauf drängen und Marokko dabei unterstützen, sein nationales Asylsystem weiter auszubauen. Das wäre auch ein Signal an andere Länder in Afrika. Seit 2013 implementiert Marokko eine nationale Asylpolitik. Die neue Politik beinhaltet die Regularisierung von Migration: Bislang bekamen in zwei Wellen insgesamt 42 000 Migranten Aufenthaltspapiere, womit sie Zugang zum Arbeitsmarkt, zum Schulunterricht und zur Gesundheitsversorgung haben.[465] Die marokkanische Asylpolitik steckt noch in den Kinderschuhen, doch ein Reformprozess, der mit dem Ziel der Visaliberalisierung verbunden ist, könnte dies vorantreiben. Derzeit kümmert sich noch der UNHCR um Flüchtlinge in Marokko und führt Verfahren zur Feststellung des Flüchtlingsstatus durch. Im Februar 2019 lebten in Marokko 6199 vom UNHCR anerkannte Flüchtlinge, davon 60 Prozent Syrer. Es gab 1913 Asylsuchende.[466]

Im März 2019 schrieb die Europäische Kommission über die Beziehungen zu Marokko, sie wolle »zu einer engeren, vertieften und ambitionierteren Partnerschaft gelangen. Dabei werden Mobilität und Migration eine wichtige Rolle spielen … Die Wiederaufnahme der Verhandlungen über Rückübernahme und Visaerleichterungen sowie die legale Migration sollten ebenfalls Gegenstand der engeren Zusammenarbeit sein.«[467] Es wäre Zeit, auf diesem Versprechen aufbauend, für eine ehrgeizigere Vision der Zusammenarbeit im Interesse beider Seiten.

Marokkaner konnten bis in die Mitte der 1980er-Jahre ohne Visum nach Frankreich und bis zu den frühen 1990er-Jahren ohne Visum nach Spanien reisen. Eine erfolgreiche Mobilitätspartnerschaft dieser Art würde Europas Sicherheit verstärken, denn es würde zur Kooperation bei schnellen Abschiebungen von ausreisepflichtigen Marokkanern und Straftätern führen wie im Fall der Balkanländer heute, deren Bürger seit 2009 und 2010 visafrei in die EU einreisen dürfen. Die Rücknahme ausreisepflichtiger Staatsangehöriger war dabei von Anfang an eine Bedingung. Überdies würden von einer solchen Vereinbarung starke Signale ausgehen: dass die Flüchtlingskonvention und das Recht auf Asylverfahren nicht nur in Europa, sondern auch von aufstrebenden Ländern auf anderen Kontinenten ernst genommen werden; und dass Visaliberalisierung, das Versprechen legaler Mobilität in die EU durch Kooperation, auch für afrikanische Länder eine Option sein kann.

Europa als Leuchtturm

»Die seltsame und schöne Wahrheit über das Nächstmögliche … Sie beginnen in einem Raum mit vier Türen, von denen jede in einen neuen Raum führt … Diese vier Räume sind das Nächstmögliche. Aber sobald Sie eine dieser Türen öffnen und in den dahinterliegenden Raum schlendern, erscheinen drei neue Türen … Wenn man immer wieder neue Türen öffnet, hat man schließlich einen Palast gebaut.«
Steven Johnson, Wo gute Ideen herkommen[468]

100 Jahre nachdem die Bürger von Florenz den Bau ihres Doms begonnen hatten, wussten sie immer noch nicht, wie sie ihr ursprüngliches Ziel einer gewaltigen Kuppel verwirklichen konnten. Im Mittelalter hatte keine andere Stadt versucht, eine ähnliche Kuppel zu errichten. So stand im Jahr 1400 das Schiff ihrer Kirche, doch bei jedem Unwetter regnete es auf den Hauptaltar. Wo eine Kuppel sein sollte, war ein Loch. Um es zu schließen, wurde ein Wettbewerb ausgeschrieben. Zur Überraschung vieler gewann ein ehrgeiziger junger Goldschmied, Filippo Brunelleschi.

Brunelleschi hatte erkannt, dass er die Lösung der technischen Probleme nicht an seinem Schreibtisch in Florenz finden würde. Er musste studieren, was anderswo funktionierte, um auf neue Ideen zu kommen. So verließ er Florenz für eine längere Forschungsreise nach Rom. Dort hatten, mehr als ein Jahrtausend zuvor, römische Baumeister die Kuppel des Pantheons, damals die größte der Welt, und die Gewölbe großer Basiliken errichtet. Beim Studium dieser Bauten erkannte Brunelleschi, wie er vorgehen musste. Das Ergebnis kann jeder Besucher noch ein halbes Jahrtausend später bewundern: die Kuppel der Kathedrale Santa Maria del Fiore.

Erfolg und das Nächstmögliche

Das internationale System zum Schutz von Flüchtlingen erinnert heute an den unvollendeten Dom *vor* Brunelleschis Reise nach Rom. Es gibt eine Vision: Menschen, die vor Verfolgung und Gefahren flüchten, Sicherheit zu geben und sie würdevoll zu behandeln. Es gibt einen Bauplan: die Genfer Flüchtlingskonvention, ihre Weiterentwicklung in verschiedenen Kontinenten, dazu die Antifolterkonvention und die Europäische Menschenrechtskonvention. Es wurden in den letzten Jahrzehnten tragende Institutionen geschaffen: der UNHCR, dazu nationale Asylsysteme in immer mehr Ländern der Welt.

Doch es fehlen eine Kuppel und ein Bauplan, um dieses halb fertige Gebäude auch bei politischen Stürmen vor Winter und Regen zu schützen. Das Loch im Gebäude ist die Unfähigkeit der meisten Staaten, fair, seriös und schnell zu entscheiden, wer Schutz braucht und wer nicht; und die gezielte Mobilisierung von Ressourcen, um Schutzbedürftigen weltweit ein würdevolles Leben zu ermöglichen. Doch findet sich unter Europas Politikern ein Brunelleschi, der einen Plan für die Kuppel vorstellt, bevor das Gebäude einstürzt?

Dieses Buch hat mit der Frage begonnen, ob 102 000 Menschen, wie sie 2019 irregulär über das Mittelmeer aus Afrika und Asien kamen, zu viele sind. Die Antwort ist: Ja, es sind zu viele. Denn alle riskierten ihr Leben, mindestens 1885 von ihnen ertranken im Meer und viele von ihnen werden am Ende nicht als Flüchtlinge anerkannt.

Wir haben in diesem Buch weitere Fragen gestellt. Nehmen

die Staaten der Europäischen Union zu wenige Schutzbedürftige durch Neuansiedlungen auf? Der Vergleich mit Kanada legt nahe: ohne Zweifel. Die politische Frage ist dann: Wie kann man die Zahl irregulärer Migration senken und gleichzeitig die Zahl von Neuansiedlungen von Flüchtlingen erhöhen, so wie dies Australien unter Premier Malcolm Frazer 1978 gelang?

Eine dritte Frage war: Gibt es genug Möglichkeiten für legale Mobilität – Reisen, Stipendien, Arbeitsmigration – zwischen Afrika und der EU? Die Antwort ist klar: nein. Tatsächlich ist es für Bürger afrikanischer Länder heute um vieles schwieriger, legal in die EU zu reisen, als noch vor zwei Jahrzehnten.

Eine vierte Frage schließlich betrifft Abschiebungen: Ist es wahrscheinlich, dass die Hunderttausende Westafrikaner, die zwischen 2013 und 2018 über das Mittelmeer kamen, in den nächsten Jahren in ihre Heimatländer abgeschoben werden? Nein, es ist sehr unwahrscheinlich. Eine kluge, an humaner Kontrolle interessierte Politik baut darauf auf.

Es ist sinnvoll, über all diese Fragen gleichzeitig nachzudenken, um in Demokratien politisch durchsetzbare Lösungen zu finden; nur dann wird es gelingen, irreguläre Migration (human) zu reduzieren, Neuansiedlungen zu erhöhen, legale Mobilität zu erhöhen und Abschiebungen realistischer zu betrachten.

Wir brauchen Realismus, wenn es um Institutionen geht. Um Politik umzusetzen, sind kompetente Institutionen notwendig, die Erfahrung im Umgang mit Krisen haben und ein Interesse, aus Krisen zu lernen. Geht es um Asylsysteme, dann findet man die wichtigsten Erfahrungen bei nationalen Asylbehörden und nicht in europäischen Institutionen. Das Europäische Unterstützungsbüro für Asylanfragen (EASO) in Malta wird – wie das totgeschwiegene Scheitern seiner Mission in der Ägäis seit 2016 zeigt – nur mit mehr Mut zur Transparenz aus seinen Erfahrungen lernen.

Wir brauchen auch mehr anwendungsorientierte Migrationsforschung, die sich am Goldschmied Brunelleschi orientiert und das erforscht, was in der Vergangenheit bereits einmal funktionierte und wieder funktionieren könnte. Lösungsorientierte Forschung zu praktischen Fragen: Welche Erfahrungen gibt es mit schnellen Neuansiedlungen? Was kann man vom dänischen, französischen, Schweizer oder kanadischen Asylsystem konkret lernen? Wie lassen sich bestehende Asyl- und Aufnahmesysteme Schritt für Schritt verbessern? Wer sind die Menschen, die in den letzten Jahren ihr Leben riskierten, um das Mittelmeer zu überqueren? Welche Beispiele von erfolgreicher Migrationsdiplomatie gibt es? Und wo und wie gelang es, Mehrheiten in Demokratien für humane Grenzen zu gewinnen?

Null Tote im Mittelmeer

2019 stieß ich in einer Münchner Buchhandlung auf das Buch *Todesursache Flucht*. Es besteht vor allem aus Listen von Opfern, die auf dem Weg nach Europa ums Leben kamen. In einem Aufsatz am Anfang des Buches beklagt der Journalist Heribert Prantl eine Debatte, die sich trotz der vielen Toten im Kreis drehe: »Seit Jahren, seit Jahrzehnten gibt es auf EU-Konferenzen die ewig gleichen, tumben Vorschläge zur Flüchtlingspolitik: Bekämpfung der Schleuserbanden, besserer Schutz der EU-Außengrenzen, Rückführungspolitik ... Was soll man machen? sagen sie. Sollen die Leute halt nicht in die klapprigen Boote steigen.« Prantl zitiert den Propheten Jesaja, der an sein Volk appellierte: »Gib frei, die du bedrückst, reiß jedes Joch weg! Bring dem Hungrigen dein Brot, und die im Elend ohne Obdach sind, führe ins Haus!«[469]

Der Aufruf zur Umkehr angesichts des Massensterbens der letzten Jahre ist sicher gerechtfertigt. Doch ist Jesaja der richtige Ratgeber? Theologen sprechen vom Paradox des Verstockungsauftrags, denn der Prophet erhielt von Gott einen zum Scheitern verurteilten Befehl: Er solle das Volk zur Umkehr aufrufen, doch seine Botschaft würde nicht erhört werden. Er solle das Richtige sagen, wissend, dass es die Politik nicht verändern, die Menschen nicht erreichen und das Unheil nicht abwenden würde. So geht es heute auch vielen Mitarbeitern in Menschenrechtsorganisationen.[470]

Um Leben zu retten, braucht es heute eher einen Verkehrsplaner als einen alttestamentarischen Propheten, eher Claes Tingvall als Jesaja. Der Schwede warb viele Jahre für eine Vision Zero, null Unfalltote im Straßenverkehr, die das schwedische Parlament 1997 entwickelte und die seither in der ganzen Welt zu Reformen und weniger Verkehrstoten führte.[471] Dafür waren viele einzelne Maßnahmen notwendig, deren Wirkung ernsthaft getestet wurde. Eine Vision Zero für das Mittelmeer wäre heute das richtige Ziel einer Europäischen Union, die sich ihrem humanistischen und christlichen Erbe verpflichtet fühlt. Niemand sollte auf dem Weg nach Europa ertrinken.

Dieses Ziel ist weder allein *mit* Seenotrettung noch *ohne* zu erreichen. Es geht einerseits darum, dass sich weniger Menschen in Boote setzen, und andererseits darum, diejenigen, die es weiterhin tun, rechtzeitig zu retten. Nach Jahrzehnten tragischer Erfahrungen vom Südchinesischen bis zum Mittelmeer ist klar, dass der Streit zwischen jenen, die den Pull-Effekt durch Retter betonen, und jenen, die erklären, man müsse nur mehr Rettungsboote losschicken, tatsächlich jenen tumben Diskussionen gleicht, die Heribert Prantl beklagt. Man *muss* Menschen in Seenot retten und gleichzeitig darauf hinarbeiten, dass nie wieder Zehntausende in seeuntüchtige, überfüllte Schlauchboote steigen.

Dass man nichts tun kann, stimmt offensichtlich nicht. Im Januar und Februar 2016 ertranken 331 Menschen im östlichen Mittelmeer. Im gesamten Jahr 2017 waren es 62. Der Grund für den Rückgang war die EU-Türkei-Erklärung. Allerdings hat auch die italienische Politik der Zusammenarbeit mit Libyen im zentralen Mittelmeer dazu geführt, dass die Zahl der Toten von 4581 im Jahr 2016 auf 1262 im Jahr 2019 sank. Nicht jeder Zweck heiligt die Mittel wie hier die Zusammenarbeit mit Gruppen, die Menschen misshandeln. Die dringende Frage wäre daher: Wie kann man die Todeszahlen weiter reduzieren, ohne eine Kooperation mit libyschen Milizen einzugehen?

Zum einen sollten Seenotrettungsstellen in Rom und auf Malta wieder Seenotrettung im gesamten zentralen Mittelmeer koordinieren, um Schiffbrüchige rechtzeitig aufzuspüren, so wie es bis 2018 der Fall war. Zum anderen sollten private Schiffe ermutigt und unterstützt werden, Schiffbrüchige zu retten. Angelehnt an die Erfahrung im Südchinesischen Meer zur Zeit der Bootsflüchtlinge könnte ein europäisches DISERO (Disembarkation Resettlement Offers) für Handelsschiffe und private Seenotretter eingerichtet werden. Eine Koalition von Staaten sollte sich bereit erklären, alle, die von privaten Rettungsbooten und Handelsschiffen gerettet und in Aufnahmezentren in Italien, auf Malta und Korsika oder auch in Tunesien gebracht werden, von dort binnen zwölf Wochen aufzunehmen, wie es 1980 bei den Rettungen durch die *Cap Anamur* in Singapur der Fall war. Um dann diese Zeit für Verfahren zu nutzen.

Mit den im Sommer 2020 bereits vorhandenen privaten Seenotretterbooten (zwei großen Booten der deutschen Organisation Sea-Watch, den Booten von Sea-Eye und SOS Méditerranée sowie anderen kleineren Schiffen) wäre es möglich, in den Gewässern zwischen Libyen, Malta und Italien die meisten Schiffbrüchigen rechtzeitig zu retten. Unter zwei Bedingungen: Erstens dürften Staaten die privaten Schiffe nicht länger durch bürokratische Schikanen daran hindern, schnell wieder auszulaufen. Und zweitens müsste die Zahl der Ankommenden auf dem niedrigen Niveau der Jahre 2018 und 2019 bleiben.

Führt systematisches Retten aber nicht automatisch dazu, dass sich wieder mehr Menschen auf den Weg übers Meer machen? Nicht, wenn es gelingt, all diejenigen, die keinen Schutz in der EU brauchen, binnen zwölf Wochen in ihre Herkunftsländer

Südeuropa: Irreguläre Einreisen (Meer und Land)[472]

	Spanien	Italien	Griechenland
2014	12 000	170 100	43 300
2015	16 900	153 800	861 600
2016	14 600	181 400	177 200
2017	28 300	119 400	36 300
2018	65 400	23 400	50 500
2019	32 500	11 500	74 600
2020 (bis Juni)	8 500	6 900	10 300

oder in sichere Drittstaaten abzuschieben. Dazu sollte die EU Ländern wie Tunesien und Marokko die Einführung der Visafreiheit versprechen, sollten sie zu sicheren Drittstaaten mit funktionierenden Asylsystemen werden, die bei der Rücknahme von irregulären Migranten kooperieren. Darüber hinaus bräuchte es mehr Abkommen wie den Gambia-Plan mit Herkunftsländern und schnelle Asylverfahren in EU-Grenzstaaten.

Acht Wochen für ein faires Asylverfahren – Lehren aus der Ägäis

Faire, schnelle Asylverfahren in europäischen Aufnahmezentren – kann das je gelingen? Ist etwas Ähnliches nicht gerade auf den ägäischen Inseln gescheitert, obwohl es in der EU-Türkei-Erklärung vorgesehen war und die Türkei sich bereit erklärt hatte, Menschen schnell zurückzunehmen? Ja, es ist gescheitert. Es ist wichtig zu verstehen, warum.

Im November 2019 veröffentlichte der Europäische Rechnungshof einen Sonderbericht mit dem Titel »Asyl, Umsiedlung und Rückkehr von Migranten: Zeit für verstärkte Maßnahmen zur Beseitigung der Diskrepanzen zwischen Zielen und Ergebnissen«. Demnach betrug das Verfahren auf den griechischen Inseln von der Registrierung bis zur ersten Berufungsentscheidung fast 14 Monate.[473] Hinzu kam die Wartezeit vor der Registrierung. Bei der vom Rechnungshof erwähnten Standardproduktivitätsrate von 16 Entscheidungen pro Entscheider und Monat bei bestehendem Personal hätten allerdings auf allen Inseln im Mai 2018 nicht 17 000, sondern lediglich 6000 Menschen sein dürfen, hätten die Prüfer vor Ort seriös und effizient arbeiten dürfen. Stattdessen wurden die Aufnahmelager und Olivenhaine, in denen Antragsteller in Zelten hausten, immer voller und die von EASO entsandten niederländischen und deutschen Befrager immer frustrierter.

Die fehlende Aufarbeitung dieses europäischen Scheiterns bedeutet, dass deutsche Vorschläge, an der Außengrenze der EU zügige Asylverfahren durchzuführen, heute auf unüberwindbare Skepsis stoßen. Nicht, weil dies nicht sinnvoll oder möglich wäre, sondern weil die Gründe für die katastrophalen Zustände auf den griechischen Inseln von der Europäischen Kommission, EASO, dem UNHCR und der griechischen Regierung bis heute nicht offen diskutiert und, noch wichtiger, die unzumutbaren Zustände überwunden werden. Daher bräuchte es Pilotprojekte in Melilla, auf Lesbos und Malta, um zu zeigen, dass Kooperation zwischen Asylbehörden schnelle faire Entscheidungen binnen Wochen möglich macht, ohne weitere Morias zu schaffen. Die größte und heute krisenerfahrenste Asylbehörde der Welt, das deutsche BAMF, hat hier besonders viele Erfahrungen, die es teilen kann.

Für die Situation in der Ägäis bedeutet das: Entweder es kommt zu einer neuen Einigung mit der Türkei, mit einem neuen Stichtag für Rückführungen und einer griechischen Regierung, die eine solche Einigung tatsächlich umsetzen will, und dabei auf Hilfe europäischer Asylbehörden bauen kann. Oder die Inseln drohen dauerhaft zu Gefängnissen für Tausende zu werden, die durch ihr Leid anderen signalisieren sollen, dass es besser wäre, in Afghanistan, dem Iran oder der Türkei zu bleiben, als in die Europäische Union zu kommen. Letzteres, das Nauru-Modell, ist nicht nur eine europäische Schande, sondern wäre auch das Aussetzen der Rechtsstaatlichkeit an Europas Grenzen.

Abschiebungsdiplomatie – Von der Karibik lernen

Wir haben gesehen: Abschiebungen Ausreisepflichtiger funktionieren, wenn Partnerstaaten ein Interesse daran haben zu kooperieren und wenn es sich um strategische Abschiebungen nach einem Stichtag handelt. Diese Lehre gilt es in den nächsten Jahren zu respektieren – im Mittelmeer, mit der Türkei und Nordafrika, und anderswo. Dabei ist das Versprechen von legaler Mobilität oft das beste Mittel, um eine Kooperation zu erreichen. Die Voraussetzung dafür ist effektive Diplomatie. Dieser Herausforderung sollte sich die deutsche Außenpolitik stellen. Dass selbst Länder, die keine diplomatischen Beziehungen miteinander haben, durch konstruktives Verhandeln Lösungen finden können, lässt sich auch in der Karibik studieren.

Am 13. Juli 1994 entführte eine Gruppe von Kubanern ein Boot und machte sich auf den Weg nach Florida. Die kubanische Küstenwache rammte das Boot, und 37 Menschen ertranken. Es war eine von vielen Entführungen. Der kubanische Präsident Fidel Castro gab den USA, die jedem Kubaner, der die Vereinigten Staaten erreichte, eine Aufenthaltsgenehmigung versprachen, legale Einreisen jedoch erschwerten, die Schuld: »Je weniger Visa die USA für legale Reisen erteilen, desto mehr illegale Einreisen gibt es.«[474] Am 11. August kündigte Castro an, dass die kubanische Polizei von nun an niemanden, der die Insel zu verlassen versuche, mehr aufhalten werde.

Binnen weniger Tage bestiegen Tausende Menschen kleine Boote. Dies löste in den USA Panik aus. Der Gouverneur von Florida erklärte, der einzige Weg, die *Balseros* (Flößer) zu stoppen, sei, ihnen die Einreise zu verweigern. Die US-Küstenwache fing Balseros auf See ab, konnte aber kaum schwimmfähige Flöße nicht zurückweisen. Um die Menschen zurückzuführen, bedurfte es überdies der Zustimmung der kubanischen Regierung. Auf einer Sitzung des Nationalen Sicherheitsrates wurde beschlossen, sie auf den US-Marinestützpunkt Guantanamo auf Kuba zu bringen. Am 19. August kündigte der damalige US-Präsident Clinton an: »Auf See gerettete Flüchtlinge werden zu unserer Marinebasis in Guantanamo gebracht, während wir die Möglichkeit anderer sicherer Orte in der Region erkunden.«[475] Die geretteten Balseros sollten festgehalten werden, bis ein Drittland sie aufnehmen würde. Doch nur Panama bot an, einige wenige aufzunehmen; Spanien nahm 72 Menschen auf.[476] Die anderen blieben in Guantanamo, und der Zustrom riss nicht ab. Am 18. August, einen Tag vor Clintons Ankündigung, rettete die US-Küstenwache 535 Balseros. Am 23. August waren es 3253. Guantanamo füllte sich, und die Spannungen wuchsen.

Am 22. August 1994 kündigte das Weiße Haus an, die US-Regierung sei »bereit, mit der kubanischen Regierung über legale Auswanderung zu diskutieren«. Es kam zu Verhandlungen. Castro hatte konkrete Forderungen. In einem Abkommen von 1984 hatte Präsident Reagan Kuba 20 000 Langzeitvisa pro Jahr zugesagt. Castro fühlte sich betrogen: Die US hätten seitdem statt 160 000 nur 11 222 Visa erteilt.[477] Er bestand auf der Umsetzung der 1984 zugesagten Quote. Und so gaben am 9. September 1994 die beiden Regierungen eine gemeinsame Erklärung ab.[478] Die USA verpflichteten sich, »sicherzustellen, dass die gesamte legale Migration aus Kuba in die Vereinigten Staaten mindestens 20 000 Kubaner pro Jahr beträgt, ausschließlich unmittelbarer Verwandter von Bürgern der Vereinigten Staaten«.[479] Kuba verpflichtete sich, »wirksame Maßnahmen in jeder erdenklichen Weise zu ergreifen, um unsichere Ausreisen vor allem mit Überzeugungsarbeit zu verhindern«.[480] Kuba war zudem bereit, nach einem Stichtag – dem 19. August 1994 – diejenigen zurückzunehmen, die in Guantanamo festgehalten wurden und freiwillig zurückkehren würden.[481]

Kurz nach der Erklärung von 1994 führten die USA eine »Visa-Lotterie« ein, um die jährliche Mindestquote aufzufüllen.[482] Um an der Verlosung teilnehmen zu können, mussten kubanische Antragsteller zwischen 18 und 55 Jahre alt sein und mindestens zwei von drei Grundqualifikationen erfüllen: mittlerer Schulabschluss, drei oder mehr Jahre Berufserfahrung oder in den USA lebende Angehörige.[483] Wer ein solches Visum erhielt, durfte die Familie mitbringen. Bei der ersten Lotterie im November 1994 gab es 189 000 Bewerber, 1996 war diese Zahl auf 435 000 gestiegen, und bei der Lotterie im Sommer 1998 waren es 541 000.[484] Es gab nun einen legalen Weg für Migration in die USA, auf den viele hoffen konnten.

Die Anzahl der Menschen, die das Meer überquerten, sank nach dem Abkommen sofort dramatisch. Am 10. September 1994 rettete die US-Küstenwache 1004, am 12. September 283, am 14. September 17 Menschen und am 18. September nicht einen einzigen.[486] Die Zahlen erreichten nie wieder das Niveau von 1994.[487]

An Kubaner vergebene US-Visa für die Einwanderung[485]

1991	1 376
1992	910
1993	964
1994	544
1995	26 453
1996	15 700
1997	15 899
1998	15 787
1999	24 149
2000	21 228

Von der US-Küstenwache auf See abgefangene Kubaner[488]

1994	38 560
1995	525
1996	411
1997	421
1998	903
1999	1 619
2000	1 000

Am 2. Mai 1995 wurde eine zweite gemeinsame Erklärung mit Kuba abgegeben.[489] Die USA stimmten zu, alle Menschen, die noch in Guantanamo waren, einreisen zu lassen. Nun gab es einen Stichtag: Ab jetzt wurden kubanische Balseros direkt nach Kuba zurückgeführt. »Am 2. Mai 1995 kündigte der Pressesprecher des Weißen Hauses an, dass Kubaner, die auf See aufgebracht würden, nicht mehr nach Guantanamo gebracht, sondern nach Kuba zurückgeführt würden, wo sie die Einreise in die Vereinigten Staaten auf legalem Wege bei der U.S. Interessenvertretung [die USA hatten keine Botschaft in Kuba] beantragen könnten. Bei der Erörterung dieser Ankündigung erklärte der Generalstaatsanwalt, dass Maßnahmen ergriffen würden, um sicherzustellen, dass Personen, die einen echten Schutzbedarf geltend machten, von dem sie glaubten, dass er durch einen Antrag bei der U.S. Interessenvertretung nicht befriedigt werden könne, vor ihrer Rückkehr nach Kuba geprüft würden.«[490]

Diese Erklärung war, wie die EU-Türkei-Erklärung, kurz, einfach, klar und umsetzbar. Sie basierte auf Interessen und machte es leicht nachzuprüfen, ob beide Seiten ihre Verpflichtungen einhielten. Sie ist ein Beispiel für effektive Migrationsdiplomatie.

Patenschaften und Verteilung in Europa

Im Juni 2018 veröffentlichte ich gemeinsam mit Gesine Schwan, der Vorsitzenden der Grundwertekommission der SPD, einen Vorschlag im *Spiegel*, bei dem es um die Frage der Verteilung von Flüchtlingen aus den Grenzstaaten Europas ging. Und darum, pragmatisch konkrete europäische Solidarität zu zeigen:

»So ginge es im Einzelnen: Im Format einer ›Verstärkten Zusammenarbeit‹ vereinbaren Frankreich und Deutschland im Verbund mit den Niederlanden, der Schweiz und Schweden, den südeuropäischen Ankunftsländern Griechenland, Italien und Spanien solidarisch bei der Durchführung schneller qualitätsvoller Asylverfahren und der dezentralen Ansiedlung von anerkannten Asylbewerbern in Europa sowie bei der Rückführung nicht anerkannter Flüchtlinge zu helfen ...

Für die anerkannten Flüchtlinge bieten die genannten Länder sofort eine freiwillige Aufnahme an, wie sie Deutschland aus Griechenland noch im Herbst 2017 durchführte. Zugleich wird ein neues Verfahren freiwilliger dezentraler Aufnahme von anerkannten Flüchtlingen durch die Kommunen und Städte eingerichtet ...«

Es gibt ein großes Potenzial für kreative Lösungen. Betrachten wir nur die Zahl der privaten Partnerschaften in Kanada. Kanada nahm 2018 bei einer Einwohnerzahl von 37 Millionen Menschen 18 763 Personen durch private Patenschaften auf, das entspricht 0,05 Prozent seiner Bevölkerung. Auf die gesamte EU bezogen wären das 222 000 Patenschaften, auf Deutschland und Frankreich 74 000.[491]

Hier könnte sich die Europäische Union engagieren und Patenschaften finanziell unterstützen. Regierungen müssten grundsätzlich zustimmen, doch dann könnten Kirchen, Vereine und

Städte Patenschaften übernehmen und ein Europäischer Fond die Kosten tragen. Darüber hinaus könnte man Gemeinden fördern, wenn sie 0,05 Prozent ihrer Einwohnerzahl jährlich an Flüchtlingen neu ansiedelten. Für Berlin wären das 1900 Flüchtlinge im Jahr, für Köln 530, für Nürnberg 260 und für Freiburg 115. Ein solcher Fonds, um aufnahmewillige Städte und Regionen zu unterstützen, wäre eine europäische Antwort auf das kanadische Beispiel.

Von Kanada lernen – Projekt 0,05

2019 gab es in Kanada etwa 60 000 Asylanträge. Die Hälfte davon betrafen Neuansiedlungen durch private Patenschaften und den Staat, die anderen Asylanträge, die an Kanadas Grenzen und im Land gestellt wurden. Würde Deutschland im gleichen Verhältnis Asylanträge entgegennehmen und Neuansiedlungen durchführen wie Kanada, wären dies 135 000 Asylanträge und davon 67 000 Neuansiedlungen im Jahr. In einem solchen Szenario gäbe es dann viel weniger abgelehnte Asylbewerber als heute, die ausreisepflichtig würden. Und es würden sich weniger Menschen auf den gefährlichen Weg über das Mittelmeer machen.

Ist das Ziel eines Deutschlands als europäischem Kanada in der Flüchtlingspolitik realistisch? Stellen wir uns vor, die deutsche Regierung würde der Türkei und Griechenland im Rahmen einer neuen EU-Türkei-Erklärung vorschlagen, in den nächsten Jahren jedes Jahr bis zu 40 000 Flüchtlinge – 30 000 aus der Türkei und 10 000 aus Griechenland – aufzunehmen, sollte es zu einer wirklichen Umsetzung einer neuen Einigung mit schnellen Asylverfahren auf den Inseln in Kooperation mit dem BAMF kommen. Die Zahl irregulär Ankommender würde einbrechen, ebenso die Zahl der Toten. Die schrecklichen Lager auf den Inseln und an Grenzen auf dem Balkan wären Geschichte.

Stellen wir uns des Weiteren vor, Deutschland würde Spanien,

Malta und Italien anbieten, bis zu 20 000 Menschen im Jahr aus gemeinsamen Aufnahmeeinrichtungen im Mittelmeer aufzunehmen, käme es dort ebenfalls zu schnellen gemeinsamen Asylverfahren und Rückführungen Nichtschutzbedürftiger sowie zu Einigungen mit afrikanischen Herkunftsstaaten und Marokko und Tunesien. Damit würde die Zahl der irregulären Migration über das gesamte Mittelmeer einbrechen und damit auch die Zahl der in Deutschland (und Frankreich) gestellten und am Ende oft erfolglosen Asylanträge. Die Flüchtlingskonvention und Menschenwürde blieben gewahrt, die Zahl der Toten würde sinken. Schengen und das Dublin-System blieben davon unberührt. Würden sich Frankreich, die Beneluxstaaten und Skandinavien Deutschland anschließen, könnte Europa zum Leuchtturm internationaler Asylpolitik werden. Viktor Orbán hätte kein Veto.

Eine Politik, bei der in naher Zukunft in einem durchschnittlichen Jahr 130 000 Menschen einen Asylantrag in Deutschland stellen, wovon die Hälfte in einem geordneten Verfahren durch Neuansiedlungen und Umsiedlungen ins Land käme, wäre ein enormer Fortschritt zu den letzten chaotischen Jahren: Sie würde mehr Schutz, schnellere Integration und weniger gefährliche Reisen über das Meer bedeuten.

Ein Durchbruch mit Afrika

Es gelingt keinem EU-Land, eine größere Zahl von Afrikanern, die kein Bleiberecht haben, zurückzuführen. Es ist auch Deutschland nicht gelungen, in den letzten Jahren Afrikaner in nennenswerter Zahl in irgendein Land zurückzuführen. Es wäre gut, anhand eines konkreten Erfolgs die Debatte über die gesamte EU-Afrika-Politik in eine konstruktive Richtung zu lenken.

Die große Migration aus Gambia nach Europa in den Jahren 2014 bis 2017 war eine Ausnahmesituation. Diese Entwicklung hatte einen Anfang und ein Ende. Sie schuf unglaubliches Leid für die Betroffenen und ihre Familien. Nun geht es darum, das Beste aus den Folgen zu machen und eine Wiederholung zu verhindern.

Anfang Februar 2020 schrieb der Vorsitzende des Außenpolitischen Ausschusses des Parlaments in Banjul, Cheikh Siddia Jatta, einen Brief an den Ministerpräsidenten und den Innenminister in Baden-Württemberg. Sein Aufruf wäre ein guter Ausgangspunkt für einen deutschen diplomatischen und migrationspolitischen Erfolg in Westafrika:

» Wir sind eine kleine Nation. Diese Auswanderung hat jede Familie in unserem Land berührt. Viele haben gelitten, viele wurden inhaftiert, viele wurden gefoltert, und mindestens 1000 sind auf dem Weg umgekommen.

Die Gambier wollen nicht, dass diese gefährliche Migration, die von einem Gefühl der Verzweiflung getrieben wird, weitergeht. In den letzten Jahren haben wir mit der Internationalen Organisation für Migration zusammengearbeitet, um zu helfen, mehr als 4000 unserer Bürger aus Libyen und anderen Transitländern nach Gambia zurückzubringen. Diese freiwillige Rückkehr ist ein Signal an andere, diesen Weg der irregulären Migration nicht weiterzugehen. Die Geschichten unserer jungen Menschen, die von skrupellosen Menschenhändlern missbraucht werden, in seeuntüchtigen Schiffen hinausgetrieben werden und ertrinken, sind unerträglich. Das darf sich nicht wiederholen. Und dabei wollen wir mit Ihnen, den Parlamentariern in Deutschland und anderen Regierungen in Europa zusammenarbeiten.

Gleichzeitig machen die hohen menschlichen Kosten dieser Zeit die unfreiwillige Rückkehr derer, die Europa erreicht haben, zu einem äußerst sensiblen Thema in unserer Gesellschaft. Die Aussicht, dass Tausende unserer Kinder in Handschellen aus Europa zurückgebracht werden, ist für die Hunderttausenden, die sie kennen, ebenso unerträglich.«

Und dann setzte sich Jatta für eine bessere Lösung ein:

»Wir würden nun gerne sehen, wie die Zusammenarbeit erneuert werden kann. Wir wollen dies auf eine Weise tun, die langfristigen Erfolg verspricht. Wir schlagen intensive Gespräche mit Ihnen vor, um zu einer gemeinsamen Erklärung mit gemeinsamen Zielen zu gelangen. Diese sollten beinhalten:

Die erfolgreiche Integration der meisten Gambier, die sich derzeit in Baden-Württemberg aufhalten, durch Ausbildung, Erziehung und Arbeit, mit der Gewissheit, dass sie und ihre Angehörigen in Gambia in den nächsten Jahren keine Abschiebung zu befürchten haben;

Die Wiederaufnahme der Rückkehr gambischer Staatsbürger aus Deutschland, wobei der Schwerpunkt auf denjenigen liegt, die wegen Verbrechen verurteilt wurden und gerichtliche Abschiebungsanordnungen erhielten;

Ein wirksames Bemühen unserer Regierung, alle gambischen Bürger dafür zu sensibilisieren, sich nicht auf gefährliche Reisen über das Mittelmeer nach Europa generell zu begeben.

Aufbau einer Entwicklungszusammenarbeit mit Deutschland zur Bekämpfung der Ursachen irregulärer Migration aus Gambia, für die wir Sie um Ihre Unterstützung bitten ...«

Kurz nach diesem Brief kam eine Delegation gambischer Abgeordneter im Februar 2020 nach Berlin und Stuttgart für Treffen in den Ministerien und mit Abgeordneten aus dem Bundestag und dem Landtag. Anfang März schien alles bereit für den Beginn ernsthafter Verhandlungen. Doch bis heute ist es zu diesen durch Covid-19 noch nicht gekommen.

Wird es in naher Zukunft zu einer Politik echter Partnerschaft mit afrikanischen Ländern kommen? Es wäre die Erfüllung eines Ziels, das in einem 2017 erschienenen Dokument des deutschen Bundesministeriums für wirtschaftliche Zusammenarbeit und

Entwicklung unter dem Titel »Eckpunkte für einen Marshallplan mit Afrika« beschrieben wurde. Dort heißt es: »Afrikas Jugend muss eine Zukunft in Afrika haben. ... Afrikas Jugend braucht zugleich einen Austausch mit Europa. Europa braucht ein Konzept, das legale Wege der Migration ermöglicht und irreguläre Migration und Schleusertum bekämpft.«[492] Nun geht es darum zu zeigen, dass man bereit ist, diese Ideen auch tatsächlich umzusetzen.

Dublin war nie das Problem

Eine in den letzten Jahren immer wiederkehrende Kritik lautete, die Dublin-Verordnung benachteilige die Erstankunftsländer im Süden Europas, weil sie es erlaube, Flüchtlinge, die wohlhabendere nördliche EU-Länder erreichten, wieder zurück in diese ärmeren Länder abzuschieben. Dies ist eines der meistverbreiteten Klischees in der europäischen Debatte: Die EU habe Griechenland und Italien zu lange im Stich gelassen. Was sind die Fakten?

Der Blick auf Fakten zeigt, dass Griechenland seit Jahren stark vom Dublin-System profitierte. Im Einklang mit der Verordnung konnte Griechenland Asylantragsteller in andere EU-Staaten weiterschicken, etwa zur Familienzusammenführung. Das waren in den Jahren 2013 bis 2019 über 15 000 Personen. Gleichzeitig gab es in diesen Jahren insgesamt weniger als 100 Dublin-Transfers aus anderen Ländern nach Griechenland. Gäbe es das Dublin-System nicht, hätte Griechenland *mehr* Asylanträge zu bearbeiten und mehr Flüchtlinge zu betreuen.

Dasselbe galt viele Jahre lang auch für Italien. Vergleichen wir ein Jahrzehnt von Asylanträgen in Italien mit jenen in Schweden; hier das größte Mittelmeerland mit einer Bevölkerung von über 60 Millionen Menschen, dort ein Land im Norden der EU mit 10 Millionen Einwohnern. Im Mai 2015 errechnete die Europäische Kommission eine an die Einwohnerzahl und Wirtschaftskraft angepasste Quote für die faire Verteilung von Asylsuchen-

Dublin-Überstellungen aus anderen Mitgliedsstaaten nach ...[493]

	2013	2014	2015	2016	2017	2018	2019
Ungarn	850	827	k. A.	k. A.	129	65	1
Bulgarien	100	174	262	624	417	86	k. A.
Griechenland	7	2	15	10	1	18	33

Dublin: Überstellungen AUS Griechenland in andere EU-Länder[494]

	Anfragen	Akzeptiert	Überstellungen
2013	404	246	45
2014	1 113	837	506
2015	1 092	802	747
2016	4 878	3 214	936
2017	9 531	7 819	4 762
2018	5 102	2 681	5 547
2019	5 159	2 605	2 546
Gesamt	**27 279**	**18 204**	**15 089**

den, wonach Italien 12 Prozent und Schweden 3 Prozent aller Asylanträge in der EU bearbeiten sollten.

Von 2009 bis 2018 wurden in zehn Jahren in Italien 554 215 Asylerstanträge gestellt, in Schweden 504 105. Tatsächlich lag Italien in acht der zehn Jahre *unter* seiner Quote von 12 Prozent, Schweden in acht der zehn Jahre darüber. Hätte es vor 2015 ein funktionierendes System der »fairen« Verteilung gegeben, wie dies die Kommission 2016 vorschlug, wären viele Asylantragsteller vom hohen Norden Europas in den mediterranen Süden geschickt worden: von Schweden nach Italien. Und das ganz besonders im Krisenjahr 2015!

Tatsächlich war das Dublin-System für Italien in diesen zehn Jahren – trotz der hohen Antragszahlen in den Ausnahmejahren 2016 und 2017 – keine Bürde. Das gilt auch für andere Mittelmeeranrainerstaaten. Selbst im Krisenjahr 2015 gab es mehr Asylanträge in Dänemark als in Griechenland und mehr in den Niederlanden als in Spanien.

Blickt man statt auf Asylantragszahlen auf die Zahl jener, die in Italien und Schweden internationalen Schutz erhielten – Flüchtlingsstatus oder subsidiären Schutz, die beiden im EU-Recht vorgesehenen Kategorien –, wird das Bild noch klarer. In den letzten zehn Jahren wurde 1,9 Millionen Menschen in erster Instanz internationaler Schutz in der EU gewährt. Davon entfielen auf Italien 95 000 und auf Schweden 216 000 positive Entscheidungen. Hätte es in diesen Jahren eine faire Verteilung anerkannter Flüchtlinge gegeben, dann hätte Schweden in einem Jahrzehnt 150 000 Menschen aus dem Norden in den Süden schicken und Italien 100 000 Menschen mehr aufnehmen müssen.

Nun wird ein aufmerksamer Leser die Frage stellen: Warum gab es so viele Asylanträge in den nördlichen EU-Staaten? Hätten die Asylsuchenden laut Dublin-Verordnung nicht in die Erstankunftsländer im Süden überstellt werden müssen? Eine solche Rückführung hat aus verschiedenen Gründen schon lange vor 2015 nie funktioniert. Die wichtigste praktische Erfahrung der letzten Jahre ist: Es ist immer schwierig, Menschen gegen ihren Willen in Staaten zurückzuschicken, die daran kein Interesse haben, ob es sich um Dublin-Überstellungen oder Rückführungen in afrikanische Herkunftsstaaten handelt.

Somit erstaunt es kaum, dass es in der EU immer nur wenige Länder waren, die eine Verteilung von Asylsuchenden für eine Priorität hielten. 2015 traf dies vor allem auf Deutschland und Schweden zu, aus naheliegendem Eigeninteresse. 2016 kam Griechenland hinzu. In Italien hielt man das Thema zwei Jahre lang

Erstanträge für Asyl in Italien, Schweden und der EU 2009–2018[495]

	EU28	Italien	%	Schweden	%
2009	195575	17375	9	23600	12
2010	206880	10000	5	31785	15
2011	263135	40300	15	29630	11
2012	278280	17170	6	43835	16
2013	367825	25720	7	49225	13
2014	562680	63655	11	74980	13
2015	1256575	**82790**	7	**156110**	12
2016	1206045	121185	10	22330	2
2017	654610	126550	19	22190	3
2018	602515	53440	9	18075	3
Gesamt	**5594120**	**558185**	**10**	**471760**	**8**

EU, Italien, Schweden: Erstinstanz Flüchtlingsstatus/ subsidiärer Schutz 2009–2018[496]

	EU	Italien	%	Schweden	%
2009	51890	7585	15	6450	12
2010	45785	3080	7	7905	17
2011	49010	4070	8	7725	16
2012	69380	6545	9	11340	16
2013	95105	8645	9	22895	24
2014	151675	11265	7	29340	19
2015	284360	13845	5	30865	11
2016	621910	16890	3	64085	10
2017	373905	12380	3	25595	7
2018	183990	10695	6	9975	5
Gesamt	**1927010**	**94900**	**5**	**216175**	**11**

für wichtig, 2016 und 2017. Solange es nicht gelingt, durch Partnerschaften mit anderen Ländern, durch schnelle und faire Verfahren, durch Abschiebungen und Neuansiedlungen ein System zu schaffen, das irreguläre Migration reduzieren kann, wird es auch keine Mehrheiten in Europa geben, das Dublin-System zu reformieren.

Europäische Politiker und Beamte verbrachten seit 2015 sehr viel Zeit in frustrierenden Verhandlungen, deren Ziel es war, die Dublin-Verordnung zu reformieren. Dabei wäre dies gar nicht notwendig, würde es einer Koalition europäischer Staaten gelingen, Partnerschaften mit Herkunfts- (Gambia, Senegal, Nigeria) und Transitländern (Marokko, Tunesien, Türkei) zu bilden wie in diesem Buch beschrieben. Würde es gelingen, einen EU-Fonds für aufnahmebereite Städte zu schaffen, wäre eine Dublin-Reform vielleicht sogar überflüssig. Denn das bestgehütete Geheimnis in Brüssel ist, dass es vor 2014 trotz Dublin zu einer erstaunlich fairen Verteilung bei Asylanträgen zwischen Mitgliedsstaaten kam. Das widerspricht dem Mythos, Dublin habe jahrelang den Mittelmeerstaaten geschadet. Um die Dublin-Diskussion zu versachlichen, wäre es wichtig, die wahre Geschichte dieses Mechanismus zu kennen.

Es fehlte nicht an Grenzschützern

Seit 2015 wachsen die Ressourcen für die als Frontex bekannte Europäische Agentur für die operative Zusammenarbeit an den Außengrenzen, die in Europäische Agentur für die Grenz- und Küstenwache umbenannt wurde. Bei seiner Rede zur Lage der Union im Spätsommer 2018 schlug Kommissionspräsident Juncker vor, die Zahl der europäischen Grenzschutzbeamten auf 10 000 zu erhöhen.[497] Im April 2019 verabschiedete die EU ein Gesetz dazu.[498] Diese Grenzschützer sollen Mitgliedsstaaten in ihren Bemühungen unterstützen, Europas Grenzen zu schützen.

Frontex kann eine sinnvolle und hilfreiche Unterstützung für nationale Grenzschützer sein. Doch eines ist es nicht: der Schlüssel zur Kontrolle der europäischen Außengrenzen. Dieser Glaube beruht auf dem Missverständnis, dass es in Griechenland im Herbst 2015 an Grenzschützern gefehlt habe und die Antwort auf die Krise 2015 in der Stärkung von Frontex bestehen müsse.

Seit dem Herbst 2015 dachte ich dabei oft an eine Reise, die ich im Sommer 2013 auf Einladung des finnischen Grenzschutzes in den Norden Europas unternommen hatte. Ich wollte verstehen, wie Finnlands respektierte Grenzschützer ihre langen Außengrenzen kontrollierten. So verbrachte ich einige Tage in Helsinki, im Marinezentrum und am Flughafen, bevor es zur Kaserne Immola ging, einem regionalen Hauptquartier der Grenzschützer in den Wäldern nahe der russischen Grenze. In der Sauna und beim Abendessen ging es um Ausbildung, Überwachungstechnologie und immer wieder um die Frage, wie es den 2700 finnischen Grenzschützern gelang, im Sommer wie im Winter, ihre 1340 Kilometer lange Landgrenze zwischen Lappland und dem Baltischen Meer zu überwachen. Doch dann stellte ich eine naive Frage: Wie viele irreguläre Migranten versuchten eigentlich, diese Landgrenze zu überqueren? An die Antwort erinnere ich mich noch heute: 2011 waren es 3, 2012 waren es 4, in der ersten Hälfte 2013 war es eine Person gewesen. Denn irreguläre Migranten kamen gar nicht bis zur finnischen Grenze. Der Grund waren die 5000 russischen Grenzwächter, dem Geheimdienst FSB unterstellt, sowie ihre aus dem Kalten Krieg stammende Infrastruktur. Aber was würde passieren, fragte ich weiter, sollten eines Tages mehr Menschen den niedrigen finnischen Grenzzaun erreichen und in Finnland um Asyl bitten? Sie würden selbstverständlich hereingelassen, erklärten meine Gastgeber. Denn: *Grenzschützer stoppen keine Asylantragsteller.*

Im April 2016 erklärte Frontex-Direktor Fabrice Leggeri: »Ich kann nicht zustimmen, wenn gesagt wird, dass wir die Immigranten abschrecken oder abbringen sollten. Flüchtlinge, die vor einem Krieg flüchten, haben ein Recht auf Asyl und wir müssen sicherstellen, dass alle Asylbewerber, dass alle potenziellen Flüchtlinge einen Weg, einen sicheren Weg in die EU finden … in Griechenland und Italien registrieren wir die Migranten und dann können auch diese Migranten einen Asylantrag stellen, falls sie einen Asylantrag stellen wollen.«[499]

Viktor Orbán hat dies mittlerweile ebenfalls erkannt und ist daher zum Frontex-Kritiker geworden. Noch im September 2015 forderte er, dass »Griechenland, wenn es seine Grenzen nicht schützen kann, aufgefordert wird, diese Aufgabe unverzüglich auf die Mitgliedsstaaten der Europäischen Union zu übertragen, die dazu bereit sind. Ungarn wäre bereit.«[500] Doch dann erkannte Orbán, was es bedeuten würde, finnische, irische oder deutsche Grenzpolizisten an die EU-Außengrenzen zu schicken. Orbán wurde klar, dass das, was ihm vorschwebte, durch Grenzschützer, die sich an Grundrechten und Gesetzen orientierten, nicht zu erreichen war. Orbán wollte Soldaten, die Migranten mit physischer Gewalt über die Grenze zurückstießen. So wurde er zum Gegner jedes Machtzuwachses von Frontex. Im Oktober 2016 erklärte er, Frontex-Mitarbeiter seien keine Grenzschützer, sondern Einwanderungsbeamte, ohne das Mandat, »illegale Migration zu stoppen«.[501] Im Juni 2018 ergänzte er, Frontex sei »eine extrem schwache Grenzschutzbehörde, die, anstatt die Grenzen mit physischer Gewalt zu verteidigen, im Wesentlichen den Ansatz von NGOs verkörpert, welche Migranten bei der sicheren Einreise nach Europa unterstützen wollen«.[502]

Tatsächlich bleibt Frontex immer auf die Bereitschaft der Mitgliedsstaaten angewiesen: »Alle Maßnahmen der Europäischen Grenz- und Küstenwache unterliegen der Leitung und Kontrolle des Einsatzmitgliedsstaats. Die von der ständigen Reserve der Europäischen Grenz- und Küstenwache entsendeten Teams werden ihre Aufgaben und Pflichten im Einklang mit den Weisungen der Teamleiter des Einsatzlands erfüllen.«[503] Dennoch schwingt in den Vorschlägen zur Aufstockung von Frontex oft die Idee mit, mehr europäische Beamten könnten helfen, irreguläre Migration zu reduzieren. Dabei wäre im Herbst 2015 in der Ägäis nicht eine Person weniger gekommen, hätten 500 finnische Grenzschützer und deutsche Bundespolizisten ihre griechischen Kollegen verstärkt. Zwar wäre die Registrierung schneller erfolgt, vielleicht wären mehr Menschen vor dem Ertrinken gerettet worden, doch weder an der Zahl der Ankommenden noch an der Überforderung der griechischen Asylbehörde hätte sich etwas geändert. Das wird auch in Zukunft so sein.

»Flüchtlinge in Not« und die Zukunft des UNHCR

Im Juni 2019 kam Filippo Grandi, UN-Hochkommissar für Flüchtlinge, nach Berlin und präsentierte den neuesten UNHCR Global-Trends-Bericht. Die Medienberichte dazu waren fast gleichlautend mit denen im Jahren zuvor und im Jahr danach: »Noch nie so viele Menschen auf der Flucht« (ZDF), »Noch nie so viele Flüchtlinge und Vertriebene weltweit« (DPA), »Mehr als 70 Millionen Menschen weltweit auf der Flucht« *(Zeit Online)*.[504] Die Botschaft ist seit Jahren die gleiche: Wenn es um Flucht geht, ist die Welt aus den Fugen. »Das Flüchtlingswerk der Vereinten Nationen (UNHCR) hat 2018 weltweit erstmals mehr als 70 Millionen Flüchtlinge, Vertriebene und Asylbewerber gezählt. Das seien 2,3 Millionen Menschen mehr als ein Jahr zuvor ... Damit habe sich die Zahl in den vergangenen 20 Jahren verdoppelt.«[505]
Doch *wo* sind die Geflüchteten, denen geholfen werden muss? Es ist wichtig, genauer hinzusehen, denn unter den mehr als 70 Millionen Menschen auf der Flucht werden sehr unterschiedliche Schicksale zusammengefasst: Rohingya, die 2018 in Panik aus Myanmar in das arme Bangladesch flohen; Familien aus dem

Südsudan, die in den Sudan kamen; Millionen Syrer in den Nachbarländern Syriens. Aber auch:

- der Urenkel eines Palästinensers, der 1948 aus Jaffa floh und heute in Jordanien als jordanischer Staatsbürger lebt (über 5 Millionen der 70 Millionen sind Palästinenser);
- die Enkelin eines Afghanen, der nach dem Einmarsch der Roten Armee nach Afghanistan 1979 in den Iran floh und seitdem dort lebt (dort und in Pakistan leben 2,4 Millionen Afghanen, zum Großteil seit vielen Jahrzehnten);
- ein Eritreer, der 2010 in Schweden als Flüchtling anerkannt wurde und damit eine unbefristete Aufenthaltsgenehmigung erhielt (aus Schweden, Norwegen und anderen europäischen Ländern stehen mehr als 2 Millionen anerkannte Flüchtlinge auf dieser Liste);
- einer von fast 8 Millionen Kolumbianern aus der pazifischen Küstenregion, der vor 20 Jahren vor den Kämpfen in Kolumbien nach Bogotá floh, sowie seine dort geborenen Kinder (das Jahr der größten Fluchtbewegung in Kolumbien war 2002, als über 800 000 ihre Heimat verließen);
- ein Migrant aus Gambia, der 2015 mit dem Boot nach Italien kam, dort einen Asylantrag stellte, der abgelehnt wurde, und der daraufhin nach Deutschland weiterzog, um in Baden-Württemberg einen zweiten Asylantrag zu stellen (UNHCR zählt insgesamt über 3 Millionen Asylsuchende in westlichen Ländern);
- einer von 300 000 Flüchtlingen aus Vietnam in China. Diese chinesischstämmigen Bürger Vietnams wurden freilich bereits in den 1970er-Jahren von China aufgenommen. Sie werden immer noch in den UNHCR-Statistiken als Flüchtlinge geführt.

Nun sind ein anerkannter Flüchtling in Schweden, ein Enkel eines palästinensischen Flüchtlings mit jordanischer Staatbürgerschaft, ein Nachfahre eines vor der Roten Armee im Iran geflohenen Afghanen und ein Südsudanese in Uganda nicht in der gleichen Situation. Damit aber kommen wir zu einem weiteren Trugschluss in der heutigen Debatte, der Ansicht, die Flüchtlingssituation sei weltweit seit Jahren vollkommen außer Kontrolle. Dieser Eindruck ist auch eine Folge dessen, wie der UNHCR Flüchtlinge und Geflüchtete zählt.

Nehmen wir die 5,4 Millionen Palästinenser. Deren Flucht liegt so lange zurück, dass wir es heute mit der dritten und vierten Generation zu tun haben. Palästinenser werden seit Jahrzehnten von einer eigenen UN-Organisation betreut, der UNRWA (UN Relief and Works Agency for Palestinian Refugees in the Near East). Direkt nach dem Krieg mit Israel 1948 gab es 804 000 palästinensische Flüchtlinge. Um bei der UNRWA registriert zu werden, muss man folgende Kriterien erfüllen: »Es handelt sich um Personen, deren Hauptwohnsitz *in der Zeit vom 1. Juni 1946 bis zum 15. Mai 1948 in Palästina war* und die durch den Konflikt 1948 sowohl ihr Zuhause als auch ihren Lebensunterhalt verloren haben. Palästinensische Flüchtlinge und die Nachkommen männlicher palästinensischer Flüchtlinge, auch adoptierte Kinder, können sich bei der UNRWA für Dienstleistungen registrieren.«[506] Auf diese Art wächst die Zahl palästinensischer Flüchtlinge durch Geburten, nicht durch gewaltsame Vertreibung. So kommt man auf geschätzt 2,1 Millionen palästinensische Flüchtlinge in Jordanien, wobei die meisten von ihnen im Besitz der jordanischen Staatsbürgerschaft sind. Andere leben in Gaza und im Westjordanland, in Syrien und im Libanon. Und ihre Zahl wird weiterwachsen, wenn die Kriterien nicht verändert werden.

Die meisten der vom UNHCR 2019 als Geflüchtete Erfassten sind intern Vertriebene (IDPs), etwa 41 Millionen. Das zeigt, wie schwierig es ist, ein Land zu verlassen, selbst wenn man bereits vertrieben wurde. Doch auch diese Zahl ist unzuverlässig.

Seit Jahren findet sich im jährlichen UNHCR-Bericht die Zahl von knapp 220 000 serbischen Binnenvertriebenen, die angeblich 1999 aus dem Kosovo nach Serbien flohen.[507] Das Problem ist: Diesen Menschen kann niemand helfen, denn es gibt sie nicht.[508]

2004 arbeitete ich als Leiter einer unabhängigen Einheit der Europäischen Aufbaumission im Kosovo. Unser Mandat bestand darin, Klischees zu hinterfragen und Fakten zu prüfen, die für das Handeln der internationalen Gemeinschaft wichtig waren. So untersuchten wir die Zahl der vertriebenen Serben, um diesen bei einer möglichen Rückkehr helfen zu können. Laut der letzten jugoslawischen Volkszählung 1991 lebten damals, vor dem Krieg, der 1999 ausbrach, 194 000 Serben in der Autonomen Provinz Kosovo. Wir fanden ein vertrauliches Dokument von 2002 von einer staatlichen Institution in Belgrad, dem Kosovo-Koordinierungszentrum, wonach drei Jahre nach dem Krieg 129 474 Serben im Kosovo lebten. Parallel forschten wir zu Schülerzahlen in den damals 63 serbischen Grundschulen im Kosovo und kamen auf 14 368 serbische Kinder. Auf dieser Basis kamen wir auf eine geschätzte serbische Gesamtbevölkerung im Nachkriegs-Kosovo von 128 000. Da vor dem Krieg 194 000 Serben im Kosovo gelebt hatten und danach 129 000, konnte es keine 220 000 vertriebenen Kosovo-Serben in Serbien geben.

Tatsächlich hatte die Mehrheit der Kosovo-Serben das Kosovo nach dem Krieg *nicht* verlassen, sondern war in ihren Dörfern geblieben. Wir schrieben dazu einen Bericht, der auch im *Economist* besprochen wurde.[509] Niemand widersprach unseren Zahlen, doch der UNHCR-Global-Trends-Bericht blieb bei seinen Angaben.

Dabei geht es nicht nur darum, die Situation Geflüchteter – intern Vertriebene ebenso wie Flüchtlinge – besser zu verstehen, sondern auch darum zu wissen, in welchen Ländern Flüchtlinge in Not aufgenommen wurden, die dort zu wenig Hilfe bekommen. Nicht alle der 20 Millionen Flüchtlinge, die der UNHCR erfasst, brauchen internationale Unterstützung, doch viele sind darauf angewiesen. Ein anerkannter Flüchtling in Schweden, ein

Asylsuchender in Hamburg und ein syrischer Flüchtling im Libanon haben sehr unterschiedliche Bedürfnisse.

Sinnvoll wäre es daher, jährlich aufzuzeigen, wie viele »Flüchtlinge in Not« in Staaten leben, die nicht in der Lage sind, sie zu versorgen. Der UNHCR sollte die Zahl der »Flüchtlinge in Not« in den Mittelpunkt seines Jahresberichts stellen. Damit würde greifbar, vor welcher Herausforderung die Weltgemeinschaft steht.

Dabei geht es auch darum, mehr Länder weltweit zu mobilisieren, einen Beitrag zu leisten. Denn das auffälligste Merkmal internationaler Solidarität mit Geflüchteten in der Welt heute ist nicht fehlende Empathie in Europa, sondern das fehlende Engagement von Schwellenländern, die schon lange nicht mehr arm sind, sich aber im internationalen humanitären System kaum engagieren. Dazu zählen vor allem Länder, die einst arm waren, aber heute den Lebensstandard von Deutschland Mitte der 1960er-Jahre haben, beispielsweise Malaysia, Mexiko oder Marokko. Es ist schon lange irreführend, die Welt in zwei Hälften zu teilen: in wenige »wohlhabende« und viele »Entwicklungsländer«.

Mehr Solidarität zu erreichen war auch ein Ziel des Globalen Flüchtlingspaktes von 2018: »Derzeit beherbergen 10 Staaten allein 80 Prozent der weltweiten Flüchtlinge. Lediglich 15 Staaten fördern das Flüchtlingshilfswerk der Vereinten Nationen (UNHCR) mit mindestens 20 Millionen USD pro Jahr (Deutschland 2017 mit circa 477 Mio. USD). Die restlichen rund 180 Staaten engagieren sich derzeit nicht oder nur in sehr geringem Ausmaß. Staaten, die sich bisher kaum engagiert haben, sollten mehr Verantwortung übernehmen.« Der Blick auf die Finanzierung des UNHCR zeigt dies exemplarisch. Schweden allein bezahlt hier mehr als alle Schwellenländer – China, Indien, Indonesien, Brasilien, Mexiko, Malaysia – zusammen.

Stellen wir uns vor, Ende 2020 würde eine Gruppe von Staaten beim jährlichen Flüchtlingsforum in Genf erklären, man habe sich für die nächsten fünf Jahre ein großes, ehrgeiziges humanitäres Ziel gesetzt: In einer immer reicheren Welt solle kein Flüchtling in Not leben. Der UNHCR würde jedem »Flüchtling in Not« ein individuelles Dokument ausstellen, einhergehend mit dem Versprechen einer internationalen Koalition, für bis zu zehn Jahre eine humanitäre Mindestversorgung mit Zugang zu Bildung, medizinischer Grundversorgung und einer monatlichen Sozialhilfe im Aufnahmeland zu finanzieren und den Aufnahmestaaten – und Gemeinden – dabei zu helfen. Es gibt dafür ein konkretes Vorbild: die mit EU-Geldern und von der Türkei dort seit 2016 für Millionen syrische Flüchtlinge bereitgestellte Hilfe, die mit speziellen Kreditkarten direkt an diese ausgezahlt wird. Sie ist unbürokratisch und stärkt die Autonomie und Würde des Einzelnen. Da das Geld in Aufnahmestaaten ausgegeben würde, käme es diesen zugute. Nach spätestens zehn Jahren würde diese Grundversorgung je nach Bedarf durch andere Hilfen ersetzt, und der UNHCR würde sich zurückziehen. Könnte eine ähnliche Hilfe Flüchtlingen in Bangladesch und Uganda angeboten werden? Welches Budget für UNHCR, WFP, UNICEF und IOM wäre notwendig, um jährlich mindestens 15 Millionen Flüchtlingen in Not in ihren Aufnahmeländern so zu helfen?

Legenden, die uns schaden, und Geschichten, die wir brauchen

Jedes Kind versteht die Moral der Geschichte von den drei kleinen Schweinchen und dem bösen Wolf: Wenn Gefahr droht, retten sich die, die vorausschauend geplant haben. Drei Schweinchen bauen je ein Haus: aus Stroh, aus Holz, aus Stein. In der ursprünglichen Version pustet der Wolf die Häuser aus Stroh und Holz weg und frisst die beiden Bewohner. In der kindergerechten Disney-Version entkommen die unvorsichtigen Schweinchen gerade noch und retten sich in das dritte Haus aus Stein. Wer wünscht sich angesichts eines blutrünstigen Wolfs keine schützenden Mauern? Wer will nicht sicher sein?

Angst hat die Aufgabe, Menschen zu schützen. Wenn ein Raubtier vor uns steht, schütten wir Adrenalin aus. Unser Herz schlägt schneller, unsere Verdauung stoppt, und unser Körper bereitet sich auf Flucht oder Kampf vor. Doch Angst kann auch krank machen: den Einzelnen oder eine ganze Gesellschaft. Leben wir in ständiger Angst, verändert dies die Struktur unseres Gehirns. So wie uns Geschichten über barmherzige Samariter, selbstlose Retter und unschuldig Vertriebe zu Solidarität bewegen, dienen Geschichten blutrünstiger Invasoren, fanatischer Terroristen und gieriger Spekulanten dazu, Empathie durch Angst zu ersetzen.

Kein anderer europäischer Regierungschef hat in den letzten Jahren so packende Geschichten über Migration, Schutz und Mauern erzählt wie der ungarische Premierminister Viktor Orbán, der sich für geschlossene Grenzen einsetzte und damit großen Erfolg hatte. Er ist ein Alchemist, dem es gelang, die Empathie der Menschen in Angst und diese in Wählerstimmen und Macht zu verwandeln. Wie andere Alchemisten, von Donald Trump bis Matteo Salvini, beklagt er die Heuchelei der Eliten. Im ungarischen Wahlkampf im Februar 2018 präsentierte Orbán seinen Zuhörern ein Drama mit einem Wolf – der »muslimischen Invasionsarmee« –, der bereits die ersten Häuser zerstört hatte und dabei war, durch den Kamin in das ungarische Steinhaus zu klettern. Damit aber war alles, was Ungarn geschaffen hatte, von Auslöschung bedroht. »Europa und Ungarn stehen inmitten eines zivilisatorischen Kampfes. Wir blicken einer Völkerwanderung ins Auge, die die bisherige Ordnung unseres Lebens und unsere Lebensweise in Gefahr bringt ... Ohne die Bewahrung unserer Lebensweise verliert alles seinen Sinn.«[510]

Orbán verwendet die Sprache des Krieges. Er spricht nicht von Gegnern, sondern von Feinden, wie George Soros, einem in Ungarn geborenen jüdischen Holocaust-Überlebenden, der in New

York lebt und sich mit einer Stiftung weltweit für offene Gesellschaften einsetzt. Im Juni 2018 erklärte Orbán dessen angebliche Motivation: Geldgier und Hass auf Christen. »In Europa findet gerade ein Bevölkerungsaustausch statt. Teilweise deswegen, damit Spekulanten, wie Soros selbst, viel Geld verdienen können. Sie möchten Europa zerstören, weil sie sich davon große Profite erhoffen. Anderseits haben sie auch ideologische Motive. Sie glauben an ein multikulturelles Europa, sie mögen das christliche Europa nicht, sie mögen die christlichen Traditionen Europas nicht, und sie mögen Christen nicht.«[511]

Orbán hat in den letzten Jahren viele Geschichten verbunden, die uns vertraut sind: die Geschichte der imperialen EU; die Islamisierung des Abendlandes; die Fabel vom Christen hassenden Juden. So mobilisieren schon seit Jahren Gruppen in ganz Europa gegen den angeblichen »Bevölkerungsaustausch« mit den gleichen Argumenten wie Orbán. Am 9. Oktober 2012 stellten radikale Aktivisten, die sich als Génération Identitaire bezeichneten, ein Video ins Netz, übersetzt in zwölf Sprachen: »Wir glauben nicht mehr daran, dass ›Mehmet‹ jemals unser Bruder wird; wir haben aufgehört, an ein ›globales Dorf‹ zu glauben und daran, dass die ›Menschheit‹ eine Familie ist.«[512] Auch das klang wie Orbán, der im März 2018 erklärte: »Wir wollen keine Vielfalt und keine Vermischung: Wir wollen nicht, dass unsere eigene Farbe, unsere Traditionen und unsere nationale Kultur mit denen der anderen vermischt werden.« Die Identitären sprachen von einer Kriegserklärung. Orbán warnte: Die Ungarn würden sich nicht »wie Schafe verhalten, die darauf warten, dass man ihnen die Kehle durchschneidet«. Und: »Selbstverständlich werden wir kämpfen … und jene, die von diesen gefährlichen Plänen nicht Abstand nehmen, werden wir einfach vertreiben.« Das Gesamtbild ist furchterregend: ein von Brüsseler Eliten betriebener großer Verrat, um die ungarische Nation aus Profitgier zu zerstören.

Manche Politiker in Brüssel waren überrascht, als Orbán 2019 überall in Budapest Plakate anbringen ließ, die Jean-Claude Juncker, den damaligen Präsidenten der Europäischen Kommission, und George Soros als Verschwörerteam zeigten. Tatsächlich erklärte Orbán Juncker schon länger zum Verräter, verantwortlich »für die Invasion Europas durch Migranten«. Er hoffte bereits 2018 auf radikalere Verbündete in großen europäischen Demokratien, die die »Islamisierung Europas« nicht nur stoppen, sondern zurückdrehen würden: »Tag für Tag werden die wichtigsten Städte [Westeuropas] islamisiert. Und ich muss sagen, ich sehe keine politischen Kräfte mit dem Willen und der Fähigkeit, diese Prozesse zu stoppen – davon, *horribile dictu, sie rückgängig zu machen,* nicht zu reden.«[513] Damit schließt sich der Kreis. Denn die Idee, nicht nur zukünftige Migration zu stoppen, sondern auch die bereits bestehende Vielfalt in den Städten Europas rückgängig zu machen, ist eine der zentralen Ideen der Identitären, ihr Schlagwort »Remigration«. Sie versprechen, jene zur Ausreise zu bewegen, die aufgrund ihrer Religion, Hautfarbe und Kultur nicht nach Europa gehörten. Nun ist eine solche Remigration ohne Zwang nicht vorstellbar. Man sollte diese Vision als das erkennen, was wir seit den Balkankriegen unter »ethnischer Säuberung« verstehen: die Vertreibung von Menschen, begleitet von Hetze und Gewalt.

Als Viktor Orbán im Februar 2018 von einer Völkerwanderung sprach, die die Lebensweise der Ungarn zerstören würde, war das reine Fiktion. 2017 stellten 3000 Menschen in Ungarn einen Asylantrag. 2018 waren es weniger als 700. Doch Orbán, der erste identitäre Ministerpräsident der EU, wusste: Gut erzählt sind Märchen die vielleicht mächtigste Waffe der Menschheitsgeschichte. Und Angst vor unbekannten Fremden und vor Kontrollverlust sind zutiefst menschlich.

Dabei wissen wir: Auch »unmenschliche Grenzen« wurden von Menschen bewacht. Schweizer Grenzwächter in der Zeit des Zweiten Weltkriegs, DDR-Grenzer und ihre Führungsoffiziere im Kalten Krieg, australische Wachmänner im Pazifik, thailändische Piraten im Südchinesischen Meer, sie alle waren Väter und Mütter, die ihre Kinder liebten, zu Gott oder Göttern beteten und vom Anblick eines lachenden Kindes berührt wurden. Wir wissen auch, dass das, was Mehrheiten als moralisches Verhalten ansehen, sich im Lauf der Geschichte immer wieder dramatisch verändert hat. Es verändert sich mit den Geschichten, die uns bewegen, manchmal mit schwindelerregender Geschwindigkeit. Es kann sich wieder verändern.

Der amerikanische Philosoph Richard Rorty meint, dass Begriffe wie »Unmenschlichkeit« vor allem Ausdruck von Abscheu sind. Wir sprechen von Unmenschlichkeit, wenn Verhalten Normen verletzt, an denen wir festhalten wollen. Hinter diesen Normen steht ein Menschenbild, das wir durch Kinderbücher und Erzählungen in Familien, durch Gleichnisse und Predigten und Kunst und Literatur kennenlernten. Wenn wir Praktiken als unmenschlich verurteilen, dann tun wir es, weil wir ein Bild davon haben, wie sich gute Menschen verhalten. Dahinter stehen Geschichten über Gut und Böse. Diese müssen wir allerdings auch immer wieder packend erzählen. Denn auch gute Geschichten können magisch sein. Man erzählt sie sich in magischen Zelten, wie jenem, das Harry Potter bei einer Weltmeisterschaft der Zauberer kennenlernte. Von außen schien es klein, mit gerade genug Platz für zwei Personen. Betrat er es jedoch, fand er sich in einer Zimmerflucht wieder, in der viel mehr Menschen gut unterkommen konnten. Die dafür notwendige Magie ist die Verwandlung von Empathie durch Geschichten in solidarisches Handeln.

Die Interessen einer humanitären Supermacht

Dass Empathie dehnbar ist, bedeutet nicht, dass sie endlos ist. Das gilt für Kanada und die Schweiz, für Schweden und Italien. Dass es auch für Deutschland gilt, war die Hauptaussage der Rede des deutschen Bundespräsidenten Joachim Gauck am 3. Oktober 2015:

>*»Der Empfang der Flüchtlinge im Sommer dieses Jahres war und ist ein starkes Signal gegen Fremdenfeindlichkeit, Ressentiments, Hassreden und Gewalt [...] Auf Kommunal-, Landes- wie Bundesebene wurde und wird Außerordentliches geleistet. Darauf kann dieses Land zu Recht stolz sein und sich freuen. Und ich sage heute: Danke, Deutschland!*
>
> *Und dennoch spürt wohl fast jeder, wie sich in diese Freude Sorge einschleicht, wie das menschliche Bedürfnis, Bedrängten zu helfen, von der Angst vor der Größe der Aufgabe begleitet wird. Das ist unser Dilemma: Wir wollen helfen. Unser Herz ist weit. Aber unsere Möglichkeiten sind endlich.«*

Zwei Monate später, beim Parteitag der CDU in Karlsruhe im Dezember 2015, nachdem in den Monaten zuvor Hunderttausende Asylsuchende über die deutsche Grenze gekommen waren und immer noch kamen, erklärt die deutsche Kanzlerin die Politik ihrer Regierung als Ausdruck der Erfahrungen der Deutschen seit 1945:

» Wie kann sie sagen: › Wir schaffen das‹? Ich antworte Ihnen: Ich kann das sagen, weil es zur Identität unseres Landes gehört, Größtes zu leisten, aus Trümmern ein Land des Wirtschaftswunders zu schaffen, nach der Teilung ein in der Welt hochgeachtetes Land in Einigkeit und Freiheit zu schaffen, mehr noch, weil es gerade auch uns als christliche Demokraten doch in unserem Wesen und unserem Kern ausmacht, dass wir bereit sind zu zeigen, was in uns steckt. «

Es gibt tatsächlich weltweit kein anderes Land, das in den letzten Jahren so viele Schutzsuchende aufgenommen und gleichzeitig einen so hohen Beitrag zu internationalen Organisationen wie dem Flüchtlingshilfswerk der Vereinten Nationen UNHCR geleistet hat. Es gibt keine größere Asylbehörde in der Welt als die deutsche Bundesagentur für Migration und Flüchtlinge (BAMF). Das bedeutet: Was zwischen Schleswig-Holstein und Bayern passiert, wie in Berlin, Stuttgart oder München diskutiert wird, wie sich die Politik dieser und zukünftiger Bundesregierungen entwickelt, ist über die Grenzen dieses Landes hinaus von Bedeutung. Deutschland hat auch ein Eigeninteresse, in der Debatte zur Zukunft und Rettung des Asylrechts und der Würde Schutzbedürftiger international eine Schlüsselrolle zu übernehmen. Und die Chance, über Europa hinaus glaubwürdig für humane Grenzen einzutreten.

Umfragen unter der deutschen Bevölkerung zeigen: Mehrheiten wollen Kontrolle, aber sie wollen auch Empathie. Im September 2015 wollten 37 Prozent, dass Deutschland *so viele Flüchtlinge aufnehmen solle wie derzeit.* 22 Prozent wollten mehr, 33 Prozent weniger.[514] Vier dramatische Jahre später wollten im Januar 2020 immer noch 42 Prozent der Befragten, dass Deutschland *so viele Flüchtlinge aufnehmen solle wie derzeit;* 11 Prozent wollten mehr, 40 Prozent weniger.[515] Das ist eine Grundlage für eine Politik der verantwortungsvollen und humanen Kontrolle.

	2015	2020
So viele Flüchtlinge wie derzeit	37	42
Mehr Flüchtlinge	22	11
Weniger Flüchtlinge	33	40

Warum aber sollten sich Länder wie Deutschland, Kanada, die Schweiz und andere besonders um Schutzbedürftige bemühen, wenn sie mit ihrem Engagement allein sind? Ist das »fair«? Oder ist die Frage, die sich jeder Gesellschaft stellt, nicht tatsächlich: *Wer wollen wir sein? Welche Werte wollen wir verteidigen?*

Diese Fragen stellen sich in jedem Land, in jeder Generation. Welches Beispiel, welche Geschichten wollen wir der nächsten Generation vermachen? Die Geschichte Paul Grüningers, Malcolm Frasers, Rupert Neudecks, die Geschichte von deutschen Fluchthelfern im geteilten Berlin und der deutschen Regierung, deutscher Ministerpräsidenten, Bürgermeister und Bürgerinitiativen, die seit 2015 die Aufnahme Hunderttausender Geflüchteter in Deutschland möglich machten? Oder das Beispiel von Heinrich Rothmund, der sein Land vor Fremden schützte und dabei seine Seele verkaufte?

Will die deutsche Gesellschaft verhindern, dass Menschen im Meer ertrinken? Sind Menschen stolz darauf, dass aus ihrer Mitte barmherzige Samariter kommen, die anderen helfen? Es ist richtig, andere dazu aufzufordern, sich zu beteiligen, wenn es darum geht, Notleidenden zu helfen. Es ist aber auch richtig voranzugehen, wie dies Rupert Neudeck und Ernst Albrecht, die Sea-Watch-Crew und die deutsche Regierung seit 2015 getan haben, wenn man Not sieht, Empathie spürt und die Mittel hat.

Deutschland hat ein Interesse daran, andere Europäer von der Wichtigkeit zu überzeugen, die Werte und Konventionen, denen wir uns 1950 und 1951 verpflichtet haben, zu verteidigen. Die Voraussetzung dafür, dass das gelingt, ist, glaubwürdig zu erklären, dass Menschlichkeit nicht Kontrollverlust bedeutet, und dass es gelingen kann, eine Politik auf Empathie aufzubauen, die Ängste ernst nimmt.

Die Genfer Flüchtlingskonvention wurde 1951 für Europäer beschlossen unter dem Eindruck der katastrophalen Behandlung von Flüchtlingen vor, während und nach dem Zweiten Weltkrieg. Sie erinnert an eine Zeit, als der Stern der Menschenwürde der Politik keine Orientierung mehr bot, weil sich der Himmel verdunkelt hatte. Sollte sich der reichste Kontinent der Welt im frühen 21. Jahrhundert von diesen Werten abwenden, käme das einer Sonnenfinsternis gleich. Europa sollte Debatten über Grenzen und Flucht in anderen Weltregionen, von der Afrikanischen Union bis Australien, positiv beeinflussen. Dies nicht zu tun wäre auch eine Niederlage der Vision, die so viele Deutsche in den letzten Jahren verteidigt haben.

Europa sollte in einer Zeit, in der das Recht auf Asyl weltweit unter Druck geraten ist, ein Leuchtturm für eine humane Flüchtlingspolitik sein. Das ist es derzeit nicht. Das kann es wieder sein.

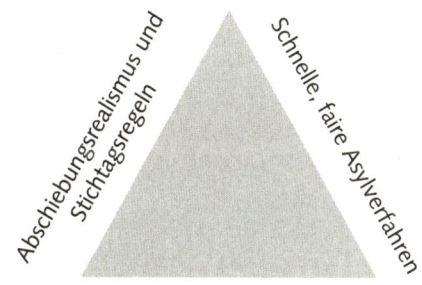

Migrationsdiplomatie:
Mehr legale Mobilität, Neuansiedlungen und
Patenschaften für Flüchtlinge

Epilog: Meine Welt von gestern

[10]

Wie Menschen über Flucht und Grenzen denken, hat immer etwas mit ihrer persönlichen Geschichte zu tun. Das ist auch bei mir so.

Meine Mutter wurde 1944 in Berlin geboren. Wie viele Kinder in dieser Zeit wurde sie gleich nach der Geburt aus der bombardierten Stadt gebracht. So kam sie ins österreichische Vorarlberg, nicht weit von der Grenze zur Schweiz, und wuchs in einem kleinen Dorf in den Alpen auf. Ihre leibliche Mutter, eine Kosakin aus Mariupol am Schwarzen Meer, blieb in Berlin und wurde kurz nach Ende des Krieges von Rotarmisten erschossen. Von ihr existiert nur eine kleine unscharfe Fotografie. So blieb meine Mutter, ein staatenloses Kind einer Sowjetbürgerin, in den Bergen Österreichs. Dort wurde sie von einem streng katholischen Bergbauern getauft, großgezogen und versteckt. Zweimal kamen

*Drei Generationen: als junge Mutter erschossen – als Kind staatenlos – vom Glück
begünstigt* [11–13]

in jenen Jahren Sowjetsoldaten ins Dorf, das in der französischen
Besatzungszone lag, um meine Mutter zu suchen und sie, wie
viele andere auch, in die Sowjetunion »zurückzubringen«. Beim
zweiten Mal versteckte sie sich hinter einem Schrank im Haus.
Die Soldaten zogen ab, sie blieb im Dorf. Danach wurde es ihren
Pflegeeltern allerdings zu gefährlich, und sie schmuggelten die
Siebenjährige 1952 ohne Papiere im Zug über die Grenze in die
Schweiz in ein katholisches Heim im Kanton Genf. Viel später
wurde meine Mutter von ihrem Vorarlberger Pflegevater adop-
tiert.

Wie mein Vater seinerzeit bin ich 1970 in Salzburg geboren
und wuchs im friedlichen Wien des Kalten Krieges auf. Europa
war geteilt, doch Österreich, obwohl neutral, hatte das Glück,
Teil des Westens zu sein. Während meiner Kindheit wuchs dieser
Westen: In Griechenland, Portugal und Spanien stürzten brutale
Diktaturen. Und Grenzen wurden durchlässiger. 1986 verbrachte
ich drei Monate in Paris, um die Sprache zu lernen, 1988 ging es
mit der Fähre über Dover nach Oxford. Dort saß ich in der Bib-
liothek, als ein bulgarischer Kollege angerannt kam und das Un-
glaubliche verkündete: Die Berliner Mauer war gefallen, die Teilung Europas überwunden. Schon im Dezember 1989 fuhr ich
nach Bratislava, die Romane von Milan Kundera im Gepäck und

eine romantische Idee von Mitteleuropa im Kopf, und war berauscht von dieser sanften Revolution gegen eine Diktatur. Es war eine Zeit der Hoffnungen, in der politische Wunder möglich schienen. Wer diese als junger Mensch erleben durfte, in Berlin, Prag oder Budapest, wird das Gefühl nie vergessen: Für eine kurze Zeit schien alles möglich.

Dann folgte ein jähes Erwachen. Mein Ferienjob als Reiseleiter führte mich 1990 nach Jugoslawien, das ein Jahr später zerfiel; die Altstadt von Dubrovnik wurde bombardiert, 1993 wurden die Brücke in Mostar und die Moschee in Banja Luka von Fanatikern zerstört. Auf den Fall der Berliner Mauer folgten auf dem Balkan Massenvertreibungen und Völkermord. Knapp 200 Jahre nach Immanuel Kants Text *Zum ewigen Frieden* (1795), 150 Jahre nach der Rede des Dichters Victor Hugo über Frieden in Europa (1849), etwa 80 Jahre nach dem Ersten und ein halbes Jahrhundert nach dem Zweiten Weltkrieg fand in Bosnien und Herzegowina ein Krieg statt, der 100 000 Opfer forderte. Mitten in Europa wurde am Ende des 20. Jahrhunderts wieder um Grenzen gekämpft, und mehr als zwei Millionen Menschen wurden vertrieben. Auch politische Albträume können wahr werden.

1993 zog es mich als Dozent für Volkswirtschaft an die Universität Czernowitz in der Ukraine. Czernowitz war die historische Hauptstadt der Bukowina, eines östlichen Kronlands der Habsburgermonarchie und bis 1918 Sitz einer deutschsprachigen Universität nahe der Grenze zum Zarenreich. Nach dem Ersten Weltkrieg wurde die vielsprachige Bukowina Teil Rumäniens und nach dem Zweiten Weltkrieg zwischen der Sowjetunion und Rumänien in Nord- und Südbukowina geteilt. Seit 1991 ist Czernowitz Grenzstadt der Ukraine. Als ich 1993 mit dem Nachtzug aus Kiew in Czernowitz ankam, war die Ukraine ein bitterarmes Land. Es herrschte Hyperinflation, das Monatsgehalt an der Hochschule wurde in einer *Kuponi* genannten Währung bar ausbezahlt. Alle Fabriken standen still, ehemalige Arbeiter und viele der männlichen Studenten fuhren nach China und in die Türkei, um mit billigen Textilien zu handeln. Einmal, im November 1993, traf ich ausländische Dozenten aus anderen Städten der Ukraine in Simferopol, auf der Halbinsel Krim. Es wäre mir damals absurd erschienen, dass es je zu einem Krieg zwischen der Ukraine und Russland kommen würde. So dachte auch die damalige Führung der Ukraine, die 1994 ihre Atomwaffen abgab, 20 Jahre vor der Annexion der Krim.

Aus Czernowitz zog ich weiter in die bulgarische Hauptstadt Sofia, um erneut zu unterrichten. In Bulgarien war damals die Frage der möglichen Visafreiheit für Reisen in die Europäische Union eine nationale Obsession, und ich begann, mich mit dem Thema der Bedingungen für Visaliberalisierung zu beschäftigen, das mich bis heute nicht loslässt. Die nächsten eineinhalb Jahre verfolgte ich von Bulgarien aus auch die Entwicklungen in Bosnien und Herzegowina, bis zum Völkermord in Srebrenica im Sommer 1995 und den Friedensverhandlungen in Dayton. Darauf hatte ich gewartet, schon im Sommer 1996 ging ich nach Sarajewo, wo ich vier Jahre am Hang oberhalb der osmanischen Altstadt lebte und in einer internationalen Behörde (dem »Büro des Hohen Repräsentanten«) an der Rückkehr vertriebener Minderheiten arbeitete. Hunderttausende wollten, so schnell es ging, in ihre alten Häuser zurückkehren. Ich erlebte, wie wichtig es war, Kriegsverbrecher zu verhaften und vor den Internationalen Strafgerichtshof in Den Haag zu bringen. Ich sah täglich, wie ethnischer Hass von Politikern angefacht wurde und dass viele Menschen dennoch bereit waren, in ihre Dörfer zurückzukehren. Ich sah, wie Nachbarn unterschiedlicher Volksgruppen es schafften, trotz der Grausamkeiten des Krieges wieder zusammenzuleben. Denn der anfangs brüchige Frieden hielt.

Ein Jahrzehnt lang drehte sich alles auf dem Balkan um Flucht, Rückkehr und Grenzen. Und um die Angst vor neuen Kriegen: Auf jeden beendeten Konflikt schien der nächste zu folgen. Ich erlebte in jenen Jahren, wie viel Mühe es kostet, »Fluchtursachen« in relativ kleinen Ländern wie Bosnien-Herzegowina trotz enormer Ressourcen und einer Mission von 60 000 internationalen Friedenstruppen zu beseitigen. Meine persönliche Lehre: Es ist möglich, mit enormem Aufwand einen dauerhaften Frieden wiederherzustellen, solange es gelingt, den Menschen einer Region die Idee einer besseren Zukunft zu geben. Das gelang nach dem Zweiten Weltkrieg in Westeuropa. Und es gelang nun auf dem Balkan.

Kurz nach dem Ende des Kosovokrieges kamen im Juni 1999 die Regierungschefs des Westens nach Sarajewo, vom amerikanischen Präsidenten bis zum deutschen Bundeskanzler. In einer Sporthalle erklärten sie, ganz Europa, einschließlich des Balkans, durch Integration für immer befrieden zu wollen. Im Dezember 1999 beschlossen die europäischen Regierungen bei einem Gipfel in Helsinki die größte Erweiterung der EU-Geschichte. Sie begannen nun – nach Estland, Polen, Slowenien, der Tschechischen Republik, Ungarn und Zypern – auch mit Bulgarien, Rumänien, der Slowakei, Zypern und drei weiteren Ländern EU-Beitrittsgespräche. Auch die Türkei wurde in Helsinki 1999 als EU-Beitrittskandidat anerkannt. Europäische Politiker versprachen, den aggressiven Nationalismus, der den Balkan in Schutt und Asche gelegt hatte, nun endlich für immer und überall durch Integration zu überwinden.

Vor diesem Hintergrund beschloss ich mit Freunden, die alle bei internationalen Organisationen in Bosnien arbeiteten, kurz nach dem Ende des Kosovokrieges im Garten eines Restaurants in der Altstadt von Sarajewo, einen Verein zu gründen, der sich einem verrückt ehrgeizigen Ziel verschrieb. Wir wollten durch Forschung und Vorschläge an einem Europa bauen, das den mörderischen Fanatismus des 20. Jahrhunderts für immer hinter sich ließ. Wir nannten unsere Gruppe Europäische Stabilitätsinitiative, kurz ESI. Diesen unabhängigen und gemeinnützigen Verein leite ich bis heute.

Im Sommer 2004 zog ich schließlich für sieben Jahre nach Istanbul. 2005 begannen die EU-Beitrittsgespräche. Den EU-Beitritt von Bulgarien und Rumänien, der ein Jahrzehnt zuvor kaum vorstellbar gewesen war, verfolgte ich zu Neujahr 2007 auf Al Jazeera in einem Hotelzimmer in der Altstadt von Aleppo. Meine Frau und ich waren mit unseren drei Töchtern und dem Fahrer eines gemieteten Schulbusses aus der Türkei in den Norden Syriens gefahren. Zu der Zeit überquerten immer mehr Menschen als Besucher die türkisch-syrische Grenze, an der damals sogar die Minenfelder entfernt wurden. Als der türkische Fahrer des Schulbusses einige Tage später nicht zum verabredeten Treffpunkt kam, beschlossen wir, die Strecke von Aleppo nach Antakya in der Türkei per Anhalter zurückzulegen. An der syrisch-türkischen Grenze bei Bab al-Hawa hielt nach Einbruch der Dunkelheit ein strenger syrischer Grenzbeamter einen türkischen Bus an und forderte den Fahrer mit unmissverständlicher Geste auf, diese merkwürdige ausländische Familie mit drei kleinen Mädchen doch bitte in die Türkei zurückzubringen. Wenige Jahre später zerstörten Fassbomben Aleppo, und Hunderttausende flohen über diese Grenze, in der größten globalen Flüchtlingskatastrophe seit Jahrzehnten. Heute sitzen Hunderttausende Vertriebene in dieser Region fest. Die für einige Jahre offene türkische Grenze wurde wieder zur Befestigung ausgebaut.

Das war meine Welt von gestern: Kindheit und Jugend in einem demokratischen Westeuropa. Augenzeuge friedlicher Revolutionen, die die Hoffnung nährten, Europa zu einem Kontinent der Menschenrechte zu machen. Gleichzeitig war dieses Europa ein Kontinent der Kriege. Das Virus des Nationalismus, das im 20. Jahrhundert zu so vielen »ethnischen Säuberungen« geführt hatte, war noch nicht ausgerottet, wenn es auch innerhalb der Europäischen Union durch Institutionen und Kooperation und Vertrauen halbwegs unter Kontrolle gebracht wurde. Wie viele Europäer leben heute in Städten, in denen im 20. Jahrhundert Minderheiten verfolgt und vertrieben wurden? Meine persönliche Liste ist ernüchternd lang: Wien, Berlin, Czernowitz, Istanbul, Priština. Die Juden von Wien, Berlin und Czernowitz, die muslimischen Bosniaken von Banja Luka, Srebrenica und Prijedor, die Serben der kroatischen Krajina, die Armenier und Griechen Istanbuls, die Türken Thessalonikis: Sie alle wurden im 20. Jahrhundert vertrieben.

Dass Nationalismus zu Krieg und Zerstörung führt, war die prägende Erfahrung auch der Jahrzehnte seit dem Fall der Berliner Mauer. Wer Minderheiten als Feind darstellt, wer Hass schürt und Vorurteile pflegt, handelt wie Max Frischs Brandstifter mit offener Flamme in einem Raum voller Benzinfässer. Wann immer Gesellschaften das Bekenntnis zur Menschenwürde aufgeben, werden über kurz oder lang Menschen aufgrund ihrer Herkunft, Religion oder politischen Überzeugung vertrieben, zielen Heckenschützen von Hochhäusern wie in Sarajewo oder von Wachtürmen wie in Berlin auf Zivilisten. Wir wissen, wie leicht es dazu kommen kann, denn wir haben es erlebt.

Heute lebe ich in Berlin, der Geburtsstadt meiner Mutter, wenige Schritte von der ehemaligen Mauer entfernt. Jeden Tag fahre ich mit dem Fahrrad über eine Markierung auf der Straße, die an eine der unmenschlichsten Grenzen des 20. Jahrhunderts erinnert. Wie viel Unvorstellbares ist in dieser Stadt geschehen, durch die eines Tages diese tödliche Grenze gebaut wurde, die Plätze und Straßen teilte und Nachbarn und Familien trennte. Die Berliner Mauer ist verschwunden. In Sarajewo wird seit einem Vierteljahrhundert nicht mehr geschossen. Fortschritt ist möglich, Grenzen können durch Politik durchlässig, sogar unsichtbar, werden. Es gilt nun, diesen unglaublichen Erfolg zu bewahren, doch das darf unserer privilegierten Generation nicht genügen. Es gilt nun, das Sterben an allen europäischen Grenzen zu beenden. Dass das möglich ist, haben wir in Berlin, in Deutschland, der Schweiz und in Österreich seit 1989 erlebt. Es gilt eine friedliche Grenzrevolution zu vollenden und ihre Werte zu verteidigen. Schaffen wir das?

Anmerkungen

1 Günter Dürig, *Der Grundrechtssatz von der Menschenwürde*, 1956.
2 Andrea Backhaus, Seenotrettung: Krieg gegen die Schwächsten«, *Die Zeit*, 17. April 2020, https://www.zeit.de/politik/ausland/2020-04/seenotrettung-mittelmeer-fluechtlinge-malta-libyen-eu.
3 Zitiert nach: Ekkehart Krippendorff, Goethe: Politik gegen den Zeitgeist (Insel, 1999), 31.
4 Johann Wolfgang von Goethe, zitiert in Krippendorff, *Politik gegen den Zeitgeist*, 29.
5 Tobias Prüwer, *Welt aus Mauern: Eine Kulturgeschichte* (Wagenbach, 2018), 10.
6 Frederick Taylor, *Die Mauer: 13. August 1961 bis 9. November 1989* (Pantheon, 2011), 375.
7 »Oder-Neisse-Grenze: Das große Tabu«, *Der Spiegel*, Nr. 48 (22. November 1961), https://www.spiegel.de/spiegel/print/d-43367633.html.
8 Erich Wiedemann, »Das sind alles arme Schweine«, *Der Spiegel*, Nr. 15 (8. April 1991), https://www.spiegel.de/spiegel/print/d-13488256.html.
9 »Grenze: Tod in der Nacht«, *Der Spiegel*, Nr. 39 (23. September 1996), https://www.spiegel.de/spiegel/print/d-9093792.html.
10 Lukrezia Seiler und Jean-Claude Wacker, »*Fast täglich kamen Flüchtlinge«: Riehen und Bettingen – zwei Grenzdörfer 1933 bis 1948* (Christoph Merian Verlag, 2013), 46.
11 Markus Moehring und Martin Zückert, *Halt Landesgrenze: Schmuggel und Grenzentwicklung im Dreiländereck: Katalog zur Ausstellung »Halt Landesgrenze – Schmuggel im Dreiland«, 12. Juli 2000 – 26. November 2000* (Stadt Lörrach, 2000).
12 »Grüezi in ›Schengen-Land‹«, Rede von Bundespräsident Hans-Rudolf Merz vor Ministern der Schengen-Länder und den kantonalen Justiz- und Polizeidirektoren am offiziellen Festakt aus Anlass der vollständigen Aufhebung der systematischen Personenkontrollen an den Binnengrenzen zwischen der Schweiz und den Schengen-Staaten am

29. März 2009, 27. März 2009, https://www.admin.ch/gov/de/start/ dokumentation/medienmitteilungen.msg-id-26124.html.

13 Emma Jane Kirby, *Der Optiker von Lampedusa: Die Geschichte einer Rettung* (Berlin Verlag, 2017).

14 Marina Militare, *Video su operazione Mare Nostrum,* 2014, https:// www.youtube.com/watch?v=H7LWma67WAA.

15 Fabrizio Gatti, »Naufragio dei bambini: ›Ecco perché quegli ufficiali vanno indagati per omicidio‹«, *L'Espresso,* 23. Mai 2017, http://espres so.repubblica.it/inchieste/2017/05/23/news/naufragio-dei-bambini -ecco-perche-quegli-ufficiali-vanno-indagati-per-omicidio-1.302452. Der Prozess hat im Dezember 2019 begonnen. Wie dieses Verfahren ausgeht, ist auch sechs Jahre nach dem Unglück noch offen.

16 Sky TG24, »Migranti, Renzi: ›È buon senso aiutarli a casa loro‹«, zuge- griffen 13. Juli 2020, https://tg24.sky.it/politica/2017/07/09/migranti -renzi-berlusconi-ius-soli.

17 Michael Richter, *Fluchtpunkt Europa: Unsere humanitäre Verantwor- tung* (edition Körber-Stiftung, 2015), 112.

18 Das Protokoll der Schande – BILD erklärt, warum das Rettungspro- gramm für Bootsflüchtlinge gestoppt wurde, *Bild* (23. April 2015), https://www.bild.de/politik/ausland/mare-nostrum/eigestellt-das -dokument-der-schande-40650362.bild.html.

19 »Europa: Angekündigte Katastrophe«, *Der Spiegel,* Nr. 18 (25. April 2015), https://www.spiegel.de/spiegel/print/d-134660856.html.

20 »Missing Migrants Project«, International Organization for Migration, zugegriffen 9. Juli 2020, https://missingmigrants.iom.int/region/ mediterranean.

21 Chiara Giannini und Matteo Salvini, *Ich bin Matteo Salvini: Der italie- nische Staatsmann im Gespräch* (MSC Verlagsbuchhandlung, 2019), 71.

22 »Italy's Salvini Wants ›League of Leagues‹ to Unite EU Govts Aiming to ›Defend Their Borders‹«, *RT International,* 2. Juli 2018, https://www.rt. com/news/431522-salvini-eu-parliament-immigration/.

23 Kirby, *Der Optiker von Lampedusa.*

24 Zygmunt Bauman, *Die Angst vor den anderen: Ein Essay über Migration und Panikmache* (Suhrkamp, 2016), 13.

25 Sascha Lobo, *Realitätsschock: Zehn Lehren aus der Gegenwart* (Kiepen- heuer & Witsch, 2019), 65.

26 Lobo, 78.

27 Der Historiker Saul Friedländer sprach von einem »österreichischen Modell« der antisemitischen Gewalt: Saul Friedländer, *Nazi Germany and the Jews* (Phoenix, 1998), 241.

28 Innerhalb von 18 Monaten, bis zum Ausbruch des Weltkrieges, verließen fast 150 000 Menschen Österreich.

29 Seiler und Wacker, *Fast täglich kamen Flüchtlinge*, 39.

30 Wolfgang Benz, *Gewalt im November 1938: die »Reichskristallnacht«, Initial zum Holocaust* (Metropol, 2018).

31 Seiler und Wacker, *Fast täglich kamen Flüchtlinge*, 43.

32 Unabhängige Expertenkommission Schweiz – Zweiter Weltkrieg, *Die Schweiz und die Flüchtlinge zur Zeit des Nationalsozialismus* (Chronos, 2001), 48.

33 Unabhängige Expertenkommission Schweiz – Zweiter Weltkrieg, 87.

34 Unabhängige Expertenkommission Schweiz – Zweiter Weltkrieg, 134.

35 Wulff Bickenbach, *Gerechtigkeit für Paul Grüninger: Verurteilung und Rehabilitierung eines Schweizer Fluchthelfers (1938 – 1998)* (Böhlau, 2009), 55.

36 Unabhängige Expertenkommission Schweiz – Zweiter Weltkrieg, 79.

37 Meinrad Pichler, *Nationalsozialismus in Vorarlberg: Opfer. Täter. Gegner* (StudienVerlag, 2014), 275 – 276.

38 Unabhängige Expertenkommission Schweiz – Zweiter Weltkrieg, 147.

39 Seiler und Wacker, *Fast täglich kamen Flüchtlinge*, 78.

40 Unabhängige Expertenkommission Schweiz – Zweiter Weltkrieg, 53.

41 Bickenbach, *Gerechtigkeit für Paul Grüninger*, 54.

42 Unabhängige Expertenkommission Schweiz – Zweiter Weltkrieg, 93.

43 Georg Kreis, *Die Schweiz im Zweiten Weltkrieg* (Haymon, 2016), 136.

44 Seiler und Wacker, *Fast täglich kamen Flüchtlinge*, 47.

45 Seiler und Wacker, 14.

46 Seiler und Wacker, 128.

47 Claudia Hoerschelmann, *Exilland Schweiz: Lebensbedingungen und Schicksale österreichischer Flüchtlinge 1938 bis 1945: mit ca. 250 Einzelbiographien* (Studien-Verlag, 1997), 88.

48 Unabhängige Expertenkommission Schweiz – Zweiter Weltkrieg, 128.

49 Unabhängige Expertenkommission Schweiz – Zweiter Weltkrieg, 133.

50 Jörg Krummenacher, *Flüchtiges Glück* (Limmat Verlag, 2005), 240. Zur Diskussion Schweizer Historiker zu dieser Frage auch: »Schweiz wies mehr Flüchtlinge ab als angenommen« von Jörg Krummenacher, NZZ (9. Juni 2017). https://www.nzz.ch/schweiz/fluechtlingspolitik-im-zweiten-weltkrieg-schweiz-wies-mehr-fluechtlinge-ab-als-angenommen-ld.1299971.

51 Stefan Keller, *Grüningers Fall: Geschichten von Flucht und Hilfe* (Rotpunktverlag, 2014), 162.

52 Unabhängige Expertenkommission Schweiz – Zweiter Weltkrieg, 47.

53 Unter anderem der Jüdische Weltkongress, die Meinungen bezüglich jüdischer Siedler in Palästina gingen auseinander.

54 Dan Diner, *Enzyklopädie jüdischer Geschichte und Kultur: Band 2: Co–Ha* (J. B. Metzler, 2012), 291.

55 Thomas Schmid und Susanne Heim, »Konferenz von Evian 1938: Wir sind kein Einwanderungsland«, *Die Zeit*, 2. Juli 1998, https://www.zeit.de/1998/28/Wir_sind_kein_Einwanderungsland/komplettansicht.

56 Michel Vuillermet, *Évian 1938: La conférence de la peur* (France 3, 1966), https://www.youtube.com/watch?v=Ky4HO16eANo.

57 Schmid und Heim, »Konferenz von Evian 1938«.

58 Dennis Ross Laffer, *The Jewish Trail of Tears The Evian Conference of July 1938* (University of South Florida, 2011), 66–67.

59 Schmid und Heim, »Konferenz von Evian 1938«.

60 Ross Laffer, *The Jewish Trail of Tears The Evian Conference of July 1938*, 227.

61 Ross Laffer, *The Jewish Trail of Tears The Evian Conference of July 1938*, 226.

62 Ross Laffer, *The Jewish Trail of Tears The Evian Conference of July 1938*, 229.

63 Claus Leggewie, »Deutsche Juden: ›Wisst ihr nicht, dass diese Zahlen menschliche Wesen sind?‹«, *Die Zeit*, 23. Juni 2018, https://www.zeit.de/2018/26/deutsche-juden-aufnahme-evian-1938/komplettansicht.

64 Unabhängige Expertenkommission Schweiz – Zweiter Weltkrieg, 23.

65 Keller, *Grüningers Fall*, 43.

66 Keller, 158.

67 Keller, 63.

68 Keller, 130.

69 Keller, 159.

70 Keller, 178.

71 Keller, 200.

72 Keller, 194.

73 Keller, 204.

74 Keller, 205.

75 Keller, 206.

76 Keller, 207.

77 Keller, 208.

78 Unabhängige Expertenkommission Schweiz – Zweiter Weltkrieg, 286.

79 Keller, *Grüningers Fall*, 72.

80 Martin Wagener, *Deutschlands unsichere Grenze: Plädoyer für einen neuen Schutzwall*, Deutschland-Trilogie (CreateSpace Independent Publishing Platform, 2018), 43.

81 »Flüchtlingskrise: Polizeigewerkschaft will Grenzzaun für Deutschland«, *Die Welt*, 18. Oktober 2015, https://www.welt.de/politik/deutschland/article147725643/Polizeigewerkschaft-fordert-deutschen-Grenzzaun.html.

82 Wagener, *Deutschlands unsichere Grenze*, 138.

83 »RoboGuard«, https://magalsecurity.com/solutions/unmanned-surveillance.

84 Wagener, *Deutschlands unsichere Grenze*, 365 – 371.

85 Wagener, 365 – 371.

86 Wagener, 310.

87 AfD, »Weidel: Umfassende Grenzkontrollen sind möglich«, AfD-Fraktion im deutschen Bundestag, 7. September 2018, https://www.afdbundestag.de/weidel-umfassende-grenzkontrollen-sind-moeglich/.

88 Taylor, *Die Mauer*, 175.

89 Taylor, 200.

90 Taylor, 166.

91 Taylor, 179.

92 Taylor, 186.

93 Taylor, 196.

94 Hans-Hermann Hertle und Maria Nooke, *Die Todesopfer an der Berliner Mauer 1961 – 1989: ein biographisches Handbuch* (Ch. Links, 2009), 20.

95 Taylor, *Die Mauer*, 315.

96 Hans-Hermann Hertle, »Grenzverletzer sind festzunehmen oder zu vernichten«, Aus Politik und Zeitgeschichte (APuZ) 31 – 34 (26. Juli 2011), https://www.bpb.de/apuz/33188/grenzverletzer-sind-festzunehmen-oder-zu-vernichten?p=all.

97 Taylor, 314.

98 »DFR – BGHSt 40, 218 – Mittelbare Täterschaft hoher DDR-Funktionäre«, zugegriffen 14. Juli 2020, https://www.servat.unibe.ch/dfr/bs040218.html.

99 »Urteil des Landgerichts Berlin in der Strafsache gegen Mike S. und Ingo H. (Fall Chris Gueffroy, erschossen an der Berliner Mauer)«, 14. März 1994, 2, https://www.chronik-der-mauer.de/system/files/dokument_pdf/49017_to_gueffroy_dok_urteil_1989.pdf.

100 Roman Grafe, *Deutsche Gerechtigkeit: Prozesse gegen DDR-Grenzschützen und ihre Befehlsgeber* (Siedler, 2009), 14.

101 Nooke, *Die Todesopfer an der Berliner Mauer 1961–1989,* 25.

102 Nooke, 24.

103 Karl Wilhelm Fricke, »Grenzverletzer sind festzunehmen oder zu vernichten«, *Die Politische Meinung,* Nr. 381 (1. August 2001), https://www.kas.de/de/web/die-politische-meinung/artikel/detail/-/content/-grenzverletzer-sind-festzunehmen-oder-zu-vernichten-.

104 EGMR, Tötung von Flüchtlingen durch DDR-Grenzsoldaten/Verantwortlichkeit von Mitgliedern des Politbüros des ZK der SED und des Nationalen Verteidigungsrates/Rückwirkungsverbot/Diskriminierungsverbot, No. 34044/96, 35532/97, 44801/98 (EGMR 22. März 2001), https://www.neue-justiz.nomos.de/fileadmin/neue-justiz/doc/NJ_01_05.pdf#page=42.

105 Gerhard Voogt, »Skandal-Forderung: AfD-Politiker Marcus Pretzell will Flüchtlinge mit Waffen stoppen!«, *Express.de,* 2. November 2015, https://www.express.de/news/skandal-forderung-afd-politiker-marcus-pretzell-will-fluechtlinge-mit-waffen-stoppen--23094688.

106 »Debatte um Migration: Waffeneinsatz gegen Flüchtlinge: NRW-AfD steht nicht allein«, *RP ONLINE,* 2. November 2015, https://rp-online.de/politik/deutschland/waffeneinsatz-gegen-fluechtlinge-an-grenzen-nrw-afd-steht-nicht-allein_aid-17545739.

107 »AfD: Gegen Angreifer müssen wir uns verteidigen«, *Der Tagesspiegel,* 31. Januar 2016, https://www.tagesspiegel.de/politik/schusswaffen-einsatz-gegen-fluechtlinge-afd-gegen-angreifer-muessen-wir-uns-verteidigen/12899738.html.

108 Sven Felix Kellerhoff, »Berliner Fluchthelfer erhalten Bundesverdienstkreuz«, *Berliner Morgenpost,* 29. Oktober 2012, https://www.morgenpost.de/berlin/article110338973/Berliner-Fluchthelfer-erhalten-Bundesverdienstkreuz.html.

109 Harald Höppner, *Menschenleben retten! Mit der Sea-Watch im Mittelmeer* (BASTEI LÜBBE, 2016), 22.

110 Markus Feldenkirchen und René Pfister, »Regierung: Egal wie es ausgeht«, *Der Spiegel,* Nr. 4 (23. Januar 2016), https://www.spiegel.de/spiegel/print/d-141826644.html.

111 Greg Lake, »What Kind of Nation Are We Building?«, *Asylum Insight,* 19. Januar 2015, https://www.asyluminsight.com/c-greg-lake.

112 The Wheeler Centre, »I Need to Format My Memory«, *The Messenger,* zugegriffen 14. Juli 2020, https://www.wheelercentre.com/broadcasts/podcasts/the-messenger/2-i-need-to-format-my-memory.

113 Behrouz Boochani, *Kein Freund außer den Bergen: Nachrichten aus dem Niemandsland* (btb, 2020).

114 »Offshore Processing Statistics and Operation Sovereign Borders«, *Refugee Council of Australia,* 8. April 2019, https://www.refugeecoun cil.org.au/operation-sovereign-borders-offshore-detention-statistics/.

115 Immigration Museum, »John Howard's 2001 election campaign policy launch speech«, 28. Oktober 2001, https://museumsvictoria.com.au/ website/immigrationmuseum/discoverycentre/identity/videos/ politics-videos/john-howards-2001-election-campaign-policy-launch -speech/index.html.

116 Plaintiff S156 – 2013 v Minister for Immigration and Border Protection, No. 22 (High Court of Australia, 18. Juni 2014).

117 Al-Kateb v Godwin, No. 37 (High Court of Australia, 6. August 2004).

118 Kiefel Cj und Edelman Jj, Plaintiff S195/2016 v Minister for Immigration and Border Protection [2017] HCA 31 (High Court of Australia, 17. August 2017).

119 Britta Leisering, *Menschenrechte an den europäischen Außengrenzen: Das Ringen um Schutzstandards für Flüchtlinge* (Campus, 2016), 181.

120 »Operation Sovereign Borders (OSB)«, Australian Government, zugegriffen 14. Juli 2020, https://osb.homeaffairs.gov.au/.

121 Stephen H. Legomsky, »The USA and the Caribbean Interdiction Program«, *International Journal of Refugee Law* 18, Nr. 3 – 4 (1. September 2006): 684, https://doi.org/10.1093/ijrl/eel024.

122 Gemäß Artikel 41 (gerechte Entschädigung) entschied der Gerichtshof, dass Griechenland dem Beschwerdeführer 1000 Euro für den erlittenen immateriellen Schaden und 4725 Euro für die entstandenen Kosten zu zahlen hat und dass Belgien dem Beschwerdeführer 24 900 Euro für den erlittenen immateriellen Schaden und 7350 Euro für die entstandenen Kosten zu zahlen hat.

123 »M. S. S. v. BELGIUM AND GREECE«, European Court of Human Rights, 21. Januar 2011, https://hudoc.echr.coe.int/ fre#{%22itemid%22:[%22001–103050%22]}.

124 »RIS – Bsw30696/09 – Entscheidungstext – Justiz (OGH, OLG, LG, BG, OPMS, AUSL)«, Europäischer Gerichtshof für Menschenrechte, 21. Januar 2011, https://www.ris.bka.gv.at/Dokument.wxe?Abfrage =Justiz&Dokumentnummer=JJT_20110121_AUSL000_000 BSW30696_0900000_000.

125 Adam Nossiter, »Gambia's Leader Declares Plans for Mass Executions«, *The New York Times,* 24. August 2012, Abschn. World, https:// www.nytimes.com/2012/08/25/world/africa/president-yahya-jammeh -of-gambia-warns-of-mass-executions.html.

126 »Rechtssache C-163/17: Abubacarr Jawo gegen Bundesrepublik Deutschland«, Europäischer Gerichtshof, zugegriffen 14. Juli 2020, http://curia.europa.eu/juris/document/document.jsf?text=&docid=21 1803&doclang=DE.

127 BVerfG, Beschluss der 1. Kammer des Zweiten Senats vom 07. Oktober 2019 – 2 BvR 721/19 –, Rn. 1 – 25, http://www.bverfg.de/e/rk20191007_2bvr072119.html.

128 »Missing Migrants Project«, International Organization for Migration, zugegriffen 9. Juli 2020, https://missingmigrants.iom.int/region/mediterranean.

129 Patrick Kingsley, *Die neue Odyssee: Eine Geschichte der europäischen Flüchtlingskrise* (C. H. Beck, 2016), 51.

130 Kingsley, 52.

131 Ben Taub, »The Desperate Journey of a Trafficked Girl«, *The New Yorker,* 3. April 2017, https://www.newyorker.com/magazine/2017/04/10/the-desperate-journey-of-a-trafficked-girl.

132 Sally Hayden, »Libyen: ›Wir sind keine Tiere‹«, *Die Zeit,* 6. September 2018, https://www.zeit.de/politik/ausland/2018–09/libyen-migranten-fluechtlinge-lager-flucht-tripolis-kaempfe/komplettansicht.

133 Tom Iggulden, »Coalition to Take Even Harsher Approach to Asylum Seekers than Government«, *Australian Broadcasting Corporation,* 16. August 2013, https://www.abc.net.au/lateline/coalition-to-take-even-harsher-approach-to-asylum/4893784.

134 »Transcript: Tony Abbott's controversial speech at the Margaret Thatcher Lecture«, *The Sydney Morning Herald,* 28. Oktober 2015, https://www.smh.com.au/politics/federal/transcript-tony-abbotts-controversial-speech-at-the-margaret-thatcher-lecture-20151028-gkkg6p.html.

135 Später wurden diese Dokumente von der britischen Zeitung *The Guardian* veröffentlicht.

136 Helen Davidson, »Turnbull rejects New Zealand offer to take 150 refugees from detention«, *The Guardian,* 29. April 2016, https://www.theguardian.com/australia-news/2016/apr/29/turnbull-rejects-new-zealand-offer-to-take-150-refugees-from-detention.

137 »Compassion Can Undo Efforts against People-Smugglers: Dutton«, *SBS News,* 23. Juni 2018, https://www.sbs.com.au/news/compassion-can-undo-efforts-against-people-smugglers-dutton.

138 Ben Doherty, »Manus Island: Judge Approves $70m Compensation for Detainees«, *The Guardian,* 6. September 2017, https://www.theguardian.com/australia-news/2017/sep/06/judge-approves-70m-compensation-for-manus-island-detainees.

139 »Detention Costs«, *Refugee Action Coalition*, zugegriffen 14. Juli 2020, http://www.refugeeaction.org.au/?page_id=3447.

140 Boochani, *Kein Freund außer den Bergen*.

141 »Bill Shorten: Response to letter from Australians of the Year re Manus Island«, *Independent Australia*, 24. November 2017, https://independentaustralia.net/life/life-display/bill-shorten-response-to-letter-from-australians-of-the-year-re-manus-island,10965.

142 »Safe Havens Plan to Slash Asylum Numbers«, *The Guardian*, 5. Februar 2003, Abschn. UK news, http://www.theguardian.com/society/2003/feb/05/asylum.immigrationasylumandrefugees.

143 »Flüchtlinge: Österreichs Außenminister will Flüchtlinge auf Inseln internieren«, *Die Zeit*, 5. Juni 2016, https://www.zeit.de/politik/ausland/2016–06/fluechtlinge-oesterreich-sebastian-kurz-mittelmeer.

144 Florian Gathmann, »Sebastian Kurz: ›Gegenüber Ankara nicht in die Knie gehen‹«, *Der Spiegel*, 3. August 2016, https://www.spiegel.de/politik/ausland/sebastian-kurz-gegenueber-ankara-nicht-in-die-knie-gehen-a-1105993.html.

145 Richard Rorty, *Kontingenz, Ironie und Solidarität* (Suhrkamp, 1993), 309.

146 Grit Hein, »Neurowissenschaftliche Sozialpsychologie oder Soziale Neurowissenschaften«, in: *Sozialpsychologie und Sozialtheorie: Band 1: Zugänge*, hg. von Oliver Decker (Springer Fachmedien, 2018), 189–202, https://doi.org/10.1007/978-3-531-19564-3_13; Gordon Willard Allport, *Die Natur des Vorurteils* (Kiepenheuer & Witsch, 1971).

147 Rorty, *Kontingenz, Ironie und Solidarität*, 114.

148 Claus-Peter Reisch, *Das Meer der Tränen: Wie ich als Kapitän des Seenotrettungsschiffes »Lifeline« Hunderte Leben rettete – und dafür angeklagt wurde. Mit einem Vorwort von Udo Lindenberg* (Riva, 2019), 88.

149 Reisch, 7.

150 Carola Rackete, *Handeln statt hoffen: Aufruf an die letzte Generation* (Droemer, 2019), 26.

151 Reisch, *Das Meer der Tränen*, 54.

152 Rorty, *Kontingenz, Ironie und Solidarität*, 316.

153 Das sind die Schätzungen von Benjamin Stora, einem der wichtigsten Historiker Frankreichs zu diesem Thema: Benjamin Stora, *La guerre d'Algérie expliquée en images* (Seuil, 2014), 175.

154 Andrew Hussey, *The French Intifada: The Long War Between France and Its Arabs* (Farrar, Straus and Giroux, 2014), 209.

155 Hussey, 209.

156 Martin Evans, *Algeria: France's Undeclared War* (OUP Oxford, 2012), 320–321.

157 Todd Shepard, *The Invention of Decolonization: The Algerian War and the Remaking of France* (Cornell University Press, 2008), 229.

158 Shepard, 229.

159 Shepard, 231.

160 Shepard, 233.

161 Hussey, *The French Intifada*, 209.

162 Shepard, *The Invention of Decolonization*, 230.

163 Original: »Qu'on ne se raconte pas d'histoire! Les musulmans, vous êtes allés les voir? Vous les avez regardés avec leurs turbans et leurs djellabas? Vous voyez bien que ce ne sont pas des Français. Ceux qui prônent l'intégration ont une cervelle de colibri, même s'ils sont très savants. Essayez d'intégrer de l'huile et du vinaigre. Agitez la bouteille. Au bout d'un moment, ils se sépareront de nouveau. Les Arabes sont des Arabes, les Français sont des Français.« Alain Peyrefitte, *C'était de Gaulle.*

164 Benjamin Stora, *La guerre d'algérie expliquée en images,* (Seuil 2014), 175.

165 Shepard, 232.

166 Christel Neudeck, Rupert Neudeck und Bettina von Clausewitz, *Was man nie vergessen kann: Erinnerungen vietnamesischer Bootsflüchtlinge* (Peter Hammer Verlag, 2017), 27.

167 W. Courtland Robinson, *Terms of Refuge: The Indochinese Exodus & the International Response* (Zed Books, 1998), 61.

168 Neudeck, Neudeck und Clausewitz, *Was man nie vergessen kann,* 35.

169 Carsten Tessmer, *Menschen auf der Flucht* (Springer, 2013), 117.

170 Rupert Neudeck, *Die Menschenretter von Cap Anamur* (Beck, 2002), 11.

171 Dara Marcus, »Saving Lives: Canada and the Hai Hong«, *bout de papier Magazine* 28, Nr. 1 (2016): 25, http://cihs-shic.ca/wp-content/uploads/2014/07/Saving_Lives_by_Dara_Marcus_bout_de_papier_28_1.pdf.

172 Josef Joffe, »Stehplatz in der Hölle«, *Die Zeit,* 6. Juli 1979, https://www.zeit.de/1979/28/stehplatz-in-der-hoelle/komplettansicht.

173 Robinson, *Terms of Refuge,* 42–43.

174 UNHCR, »Update on Regional Developments in Asia and Oceania«, Nr. EC/46/SC/CRP.44 (19. August 1996).

175 Robinson, *Terms of Refuge,* 59.
176 Robinson, *Terms of Refuge,* 295; *Far Eastern Economic Review,* 23. Juni 1978, 20.
177 UNHCR, »The State of The World's Refugees 2000: Fifty Years of Humanitarian Action – Chapter 4: Flight from Indochina«, 2000, https://www.unhcr.org/publications/sowr/3ebf9bad0/state-worlds -refugees-2000-fifty-years-humanitarian-action-chapter-4-flight.html.
178 UNHCR, 84.
179 Joffe, »Stehplatz in der Hölle«.
180 Joffe.
181 Neudeck, *Die Menschenretter von Cap Anamur,* 40.
182 Julia Kleinschmidt, »Die Aufnahme der ersten ›boat people‹ in die Bundesrepublik«, Bundeszentrale für politische Bildung, 26. November 2013, https://www.bpb.de/geschichte/zeitgeschichte/deutschland archiv/170611/die-aufnahme-der-ersten-boat-people-in-die-bundes republik.
183 »Anniversary of First Vietnam Boat Marked«, *SBS News,* 23. August 2013, https://www.sbs.com.au/news/anniversary-of-first-vietnam -boat-marked.
184 National Museum of Australia, »Vietnamese Refugees Boat Arrival«, Defining Moments, zugegriffen 4. Juni 2020, https://www.nma.gov.au/ defining-moments/resources/vietnamese-refugees-boat-arrival.
185 Karen Ashford, »Hieu Van Le's Journey from Boat Person to Governor«, *SBS News,* 2. September 2014, https://www.sbs.com.au/ news/hieu-van-le-s-journey-from-boat-person-to-governor.
186 Hieu Van Le, »Hieu Van Le: Immigration a Priceless Asset«, *The Advertiser,* 23. Dezember 2010, https://www.adelaidenow.com.au/ ipad/hieu-van-le/news-story/42439a3dcdfb8c24e82186ceb5b7c83d.
187 Hieu Van Le.
188 »Population by Country | Australia«, Our World in Data, zugegriffen 4. Juni 2020, https://ourworldindata.org/grapher/ population?country=~AUS.
189 Janet Phillips und Harriet Spinks, »Immigration Detention in Austra-lia«, Department of Parliamentary Services (Parliament of Australia, 20. März 2013), 2.
190 *Chasing Asylum* (Dogwoof, 2016), https://dogwoofsales.com/chasing -asylum.
191 Claire Higgins, *Asylum by Boat: Origins of Australia's Refugee Policy* (NewSouth Publishing, 2017), 35.

192 Janet Phillips und Social Policy, »Boat arrivals and boat ›turnbacks‹ in Australia since 1976: a quick guide to the statistics«, Parliamentary library, Research Paper Series, 17. Januar 2017, https://www.aph.gov.au/About_Parliament/Parliamentary_Departments/Parliamentary_Library/pubs/rp/rp1617/Quick_Guides/BoatTurnbacks.

193 Claire Higgins, 105.

194 Claire Higgins, 46. Zu den Umfragen in dieser Zeit: 35.

195 Claire Higgins, 31.

196 Claire Higgins, 102.

197 Stephen Kurczy, »Christmas Island boat tragedy fuels debate over Australian policy on asylum seekers«, *Christian Science Monitor,* 15. Dezember 2010, https://www.csmonitor.com/World/terrorism-security/2010/1215/Christmas-Island-boat-tragedy-fuels-debate-over-Australian-policy-on-asylum-seekers.

198 »Asylpolitik: Malaysia und Australien tauschen Flüchtlinge aus«, *Der Spiegel,* 25. Juli 2011, https://www.spiegel.de/politik/ausland/asylpolitik-malaysia-und-australien-tauschen-fluechtlinge-aus-a-776403.html.

199 »Arrangement between the government of Australia and the government of Malaysia on transfer and resettlement«, 25. Juli 2011, https://www.kaldorcentre.unsw.edu.au/sites/default/files/arrangement-australia-malaysia-transfer-resettlement.pdf.

200 »Transcript of joint press conference«, Prime Minister, 7. Mai 2011, https://parlinfo.aph.gov.au/parlInfo/download/media/pressrel/759982/upload_binary/759982.pdf;fileType=application/pdf#search=%22bowen%20malaysia%22.

201 »UNHCR Statement on the Australia-Malaysia Arrangement«, UNHCR, 25. Juli 2011, https://www.unhcr.org/news/press/2011/7/4e2d21c09/unhcr-statement-australia-malaysia-arrangement.html.

202 »Migration Legislation Amendment (Offshore Processing and Other Measures) Bill 2011« (2011), https://www.legislation.gov.au/Details/C2011B00193/Html/Text, http://www.legislation.gov.au/Details/C2011B00193.

203 Senator Sarah Hanson-Young, »Migration Amendment (Declared Countries) Bill 2011« (2011), 3, https://parlinfo.aph.gov.au/parlInfo/search/display/display.w3p;query=Id:%22legislation/billhome/s832%22.

204 »Greens Repeat Opposition to Malaysian People Swap«, The Greens, 22. Juli 2011, http://sarah-hanson-young.greensmps.org.au/articles/greens-repeat-opposition-malaysian-people-swap.

205 »Letter to the Prime Ministers of Australia and Malaysia Regarding the Australia-Malaysia Transfer and Resettlement Arrangement«, Human Rights Watch, 26. Juli 2011, https://www.hrw.org/news/2011/07/26/letter-prime-ministers-australia-and-malaysia-regarding-australia-malaysia-transfer.

206 Plaintiff M70/2011 v Minister for Immigration and Citizenship; Plaintiff M106 of 2011 v Minister for Immigration and Citizenship, No. 32 (High Court of Australia, 31. August 2011), Absatz 148.

207 Fergal Davis, »The Failure of Australia's ›Malaysia Solution‹ Is a Positive Step for Refugees«, *The Guardian*, 4. September 2011, https://www.theguardian.com/commentisfree/2011/sep/04/australia-failure-malaysia-solution-refugees.

208 Irial Glynn, *Asylum Policy, Boat People and Political Discourse: Boats, Votes and Asylum in Australia and Italy* (Palgrave Macmillan UK, 2016), 160.

209 Pro-Kopf-Einkommen Malaysia 2011: 19 390 USD, Schweden: 1968: 19 532 USD, Deutschland: 19 927 USD, Australien 1968: 20 255 USD. »GDP per capita in US$ | Malaysia, Australia, Sweden, Germany«, Our World in Data, zugegriffen 1. Juni 2019, https://ourworldindata.org/grapher/maddison-data-gdp-per-capita-in-2011us-single-benchmark?time=1820.2016&country=MYS+SWE+DEU+AUS.

210 John Menadue, »Malaysia Refugee Deal a Rare Chance to End Cruel Treatment«, *The Sydney Morning Herald*, 13. Mai 2011, https://www.smh.com.au/politics/federal/malaysia-refugee-deal-a-rare-chance-to-end-cruel-treatment-20110513-1emal.html.

211 Brigid Delaney, »Eva Orner on Chasing Asylum: ›Every whistleblower that I interviewed wept‹«, *The Guardian*, 30. April 2016, https://www.theguardian.com/australia-news/2016/apr/30/eva-orner-on-chasing-asylum-every-whistleblower-that-i-interviewed-wept.

212 »VICE Talks ›Chasing Asylum‹ with Filmmaker Eva Orner«, *Vice*, zugegriffen 14. Juli 2020, https://video.vice.com/en_nz/video/vice-talks-chasing-asylum-with-filmmaker-eva-orner/572978fbc2bc5bca15423884.

213 »›One of the Worst Places on the Planet‹: Manus Refugee in Canada Worries for Those Left Behind«, *CBC Radio*, 7. November 2017, https://www.cbc.ca/radio/asithappens/as-it-happens-monday-edition-1.4389370/one-of-the-worst-places-on-the-planet-manus-refugee-in-canada-worries-for-those-left-behind-1.4389374.

214 Benjamin Robinson-Drawbridge, »Manus Island Refugee Escapes to Canada«, *Radio New Zealand*, 8. November 2017, https://www.rnz.co.

nz/international/pacific-news/343370/manus-island-refugee-escapes
-to-canada.

215 Dara Marcus, »Saving Lives: Canada and the Hai Hong«.

216 Deborah Gorham, »Book Excerpt: Marion Dewar's Lessons on How
to Welcome Refugees«, *Ottawa Citizen*, 26. September 2016, https://
ottawacitizen.com/opinion/columnists/book-excerpt-marion-dewars
-lessons-on-how-to-welcome-refugees.

217 Robinson, *Terms of Refuge*, 139.

218 Deborah Gorham, »Book Excerpt«.

219 Robinson, *Terms of Refuge*, 139.

220 Deborah Gorham, »Book Excerpt«.

221 Robinson, *Terms of Refuge*, 140 f.

222 »Former Ottawa Mayor Marion Dewar Dies«, *CBC*, 15. September
2008, https://www.cbc.ca/news/canada/ottawa/former-ottawa-mayor
-marion-dewar-dies-1.746450.

223 Amanda Pfeffer, »Vietnamese Community Unveils Saigon Square as
Museum Remains out of Reach«, *CBC*, 9. September 2018, https://
www.cbc.ca/news/canada/ottawa/vietnamese-community-unveils
-saigon-square-as-museum-remains-out-of-reach-1.4816192.

224 Statistics Canada Government of Canada, »Admission Category and
Applicant Type (46), Period of Immigration (7), Age (12) and Sex (3)
for the Immigrant Population Who Landed Between 1980 and 2016,
in Private Households of Canada, Provinces and Territories, Census
Metropolitan Areas and Census Agglomerations, 2016 Census – 25 %
Sample Data«, 28. März 2018, https://www12.statcan.gc.ca/census-
recensement/2016/dp-pd/dt-td/Rp-eng.cfm?LANG=E&APATH=3&
DETAIL=0&DIM=0&FL=A&FREE=0&GC=0&GID=0&GK=0&GRP
=1&PID=112135&PRID=10&PTYPE=109445&S=0&SHOWALL=0&
SUB=0&Temporal=2017&THEME=120&VID=0&VNAMEE=&VNA
MEF=.

225 Ein weiteres Programm ist das *Blended Visa Office-Referred Program*
(BVOR). Hierbei arbeiten private Paten und die Regierung zusammen, um einen Flüchtling zu unterstützen. Der UNHCR ermittelt die
Flüchtlinge, die im Rahmen dieses Programms gefördert werden können. Zahlenmäßig ist dies das kleinste Programm.

226 »Canada Meets Target to Resettle 25,000 Syrian Refugees«, *The Guardian*, 1. März 2016, https://www.theguardian.com/world/2016/
mar/01/canada-target-resettle-25000-syrian-refugees.

227 Peter Shawn Taylor, »How Syrian refugees to Canada have fared since
2015 – Macleans.ca«, *Maclean's*, 21. Mai 2019, https://www.macleans.

ca/news/canada/how-syrian-refugees-to-canada-have-fared
-since-2015/; Gareth Chantler, »Canada's Syrian resettlement efforts:
A flash in the pan?«, OpenCanada, 18. April 2019, https://www.open
canada.org/features/canadas-syrian-resettlement-efforts-a-flash-in
-the-pan/. Gareth Chantler, »Canada's Syrian resettlement efforts: A
flash in the pan?«, OpenCanada, 18. April 2019, https://www.open
canada.org/features/canadas-syrian-resettlement-efforts-a-flash-in
-the-pan/.

228 »Canada's Resettlement Levels 2018 and Global Resettlement Needs«,
UNHCR, zugegriffen 14. Juli 2020, https://www.unhcr.ca/wp-content/
uploads/2017/11/Canada-Refugee-Resettlement-numbers-2018–
2020.6.pdf.

229 Refugees and Citizenship Canada Immigration, »How We Process
Privately Sponsored Refugee Applications«, Government of Canada,
10. Januar 2019, https://www.canada.ca/en/immigration-refugees
-citizenship/services/refugees/help-outside-canada/private-sponsor
ship-program/how-we-process-applications.html.

230 »Resettlement Data Finder«, UNHCR, zugegriffen 23. Mai 2019,
https://rsq.unhcr.org/; »World Development Indicators«, Weltbank,
zugegriffen 15. Mai 2019, https://databank.worldbank.org/data/
reports.aspx?source=2&series=SP.POP.TOTL&country=#.

231 Dara Lind, »Trump Slashed Refugee Levels This Year. For 2019, He's
Slashing Them Even Further«, *Vox,* 17. September 2018, https://www.
vox.com/2018/9/17/17871874/refugee-news-record-history-asylum.

232 »Judge halts Trump's order allowing states to block refugees«, *AP
News,* 15. Januar 2020, https://apnews.com/8c66ae6bf6d80699e94c47c
1ede5999b.

233 Muzaffar Chishti und Sarah Pierce, »Despite Trump Invitation to Stop
Taking Refugees, Red and Blue States Alike Endorse Resettlement«,
migrationpolicy.org, 28. Januar 2020, https://www.migrationpolicy.org/
article/despite-trump-invitation-stop-taking-refugees-red-and-blue
-states-alike-endorse-resettlement.

234 »Resettlement Data Finder 2013 – 2018«, UNHCR, zugegriffen 8. Juni
2019, https://rsq.unhcr.org/en/#89wG; »Gapminder Tools | Income
for 2017«, Gapminder, zugegriffen 8. Juni 2019, https://www.gap
minder.org/tools/#$state$time$value=2017;;&chart-type=bubbles.

235 »Erste Einreisen im Pilotprogramm ›Neustart im Team‹«, Bundesministerium des Innern, für Bau und Heimat, 7. November 2019, http://
www.bmi.bund.de/SharedDocs/pressemitteilungen/DE/2019/11/nest-
erste-einreisen-pilotprojekt.html.

236 Günther Beckstein, *Die Zehn Gebote: Mein Anspruch, meine Heraus-forderung*, 20.

237 Marjoleine Zieck, »The 1956 Hungarian Refugee Emergency, an Early and Instructive Case of Resettlement«, *Amsterdam Law Forum,* Spring Issue (2013), 49, http://amsterdamlawforum.org/article/viewFile/314/487.

238 Rutger Bregman, *Utopien für Realisten: Die Zeit ist reif für die 15-Stun-den-Woche, offene Grenzen und das bedingungslose Grundeinkommen* (Rowohlt, 2017), 215.

239 W. Courtland Robinson, »The Comprehensive Plan of Action for In-dochinese Refugees, 1989 – 1997: Sharing the Burden and Passing the Buck«, *Journal of Refugee Studies,* 2004, 236 und 330, https://doi.org/10.1093/jrs/17.3.319.

240 United Nations, »Draft Declaration and Comprehensive Plan of Action Approved by the Preparatory Meeting for the International Conference of Indo-Chinese Refugees on 8 March 1989« (Preparatory Meeting for the International Conference on Indo-Chinese Refugees [1989 : Kuala Lumpur]), UN, 1989, http://digitallibrary.un.org/record/66134; Robinson, »The Comprehensive Plan of Action for Indochinese Refugees, 1989 – 1997«, 236 und 330.

241 Robinson, »The Comprehensive Plan of Action for Indochinese Refugees, 1989 – 1997«, 331.

242 Arthur C. Helton, »Displacement and Human Rights: Current Dilem-mas in Refugee Protection«, *Journal of International Affairs* 47, Nr. 2 (1994), 395, www.jstor.org/stable/24357287.

243 Arthur C. Helton, »Refugee Determination under the Comprehensive Plan of Action: Overview and Assessment«, *International Journal of Refugee Law,* 1993, 557, https://doi.org/10.1093/ijrl/5.4.544.

244 Robinson, *Terms of Refuge,* 206.

245 Robinson, »The Comprehensive Plan of Action for Indochinese Refugees, 1989 – 1997«, 328.

246 Robinson, »The Comprehensive Plan of Action for Indochinese Refugees, 1989 – 1997«, 319.

247 Robinson, *Terms of Refuge,* 294. Die verbleibenden ca. 19 000 Flücht-linge wanderten in andere Länder weiter oder verblieben über 1997 hinaus in den Aufnahmelagern Hongkongs.

248 UNHCR, »Last camp for Vietnamese boat people in Malaysia closed at ceremony with government, UNHCR officials attending«, Press Release REF/1147, 25. Juni 1996, https://www.un.org/press/en/1996/19960625.ref1147.html.

249 Artikel 1 der Genfer Flüchtlingskonvention. Die USA ratifizierten am 1. November 1968 nur das Zusatzprotokoll unter Vorbehalt und Erklärungen.

250 Lan Diao Opitz Maren, »Flucht und Asyl«, Bundeszentrale für politische Bildung, 26. Juni 2014, https://www.bpb.de/gesellschaft/migration/laenderprofile/187133/flucht-und-asyl.

251 Länder mit mindestens 10 000 Erstasylanträgen in einem der Jahre von 2013 bis 2019. UNHCR Global Trends 2013 – 2019, https://www.unhcr.org/refugee-statistics.

252 UNHCR Global Trends 2013 – 2019, https://www.unhcr.org/refugee-statistics.

253 Our World in Data: https://ourworldindata.org/grapher/population?country=EGY~CHN~IND~IDN~JPN~MEX~PAK~ZAF~KOR~THA~SWE.

254 UNHCR Global Trends 2013 – 2019, https://www.unhcr.org/refugee-statistics.

255 UNHCR Global Trends 2019, https://www.unhcr.org/refugee-statistics.

256 »Resettlement Data Finder«.

257 »Improving asylum procedures: comparative analysis and recommendations for law and practice« (UNHCR, März 2010), 27, https://www.unhcr.org/4c7b71039.pdf.

258 »Improving asylum procedures«, 166.

259 »Improving asylum procedures«, 90.

260 »Improving asylum procedures«, 120.

261 »Improving asylum procedures«, 117 – 118.

262 »Improving asylum procedures«, 113.

263 »Universal Periodic Review: Israel«, UNHCR, 1, zugegriffen 14. Juli 2020, https://www.refworld.org/pdfid/5283456f4.pdf.

264 »Israel Completes 245 Mile, NIS 1.6 Billion Security Fence Along Sinai Border with Egypt«, *Algemeiner.com*, 4. Dezember 2013, http://www.algemeiner.com/2013/12/04/245-mile-1-6-billion-shekel-security-fence-between-israel-and-sinai-completed/.

265 »EU-Mitgliedstaaten erkannten im Jahr 2018 mehr als 300 000 Asylbewerber als schutzberechtigt an«, Eurostat, 25. April 2019, https://ec.europa.eu/eurostat/documents/2995521/9747535/3–25042019-BP-DE.pdf/1e47d250–75d8-4985-93bc-ccfcefd8ccc9.

266 UNHCR Global Trends 2010 – 2019, https://www.unhcr.org/refugee-statistics.

267 Alex Stepick, »Haitian Boat People: A Study in the Conflicting Forces Shaping U. S. Immigration Policy«, *Law and Contemporary Problems* 45, Nr. 2 (1. April 1982): 176, https://scholarship.law.duke.edu/lcp/vol45/iss2/9.

268 Legomsky, »The USA and the Caribbean Interdiction Program«, 677.

269 Azadeh Dastyari, *United States Migrant Interdiction and the Detention of Refugees in Guantánamo Bay* (Cambridge University Press, 2015), 15.

270 Stepick, »Haitian Boat People«, 165.

271 Stepick, 180.

272 Stepick, 173.

273 Stepick, 183.

274 Stepick, 183.

275 Stepick, 184.

276 Stepick, 184.

277 Stepick, 186.

278 Stepick, 186.

279 Stepick, 173.

280 Kelly M. Greenhill, *Massenmigration als Waffe: Vertreibung, Erpressung und Außenpolitik* (Kopp Verlag, 2016), 240.

281 Legomsky, »The USA and the Caribbean Interdiction Program«, 679.

282 Greenhill, *Massenmigration als Waffe,* 245.

283 Greenhill, 245.

284 Robert S. Greenberger, »Washington Insight: Bush's Handling of Haitian highlights Contradictions in US Refugee Policy«, *Wall Street Journal,* 1. Juni 1992, zitiert in: Greenhill, 247.

285 Legomsky, »The USA and the Caribbean Interdiction Program«, 680.

286 UN High Commissioner for Refugees, Response to US Supreme Court Decision in Sale vs. Haitian Centres Council, in Steven Legomsky, 692.

287 Legomsky, 682.

288 Dieses Kapitel stützt sich auf einen von mir mit meinem Kollegen Kristof Bender 2015 geschriebenen ESI Bericht: »Montenegro: Germany's Balkan stipends – Asylum and the Rozaje exodus«, https://www.esiweb.org/publications/montenegro-germanys-balkan-stipends-asylum-and-rozaje-exodus.

289 »Sichere Herkunftsstaaten«, BAMF – Bundesamt für Migration und Flüchtlinge, 14. November 2019, https://www.BAMF.de/DE/Themen/AsylFluechtlingsschutz/Sonderverfahren/SichereHerkunftsstaaten/sichereherkunftsstaaten-node.html.

290 Gerald Knaus und Alexandra Stiglmayer, »[Opinion] Balkan Asylum Seekers and the Spectre of European Hypocrisy«, 4. Oktober 2011, https://euobserver.com/opinion/113807.

291 Patrice Poutrus, *Umkämpftes Asyl: Vom Nachkriegsdeutschland bis in die Gegenwart* (Ch. Links, 2019).

292 »Von wegen ›sichere Herkunftsstaaten‹«, Pro Asyl, 4. Juni 2014, https://www.proasyl.de/pressemitteilung/von-wegen-sichere -herkunftsstaaten/.

293 Bernd Parusel, »Das Asylsystem Schwedens«, Bertelsmann Stiftung, 2016, https://www.bertelsmann-stiftung.de/fileadmin/files/Projekte/ 28_Einwanderung_und_Vielfalt/IB_Studie_Asylverfahren_Schwe den_Parusel_2016.pdf; »Fragen zum Asylverfahren in Deutschland und in der Schweiz«, Wissenschaftliche Dienste des Deutschen Bundestags, 15. Juni 2015, https://www.bundestag.de/resource/blob/4 05530/291919d7b1b1eb53e5eeae24ede896dc/WD-3-136-15-pdf -data.pdf.

294 »Westbalkan-Regelung – Zentrale Auslands- und Fachvermittlung (ZAV)«, Bundesagentur für Arbeit, zugegriffen 14. Juli 2020, https:// www.arbeitsagentur.de/vor-ort/zav/content/1533719184471.

295 »Die Westbalkan-Regelung: Ein Sonderweg verschafft Tausenden Flüchtlingen Jobs«, *FOCUS Online,* 17. Dezember 2017, https://www. focus.de/politik/deutschland/arbeiten-in-deutschland-die-westbalkan -regelung-ein-sonderweg-verschafft-tausenden-fluechtlingen-jobs_id _7989476.html.

296 »Westbalkan-Regelung: Arbeiter warten über ein Jahr auf Visa-Ter- min«, *Der Spiegel,* 13. März 2019, https://www.spiegel.de/politik/ deutschland/westbalkan-regelung-deutsche-botschaften-mit-visa anfragen-ueberfordert-a-1257542.html.

297 »Asylum and first time asylum applicants by citizenship, age and sex Annual aggregated data (rounded)«, Eurostat, zugegriffen 19. Mai 2019, http://appsso.eurostat.ec.europa.eu/nui/show.do?dataset=migr_ asyappctza&lang=en.

298 »Bundesamt für Migration und Flüchtlinge«, Bundesministerium des Innern, für Bau und Heimat, zugegriffen 10. Juli 2020, http://www.bmi.bund.de/SharedDocs/behoerden/DE/bamf. html?nn=9390306.

299 UNHCR Global Trends 2013–2019, https://www.unhcr.org/refugee -statistics.

300 Thomas de Maizière, *Regieren: Innenansicht der Politik* (Herder 2019), 71.

301 UNHCR, »Situation Syria Regional Refugee Response«, Zugriff 9. Juli
     2020, https://data2.unhcr.org/en/situations/syria.
302 https://www.theguardian.com/world/2015/sep/25/eu-refugee-crisis
     -tip-of-iceberg-unhcr.
303 »Situation Mediterranean Situation, Greece«, UNHCR, zugegriffen
     15. Juli 2020, https://data2.unhcr.org/en/situations/mediterranean/
     location/5179.
304 »Missing Migrants Project«.
305 »Meeting of the EU Heads of State or Government with Turkey«,
     European Council, 18. März 2016, https://newsroom.consilium.
     europa.eu/events/20160318-meeting-of-the-eu-heads-of-state-or
     -government-with-turkey-18-march-2016.
306 Holger Zschäpitz, »Migrationsforscher: ›Ist Merkel schuld an Flücht-
     lingskrise? Wer sonst?‹«, *Die Welt*, 29. Januar 2016, https://www.welt.
     de/wirtschaft/article151603912/Ist-Merkel-schuld-an-Fluechtlings
     krise-Wer-sonst.html.
307 Alexander Betts und Paul Collier, *Gestrandet: Warum unsere Flücht-
     lingspolitik allen schadet – und was jetzt zu tun ist* (Siedler, 2017), 133.
308 Betts und Collier, *Gestrandet,* 121.
309 »Asylum Service Statistical data – Dublin Regulation III Procedures«,
     Hellenic Republic, Ministry of Migration Policy, 4. März 2020, http://
     asylo.gov.gr/en/wp-content/uploads/2020/03/Dublin-stats_February
     20EN.pdf.
310 M. S. S. v. BELGIUM AND GREECE, No. 30696/09 (European Court
     of Human Rights 21. Januar 2011); Verbundene Rechtssachen
     C-411/10 und C-493/10 (European Court of Justice 21. Dezember
     2011).
311 »Systemische Mängel: Gericht stoppt Abschiebung von Flüchtling
     nach Ungarn«, Pro Asyl, 21. Januar 2015, https://www.proasyl.de/
     news/systemische-maengel-gericht-stoppt-abschiebung-von-fluecht
     ling-nach-ungarn/.
312 A. B. und C. B. gegen Bundesrepublik Deutschland (Verwaltungs-
     gericht Lüneburg 26. Juni 2015).
313 »Sommerpressekonferenz von Bundeskanzlerin Merkel«, Bundes-
     regierung, 31. August 2015, https://www.bundesregierung.de/breg-de/
     aktuelles/pressekonferenzen/sommerpressekonferenz-von-bundes
     kanzlerin-merkel-848300.
314 Stephan Detjen und Maximilian Steinbeis, *Die Zauberlehrlinge: Der
     Streit um die Flüchtlingspolitik und der Mythos vom Rechtsbruch*
     (Klett-Cotta, 2019), 146.

315 Detjen und Steinbeis, 64.

316 Detjen und Steinbeis, 146.

317 Bundesministerium des Inneren, »Möglichkeit einer Zurückweisung von Schutzsuchenden an deutschen Grenzen«, 15. Oktober
2015, 4.

318 Daniel Nolan, »Hungary Orders 100-Mile Serbia Border Fence to
Keep out Migrants«, *The Telegraph*, 7. Juni 2015, Abschn. World,
https://www.telegraph.co.uk/news/worldnews/europe/hungary/
11680840/Hungary-orders-100-mile-Serbia-border-fence-to-keep
-out-migrants.html.

319 Brad Sylvester, »FACT CHECK: Did Hungary Reduce Illegal Immigration By 99 Percent With A Border Wall?«, Check Your Fact, 28. Oktober 2018, http://checkyourfact.com/2018/10/28/fact-check-hungary
-99-percent-border-wall/.

320 Roger Köppel, »Viktor Orbán: ›Ein Wort von Merkel, und die Asylflut
ist gestoppt‹«, *Weltwoche*, 12. November 2015, http://www.kormany.
hu/en/the-prime-minister/the-prime-minister-s-speeches/prime
-minister-viktor-orban-s-interview-with-swiss-weekly-weltwoche.

321 Michael Sauga und Ralf Neukirch, »SPIEGEL-Gespräch: ›Ich habe
eine Vision‹«, *Der Spiegel*, 19. September 2015, http://www.spiegel.de/
spiegel/print/d-138749218.html.

322 Thomas de Maizière, *Regieren: Innenansichten der Politik* (Herder,
2019), 78.

323 Alexander, *Die Getriebenen*, 23 f.

324 »Generaldebatte, 9. September 2015«, Thomas Oppermann, MdB,
9. September 2015, https://www.thomasoppermann.de/2015/09/09/
generaldebatte-9-september-2015/.

325 »48.870 interpellations de migrants en 2017 dans les Alpes-Maritimes«, *20 Minutes*, 17. Januar 2018, https://www.20minutes.fr/societe/
2203643–20180117-alpes-maritimes-48870-interpellations-migrants
-2017-annee-precedent.

326 »A la frontière franco-italienne, des contrôles se mettent en place pro-
gressivement«, *Le Point*, 13. November 2015, https://www.lepoint.fr/
societe/a-la-frontiere-franco-italienne-des-controles-se-mettent-en
-place-progressivement-13-11-2015-1981423_23.php.

327 Maïté Darnault, »A Menton, la police aux frontières sous inspection
parlementaire«, *Libération*, 1. April 2018, Abschn. France, https://
www.liberation.fr/france/2018/04/01/a-menton-la-police-aux
-frontieres-sous-inspection-parlementaire_1640389.

328 »Asylum and first time asylum applicants by citizenship, age and sex Annual aggregated data (rounded)«, Eurostat, zugegriffen 9. Juli 2020, http://appsso.eurostat.ec.europa.eu/nui/show.do?dataset=migr_ asyappctza&lang=en.

329 Robin Alexander, *Die Getriebenen: Merkel und die Flüchtlingspolitik: Report aus dem Innern der Macht* (Siedler, 2017), 26.

330 »CDU und CSU: Vereinbarung zur besseren Ordnung, Steuerung und Verhinderung der Sekundärmigration«, Christlich Demokratische Union Deutschlands, 2. Juli 2018, https://www.cdu.de/ordnung -steuerung-und-verhinderung-der-sekundaermigration.

331 »Kurz verteidigt Seehofer«, *BILD,* 22. Juni 2018, https://www.bild.de/ politik/inland/kurz-sebastian/kurz-verteidigt-seehofer-56089104.bild. html.

332 »Warnsignale aus Wien – Entscheidet Kurz Asyl-Streit zwischen Merkel und Seehofer?«, *BILD,* 29. Juni 2018, https://www.bild.de/politik/ ausland/fluechtlingskrise/asyl-streit-hinter-wem-steht-eigentlich -sebastian-kurz-56158952.bild.html.

333 »SPD-Vize kritisiert geplante ›Transitzentren‹«, *Süddeutsche Zeitung,* 3. Juli 2018, https://www.sueddeutsche.de/politik/spd-zum-asylkom promiss-der-union-geschlossene-lager-werden-von-uns-nicht -akzeptiert-1.4038204.

334 »Protokoll des 28. Parteitags der CDU Deutschlands«, 14. Dezember 2015, 24 – 44, https://www.kas.de/c/document_library/get_ file?uuid=51820aaa-2f21-e948 – 9544-ffbf29dc9499&groupId =252038.

335 »Toter Flüchtlingsjunge: Die traurige Geschichte des Aylan Kurdi«, *Frankfurter Allgemeine Zeitung,* 3. September 2015, https://www.faz. net/1.3783344.

336 »The Syrian Community in Australia«, *.id the population experts* (blog), 10. September 2015, https://blog.id.com.au/2015/population/ demographic-trends/the-syrian-community-in-australia/.

337 Elspeth Guild u. a., »The 2015 Refugee Crisis in the European Union«, CEPS, September 2015, 6, https://www.ceps.eu/wp-content/uploads/ 2015/09/CEPS%20PB332 %20Refugee%20Crisis%20in%20EU_0.pdf.

338 Matthew Knott, »Drowned Syrian Toddler: Tony Abbott Says ›tragic‹ Picture a Reminder of Need to Stop Boats«, *The Sydney Morning Herald,* 4. September 2015, Abschn. Federal, https://www.smh.com. au/politics/federal/drowned-syrian-toddler-tony-abbott-says-tragic -picture-a-reminder-of-need-to-stop-boats-20150904-gjevx5.html.

339 »EU Should Erect New Greek Frontier to Stop Migrants, Hungarian PM Says«, *Reuters*, 8. Januar 2016, https://uk.reuters.com/article/uk-europe-migrants-hungary-greece-idUKKBN0UM0OG20160108.

340 Duncan Robinson, »EU Considers Ringfencing Greece to Stop Flow of Migrants«, 22. Januar 2016, https://www.ft.com/content/c40504cc-c12b-11e5-9fdb-87b8d15baec2.

341 »Be Ready to Halt Migrant Flow, Austria Tells Macedonia«, *Reuters*, 12. Februar 2016, https://www.reuters.com/article/us-europe-migrants-macedonia-idUSKCN0VL16V.

342 »Declaration: Managing Migration Together«, Bundesministerium für Inneres, 24. Februar 2016, https://www.bmeia.gv.at/fileadmin/user_upload/Zentrale/Aussendungen/2016/Westbalkankonferenz_Draft_Declaration_Letztfassung.pdf.

343 »Consistent application of Schengen rules«, Government of the Republic of Slovenia, 21. März 2016, https://web.archive.org/web/20160321172812/http://www.vlada.si/en/media_room/newsletter/slovenia_weekly/?tx_ukomnewsletter_pi1%5Bnewsletter%5D=73&cHash=cf2649a215063133aea8fa0e324873a6.

344 »Slovenia and Croatia Ban Transit of Refugees to Other European Countries«, *The Guardian*, 9. März 2016, Abschn. World news, http://www.theguardian.com/world/2016/mar/09/slovenia-and-croatia-ban-the-transit-of-refugees.

345 »Macedonia Closes Border to Illegal Migrants: Police Official«, *Reuters*, 9. März 2016, https://www.reuters.com/article/us-europe-migrants-macedonia-idUSKCN0WB0Z0.

346 Europäische Stabilitätsinitiative, »Why people don't need to drown in the Aegean – A policy proposal«, 17. September 2015, 2, https://www.esiweb.org/publications/why-people-dont-need-drown-aegean-policy-proposal.

347 »Zuwanderung: Gabriel hält 500.000 Flüchtlinge pro Jahr für verkraftbar«, *Der Spiegel*, 8. September 2015, Abschn. Politik, https://www.spiegel.de/politik/deutschland/fluechtlinge-gabriel-haelt-500-000-pro-jahr-fuer-verkraftbar-a-1051862.html.

348 Europäische Stabilitätsinitiative, 2.

349 Michael Martens, »Migrationspolitik der Türkei: Auf dem Meer gibt es keine Mauern«, *Frankfurter Allgemeine Zeitung*, 18. September 2015, https://www.faz.net/1.3807208.

350 Andrea Böhm, »Flüchtlinge: Zäune, Paragrafen, Drohungen – nützt alles nichts«, *Die Zeit*, 21. September 2015, https://www.zeit.de/politik/2015-09/fluechtlinge-syrien-libanon-tuerkei-deutschland/komplettansicht.

351 Niklaus Nuspliger, »Im Meer stösst der Grenzschutz an Grenzen«, *Neue Zürcher Zeitung,* 22. September 2015, https://www.nzz.ch/inter national/europa/im-meer-stoesst-der-grenzschutz-an-grenzen -1.18616932.

352 Marloes de Koning, »Merkel moet nu Turken helpen«, *NRC,* 24. September 2015, https://www.nrc.nl/nieuws/2015/09/24/merkel-moet-nu -turken-helpen-1540766-a822337.

353 Thomas Kirchner und Robert Roßmann (Brüssel/Berlin), »EU will Flüchtlingspakt, Erdoğan zögert«, *Süddeutsche Zeitung,* 5. Oktober 2015, https://www.sueddeutsche.de/politik/bruessel-eu-verhandelt -mit-erdoan-ueber-fluechtlingspakt-1.2677683.

354 »Merkel bei ›Anne Will‹: ›Ich habe einen Plan‹«, *Tagesschau,* 8. Oktober 2015, zugegriffen 29. Juli 2020, https://www.tagesschau.de/inland/ merkel-anne-will-103.html.

355 Sigmar Gabriel und Frank-Walter Steinmeier, »Flüchtlingspolitik: Wir müssen mehr ordnen und steuern«, *Spiegel Online,* 20. November 2015, http://www.spiegel.de/politik/deutschland/fluechtlinge-sigmar -gabriel-und-steinmeier-fordern-neustart-a-1063855.html.

356 Gerald Knaus, 29. November 2015, www.esiweb.org/rumeliobserver/ 2015/11/29/the-devil-is-in-the-detail-eu-turkey-refugee-summit-in- november-2015/.

357 Marc Peeperkorn, »Zo drukte Rutte zijn stempel op de EU-Turkije- deal«, *de Volkskrant,* 16. April 2016, https://www.volkskrant.nl/gs -bb088668.

358 Peeperkorn.

359 Europäischer Rat, »Erklärung EU-Türkei, 18. März 2016«, 18. März 2016, https://www.consilium.europa.eu/de/press/press-releases/ 2016/03/18/eu-turkey-statement/. Oft auch als »EU-Türkei-Abkom- men«, »Flüchtlingsdeal« oder »Flüchtlingspakt« bezeichnet. Rechtlich handelt es sich aber um eine »Erklärung«, denn es wurde kein neues Recht geschaffen, sondern bestehendes bekräftigt.

360 »Juncker an EU-Staats- und Regierungschefs: Flüchtlingsfazilität für Türkei auf gutem Weg«, Vertretung der Europäischen Kommission in Deutschland, 17. Oktober 2016, https://ec.europa.eu/germany/news/ juncker-eu-staats-und-regierungschefs-fl%C3%BCchtlingsfazilit% C3%A4t-f%C3%BCr-t%C3%BCrkei-auf-gutem-weg_de.

361 Gerald Knaus, »It is all implementation, stupid.«, *Rumeli Observer* (blog), 21. März 2016, http://www.esiweb.org/rumeliobserver/2016/ 03/21/it-is-all-implementation-stupid/.

362 Maria Stavropoulou, »Refugee protection in Europe: time for a major overhaul?«, *Forced Migration Review,* Januar 2016, https://www.fmreview.org/destination-europe/stavropoulou.

363 »National Situational Picture Regarding the Islands at Eastern Aegean Sea Archives«, General Secretariat for Information and Communication, zugegriffen 15. Juli 2020, https://infocrisis.gov.gr/category/latest-info/national-situational-picture-regarding-the-islands-at-eastern-aegean-sea/?lang=en.

364 »Returns from Greece to Turkey«, UNHCR, 6. Oktober 2017, https://data2.unhcr.org/en/documents/download/60306; »Returns from Greece to Turkey«, UNHCR, 28. Februar 2018, https://data2.unhcr.org/en/documents/download/62508; »Returns from Greece to Turkey«, UNHCR, 31. März 2019, https://data2.unhcr.org/en/documents/download/68670; »Returns from Greece to Turkey«, UNHCR, 31. März 2020, https://data2.unhcr.org/en/documents/download/75075; »National Situational Picture Regarding the Islands at Eastern Aegean Sea Archives«, General Secretariat for Information and Communication, zugegriffen 15. Juli 2020, https://infocrisis.gov.gr/category/latest-info/national-situational-picture-regarding-the-islands-at-eastern-aegean-sea/?lang=en vom 1. April bis 7. Juli 2020.

365 »Detections of illegal border-crossings statistics«, Frontex, 3. April 2019, https://frontex.europa.eu/along-eu-borders/migratory-map/; »Returns from Greece to Turkey«, UNHCR, 31. Dezember 2019, https://data2.unhcr.org/en/documents/download/73295.

366 Hans Rosling, *Factfulness: Wie wir lernen, die Welt so zu sehen, wie sie wirklich ist* (Ullstein, 2018), 159.

367 Rosling, *Factfulness*, 28.

368 Rosling, 107.

369 Rosling, 174.

370 Ungarische Regierung, »Ministerpräsident Viktor Orbáns Rede zur Lage der Nation«, 18. Februar 2018, http://www.miniszterelnok.hu/ministerprasident-viktor-orbans-rede-zur-lage-der-nation-2/.

371 »The Anatomy of a Silent Crisis«, Climate Change (Global Humanitarian Forum, Dezember 2009), 49, http://www.ghf-ge.org/human-impact-report.pdf.

372 »Global Strategic Trends – Out to 2045«, Strategic Trends Programme (Ministry of Defence, 30. April 2014), 34, https://espas.secure.europarl.europa.eu/orbis/sites/default/files/generated/document/en/MinofDef_Global%20Strategic%20Trends%20%202045.pdf.

373 Charlène Cabot, *Climate Change, Security Risks and Conflict Reduc-tion in Africa: A Case Study of Farmer-Herder Conflicts over Natural Resources in Côte d'Ivoire, Ghana and Burkina Faso 1960 – 2000* (Springer, 2016), vii; »Combating Climate Change? Combat Land De-gradation, Says UNCCD Chief«, United Nations Convention to Com-bat Desertification, 27. November 2017, https://knowledge.unccd.int/publications/combating-climate-change-combat-land-degradation-says-unccd-chief; Jill Filipovic, »Will Africa's Great Green Wall Dis-courage Migration to Europe?«, *The Guardian,* 19. Juli 2017, https://www.theguardian.com/global-development-professionals-net-work/2017/jul/19/will-africas-great-green-wall-discourage-migration-to-europe.

374 »Accelerated Regional Action, Intensified International Support Criti-cal to Resolving Sahel Challenges, Key Officials Tell Security Coun-cil«, Security Council 7699th Meeting, 26. Mai 2016, https://www.un.org/press/en/2016/sc12378.doc.htm.

375 »60 Million African Migrants Heading for Europe?«, *Migration Re-search Institute* (blog), 10. Oktober 2017, https://www.migraciokutato.hu/en/press/60-million-african-migrants-heading-for-europe-2/.

376 »Keine zwei Drittel der Einwohner Subsahara-Afrikas wollen auswan-dern«, *correctiv.org* (blog), 5. Oktober 2018, https://correctiv.org/faktencheck/2018/10/05/keine-zwei-drittel-der-einwohner-subsahara-afrikas-wollen-auswandern/.

377 Stephen Smith, *Nach Europa! Das junge Afrika auf dem Weg zum alten Kontinent* (edition Fototapeta, 2018), 171.

378 Smith, 171.

379 Smith, 21.

380 Smith, 401.

381 Smith, 213.

382 Smith, 143.

383 Smith, 142.

384 Smith, 142.

385 Smith, 215.

386 Smith, 16.

387 Smith, 180.

388 Jean Raspail, *Das Heerlager der Heiligen* (Antaios Verlag, 2015), 289.

389 Smith, 218.

390 Smith, 220.

391 François Héran, »Europe and the spectre of sub-Saharan migration«, in: *Population & Societies,* Institut des Migrations and French Institute for Demographic Studies (INED), Number 558, September 2018.

392 Fabrizio Natale, Silvia Migali und Rainer Münz, »Many more to come? Migration from and within Africa«, EUR – Scientific and Technical Research Reports (Publications Office of the European Union, 2018), 18, https://ec.europa.eu/jrc/sites/jrcsh/files/africa_policy_report_2018_final.pdf.

393 Fabrizio Natale, Silvia Migali und Rainer Münz, 17.

394 Gunnar Heinsohn, »Wie viele aus Afrika wollen nach Europa?«, *Tichys Einblick,* 14. Juni 2018, http://www.tichyseinblick.de/meinungen/wie-viele-aus-afrika-wollen-nach-europa/.

395 »Répartition des immigrés par groupe de pays de naissance«, Institut national de la statistique et des études économiques, zugegriffen 14. Juli 2020, https://www.insee.fr/fr/statistiques/2381755#tableau -figure1.

396 »World population by region«, Our World in Data, zugegriffen 3. Juni 2019, https://ourworldindata.org/grapher/world-population-by -world-regions-post-1820.

397 »Cruscotto statistico giornaliero«, Dipartimento Libertà Civili e Im- migrazione, zugegriffen 27. Mai 2019, http://www.libertaciviliimmi grazione.dlci.interno.gov.it/it/documentazione/statistica/cruscotto -statistico-giornaliero.

398 »Detections of illegal border-crossings statistics«, Frontex, 9. Juni 2020, https://frontex.europa.eu/along-eu-borders/migratory-map/.

399 »Balances e informes de la Lucha contra la Inmigración Irregular«, Ministerio del Interior, zugegriffen 14. Juli 2020, http://www.interior. gob.es/prensa/balances-e-informes/2020.

400 Giorgia Papavero, »Sbarchi richiedenti asilo 1997 – 2014«, Fondazione ISMU, 2015, 9, https://www.ismu.org/wp-content/uploads/2015/05/ Sbarchi-richiedenti-asilo.pdf; »Situation Mediterranean Situation, Italy«, UNHCR, zugegriffen 14. Juli 2020, https://data2.unhcr.org/en/ situations/mediterranean/location/5205.

401 »First residence permits issued in the EU Member States remain above 3 million in 2017«, Eurostat, 25. Oktober 2018, https://ec.europa.eu/eurostat/documents/2995521/9333446/3- 25102018-AP-EN.pdf/3fa5fa53-e076-4a5f-8bb5-a8075f639167.

402 »The Gambia – Systematic Country Diagnostic«, Systematic Country Diagnostic (World Bank, 14. Mai 2020), 54, http://documents.world bank.org/curated/en/782131589568063735/pdf/The-Gambia-Systematic-Country-Diagnostic.pdf.

403 »2018 Statistical Update«, Human Development Indices and Indica- tors (United Nations Development Programme, 2018), 24, http://hdr.

undp.org/sites/default/files/2018_human_development_statistical_
update.pdf.

404 Juan E. Méndez, »Report of the Special Rapporteur on Torture and
Other Cruel, Inhuman or Degrading Treatment or Punishment«,
Mission to The Gambia (United Nations Human Rights Council,
2. März 2015), 7, https://doi.org/10.1163/2210-7975_HRD-9970-
2016149.

405 »Witness: Beaten to Death in Gambia«, Human Rights Watch, 2. November 2016, https://www.hrw.org/news/2016/11/02/witness-beaten
-death-gambia.

406 Caroline Holowiecki, »Ein angehender Erzieher aus Gambia in Hemmingen: Ein Brückenbauer im Kindergarten«, *Stuttgarter Zeitung,*
22. August 2019, https://www.stuttgarter-zeitung.de/inhalt.ein
-angehender-erzieher-aus-gambia-in-hemmingen-ein-brueckenbauer
-im-kindergarten.b0911bb4-eef8-46d0-a8fd-aef6a996e1be.html.

407 Caroline Holowiecki.

408 Stephan Detjen, »Gambia – Ein Land im politischen Aufbruch«,
Deutschlandfunk, 15. Dezember 2017, https://www.deutschlandfunk.
de/gambia-ein-land-im-politischen-aufbruch.1773.de.html?dram:
article_id=406118.

409 Franzisca Zanker und Judith Altrogge, »The Politics of Migration
Governance in the Gambia«, o. J., 13, https://www.arnold-berg
straesser.de/sites/default/files/gambian_migration_politics_zanker
altrogge.pdf.

410 »2016 Gambia Coalition, organisiert von Gambia Democracy Fund«,
gofundme.com, zugegriffen 19. Juni 2020, https://www.gofundme.
com/f/2016-gambia-coalition.

411 »19 Gambier festgenommen: Asylbewerber als Drogendealer«, *Stuttgarter Nachrichten,* 12. Mai 2015, https://www.stuttgarter-nachrichten.
de/inhalt.19-gambier-festgenommen-asylbewerber-als-drogendealer.
320fe743-dafa-4468-b224-01b2be8f858a.html.

412 »Baden-Württemberg: Gambische Flüchtlinge kontrollieren die Drogenszene«, *Stuttgarter Zeitung,* 12. Mai 2018, https://www.stuttgarter
-zeitung.de/inhalt.baden-wuerttemberg-gambische-fluechtlinge-kont
rollieren-die-drogenszene.70611348-b7f3-410b-9c60-e8d93d1247b3.
html.

413 Denis Fengler, »Razzia: Polizei sucht Drogen und Gambier«, *Die Welt,*
16. März 2019, https://www.welt.de/print/die_welt/hamburg/article
190389459/Razzia-Polizei-sucht-Drogen-und-Gambier.html.

414 Philippe Debionne, »Görlitzer Park in Berlin-Kreuzberg: Anzahl und Herkunft der Dealer im Görli«, *Berliner Zeitung*, 16. September 2019, https://www.berliner-zeitung.de/mensch-metropole/goerlitzer-park -in-berlin-kreuzberg-anzahl-und-herkunft-der-dealer-im-goerli-li. 40622.

415 Philippe Debionne.

416 »Baden-Württemberg: Gambische Flüchtlinge kontrollieren die Drogenszene«.

417 Juldeh Njie, »Hundreds march for ›end‹ to mass deportation of Gambians«, *The Standard Newspaper*, 8. März 2019, Abschn. News, https:// standard.gm/hundreds-march-for-end-to-mass-deportation-of -gambians/.

418 Interner Bericht der Europäischen Kommission, Banjul 2–3. Mai 2019.

419 »Sea and land arrivals, Spain«, UNHCR, 31. Dezember 2018, https:// data2.unhcr.org/en/documents/download/67552.

420 »Spain sea and land arrivals 1 Jan.–31 Dec. 2019«, UNHCR, 24. Februar 2020, https://data2.unhcr.org/en/documents/download/73591.

421 »Factsheet Spain«, UNHCR, 15. Februar 2019, https://data2.unhcr. org/en/documents/download/68130.

422 »Asylum and first time asylum applicants by citizenship, age and sex Annual aggregated data (rounded)«, Eurostat, zugegriffen 20. Mai 2020, http://appsso.eurostat.ec.europa.eu/nui/show.do?dataset=migr_ asyappctza&lang=en.

423 »Third country nationals ordered to leave – annual data (rounded)«, Eurostat, zugegriffen 21. Mai 2019, http://appsso.eurostat.ec.europa. eu/nui/show.do?dataset=migr_eiord&lang=en.

424 »Asylum and first time asylum applicants by citizenship, age and sex Annual aggregated data (rounded)«.

425 »Third country nationals returned following an order to leave – annual data (rounded)«, Eurostat, zugegriffen 10. Juli 2020, http:// appsso.eurostat.ec.europa.eu/nui/show.do?dataset=migr_ eirtn&lang=en.

426 »Third country nationals returned following an order to leave – annual data (rounded)«, Eurostat, zugegriffen 21. Mai 2019, http://appsso. eurostat.ec.europa.eu/nui/show.do?dataset=migr_eirtn&lang=en.

427 »Third country nationals returned following an order to leave – annual data (rounded)«.

428 Christian Jakob und Simone Schlindwein, *Diktatoren als Türsteher Europas: wie die EU ihre Grenzen nach Afrika verlagert* (Ch. Links, 2017).

429 »Antwort der Bundesregierung auf die Kleine Anfrage der Abgeordneten Ulla Jelpke, Dr. André Hahn, Gökay Akbulut, weiterer Abgeordneter und der Fraktion DIE LINKE – Drucksache 19/7395 – Abschiebungen und Ausreisen im Jahr 2018«, Drucksache, 26. Februar 2019, https://dip21.bundestag.de/dip21/btd/19/080/1908021.pdf.

430 »2019 Schengen Visa Statistics by Third Country«, *SchengenVisaInfo*, zugegriffen 14. Juli 2020, https://statistics.schengenvisainfo.com/2019-schengen-visa-statistics-by-third-country.

431 *La Frontera Sur: Acceso Terrestre*, Iridia, 19. April 2017, http://ddhhfronterasur2017.org/assets/frontera-sur.pdf.

432 »Balances e informes de la Lucha contra la Inmigración Irregular«; »Derechos Humanos en la frontera sur 2019«, APDHA, Januar 2019, https://www.apdha.org/wp-content/uploads/2019/02/informe-frontera-sur-2019-web.pdf.

433 *Les Sauteurs – Those Who Jump (2016) Trailer, OmU* (epd Film, 2016), https://www.youtube.com/watch?v=BJjRnXxgpVQ.

434 »Derechos Humanos en la frontera sur 2019«, 26.

435 »Médicos Sin Fronteras localiza a cientos de inmigrantes llevados al desierto por Marruecos«, *El Mundo*, 8. Oktober 2005, https://www.elmundo.es/elmundo/2005/10/07/solidaridad/1128682072.html.

436 »Zahl der Todesopfer nach Massenansturm steigt auf 13«, *Der Spiegel*, 7. Februar 2014, https://www.spiegel.de/politik/ausland/zahl-der-todesopfer-nach-massenansturm-steigt-auf-13-a-952156.html.

437 »Caso Tarajal: 15 muertes y seis años de impunidad«, CEAR, 6. Februar 2020, https://www.cear.es/caso-tarajal/.

438 »Ceuta in Marokko: 1100 Afrikaner stürmen Grenzzaun«, *Der Spiegel*, 2 . Januar 2017, https://www.spiegel.de/politik/ausland/marokko-afrikanische-migranten-stuermen-grenzzaun-in-ceuta-a-1128196.html.

439 Lizzie Dearden, »Hundreds of Migrants Scale 20ft Fence into Spanish Enclave«, *The Independent*, 17. Februar 2017, http://www.independent.co.uk/news/world/europe/refugee-crisis-migrants-ceuta-fence-climb-hundreds-mass-spain-mediterranean-record-deaths-a7586436.html.

440 »Spanische Exklave Ceuta: Migranten attackieren Beamte mit selbst gebauten Flammenwerfern«, *DIE WELT*, 26. Juli 2018, https://www.welt.de/politik/ausland/article179995330/Spanische-Exklave-Ceuta-Migranten-attackieren-Beamte-mit-selbst-gebauten-Flammenwerfern.html.

441 »Grenzzaun überwunden: Spanien schiebt 116 Migranten direkt aus Ceuta wieder ab«, *DIE WELT*, 23. August 2018, https://www.welt.de/

politik/ausland/article181283072/Grenzzaun-ueberwunden-Spanien
-schiebt-116-Migranten-direkt-aus-Ceuta-wieder-ab.html.

442 Thomas Urban, »Spanien: Kehrtwende in der Asylpolitik«, *Süddeut-sche Zeitung,* 24. August 2018, https://www.sueddeutsche.de/politik/
migration-spaniens-kehrtwende-in-der-asylpolitik-1.4103408.

443 Gabriela Sánchez, »El Gobierno se enfrenta a la sentencia definitiva
sobre las devoluciones en caliente que nunca dejó de aplicar en la
frontera«, *El Diario,* 12. Februar 2020, Abschn. Desalambre, https://
www.eldiario.es/desalambre/gobierno-enfrenta-sentencia-definitiva
-devoluciones_1_1135149.html.

444 Grand Chamber judgment N. D. and N. T. v. Spain – immediate return
of migrants after unauthorised scaling of Melilla enclave fences: no
violation of the Convention (European Court of Human Rights,
13. Februar 2020).

445 »Ukraine und EU – ›Höhepunkt der Beziehungen‹«, *Deutschland-funk,* 9. Juli 2018, https://www.deutschlandfunk.de/ukraine-und-eu
-hoehepunkt-der-beziehungen.795.de.html?dram:article_id=422420.

446 »Ukraine Celebrates Visa-Free Travel with EU Love Show«, *EUobser-ver,* 12. Juni 2017, https://euobserver.com/enlargement/138187.

447 »EU-Ukraine Action Plan on Visa Liberalisation«, zugegriffen 14. Juli
2020, http://visa-free-europe.eu/wp-content/uploads/2012/03/EU
-Ukraine-Action-Plan.pdf.

448 »Visa Liberalisation with Moldova, Ukraine and Georgia«, Text, Migration and Home Affairs – European Commission, 6. Dezember 2016,
https://ec.europa.eu/home-affairs/what-we-do/policies/international
-affairs/eastern-partnership/visa-liberalisation-moldova-ukraine-and
-georgia_en.

449 »Cabinet of Ministers of Ukraine – Two Million Ukrainians Benefit-
ted from Visa-Free Travel to the EU Countries«, Administration of
the State Border Guard Service of Ukraine, 3. Januar 2019, https://
www.kmu.gov.ua/en/news/2-miljoni-ukrayinciv-skoristalisya
-bezvizom-pryamuyuchi-do-krayin-yes.

450 »Country Fact Sheet Ukraine«, UNHCR, April 2019, https://www.
unhcr.org/ua/wp-content/uploads/sites/38/2019/05/2019–04
-UNHCR-UKRAINE-Fact-Sheet-FINAL_ENG-1.pdf.

451 »Asylum and first time asylum applicants by citizenship, age and sex
Annual aggregated data (rounded)«.

452 »Second Report under the Suspension Mechanism«, European Commission, 19. Dezember 2018, https://ec.europa.eu/home-affairs/sites/
homeaffairs/files/what-we-do/policies/european-agenda-migration/
20181219_swd-2018–496-report_en.pdf.

453 »Third country nationals ordered to leave – annual data (rounded)«.

454 »Third country nationals returned following an order to leave – annual data (rounded)«.

455 »Third-country nationals who have left the territory by type of return and citizenship«, Eurostat, zugegriffen 27. Mai 2019, http://appsso. eurostat.ec.europa.eu/nui/show.do?dataset=migr_eirt_vol&lang=en.

456 »GDP (current US$)«, World Bank, zugegriffen 15. Juli 2020, https:// data.worldbank.org/indicator/NY.GDP.MKTP.CD; »GDP per capita (current US$) – Ukraine«, World Bank, zugegriffen 15. Juli 2020, https://data.worldbank.org/indicator/NY.GDP.PCAP. CD?locations=UA&name_desc=false.

457 »Ukraine – Gesamtbevölkerung bis 2024«, Statista, zugegriffen 15. Juli 2020, https://de.statista.com/statistik/daten/studie/232387/umfrage/ gesamtbevoelkerung-in-der-ukraine/; »Marokko – Gesamtbevölke-rung bis 2024«, Statista, zugegriffen 15. Juli 2020, https://de.statista. com/statistik/daten/studie/325363/umfrage/gesamtbevoelkerung-von -marokko/.

458 »International migrant stock by destination and origin«, UN Popula-tion Division, 2017, https://www.un.org/en/development/desa/ population/migration/data/estimates2/data/UN_MigrantStockBy OriginAndDestination_2017.xlsx und eigene Berechnungen.

459 »Asylum and first time asylum applicants by citizenship, age and sex Annual aggregated data (rounded)«.

460 »First instance decisions on applications by citizenship, age and sex Annual aggregated data (rounded)«, Eurostat, zugegriffen 19. Mai 2019, http://appsso.eurostat.ec.europa.eu/nui/show.do?dataset=migr_ asydcfsta&lang=en.

461 Andrianos Giannou, »Interview: Morocco's Outgoing Ambassador to the EU Talks Bilateral Relations and Development«, *New Europe,* 18. Februar 2019, https://www.neweurope.eu/article/moroccos -outgoing-ambassador-to-the-eu-talks-bilateral-relations-and -development/.

462 »Third country nationals returned following an order to leave – annual data (rounded)«.

463 »Third country nationals ordered to leave – annual data (rounded)«; »Third country nationals returned following an order to leave – annual data (rounded)«.

464 »Country Fact Sheet Ukraine«; »Ukraine: Refugee and Asylum-Seekers Update«, UNHCR, August 2018, https://www.unhcr.org/ partners/donors/5baa00b24/2018-unhcr-donor-ranking.html.

465 Mehdi Lahlou, Migration Dynamics in Play in Morocco: Trafficking and Political Relationships and Their Implications at the Regional Level, MENARA Working Papers No. 26, November 2018.

466 UNHCR, Fact Sheet Morocco, Februar 2019, and Operational Update Morocco, 13. Februar 2019.

467 Europäische Kommission, Fortschrittsbericht über die Umsetzung der Europäischen Migrationsagenda, 6. März 2019.

468 Steven Johnson, *Wo gute Ideen herkommen: Eine kurze Geschichte der Innovation* (Scoventa Verlag, 2013), 31.

469 Heribert Prantl u. a., *Todesursache: Flucht: Eine unvollständige Liste* (Hirnkost, 2019), 22.

470 Ulrich Berges und Willem A. M. Beuken, *Das Buch Jesaja: Eine Einführung* (UTB, 2016), 63.

471 Über Vision Zero: https://visionzeronetwork.org/about/what-is-vision-zero/.

472 »Situation Mediterranean Situation, Greece«; »Situation Mediterranean Situation, Italy«; »Situation Mediterranean Situation, Spain«; »Balances e informes de la Lucha contra la Inmigración Irregular«.

473 European Court of Auditors, Asylum, relocation and return of migrants: Time to step up action to address disparities between objectives and results, 13 November 2019.

474 »Castro Views U. S. Ties, Emigration Crisis«, *Latin American Network Information Center, LANIC*, 25. August 1994, http://lanic.utexas.edu/project/castro/db/1994/19940825.html.

475 »Weekly Compilation of Presidential Documents Volume 30–Number 33«, U. S. Government Publishing Office, 22. August 1994, 15, https://www.govinfo.gov/content/pkg/WCPD-1994-08-22/pdf/WCPD-1994-08-22.pdf.

476 Douglas Farah, »U. S. Begins Flying Cuban Refugees in Panama to Guantanamo Naval Base«, *Washington Post*, 2. Februar 1995, https://www.washingtonpost.com/archive/politics/1995/02/02/us-begins-flying-cuban-refugees-in-panama-to-guantanamo-naval-base/fff43afb-4caf-4b22-94f4-d80a68eb49bf/.

477 »Castro Views U. S. Ties, Emigration Crisis«.

478 »U. S.-Cuba Joint Communique on Migration«, 9. September 1994, https://www.american.edu/centers/latin-american-latino-studies/upload/1994-Migration-agreement.pdf.

479 »U. S.-Cuba Joint Communique on Migration«.

480 »U. S.-Cuba Joint Communique on Migration«.

481 »U. S.-Cuba Joint Communique on Migration«.
482 »Lottery (Special Program for Cuban Migration)«, U. S. Department of State, zugegriffen 30. Mai 2019, https://photos.state.gov/libraries/havana/885/pdf-english/cuba_lottery.pdf.
483 »Lottery (Special Program for Cuban Migration)«.
484 Circles Robinson, »The Special US Immigration Policy for Cubans«, *Havana Times* (blog), 23. April 2015, https://havanatimes.org/features/the-special-us-immigration-policy-for-cubans/.
485 Jorge I. Dominguez, Rafael M. Hernández und Lorena G. Barberia, *Debating U. S.-Cuban Relations: How Should We Now Play Ball?* (Taylor & Francis, 2017), 208.
486 William M. LeoGrande und Peter Kornbluh, *Back Channel to Cuba: The Hidden History of Negotiations between Washington and Havana* (University of North Carolina Press, 2015), 12.
487 Die höchste Zahl seit der Erklärung von 1994 war 2016: 5228. Dies war höchstwahrscheinlich in Erwartung des Endes der Politik des »nassen Fußes, trockenen Fußes« (»wet foot, dry foot«) durch Präsident Obama. Nach der Ankündigung Obamas am 12. Januar 2017 gingen die Zahlen stark zurück.
488 Dominguez, *Debating U. S.-Cuban Relations: How Should We Now Play Ball?*, 210.
489 »Joint Statement of U. S. and Cuban Governments on Migration«, 12. Januar 2017, https://www.dhs.gov/sites/default/files/publications/Joint%20Statement%20FINAL%20 %20US%20alt.pdf.
490 »U. S. Response to the 1994 Cuban Migration Crisis«, United States General Accounting Office, 18. September 1995, https://www.gao.gov/archive/1995/ns95211.pdf.
491 Bevölkerungszahl von 2018 aus *ourworldindata.org*.
492 »Afrika und Europa – Neue Partnerschaft für Entwicklung, Frieden und Zukunft. Eckpunkte für einen Marshallplan mit Afrika«, BMZ, 2017, 5, https://www.bmz.de/de/mediathek/publikationen/reihen/infobroschueren_flyer/infobroschueren/Materialie310_Afrika_Marshallplan.pdf.
493 »Incoming ›Dublin‹ transfers by submitting country (PARTNER), legal provision and duration of transfer«, Eurostat, zugegriffen 5. Juli 2020, http://appsso.eurostat.ec.europa.eu/nui/show.do?dataset=migr_dubti&lang=en. Diese Zahlen unterscheiden sich geringfügig von den griechischen Statistiken zitiert in Anmerkung 309.
494 »Asylum Service Statistical data – Dublin Regulation III Procedures«.
495 »Asylum and first time asylum applicants by citizenship, age and sex Annual aggregated data (rounded)«.

496 » First instance decisions on asylum applications by type of decision –
annual aggregated data«, Eurostat, zugegriffen 15. Juli 2020, https://
ec.europa.eu/eurostat/tgm/refreshTableAction.do?tab=table&plugin=
1&pcode=tps00192&language=en; »Statistics about Asylum Applications«, Swedish Migration Agency, zugegriffen 15. Juli 2020, https://
www.migrationsverket.se/English/About-the-Migration-Agency/
Statistics/Asylum.html.

497 Jean-Claude Juncker, »Rede zur Lage der Union 2018«, Europäische
Kommission, 12. September 2018, https://ec.europa.eu/commission/
presscorner/detail/de/SPEECH_18_5808.

498 » Europäische Grenz- und Küstenwache: Rat bestätigt Einigung über
stärkeres Mandat«, Europäischer Rat, 1. April 2019, https://www.con
silium.europa.eu/de/press/press-releases/2019/04/01/european-bor
der-and-coast-guard-council-confirms-agreement-on-stronger-man
date/; » Frontex-Aufstockung: Ständige Reserve von 10 000 Grenzbe-
amten | Aktuelles | Europäisches Parlament«, Europäisches Parlament,
17. April 2019, http://www.europarl.europa.eu/news/de/press-room/
20190410IPR37530/frontex-aufstockung-standige-reserve-von-10–
000-grenzbeamten.

499 » EU-Flüchtlingskrise – Frontex-Direktor weist Vorwürfe zurück«,
Deutschlandfunk Kultur, 19. April 2016, https://www.deutschland
funkkultur.de/eu-fluechtlingskrise-frontex-direktor-weist-vorwuerfe.
1008.de.html?dram:article_id=351716.

500 » Statement by Prime Minister Viktor Orbán at the international press
conference«, Hungarian Government, 25. September 2015, https://
www.kormany.hu/en/the-prime-minister/the-prime-minister-s
-speeches/statement-by-prime-minister-viktor-orban-at-the-inter
national-press-conference.

501 » Interview with Prime Minister Viktor Orbán on the Kossuth Rádió
programme ›180 Minutes‹«, Hungarian Government, 28. Oktober
2016, https://www.kormany.hu/en/the-prime-minister/the-prime
-minister-s-speeches/interview-with-prime-minister-viktor-orban
-on-the-kossuth-radio-programme-180-minutes20161028.

502 » Prime Minister Viktor Orbán on the Kossuth Radio programme
›180 Minutes‹«, Hungarian Government, 22. Juni 2018, https://www.
kormany.hu/en/the-prime-minister/the-prime-minister-s-speeches/
prime-minister-viktor-orban-on-the-kossuth-radio-programme
-180-minutes20180624.

503 » Lage der Union 2018: Eine voll ausgerüstete Europäische Grenz- und
Küstenwache – Fragen und Antworten«, Europäische Kommission,

12. September 2018, http://europa.eu/rapid/press-release_MEMO-18–5715_de.htm.

504 »Migration: Mehr als 70 Millionen Menschen weltweit auf der Flucht«, *Die Zeit,* 19. Juni 2019, https://www.zeit.de/gesellschaft/2019–06/migration-un-flucht-asyl-fluechtlinge.

505 Katharina Sperber, »UNHCR-Flüchtlingsbericht: Weltweit mehr Menschen auf der Flucht«, *ZDF,* 19. Juni 2019, https://www.zdf.de/uri/563b161e-36c2-4824-86d9–4a26c71db03c.

506 »Consolidated Eligibility and Registrations Instructions (CERI)«, UNRWA, 3, zugegriffen 15. Juli 2020, https://www.unrwa.org/userfiles/2010011995652.pdf.

507 »UNHCR Global Trends 2017«, UNHCR, 20. Juni 2018, 66, https://www.unhcr.org/statistics/unhcrstats/5b27be547/unhcr-global-trends-2017.html.

508 »The Lausanne Principle: Multiethnicity, Territory and the Future of Kosovo's Serbs«, Europäische Stabilitätsinitiative, 7. Juni 2004, https://esiweb.org/publications/lausanne-principle-multiethnicity-territory-and-future-kosovos-serbs.

509 »Status quo?«, *The Economist,* 14. Oktober 2004, https://www.economist.com/europe/2004/10/14/status-quo.

510 »›On the brink of victory‹ – Viktor Orban, rhetorical poison and a vision of hell«, Europäische Stabilitätsinitiative, Februar 2018, https://www.esiweb.org/pdf/ESI%20%20Orban%20on%20the%20brink%20of%20victory%20%20June%202018.pdf.

511 »Viktor Orbán in der Sendung ›180 Minuten‹ [180 perc] von Radio Kossuth«, Hungarian Government, 8. Juni 2018, https://www.kormany.hu/en/the-prime-minister/the-prime-minister-s-speeches/viktor-orban-in-der-sendung-180-minuten-180-perc-von-radio-kossuth-20180610.

512 »Feierliche Rede von Viktor Orbán anläßlich des 170. Jahrestags der ungarischen Revolution von 1848«, Visegrád Post, 19. März 2018, https://visegradpost.com/de/2018/03/19/feierliche-rede-von-viktor-orban-anlaesslich-des-170-jahrestags-der-ungarischen-revolution-von-1848-vollstaendige-version.

513 siehe Anmerkung 510

514 »DeutschlandTREND: September 2015«, infratest dimap, September 2015, 8, https://www.infratest-dimap.de/fileadmin/user_upload/dt1509_bericht.pdf.

515 »DeutschlandTrend: Flüchtlingspolitik bleibt umstritten«, *Tagesschau,* 24. Januar 2020, https://www.tagesschau.de/inland/deutschlandtrend-2073.html

Wer mehr erfahren will – Bücher

Das Folgende ist eine kurze Liste von Büchern mit unterschiedlichen Perspektiven, die ich jedem, der sich für dieses Thema interessiert, empfehlen würde, um sich ein eigenes Bild auf der Grundlage von Fakten zu bilden. Die Werke von Autoren, die ich in diesem Buch diskutiere, aber für unseriös halte, wie jene von Paul Collier und Stephen Smith, finden Sie in den Anmerkungen.

Berichte der Europäischen Stabilitätsinitiative finden Sie hier: www.esiweb.org. Hintergründe, Filme, Fakten, Bücher in anderen Sprachen finden Sie hier: www.grenzen.eu.

Asyl, Geschichte und Geschichten

Wulff Bickenbach, *Gerechtigkeit für Paul Grüninger.* Böhlau, Köln 2009.

Roman Grafe, *Deutsche Gerechtigkeit – Prozesse gegen DDR-Grenzschützen und ihre Befehlsgeber.* Siedler, München 2004.

Franz-Jused Hutter, Anja Mihr, Caresten Tessmer, *Menschen auf der Flucht.* Springer, Wiesbaden 1999.

Lars-Broder Keil, Sven Felix Kellerhoff, *Mord an der Mauer – Der Fall Peter Fechter.* Quadriga, Köln 2012.

Stefan Keller, *Grüningers Fall – Geschichten von Flucht und Hilfe.* Rotpunktverlag, Zürich 1993.

Jörg Krummenacher, *Flüchtiges Glück – Die Flüchtlinge im Grenzkanton St. Gallen zur Zeit des Nationalsozialismus.* Limmat, Zürich 2005.

Patrice Poutros, *Umkämpftes Asyl – Vom Nachkriegsdeutschland bis in die Gegenwart*. Ch. Links Verlag, Berlin 2019.

Angela Siebold, *Zwischen Grenzen – Die Geschichte des Schengen-Raums aus deutschen, französischen und polnischen Perspektiven*. Ferdinand Schöningh, Paderborn 2013.

Frederick Taylor, *Die Mauer*. Siedler, München 2006.

Politik und Gegenwart

Robin Alexander, *Die Getriebenen*. Siedler, München 2018.

Stephan Detjen, Maximilian Steinbeis, *Die Zauberlehrlinge – Der Streit um die Flüchtlingspolitik und der Mythos vom Rechtsbruch*. Klett-Cotta, Stuttgart 2019.

Wolfgang Grenz, Julian Lehmann, Stefan Keßler, *Schiffbruch – Das Versagen der europäischen Flüchtlingspolitik*. Knaur, München 2015.

Heinrich-Böll-Stiftung (Hg.), *Die Orangen in Europa schmecken besser – Über Fluchtursachen, ihre Bekämpfung, und was daran nicht stimmt*. Heinrich-Böll-Stiftung, Berlin 2018.

Christian Jakob, Simone Schlindwein, *Diktatoren als Türsteher Europas – Wie die EU ihre Grenzen nach Afrika verlagert*. Ch. Links Verlag, Berlin 2017.

Patrick Kinsley, *Die neue Odyssee*. C. H. Beck, München 2016.

Emma Jane Kirby, *Der Optiker von Lampedusa – Die Geschichte einer Rettung*. Berlin Verlag, Berlin 2016.

Thomas de Maizière, *Regieren*. Herder, Freiburg 2019.

Kristina Milz, Anja Tuckermann (Hg.), *Todesursache Flucht – eine unvollständige Liste*. Hirnkost, Berlin 2018.

Boris Palmer, *Wir können nicht allen helfen*. Pantheon, München 2018.

Heribert Prantl, *Im Namen der Menschlichkeit – Rettet die Flüchtlinge!* Ullstein, Berlin 2015.

Michael Richter, *Fluchtpunkt Europa – Unsere humanitäre Verantwortung*. Edition Körber-Stiftung, Hamburg, 2015.

Viktoria Rietig, Mona Lou Günnewig, *Deutsche Rückkehrpolitik und Abschiebungen*. DGAP Analyse, Berlin (2020).

Jens Spahn (Hg.), *Ins Offene – Deutschland, Europa und die Flüchtlinge – Die Debatte*. Herder, Freiburg 2015.

Christian Ultsch, Thomas Prior, Rainer Nowak, *Flucht – Wie der Staat die Kontrolle verlor*. Styria, Wien 2017.

Seenotretter

Harald Höppner, *Menschenleben retten! Mit der Sea-Watch im Mittelmeer*. Bastei Lübbe, Köln 2016.

Rupert und Christel Neudeck, *Was man nie vergessen kann – Erinnerungen vietnamesischer Bootsflüchtlinge*. Peter Hammer Verlag, Wuppertal 2017.

Claus-Peter Reisch, *Das Meer der Tränen*. Riva, München 2019.

Allgemein

Fritz Breithaupt, *Die dunklen Seiten der Empathie*. Suhrkamp, Berlin 2017.

Ekkehart Krippendorff, *Goethe – Politik gegen den Zeitgeist*. Insel, Berlin 1999.

Richard Rorty, *Kontingenz, Ironie und Solidarität*. Suhrkamp, Berlin 1992.

Richard Rorty, *Hoffnung statt Erkenntnis – Eine Einführung in die pragmatische Philosophie*. Passagen, Wien 1994.

Hans Rosling, *Factfulness*. Ullstein, Berlin 2018.

Heribert Prantl, *Die Kraft der Hoffnung – Denkanstöße in schwierigen Zeiten*. Süddeutsche Zeitung Edition, München 2017.

Wilfried von Bredow, *Grenzen – Eine Geschichte des Zusammenlebens vom Limes bis Schengen*. Theiss, Stuttgart 2014.

Eine Ausnahme auf Englisch: Das kluge Bilderbuch des amerikanischen Wirtschaftsprofessors: Bryan Caplan, mit Zach Weinersmith: *Open Borders – The Science and Ethics of Immigration*. Macmillan USA, New York 2019.

Danksagung

Um alle Personen aufzuzählen, denen ich für Anregungen und Informationen, die in dieses Buch einflossen, zu Dank verpflichtet bin, müsste ich ein zweites Buch schreiben, so viele sind es: Asylsuchende und Flüchtlinge; Abgeordnete und Flüchtlingshelfer; Seenotretter und Bürgermeister; Bischöfe und Filmemacher; Grenzschützer und Leiter von Ausländerbehörden. Freunde mit großer Expertise, wie Panagiotis Nikas, Christopher Hein und Hanno Loewy; Politiker wie Giuliano Amato und Madeleine Albright, Josep Borrell und Diederik Samsom, Joachim Stamp und Wolfgang Schmidt, Armin Schuster und Gesine Schwan, Volker Ratzmann und Gerd Müller. Ich danke den Mitarbeitern der niederländischen Asylbehörde IND in Den Haag und Ter Apel und dem BAMF in Berlin und Nürnberg; dem finnischen Grenzschutz in Helsinki und der Konrad-Adenauer-Stiftung in Berlin, Athen (Susanna Vogt) und Dakar (Thomas Volk); dem Schweizer Staatssekretariat für Migration in Bern und Zürich und FEPS in Brüssel; Kenneth Roth und Bruno Stagno von Human Rights Watch in New York und Paris und UNHCR in Berlin und Genf für horizonterweiternde Einladungen und Gespräche; Bamba Saho, Yahya Sonko, Lamin Darboe und Anita Martin für Orientierungshilfe in Westafrika; und der Stiftung Mercator in Essen, SIDA in Stockholm, dem Carr Center for Human Rights in Harvard und dem Institut für die Wissenschaften vom Menschen und der ERSTE Stiftung in Wien, besonders Michael Schwarz und Anne Duncker, Rory Stewart und Charlie Clements, Boris

Marte, Ivan Vejvoda und Ivan Krastev (Mehr: www.grenzen.eu/danke).

Ohne die Unterstützung von und den Glauben an dieses Projekt durch Franziska Günther von der Agentur Graf & Graf und Anne Stadler, Esther Feustel und ihre Kolleginnen und Kollegen bei Piper gäbe es dieses Buch nicht. Ebenso wenig ohne das großartige und kreative ESI-Team der letzten Jahre: András Tóth-Czifra, Carlos Gonzalez Fernandez, Eggert Hardten, Erkut Emcioğlu, Felipe Palma, Friedrich Püttmann, Isotta Ricci Bitti, Magdalena Milenkovska, Marijn Clevers, Philip Horster, Rebecca Paulsson Vides, Sanggeet Mithra und Abdullah Yusuf Tatlı. Besonderen Dank für unzählige Ratschläge für dieses Buch schulde ich Adnan Ćerimagić, Alexandra Stiglmayer, John Dalhuisen, Katharina Knaus, Kristof Bender, Pascal Franz und ganz besonders Christian Altfuldisch. Dank für Inspiration und Unterstützung für und Geduld mit dieser Arbeit auch an Katharina, Fanny, Amelie und Melek; Verena in Genf und Natalie in Ravensburg. Und an meine Eltern, Irene und Siegfried, für ihren Optimismus, ihre festen Überzeugungen, ihren Rückhalt, ihr Vorbild und ihre Liebe.

Ihnen, und allen, die wie sie an das Gute im Menschen glauben und Solidarität mit Menschen in Not zeigen, widme ich dieses Buch.

Bildnachweis